高效办公

Excel 财务管理从入门到精通

（微课视频版）

226 个行业案例+230 集视频讲解+手机扫码看视频+素材源文件+在线交流

精英资讯　编著

·北京·

内 容 提 要

《Excel 财务管理从入门到精通（微课视频版）》一书以案例引导和图示操作的形式，详细介绍了 Excel 在财务管理中的具体应用和操作技巧，包含 Excel 基本操作、财务管理中常用的函数与公式以及各类账表的制作等。

《Excel 财务管理从入门到精通（微课视频版）》共 13 章，分别介绍了财务管理必知的 Excel 操作技能、财务数据的输入与编辑、财务数据的整理与分析、数据计算的公式与函数、常用于财务计算的函数、财务表单的创建和日常费用支出管理、在 Excel 中进行会计记账、管理往来账款并记账、管理分析进销存数据并记账、管理分析员工工资数据并记账、管理固定资产数据并计提折旧、月末账务处理并建立财务总账表、编制三大财务报表等内容。本书采用"操作步骤+图形解析+视频讲解"的模式讲解，简单易懂，一学即会。

《Excel 财务管理从入门到精通（微课视频版）》一书配有极其丰富的学习资源，其中配套资源包括：1. 230 集同步视频讲解，扫描二维码，可以随时随地看视频，超方便；2. 全书实例的源文件，跟着实例学习与操作，效率更高。另外本书附赠电子版学习资源包：1. 2000 个办公模板，如 Excel 官方模板、Excel 财务管理、市场营销、人力资源、行政、文秘、医疗、保险、教务等模板，Excel VBA 应用模板等；2. 37 小时的教学视频，包括 Excel 范例教学视频、Excel 技巧教学视频等。

《Excel 财务管理从入门到精通（微课视频版）》面向需要提高 Excel 应用水平的财务人员，也非常适合初涉职场或即将进入职场的读者学习，以提升计算机办公应用技能。本书在 Excel 2016 版本的基础上编写，适用于 Excel 2019/2016/2013/2010/2007/2003 等各个版本。

图书在版编目（CIP）数据

Excel 财务管理从入门到精通：微课视频版：高效办公 / 精英资讯编著. -- 北京：中国水利水电出版社，2019.10（2022.1 重印）

ISBN 978-7-5170-7177-8

Ⅰ. ①E... Ⅱ. ①精... Ⅲ. ①表处理软件－应用－财务管理Ⅳ. ①F275-39

中国版本图书馆 CIP 数据核字（2018）第 272922 号

丛 书 名	高效办公
书 名	Excel 财务管理从入门到精通（微课视频版） Excel CAIWU GUANLI CONG RUMEN DAO JINGTONG(WEIKE SHIPIN BAN)
作 者	精英资讯　编著
出版发行	中国水利水电出版社 （北京市海淀区玉渊潭南路 1 号 D 座　100038） 网址：www.waterpub.com.cn E-mail：zhiboshangshu@163.com 电话：（010）62572966-2205/2266/2201（营销中心）
经 售	北京科水图书销售中心（零售） 电话：（010）88383994、63202643、68545874 全国各地新华书店和相关出版物销售网点
排 版	北京智博尚书文化传媒有限公司
印 刷	三河市龙大印装有限公司
规 格	185mm×235mm　16 开本　25.25 印张　529 千字　4 插页
版 次	2019 年 10 月第 1 版　2022 年 1 月第 4 次印刷
印 数	13001—16000 册
定 价	79.80 元

凡购买我社图书，如有缺页、倒页、脱页的，本社营销中心负责调换

版权所有·侵权必究

Excel 财务管理
从入门到精通（微课视频版）
本书精彩案例欣赏

▲ 计算不同利率下的修正内部收益率　　▲ 查询任意固定资产的本月折旧额

▲ 根据员工姓名自动匹配绩效奖金　　▲ 计算应收账款的逾期天数　　▲ 计算应收账款的到期日期

▲ 根据银行全称自动匹配利率　　▲ 核算临时工的实际工作天数并计算工资

▲ 新个税中税率的计算

▲ 新个税中速算扣除数的计算　　▲ 个人所得税计算表（新个税）

▲ 计算实发工资　　▲ 计算个人所得税（新个税）

Excel 财务管理
从入门到精通（微课视频版）
本书精彩案例欣赏

▲ 建立应收账款记录表

▲ 将高账龄的账款全部排列在最上方

▲ 计算资产负债表各项目的发生额

▲ 只给账龄超过 100 天的亮红灯

▲ 采购业务的账务处理

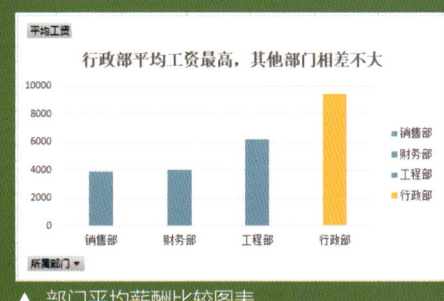

▲ 部门平均薪酬比较图表

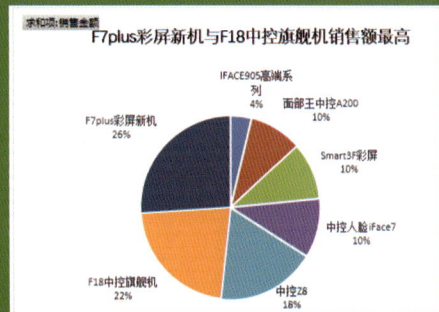

▲ 库存量控制：库存不足的用绿色显示

▲ 各产品销售金额图表对比

Excel 财务管理
从入门到精通（微课视频版）
本书精彩案例欣赏

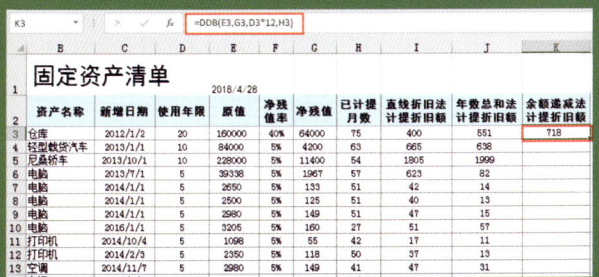

▲ 双倍余额递减法计提折旧额

▲ 库存量大于 20 或小于 5 的记录

▲ 生成员工工资条

▲ 设置公式计算本期入库、销售与库存

▲ 销售业务的账务处理

▲ 销售员的销售提成统计

▲ 应收账款的分析

▲ 标识出抵押资产编号重复的记录

▲ 筛选出本月折旧额大于 500 元的记录

▲ 突出显示小于平均工资的记录

Excel 财务管理
从入门到精通（微课视频版）
本书精彩案例欣赏

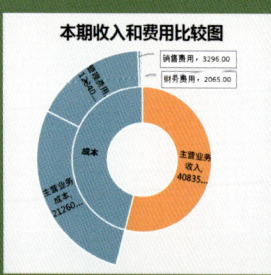
▲ 创建费用统计图表

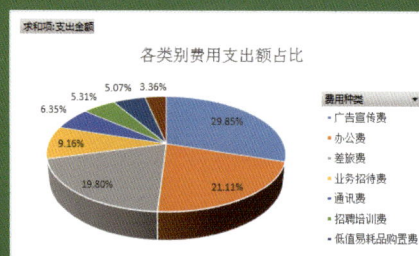
▲ 用数据透视图显示各类别费用支出金额分布情况

▲ 将日期整理规范

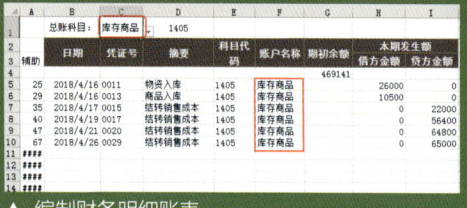
▲ 编制财务明细账表

▲ 筛选支出金额大于 2000 元的记录

▲ 将记录到一列中的数据分列显示

▲ 制作记账凭证汇总表

▲ 自动标识周末的加班记录

▲ 登记银行存款日记账

▲ 用不同颜色的图标提示应收账款的账龄

▲ 突出显示应收账款超过 90 天的记录

▲ 筛选任意指定月份的记录

Excel 财务管理
从入门到精通（微课视频版）
Excel 财务常用表格和图表

▲ 银行存款日记账管理

▲ 现金日报表

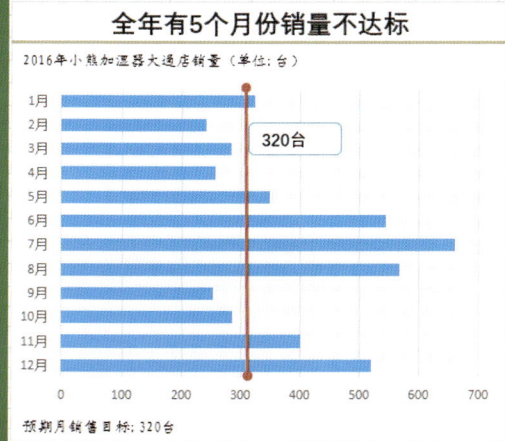

▲ 各月销量达标评核图

▲ 计划与实际营销对比图

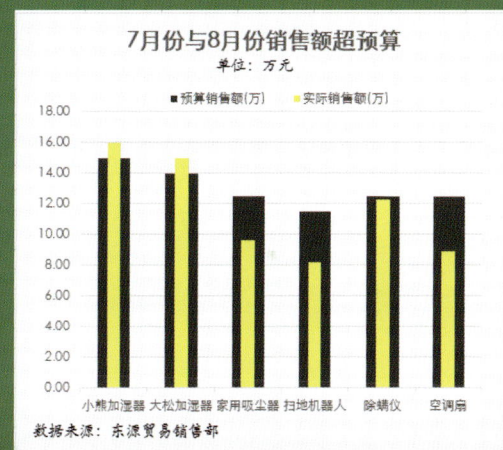

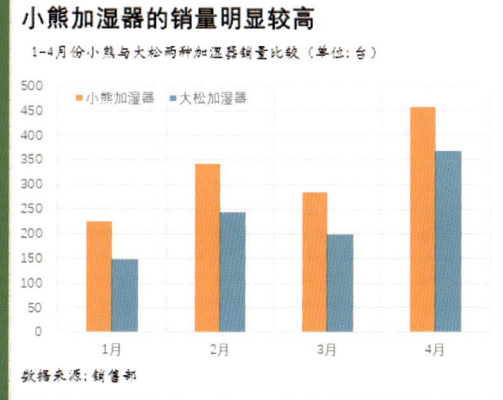

▲ 两种产品各月销量比较图

▲ 年度支出比例图 WiFi 图

Excel 财务管理
从入门到精通（微课视频版）
Excel 财务常用表格和图表

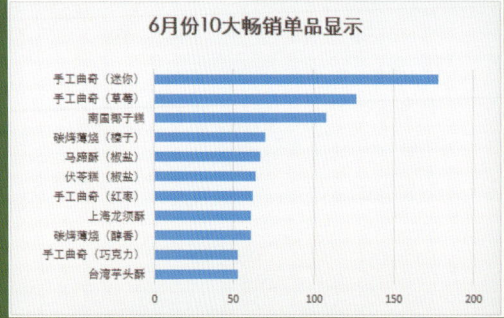

▲ 畅销品条形图

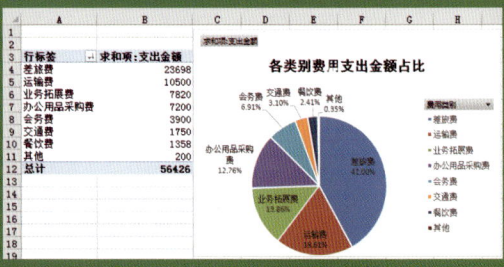

▲ 各费用类别支出统计报表

▲ 投资决策分析

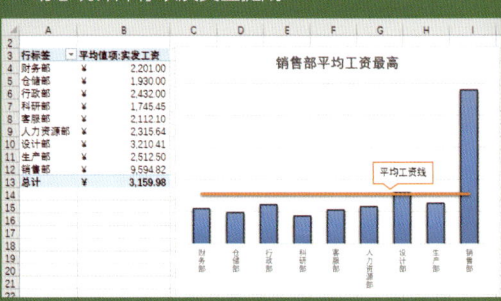

▲ 动态统计库存以及奖金提成

▲ 现金预算分析表

▲ 部门平均工资比较图表

▲ 产品制造成本分析表

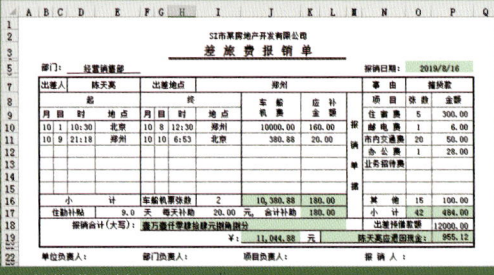

▲ 外勤报销单

▲ 差旅费报销单

前 言

PREFACE

　　Excel 是微软办公软件套装 Office 的一个重要组成部分，是一款简单易学、功能强大的数据处理软件，广泛应用于各类企业的日常办公中，也是目前应用最广泛的数据处理软件之一。Excel 不仅具有强大的制表和绘图功能，而且还内置了数学、财务、统计和工程等多种函数，提供了强大的数据管理与分析功能，被广泛运用于财务管理工作的各个方面。本书以图文并茂的方式，按照会计和财务管理的工作要点，结合大量实例及详尽的操作步骤讲解，向读者全面介绍了 Excel 在财务管理工作中的具体应用。熟练掌握 Excel 这个办公利器，必将让你的工作事半功倍，便捷高效！

本书特点

　　视频讲解：本书录制了 230 集视频，包含了 Excel 财务数据管理中的常用操作功能讲解及实例分析，手机扫描书中二维码，可以随时随地看视频。

　　内容详尽：本书涵盖了 Excel 2016 在财务数据管理上的各种使用方法和技巧，介绍过程中结合小实例辅助理解，科学合理，好学好用。

　　实例丰富：一本书若只讲理论，难免会让你昏昏欲睡；若只讲实例，又怕落入"知其然而不知其所以然"的困境。所以本书结合大量财务数据管理实例对 Excel 的功能和使用方法进行了详细的解析，读者可以举一反三，活学活用。

　　图解操作：本书采用图解模式逐一介绍各个功能及其应用技巧，清晰直观、简洁明了、好学好用，希望读者朋友可以在最短时间里学会相关知识点，从而快速解决办公中的疑难问题。

　　在线服务：本书提供 QQ 交流群，"三人行，必有我师"，读者可以在群里相互交流，共同进步。

本书资源列表及获取方式

➥ 配套资源
本书配套 230 集同步视频和相关的素材及源文件

➥ 拓展学习资源

2000 个办公模板文件

Excel 官方模板 117 个	Excel 财务管理模板 90 个
Excel 市场营销模板 61 个	Excel 人力资源模板 51 个
Excel VBA 应用模板 27 个	Excel 行政、文秘、医疗、保险、教务等模板 847 个
Excel 其他实用样式与模板 30 个	PPT 经典图形、流程图 423 个
PPT 模板 74 个	PPT 元素素材 20 个
Word 文档模板 280 个	

37 小时的教学视频

Excel 范例教学视频	Excel 技巧教学视频
PPT 教学视频	Word 范例教学视频
Word 技巧教学视频	

➥ 以上资源的获取及联系方式

（1）读者可以在微信公众号中搜索"办公那点事儿"，关注后发送"EXLCW"到公众号后台，获取本书资源下载链接（注意，本书提供百度网盘、360 云盘、书链三种下载方式，资源相同，选择其中一种方式下载即可，不必重复下载。**如果百度网盘和 360 云盘没有购买超级会员，建议使用书链下载**）。

（2）将该链接复制到电脑浏览器的地址栏中（一定要复制到电脑浏览器地址栏，通过电脑下载，手机不能下载，也不能在线解压，没有解压密码），按 Enter 键。

◆ **如果用百度网盘下载**，建议先选中资源前面的复选框，然后单击"保存到我的百度网盘"按钮，弹出百度网盘账号密码登录对话框，登录后，将资源保存到自己账号的合适位置。然后启动百度网盘客户端，选择存储在自己账号下的资源，单击"下载"按钮即可开始下载（注意，不能网盘在线解压。另外，下载速度受网速和网盘规则所限，请耐心等待）。

◇ **如果用 360 云盘下载**，进入网盘后不要直接下载整个文件夹，需打开文件夹，将其中的压缩包及文件一个一个单独下载（**不要全选下载**），否则容易下载出错！

◇ **如果选择书链下载**，执行该操作后，在浏览器左下角将显示正在下载的资源。下载完成后单击 ^ 按钮，在弹出的列表中单击"在资料夹中显示"选项，即可在打开的窗口中找到下载的资源（不同浏览器中界面和文字可能略有不同）。

（3）加入本书学习交流 QQ 群：904475159（若群满，会创建新群，请注意加群时的提示，并根据提示加入对应的群号），读者间可互相交流学习，作者也会不定时在线答疑解惑。

作者简介

本书由精英资讯组织编写。精英资讯是一个 Excel 技术研讨、项目管理、培训咨询和图书创作的 Excel 办公协作联盟，其成员多为长期从事行政管理、人力资源管理、财务管理、营销管理、市场分析及 Office 相关培训的工作者。本书具体编写人员有吴祖珍、姜楠、陈媛、王莹莹、汪洋慧、张发明、吴祖兵、李伟、彭志霞、陈伟、杨国平、张万红、徐宁生、王成香、郭伟民、徐冬冬、袁红英、殷齐齐、韦余靖、徐全锋、殷永盛、李翠利、柳琪、杨素英、张发凌等，在此对他们的付出表示感谢。

致谢

本书能够顺利出版，是作者、编辑和所有审校人员共同努力的结果，在此表示深深地感谢。同时，祝福所有读者在职场一帆风顺。

编　者

目 录

CONTENTS

第 1 章 财务管理必知的 Excel 操作技能 1
　　　视频讲解：56 分钟
1.1 Excel 对于财务管理的重要性 2
　　1.1.1 财务工作中的众多表格 2
　　1.1.2 Excel 强大的数据计算与分析
　　　　　能力 6
　　1.1.3 专用函数进行专项计算 9
1.2 建立正确的表格 10
　　1.2.1 分清表格用途 10
　　1.2.2 表格设计要有"规范意识"
　　　　　——统一性 13
　　1.2.3 表格设计要有"偷懒意识"
　　　　　——可扩展性 17
　　1.2.4 掌握三类表格的设计要求 17

第 2 章 财务数据的输入与编辑 21
　　　视频讲解：1 小时
2.1 准确输入各种类型数据 22
　　2.1.1 输入文本内容 22
　　2.1.2 输入数值 24
　　2.1.3 输入日期数据 27

2.2 数据批量输入 28
　　2.2.1 批量输入相同数据 29
　　2.2.2 填充输入有规则数据 30
2.3 设定数据验证规范录入的数据 34
　　2.3.1 限制只能输入指定类型
　　　　　数据 34
　　2.3.2 建立可选择输入的序列 37
　　2.3.3 用公式建立验证条件 38
　　2.3.4 设置光标指向时显示输入
　　　　　提示 41
2.4 选择性粘贴功能的妙用 42
　　2.4.1 数据的复制粘贴 42
　　2.4.2 对单元格区域进行批量运算 45
2.5 查找与替换数据 47
　　2.5.1 表格数据的查找 47
　　2.5.2 表格数据的替换 49

第 3 章 财务数据的整理与分析 52
　　　视频讲解：1 小时 36 分钟
3.1 不规范表格及数据的整理 53
　　3.1.1 处理空白行、空白列 53

3.1.2	处理重复值、重复记录	55
3.1.3	一格多属性数据的处理	57
3.1.4	不规范数字的整理	59
3.1.5	不规范文本的整理	60
3.1.6	不规范日期的整理	62

3.2 突出显示满足条件的数据 65
   3.2.1 运用条件格式分析财务数据 65
   3.2.2 管理条件格式规则 75
3.3 一键快速排序数据 77
   3.3.1 单条件排序与双条件排序 78
   3.3.2 自定义排序依据 80
3.4 筛选满足条件的数据 82
   3.4.1 按分类快速筛选 82
   3.4.2 按数值筛选（大于、小于
          指定值等）................. 83
   3.4.3 文本数据筛选（包含、开头是
          指定文本等）............. 87
   3.4.4 日期数据筛选（本月、上月、
          某日期前后等）........ 88
   3.4.5 高级筛选 90
3.5 数据分类汇总 92
   3.5.1 统计费用支出表中各不同费用
          类别的小计值 93
   3.5.2 分类汇总结果的复制使用 94

第4章 数据计算的公式与函数 96
📹 视频讲解：1 小时 21 分钟

4.1 了解 Excel 中的公式运算 97
   4.1.1 编辑公式 97
   4.1.2 复制公式完成批量计算 99
4.2 公式计算中函数的使用 101
   4.2.1 初识函数 102
   4.2.2 函数运用 103
4.3 公式计算中对单元格的引用 107

   4.3.1 相对引用与绝对引用 107
   4.3.2 引用当前工作表之外的
          单元格 109
4.4 公式正确结果错误的原因分析 114
   4.4.1 有文本数据参与运算 114
   4.4.2 空白单元格不为空 115
   4.4.3 实际值与显示的值不同 116

第5章 常用于财务计算的函数 119
📹 视频讲解：1 小时 46 分钟

5.1 专项财务函数的应用范例 120
5.2 其他函数用于财务运算的范例 127

第6章 财务表单的创建和日常费用支出
      管理 154
📹 视频讲解：1 小时 25 分钟

6.1 差旅费报销单 155
   6.1.1 创建差旅费报销单 155
   6.1.2 设置填表提醒 160
   6.1.3 报销金额合计计算 162
   6.1.4 设置表格除填写域外其他区域
          不可编辑 166
6.2 业务招待费报销单 167
   6.2.1 创建表单框架 168
   6.2.2 设置公式计算合计金额 169
6.3 制作会计科目表 169
   6.3.1 建立会计科目表 170
   6.3.2 建立会计科目及明细科目 ... 170
6.4 创建日记账表单 174
   6.4.1 创建现金日记账表单 174
   6.4.2 创建银行存款日记账表单 ... 175
6.5 日常费用统计表 176
   6.5.1 建立日常费用支出汇总表 ... 176
   6.5.2 用筛选功能分类查看费用支出
          情况 180

目 录

　　6.5.3　利用数据透视表（图）统计费用
　　　　　支出额 183

第 7 章　在 Excel 中进行会计记账 189
　　📹 视频讲解：42 分钟
7.1　填制记账凭证 190
　　7.1.1　制作通用记账凭证表单 190
　　7.1.2　填制通用记账凭证 196
7.2　记账凭证汇总 197
　　7.2.1　制作记账凭证汇总表 197
　　7.2.2　建立公式实现从"会计科目表"
　　　　　中返回基本信息 198
7.3　登记日记账 201
　　7.3.1　登记现金日记账 201
　　7.3.2　登记银行存款日记账 209

第 8 章　管理往来账款并记账 213
　　📹 视频讲解：58 分钟
8.1　应收账款的统计 214
　　8.1.1　建立应收账款记录表 214
　　8.1.2　筛选查看已逾期账款与已冲销
　　　　　账款 217
　　8.1.3　应收账款的账务处理 219
8.2　应收账款的分析 223
　　8.2.1　计算各笔账款逾期未收
　　　　　金额 223
　　8.2.2　分客户统计应收账款 227
　　8.2.3　应收账款的账龄分析 233
　　8.2.4　坏账准备的账务处理 237
8.3　应付账款管理 239
　　8.3.1　建立应付账款记录表 239
　　8.3.2　设置公式分析各项应付
　　　　　账款 240
　　8.3.3　应付账款分析 242
　　8.3.4　应付账款的账务处理 246

第 9 章　管理分析进销存数据并记账 248
　　📹 视频讲解：39 分钟
9.1　采购管理 249
　　9.1.1　建立产品基本信息表 249
　　9.1.2　采购入库明细表 249
　　9.1.3　采购数据透视分析 251
　　9.1.4　采购业务的账务处理 254
9.2　销售管理 259
　　9.2.1　创建销售明细表 259
　　9.2.2　销售数据分析 262
　　9.2.3　销售业务的账务处理 267
9.3　库存管理 270
　　9.3.1　建立库存汇总表 270
　　9.3.2　设置公式计算本期入库、销售
　　　　　与库存 270
　　9.3.3　任意产品库存量查询 274
　　9.3.4　库存量控制 276

第 10 章　管理分析员工工资数据并记账 278
　　📹 视频讲解：32 分钟
10.1　创建员工工资管理表格 279
　　10.1.1　创建员工基本工资表 279
　　10.1.2　员工绩效奖金计算表 281
　　10.1.3　个人所得税计算 283
　　10.1.4　考勤扣款及满勤奖统计表 286
　　10.1.5　员工月度工资核算 287
10.2　多角度分析工资数据 293
　　10.2.1　查询销售精英员工 293
　　10.2.2　突出显示小于平均工资的
　　　　　　记录 294
　　10.2.3　按部门统计工资额 295
　　10.2.4　部门平均薪酬比较图表 296
10.3　生成员工工资条 299

VII

	10.3.1 生成工资条 299		12.2.2 利用数据透视表建立科目汇总表 342
	10.3.2 打印输出工资条 303	12.3	编制财务总账表 345
10.4	发放工资的账务处理 304		12.3.1 提取总账科目 345
第 11 章	**管理固定资产数据并计提折旧 308**		12.3.2 计算各总账科目本期发生额 348
	视频讲解：20 分钟	12.4	编制财务明细账表 351
11.1	建立固定资产清单 309		12.4.1 建立明细账表 351
	11.1.1 创建固定资产清单表 309		12.4.2 设置公式自动显示指定科目明细账 353
	11.1.2 固定资产的新增与减少 312	12.5	账务试算平衡检验 358
11.2	固定资产查询 314		12.5.1 现金账务核对 358
	11.2.1 查询报废的固定资产 314		12.5.2 银行存款账务核对 361
	11.2.2 查询出特定使用年限的固定资产 315	12.6	账目保护 363
	11.2.3 查询出指定日期后新增的固定资产 317		12.6.1 保护账务统计表格 363
11.3	固定资产折旧计提 318		12.6.2 保护账务处理工作簿 364
	11.3.1 创建固定资产折旧表 318	**第 13 章**	**编制三大财务报表 366**
	11.3.2 直线折旧法计提折旧 320		视频讲解：42 分钟
	11.3.3 年数总和法计提折旧 321	13.1	资产负债表 367
	11.3.4 双倍余额递减法计提折旧 323		13.1.1 创建资产负债表 367
11.4	固定资产折旧的账务处理 325		13.1.2 计算各项目的发生额 369
第 12 章	**月末账务处理并建立财务总账表 327**	13.2	利润表 376
	视频讲解：49 分钟		13.2.1 创建利润表 377
12.1	结转利润 328		13.2.2 根据总分类账填制利润表 377
	12.1.1 汇总主营业务收入、主营业务成本、销售费用等 328		13.2.3 创建费用统计图表 381
	12.1.2 结转利润的账务处理 330	13.3	现金流量表 385
12.2	编制科目汇总表 333		13.3.1 通过本期记账凭证汇总表确定现金流量分类 385
	12.2.1 利用分类汇总进行科目汇总 334		13.3.2 根据本期记账凭证填制现金流量表 389
		13.4	打印财务报表 394

第 1 章

财务管理必知的 Excel 操作技能

- 财务管理必知的 Excel 操作技能
  - 1.1 Excel 对于财务管理的重要性
    - 1.1.1 财务工作中的众多表格
      - 1. 财务表单
      - 2. 数据记录表、清单表
      - 3. 数据计算表
      - 4. 数据分析报表
    - 1.1.2 Excel 强大的数据计算与分析能力
      - 1. 分类汇总统计
      - 2. 数据透视表
      - 3. 公式计算
    - 1.1.3 专用函数进行专项计算
  - 1.2 建立正确的表格
    - 1.2.1 分清表格用途
      - 1. 清单型表格
      - 2. 报表型表格
      - 3. 其他型表格
    - 1.2.2 表格设计要有"规范意识"——统一性
      - 1. 一致性原则
      - 2. 规范性原则
      - 3. 整体性原则
    - 1.2.3 表格设计要有"偷懒意识"——可扩展性
    - 1.2.4 掌握三类表格的设计要求
      - 1. 清单型表格的设计要求
      - 2. 报表型表格的设计要求
      - 3. 其他型表格的设计要求

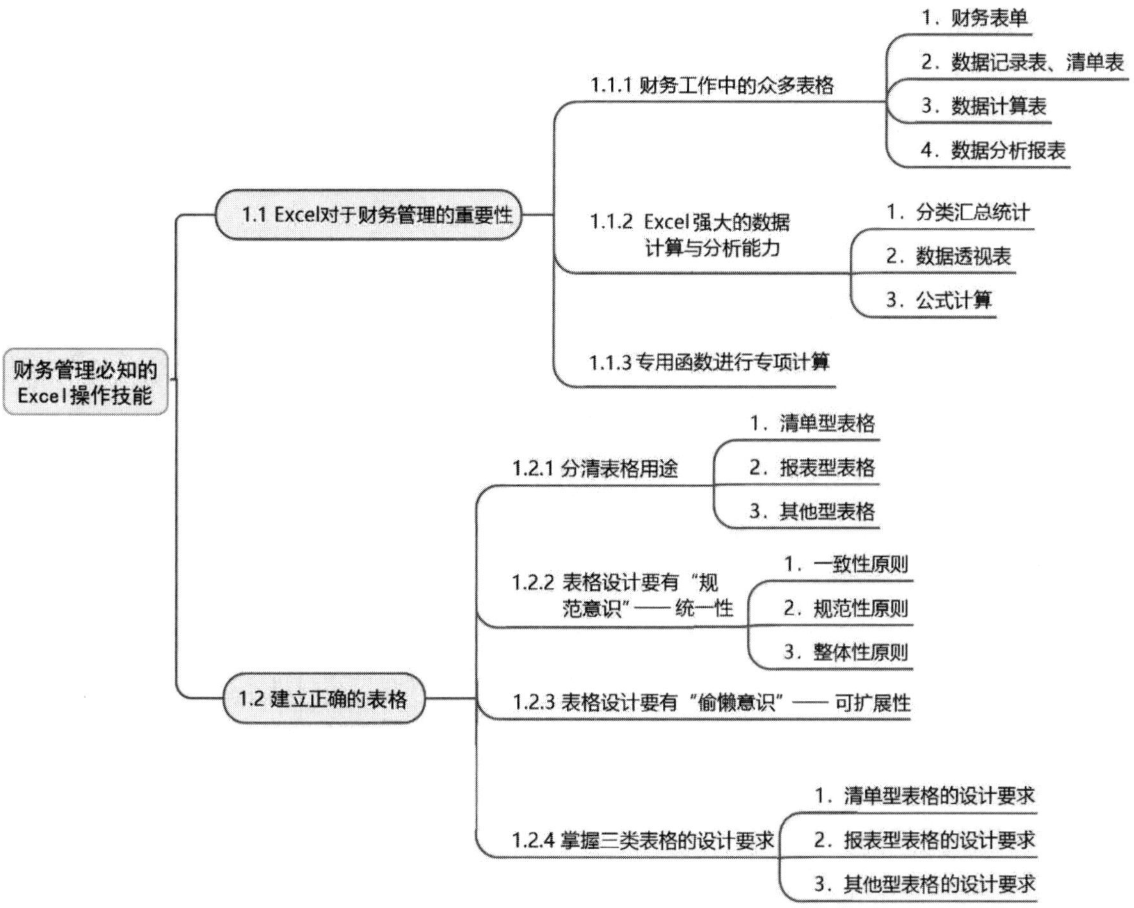

1.1　Excel 对于财务管理的重要性

身处大数据时代，人们对数据处理的要求越来越高，无论是客户关系管理系统（CRM）、人力资源管理系统（HR），还是生产数据管理系统（PDM），这些大型管理软件在一定程度上都无法比拟以 Excel 为代表的电子表格软件应用的广泛性，Excel 能够灵活地满足企业个性化的数据分析需求，已经被各行工作人员所实践，凡是用到数据登记、记录、处理、分析、输出之处，Excel 都是必不可少的软件，这对于财务管理工作更是如此。

1.1.1　财务工作中的众多表格

财务管理是一个企业的命脉。从数据处理上来看，它是指企业为实现良好的经济效益，对各类经济数据进行的科学核算、预测、分析、决策、计划、控制及利润的分配等。

由此可见，财务的各项基础工作是离不开 Excel 的，只有保证基础性数据的准确性，才能为企业提供更精确的市场导向。

1. 财务表单

在日常财务工作过程中经常要使用到一些账务凭证、单据表等，使用 Excel 制作这些表格可谓得心应手。

如图 1-1 所示的记账凭证是使用 Excel 制作并进行美化设置得到的；如图 1-2 所示的差旅费报销单也是使用 Excel 制作的，这些表格可以直接作为电子表格使用，也可以打印出来使用。

图 1-1

差旅费报销单												
出差人：			出差事由：				部门：		填单日期：			
出 发		到达		交通工具	交通费金额	伙食补助(100元/日)		住宿补助(200元/日)		其他补助		
日期	地点	日期	地点			天数	金额	天数	金额	项目	金额	附单据
							0		0	市内车费		
							0		0	办公用品费		
							0		0	商务费		
							0		0	其 他		
							0		0			
							0		0			
							0		0			张
合 计					0		0		0	合计	0	
报销总额		人民币（¥）			¥0.00		人民币（大写）		零			
主 管:			审 核:		证 明:			领款人:				

图 1-2

2．数据记录表、清单表

在记录财务资金时，例如：收支记录表、公司日常费用记录表、销售记录表、固定资产登记表等，这些信息一方面可用于对基本信息的查询，同时也是后期进行数据统计分析的依据。

如图 1-3 所示的销售记录表是按日期对产品的销售情况（产品名称、类别、数量、交易金额、销售员等）进行记录，使用此表格中的基础数据可以对本期的总销售金额、不同类别产品的销售金额、销售员提成等进行核算。

2018年10月份销货记录									
销售日期	销售单号	货品名称	类别	数量	单价	金额	商业折扣	交易金额	经办人
10/1	0800001	五福金牛 全包围双层皮革丝圈	脚垫	1	980	980	0.95	979.05	林玲
10/1	0800001	北极绒（Bejirong）U型枕护颈枕	头腰靠枕	4	19.9	79.6	0.95	78.65	林玲
10/1	0800002	途雅（ETONNER）汽车香水	香水/空气净化	2	199	398	1	397	李晶晶
10/1	0800002	卡莱饰新车空气净化光触媒180ml	香水/空气净化	2	69	138	1	137	李晶晶
10/1	0800003	GREAT LIFE 汽车脚垫丝圈	脚垫	1	199	199	1	198	胡成芳
10/2	0800004	五福金牛 迈畅全包围脚垫 黑色	脚垫	1	499	499	1	498	张军
10/2	0800005	牧宝(MUBO)冬季纯羊毛汽车坐垫	座垫/座套	1	980	980	1	979	胡成芳
10/2	0800006	洛克（ROCK）车载手机支架	功能小件	1	39	39	1	38	刘慧
10/2	0800006	尼罗河（nile）四季通用汽车坐垫	座垫/座套	1	680	680	1	679	刘慧
10/3	0800007	COMFIER汽车座垫按摩坐垫	座垫/座套	2	169	338	1	337	胡成芳
10/3	0800008	COMFIER汽车座垫按摩坐垫	座垫/座套	1	169	169	0.9	168.1	刘慧
10/3	0800008	康车宝 空调出风口香水夹	香水/空气净化	4	68	272	0.9	271.1	刘慧
10/3	0800008	牧宝(MUBO)冬季纯羊毛汽车坐垫	座垫/座套	2	980	1960	0.9	1959.1	刘慧
10/4	0800009	南极人（nanJiren）汽车头枕腰靠	头腰靠枕	4	179	716	1	715	林玲
10/4	0800009	康车宝 空调出风口香水夹	香水/空气净化	2	68	136	1	135	林玲

图 1-3

如图 1-4 所示的现金收支记录表用来记录企业的日常支出和收入等数据，是一个比较基础性的现金结存记录类表格。

现金收支记录表

2018年 月	日	摘　要	费用类别	借（收入）方	贷（支出）方	结　存
3	1	上月结转				¥ 380,000.00
3	1	出售A材料15件	销售收入	¥ 1,200.00		¥ 381,200.00
3	1	周芳芳报销差旅费	费用报销		¥ 400.00	¥ 380,800.00
3	1	采购办公用品	采购支出		¥ 10,000.00	¥ 370,800.00
3	2	货款收回	货款收回	¥480,000.00		¥ 850,800.00
3	2	存款	存款		¥100,000.00	¥ 750,800.00
3	2	销售部王丽丽报销旅差费	费用报销		¥ 1,000.00	¥ 749,800.00
3	4	购买办公用品	费用报销		¥ 2,000.00	¥ 747,800.00
3	4	销售部刘然交回余款	其他收入	¥ 168.00		¥ 747,968.00
3	4	销售部韩燕报销餐饮费	费用报销		¥ 800.00	¥ 747,168.00
3	4	大达公司支付销售余款	销售收入	¥ 5,680.00		¥ 752,848.00
3	4	购材料	采购支出		¥ 18,267.00	¥ 734,581.00
3	4	购材料	采购支出		¥ 15,754.00	¥ 718,827.00
3	4	快递费	费用报销		¥ 24.00	¥ 718,803.00
3	4	提现金	提现金	¥ 5,000.00		¥ 723,803.00
3	4	出售废品	其他收入	¥ 120.00		¥ 723,923.00
3	5	李霞报销差旅费	费用报销		¥ 500.00	¥ 723,423.00

图 1-4

3. 数据计算表

Excel 表格并不仅仅是用于记录数据，更重要的是对数据进行运算分析，从而满足更加广泛的需求。

图 1-5 所示的是在核算月工资时对应交所得税的计算。

个 人 所 得 税 计 算 表

编号	姓名	性别	所在部门	应发工资	应交税所得额	税率	速算扣除数	应交所得税
001	李成雪	男	销售部	8004.8	3004.8	0.1	210	90.48
002	陈江远	女	财务部	3260	0	0.03	0	0
003	苏运成	男	销售部	4780	0	0.03	0	0
004	周洋	女	销售部	5740	740	0.03	0	22.2
005	林成瑞	女	工程部	11672	6672	0.1	210	457.2
006	邹阳阳	女	行政部	16500	11500	0.1	210	940
007	张景源	女	销售部	2300	0	0.03	0	0
008	苏敏	女	财务部	6940	1940	0.03	0	58.2
009	何平	女	销售部	7766.4	2766.4	0.03	0	82.992
010	何艳红	女	销售部	4420	0	0.03	0	0
011	胡平	女	行政部	8028	3028	0.1	210	92.8
012	何浩成	女	销售部	3670	0	0.03	0	0
013	李苏	男	工程部	8176.8	3176.8	0.1	210	107.68
014	余一燕	女	销售部	1040	0	0.03	0	0
015	刘杰	男	工程部	2200	0	0.03	0	0
016	刘成杰	女	销售部	2240	0	0.03	0	0
017	李萍	男	销售部	2050	0	0.03	0	0
018	彭丽	女	财务部	2140	0	0.03	0	0
019	杨海洋	女	工程部	3565	0	0.03	0	0
020	肖沼阳	女	销售部	1420	0	0.03	0	0
021	胡光霞	女	行政部	5251	251	0.03	0	7.53

员工绩效奖金计算表 | 所得税计算表 | 考勤统计表 | 员工月度工资表

注意

要根据 F 列的数据按规则核算。

图 1-5

图 1-6 所示的是对临时工工资的核算（约定在工作期间中只有周一是休息日，其他日期均为工作日）。

临时工工资核算表

姓名	开始日期	结束日期	工作日数	工资核算		法定假日
高子轩	2018/4/2	2018/5/10	32	4800		2018/5/1
许浩	2018/4/2	2018/5/10	32	4800		
左亮亮	2018/4/5	2018/5/10	30	4500		
郑伟	2018/4/10	2018/5/10	26	3900		
袁梦熙	2018/4/12	2018/5/10	24	3600		
王佑琪	2018/4/22	2018/5/10	15	2250		
杨海洋	2018/4/15	2018/5/10	21	3150		
肖沼阳	2018/4/20	2018/5/10	17	2550		
胡光霞	2018/4/21	2018/5/10	16	2400		

注意

要根据开始日期、结束日期、约定的休息日等条件核算。

图 1-6

如图 1-7 所示，可以利用建立公式对 12 个月以内的账款与 12 个月以上的账款分别核算。

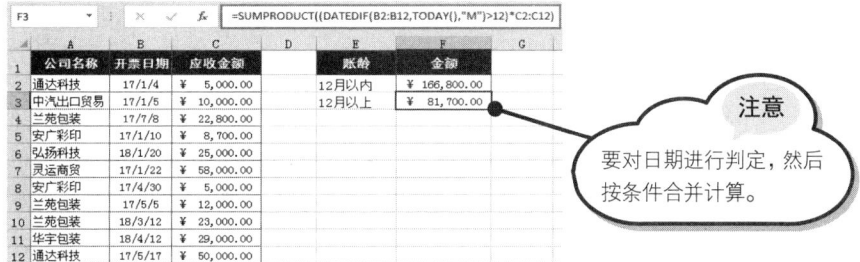

注意

要对日期进行判定，然后按条件合并计算。

图 1-7

4．数据分析报表

在日常数据分析报告或财务报告中总是需要一些总结性的报表，而不是零散的数据记录，程序自带筛选、分类汇总、数据透视表、图表等功能，它们都是建立分析报表的工具。

图 1-8 使用的是分类汇总的统计功能。

图 1-8

图 1-9 使用的是数据透视表的功能。

还可以通过建立图表来更加直观地展示分析结果，如图 1-10 所示。

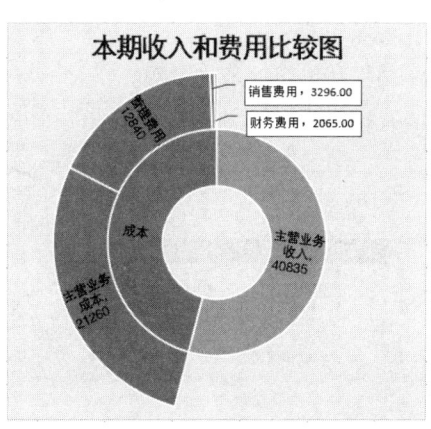

图 1-9   图 1-10

1.1.2　Excel 强大的数据计算与分析能力

财务管理工作具有很强的严谨性和规范性，在处理过程中，它要求每一环节都有数据可循，每一数据都是准确而清晰的，即对数据处理的要求很高。

Excel 的强大功能主要体现在数据的处理上，像分类汇总、数据透视表、图表等功能。另外，Excel 中的函数具有极其强大的数据计算能力，并且各函数间可以根据设计者的思路进行不同的嵌套使用，给解决任意复杂的问题都提供了无限可能性，因此函数实际具有数据计算、统计、分析、判断等多方位的功能。

1. 分类汇总统计

图 1-11 是应收账款记录表。现在想按不同的字段、不同的汇总方式、汇总项进行统计并建立新表，如果通过人力来计算，工作量是非常大的。而通过 Excel 分类汇总功能则能轻松实现，而且具有极强的灵活性。

图 1-11

例如，如图 1-12 所示可以快速按公司名称分类汇总各公司的未收金额；如图 1-13 所示可以按已逾期与未逾期两种状态统计未收金额。

图 1-12　　　　　　　　　　图 1-13

2. 数据透视表

如图 1-14 所示为初始清单型表格，如图 1-15 所示为数据透视表，其中列标签为"费用种类"，行标签为"产生部门"，值为"支出金额"，它的功能与分类汇总有所相似，但是其灵活度更高一些，可以在建立的数据透视表中按分析目的任意调整标签，从而瞬间获取分析的统计结果。

图 1-14

图 1-15

3. 公式计算

函数是 Excel 中最强大的一个计算工具，在财务数据处理的过程中，使用函数运算是必不可少的。

例如在应收账款表格中，利用函数不仅可以对应收账款进行账龄判断（要根据开票日期与当前日期进行判断），如图 1-16 所示；而且还可以对各个应收公司各个账龄段的金额进行汇总统计（使用 SUMIF 函数进行按条件求和），如图 1-17 所示。

图 1-16

图 1-17

当然，函数计算并不仅限于单张表，多表之间的查询匹配在数据处理过程中也非常常见。

例如从如图 1-18 所示的表格中匹配销售员的绩效奖金到工资核算表中去（使用 VLOOKUP 函数进行查找匹配并返回相应的值），如图 1-19 所示。

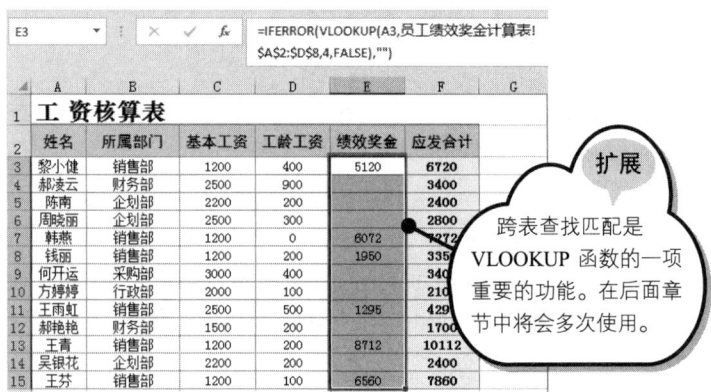

图 1-18　　　　　　　　　　图 1-19

公式函数在数据计算中是非常重要的,通过数据间的相互引用,可以生成小型的数据管理系统。

1.1.3 专用函数进行专项计算

在 Excel 2016 中,在"公式"选项卡的"函数库"选项组中可以看到"财务函数"按钮,这说明对于财务数据的统计,有时候需要专用函数才能进行计算,例如计算固定资产折旧、投资现值、现金流的内部收益率等。

图 1-20 所示的是使用 PV 函数基于固定利率和等额分期付款方式,返回某项投资的未来值;图 1-21 所示的是使用 XNPV 函数返回现金流计划的净现值,这都是属于经济领域专用的财务函数。

图 1-20　　　　　　　　　　　图 1-21

图 1-22 所示的是使用专用的折旧计算函数计算固定资产的月折旧额。

图 1-22

这些专用的财务函数使用起来并不难,因为它们对参数的设置比较单一,也无法嵌套,这相对于其他函数的使用来说就简单很多了,如求解固定资产的折旧时要已知原值、残值、使用年限等这些数据,然后按照函数的语法将它们分别设置为参数即可求解。一般通过 Excel 的帮助文档查看函数参数并依次设置即可。

1.2 建立正确的表格

原始表格是数据计算分析的基础，而数据的计算分析又是建立原始数据的最终目的。因此建立正确的表格至关重要。首先要分清表格用途，然后学习本节中介绍的一些原则，把原始表格建立正确，把"地基"打牢。

1.2.1 分清表格用途

在日常工作中，用 Excel 进行数据处理的目的主要有三个：一是存储数据，二是利用 Excel 强大的数据分析功能进行数据分析，三是生成分析结果或提炼出报表或制作图表。因而，Excel 数据处理的完整流程包括数据输入、数据存储、数据加工、报表输出，如图 1-23 所示。

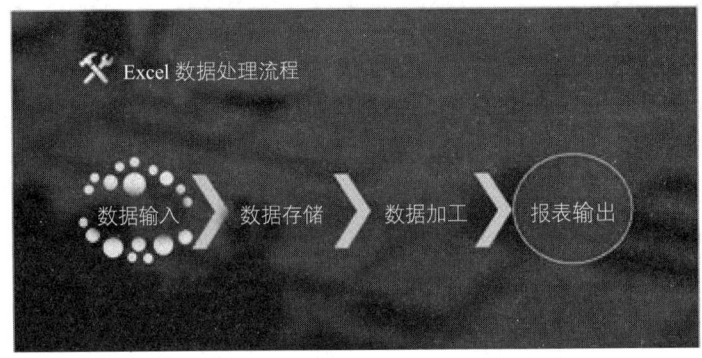

图 1-23

根据所处的 Excel 数据处理的流程环节及表格性质的不同，可以将 Excel 表格分为清单型、报表型、其他型三大类型。

1. 清单型表格

如图 1-23 所示，清单型表格与数据存储环节相对应，此类表格其实就是数据仓库，主要用于存储基础数据，其数据来源可能是直接录入，也可能是外部数据导入。

如记账凭证（如图 1-24 所示）、费用支出记录表（如图 1-25 所示）、业务明细表等都是清单型表格。其使用对象是数据加工者，数据加工的所有基础数据大多来源于清单型表格。因而，清单型表格设计是否合理、格式是否规范，将直接影响到后期数据加工。

记账凭证

日期	凭证号	摘　要	科目代码	账户名称	总账代码	总账科目	借方金额	贷方金额
2018/4/1	0001	报销招待费	6601	销售费用	6601	销售费用	¥ 1,045.00	
2018/4/1	0001	报销招待费	1001	库存现金	1001	库存现金		¥ 1,045.00
2018/4/2	0002	提取备用金	1001	库存现金	1001	库存现金	¥ 65,000.00	
2018/4/2	0002	提取备用金	100201	银行存款-中国工	1002	银行存款		¥ 65,000.00
2018/4/2	0003	低值易耗品采买	6602	管理费用	6602	管理费用	¥ 1,265.00	
2018/4/2	0003	低值易耗品采买	1001	库存现金	1001	库存现金		¥ 1,265.00
2018/4/2	0004	收到欠款	100201	银行存款-中国工	1002	银行存款	¥ 22,000.00	
2018/4/2	0004	收到欠款	1122	应收账款	1122	应收账款		¥ 22,000.00
2018/4/4	0005	收到智禾佳慧科技的货	100202	银行存款-中国银	1002	银行存款	¥ 50,000.00	
2018/4/4	0005	收到智禾佳慧科技的货	1122	应收账款	1122	应收账款		¥ 50,000.00
2018/4/4	0006	福利采买	6602	管理费用	6602	管理费用	¥ 2,200.00	
2018/4/4	0006	福利采买	1001	库存现金	1001	库存现金		¥ 2,200.00
2018/4/5	0007	收到晟成科技的货款	100202	银行存款-中国银	1002	银行存款	¥ 20,900.00	
2018/4/5	0007	收到晟成科技的货款	6603	财务费用	6603	财务费用	¥ 1,100.00	
2018/4/5	0007	收到晟成科技的货款	1122	应收账款	1122	应收账款		¥ 22,000.00
2018/4/10	0008	计提坏账准备	6602	管理费用	6602	管理费用	¥ 2,194.00	
2018/4/10	0008	计提坏账准备	1231	坏账准备	1231	坏账准备		¥ 2,194.00
2018/4/12	0009	支付科威电子的货款	2202	应付账款	2202	应付账款	¥ 10,000.00	
2018/4/12	0009	支付科威电子的货款	100202	银行存款-中国银	1002	银行存款		¥ 10,000.00
2018/4/16	0010	采购F7plus彩屏新机	1401	材料采购	1401	材料采购	¥ 26,000.00	
2018/4/16	0010	采购F7plus彩屏新机	22210101	应交税费-应交增	2221	应缴税费	¥ 3,120.00	
2018/4/16	0010	采购F7plus彩屏新机	100201	银行存款-中国工	1002	银行存款		¥ 29,120.00
2018/4/16	0011	物资入库	1405	库存商品	1405	库存商品	¥ 26,000.00	
2018/4/16	0011	物资入库	1401	材料采购	1401	材料采购		¥ 26,000.00
2018/4/16	0012	采购IFACE905高端系	1401	材料采购	1401	材料采购	¥ 10,500.00	

图 1-24

费用支出记录表

序号	支出日期	费用类别	支出金额	产生部门	摘要	负责人
001	9/3	差旅费	¥ 755.00	销售部	周瑞8月22日出差上	周瑞
002	9/3	低值易耗品购置	¥ 298.00	行政部	支付包装袋货款	何玲玲
003	9/4	通讯费	¥ 2,045.00	行政部	固话电话费	谢燕
004	9/5	广告宣传费	¥ 2,785.00	企划部	商场活动	肖绍洁
005	9/6	招聘培训费	¥ 2,000.00	人事部	招聘、培训费用	王成钰
006	9/7	低值易耗品购置	¥ 155.00	行政部	办公用纸、笔	何玲玲
007	9/7	差旅费	¥ 980.00	客服部	刘云8月5日出差北京	刘云
008	9/10	业务招待费	¥ 1,280.00	销售部	业务就餐	刘景文
009	9/11	业务招待费	¥ 380.00	销售部	业务住房	刘景文
010	9/12	办公费	¥ 780.00	客服部	销后招待	何然欣
011	9/13	办公费	¥ 2,200.00	行政部	福利采买	郭心怡
012	9/14	低值易耗品购置	¥ 486.00	行政部	购买桌面绿植	谢燕
013	9/17	办公费	¥ 1,200.00	行政部	活动服装	郭心怡
014	9/17	业务招待费	¥ 690.00	销售部		周瑞
015	9/18	低值易耗品购置	¥ 687.00	行政部	商场活动	谢燕
016	9/18	低值易耗品购置	¥ 420.00	行政部	饮水机过滤芯	何玲玲
017	9/19	交通费	¥ 278.00	企划部		刘心怡
018	9/20	办公费	¥ 287.00	行政部	书报费	何玲玲
019	9/20	广告宣传费	¥ 3,564.00	企划部	业务交流会	肖绍洁
020	9/20	交通费	¥ 525.00	销售部		邓校林

图 1-25

2. 报表型表格

与报表输出环节相对应的是报表型表格。数据量较大时用此类表格来进行信息输出，它反映的信息都是经过加工处理与计算统计后形成的结果报表。

报表可以是函数计算的结果（如图 1-26 所示）、分类汇总的结果、数据透视表的统计结果（如图 1-27

所示），这样可以让人一目了然地查看最终统计结果，方便决策者使用。

公司名称	0-30	30-60	60-90	90天以上	合计
凯速达科技	37000	17000	0	0	54000
晟成科技	0	0	15000	12000	27000
智禾佳慧科技	0	18700	0	0	18700
网事科技	0	14000	0	0	14000
腾达实业	7500	0	5000	0	12500
锐泰科技	11500	0	0	0	11500
合计	56000	49700	20000	12000	137700

图 1-26

公司名称	状态	求和项:未收金额
⊟凯速达科技	已逾期	¥ 54,000.00
凯速达科技 汇总		¥ 54,000.00
⊟锐泰科技	未到结账期	¥ 14,000.00
	已逾期	¥ 11,500.00
锐泰科技 汇总		¥ 25,500.00
⊟晟成科技	未到结账期	¥ 43,600.00
	已逾期	¥ 27,000.00
晟成科技 汇总		¥ 70,600.00
⊟腾达实业	未到结账期	¥ 6,000.00
	已逾期	¥ 12,500.00
腾达实业 汇总		¥ 18,500.00
⊟网事科技	未到结账期	¥ 12,000.00
	已逾期	¥ 14,000.00
网事科技 汇总		¥ 26,000.00
⊟智禾佳慧科技	未到结账期	¥ 38,000.00
	已逾期	¥ 18,700.00
智禾佳慧科技 汇总		¥ 56,700.00
总计		¥ 251,300.00

图 1-27

3. 其他型表格

除前两者之外的表格就是其他型表格，其他型表格主要用于数据的存储，也作为参数用于函数计算的调用。如图 1-28 所示的会计科目表就是典型的参数型表格。

企业会计科目

科目代码	科目名称	明细科目	余额方向	账户名称
1001	库存现金		借	库存现金
1002	银行存款		借	银行存款
100201	银行存款	中国工商银行	借	银行存款-中国工商银行
100202	银行存款	中国银行	借	银行存款-中国银行
1012	其他货币资金		借	其他货币资金
1122	应收账款		借	应收账款
1221	其他应收款		借	其他应收款
1231	坏账准备		贷	坏账准备
1401	材料采购		借	材料采购
1405	库存商品		借	库存商品
1471	存货跌价准备		贷	存货跌价准备
1601	固定资产		借	固定资产
1602	累计折旧		贷	累计折旧
1901	待处理财产损益		借	待处理财产损益
2001	短期借款		贷	短期借款
2202	应付账款		贷	应付账款
2211	应付职工薪酬		贷	应付职工薪酬
221101	应付职工薪酬	员工工资	贷	应付职工薪酬-员工工资
221102	应付职工薪酬	员工福利费	贷	应付职工薪酬-员工福利费
221103	应付职工薪酬	保险费	贷	应付职工薪酬-保险费
221104	应付职工薪酬	代扣个人所得税	贷	应付职工薪酬-代扣个人所得税
2221	应交税费		贷	应交税费
222101	应交税费	应交增值税	贷	应交税费-应交增值税

会计科目表

图 1-28

> **经验之谈**
>
> 在使用 Excel 编制各种表格时，一定要有区分表格类型的意识。由于不同类型的表格，其结构和格式都不同，因此使用原则和设计要求也是不同的（各类表格的设计要求详见"1.2.4 掌握三类表格的设计要求"），所以需要加强对表格的认识，掌握表格设计的大体框架。

1.2.2 表格设计要有"规范意识"——统一性

使用 Excel 表格的目的是对基础数据进行加工分析后，整理出需要的信息，然后制作出报表，提交给信息的最终使用者。数据量较大时，各环节中最关键、最复杂甚至直接决定最终报表质量的就是数据处理环节。因而，进行 Excel 表格设计时要以数据处理为中心，在数据处理时要具备一定的统一意识，保证表格设计的规整性。基于此，在 Excel 表格设计时要遵循以下原则。

1. 一致性原则

一致性原则要求表格内、表格之间的字段名称、数据类型、表格结构格式要保持一致，具体来讲有 4 个基本要求：同物同名称、同列同格式、同列同属性、同表同格式。

➡ 同物同名称

狭义上，也就是说同一对象尽量使用同一个名称，以方便数据统计和表格间的数据引用。例如，如图 1-29 所示的"诺航公司合同登记台账"中"安徽新世纪电子有限公司"与"新世纪电子有限公司"实际为同一家公司，但写成两种名称，对于 Excel 来说就是两家公司，在行数求和、分类汇总（如图 1-30 所示）、数据透视表进行数据加工时就会出现错误。

	A	B	C	D	E	F	G
1			诺航公司合同登记台账				
2	日期	合同号	客户名称	付款方式	商品名称	颜色	金额
3	2017/1/1	20170001	安徽新世纪电子有限公司	现销	商品A	红	521.8
4	2017/1/8	20170002	安徽新世纪电子有限公司	赊销	商品A	红	752.3
5	2017/1/17	20170003	江苏新科电子有限公司	现销	商品BB	黑	652.1
6	2017/2/3	20170004	新世纪电子有限公司	赊销	商品CCC	红	552.5
7	2017/2/10	20170005	新世纪电子有限公司	分期付款	商品A	红	542.3
8	2017/2/15	20170006	江苏新科电子有限公司	现销	商品BB	灰	852.0
9	2017/3/1	20170007	江苏新科电子有限公司	赊销	商品A	红	295.3
10	2017/3/12	20170008	新世纪电子有限公司	现销	商品CCC	灰	856.1

注意：实际是同一客户却使用不同名称。

图 1-29

图 1-30

广义的同物同名称是指对其他具备共性的信息制定统一的命名规则，同类型工作簿应使用统一格式的文件名。例如，文件名为"诺航公司2017年1月财务报表"，就不要出现"诺航2月报表"或"17年2月报表"等之类的情况；工作簿内工作表的名称也应保持同样的格式，如"员工基本工资管理表""员工福利补贴表"和"员工工资表"。

➡ 同列同格式

表格的列相当于数据库中的字段，同一列应保持同一格式。例如，不能将某列的一些数据设置成文本，其他数据又设置为数值或日期等格式。如图1-31所示的表格内出现数据带有单位、有的还是文本格式数字，计算时这些数据就被忽略了，只有数据格式保持一致才能得出正确的计算结果，如图1-32所示。

	A	B	C	D	E	F
1	报销日期	出差员工	所属部门	报销金额		报销金额
2	2018/9/3	高泽宇	销售部	2045		12895
3	2018/9/3	丁一	销售部	1270		
4	2018/9/11	吴凤飞	技术部	2300元		
5	2018/9/11	李丽	销售部	2587		
6	2018/9/11	滕念	销售部	2400		
7	2018/9/15	詹俊	销售部	750		
8	2018/9/18	吴芬芬	生产部	872		
9	2018/9/18	李菲儿	生产部	554		
10	2018/9/19	阚文灿	销售部	807		
11	2018/9/22	陈军	生产部	560		
12	2018/9/22	苗兴华	技术部	1800		

注意：因数字格式不对造成计算错误。

图 1-31

	A	B	C	D	E	F
1	报销日期	出差员工	所属部门	报销金额		报销金额
2	2018/9/3	高泽宇	销售部	2045		15945
3	2018/9/3	丁一	销售部	1270		
4	2018/9/11	吴凤飞	技术部	2300		
5	2018/9/11	李丽	销售部	2587		
6	2018/9/11	滕念	销售部	2400		
7	2018/9/15	詹俊	销售部	750		
8	2018/9/18	吴芬芬	生产部	872		
9	2018/9/18	李菲儿	生产部	554		
10	2018/9/19	阚文灿	销售部	807		
11	2018/9/22	陈军	生产部	560		
12	2018/9/22	苗兴华	技术部	1800		

说明：这是正确的计算结果。

图 1-32

➡ 同列同属性

同属性数据可简单理解为同类的数据，如"月份"字段下可以分为"一月""二月""三月"等，它们是同属性；"加班类型"字段下可分为"工作日加班""双休日加班""节假日加班"，它们是同属性。如果将这些数据分列来处理，则显示不方便让数据进行分类统计。

同一属性不仅仅是要求范畴的统一,也要求数据定义的统一。例如"日期"列下数据定义为"1月份",另一个定义为"一月份",这样显然会导致数据在进行统计分析时无法找到统一的标识(也是前面所说的同物同名称)。

如图 1-33 所示的表格,就是将不同属性的数据保存在一列中,最后导致了无法计算各部门总提成金额。应该知道,"姓名"和"提成金额"是不同属性的数据,所以正确的做法是分列保存,如图 1-34 所示。

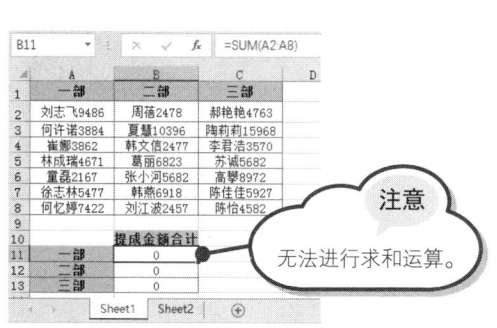
图 1-33

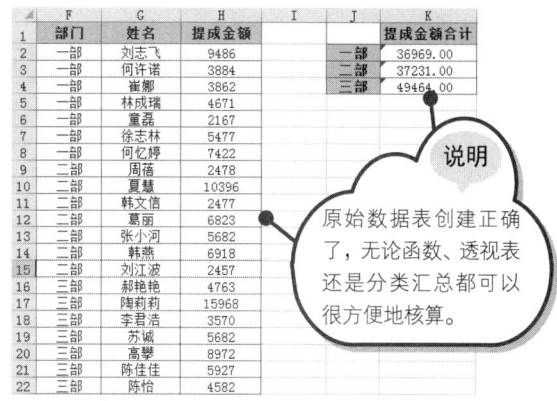
图 1-34

▶ 同表同格式

相同的表格其表格结构格式必须保持一致,以方便函数对数据的汇总统计。例如想汇总年工资额,所有月份工资表中的数据都应保持同样的格式(如图 1-35 所示),这样才能方便使用函数(如图 1-36 所示,例如 12 月工作表第一位员工的实发工资在 T3 单元格)。如果各表格式不一样,那么可能各月的实发工资就不一定都在 T 列中,甚至员工的顺序也不一样,这样混乱的数据肯定无法使用 SUM 函数一次性求解全年实发工资。可能就需要将公式编辑为"='1 月'!G4+'2 月'!H3+…+'12 月'!T3"这种形式,这种完全是靠手工编辑、肉眼寻找,可想而知其困难程度及计算准确性。

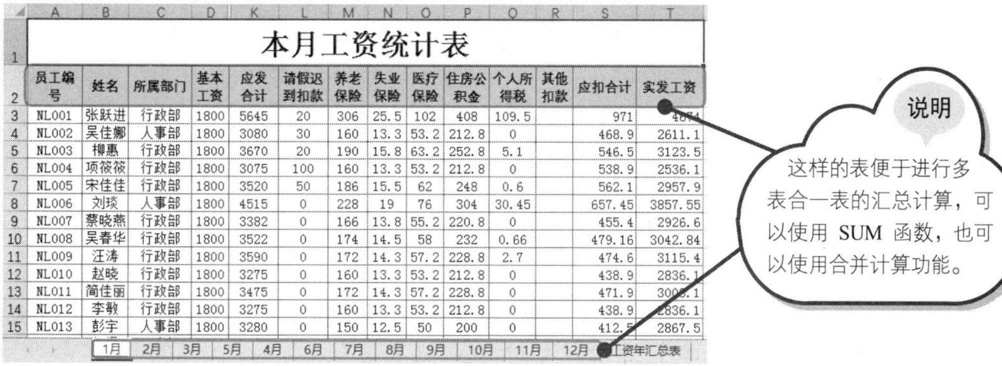

图 1-35

图 1-36

2．规范性原则

名称规范、格式规范：表格中的各类数据使用规范的格式，数字就使用常规或数值型的格式，而不应使用文本型的格式。

例如日期型格式不能输入"20170325""2017.3.25""17.3.25"等不规范的格式，否则在后期数据处理时，就会出现无法运算、运算错误的现象（如图 1-37 所示），同列同格式也在规范性要求范围内。

图 1-37

3．整体性原则

整体性原则要求同一事项数据放在同一工作表，同一类型的工作表放在同一工作簿，同一类工作簿放置在同一文件夹中。

例如清单型表格的数据如果能在同一工作表中记录就不要拆分为月分表保存（如图 1-38 所示），这样更方便数据透视表的分析，如图 1-39 所示。

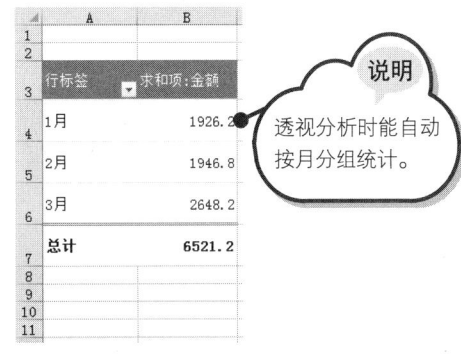

图 1-38   图 1-39

与数据关联的其他型表格（或前面所称第三类表格）不要拆分到若干工作簿中管理，否则将不便于数据的引用及调用计算。例如前面所讲的"员工工资管理"，会牵涉到员工的基本工资、福利补贴、绩效工资及各项扣款，这些表格要放在同一工作簿中统一管理。

1.2.3 表格设计要有"偷懒意识"——可扩展性

表格设计的可扩展性原则主要体现在以下三个方面。

➡ 编辑公式要有良好的扩展性

在编辑公式的时候应考虑其扩展性，这样才能快速提高数据分析效率。编制公式时，对单元格引用应正确使用相对引用、绝对引用、混合引用，以便使用鼠标拖拉填充柄填充公式瞬间得出批量计算结果。关于相对引用与绝对引用的应用环境，将在第 4 章中给予详细介绍，并且在后面财务处理过程中也会多处使用到混合引用数据源计算的公式。

➡ 表格的名称要有良好的可扩展性

表格名称应规范、有规律，以方便批量修改公式，这与前面讲到的"同物同名称、同表同格式、同列同格式、同列同属性"意义相同。

➡ 表格的布局要有良好的可扩展性

不要在表格的中间添加小计行，因为这样会破坏数据的连续性；另外，也不要在表格的末尾处添加总计行，这样当表格需要增补数据时则会不便。因此应该使用表格功能或预留空白行列。

1.2.4 掌握三类表格的设计要求

前面讲到根据表格的用途确定表格类型及结构，那么在对表格类型有了一定的了解之

后,最关键的还是掌握其设计要求,并落实到表格中去。那么不同类型的表格到底都有哪些要求呢?

1. 清单型表格的设计要求

➢ 有列标题,列标题应为非数字,且列标题名不重复、不缺失,保持一列数据一个属性。如图 1-40 所示,因为漏输了一个列标识,导致无法创建数据透视表。

图 1-40

➢ 不要使用传统的斜线表头。

➢ 不要使用合并单元格、多行标题。使用合并单元格、多行标题不方便使用数据透视表、筛选等分析工具。如图 1-41 所示,表格的第一行和第二行都是表头信息,这让程序无法为数据透视表生成字段。

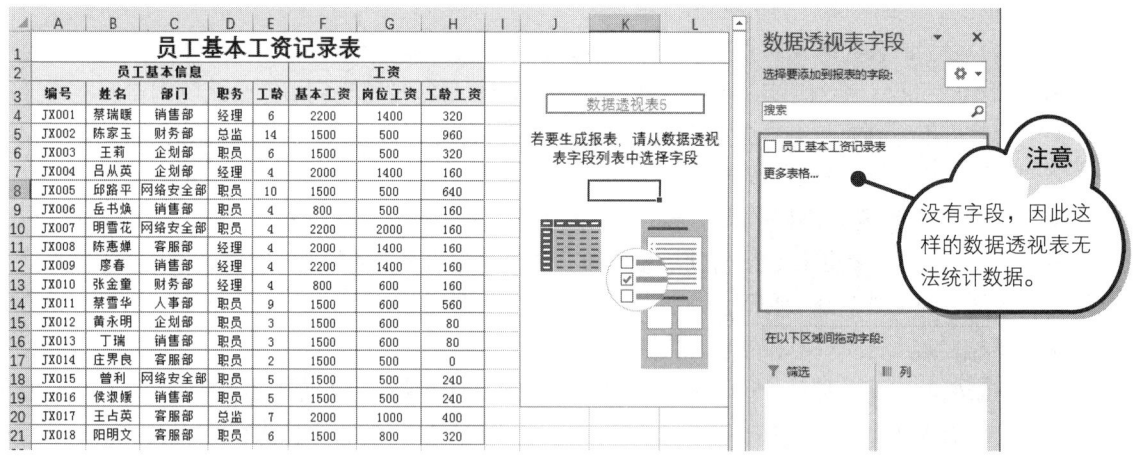

图 1-41

➢ 同一列为同一数据类型,且要保证各数据格式的规范性。例如,日期数据就使用标准的程序能识别的日期格式,数值就是要能计算的数字而不是文本数字等。如图 1-42 所示,因为"基本工资"列中有的工资额带上了单位,这样就会导致数字变成文本了,因此计算结果出现#VALUE!错误值。如图 1-43 所示,因为"销售数量"列中有两个文本型的数字,当设置"销售数量"为值字段时,则只能使用"计数"的计算方式,而不能对其进行求和。

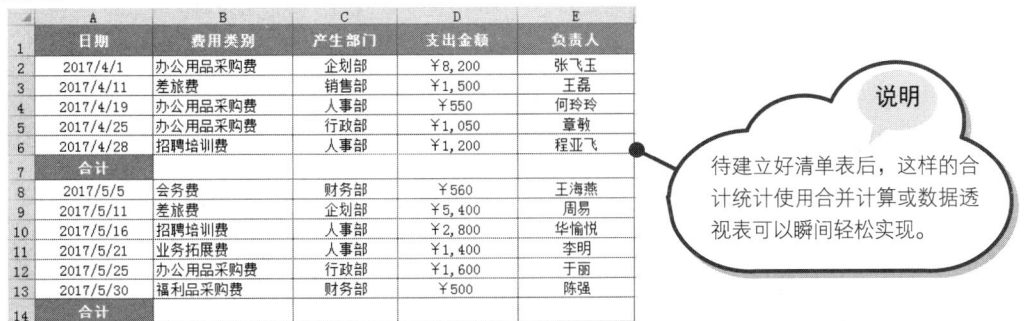

图 1-42　　　　　　　　　　　　　图 1-43

- 各记录间不能有空行空列,不用小计、合计行(如图 1-44 所示),否则会破坏数据的连续性。

图 1-44

- 无冗余数据,可通过已有数据计算得出的数据则不必输入到清单型表格。
- 尽量把同一期数据记录到同一表中,这样才有利于统一使用数据透视表或函数公式进行分析。

2. 报表型表格的设计要求

- 熟练运用好公式、分类汇总工具、数据透视表工具等引用清单型表格中数据生成汇总报表。

➡ 结构合理、层次清晰、重点突出、排版美观、方便阅读与打印（如图1-45所示）。

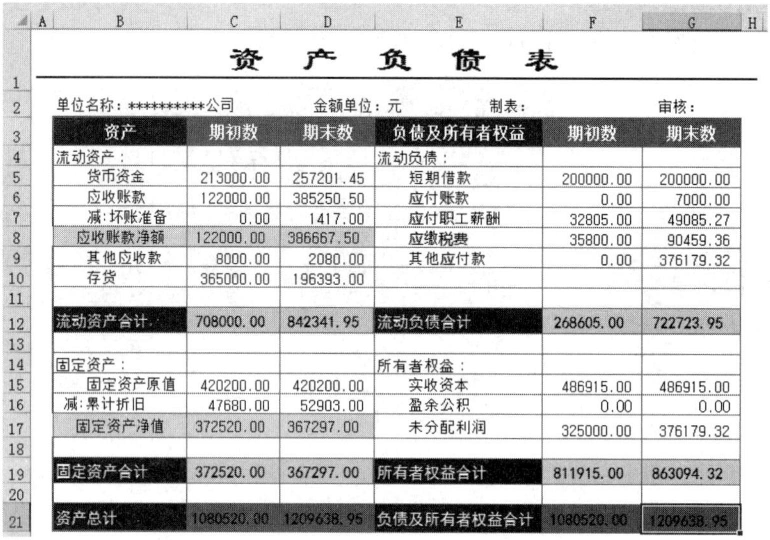

图1-45

➡ 如果是定期提供的报表，则使用的公式要有良好的可扩展性。如图1-46所示，工资条使用了公式，当每月更新工资表时，工资条中的数据则自动重新生成。

图1-46

➡ 注意保护工作表，防止误操作破坏公式与数据。

➡ 表格排版适当考虑使用者的习惯。

3. 其他型表格的设计要求

➡ 有列标题，因常作为参数用于函数的调用，因此要保障与其他关联表格同物同名称。

➡ 逻辑清晰、布局合理、适当标注，便于后期阅读、修改。

➡ 选用最快捷、最高效的方法录入数据。

第 2 章

财务数据的输入与编辑

- 财务数据的输入与编辑
  - 2.1 准确输入各种类型数据
    - 2.1.1 输入文本内容 —— 例：数据显示为文本格式
    - 2.1.2 输入数值
      - 例1：输入包含指定小数位数的数值
      - 例2：设置费用金额为货币格式
      - 例3：输入百分比数值
    - 2.1.3 输入日期数据 —— 例：输入日期
  - 2.2 数据批量输入
    - 2.2.1 批量输入相同数据
      - 例1：连续单元格中填充相同数据
      - 例2：在不连续单元格中输入相同数据
    - 2.2.2 填充输入有规则数据
      - 例1：连续序号的填充
      - 例2：不连续序号的填充
      - 例3：填充工作日日期
      - 例4：把自己常输入的数据建立为可填充序列
  - 2.3 设定数据验证规范录入的数据
    - 2.3.1 限制只能输入指定类型数据
      - 例1：只允许输入日期
      - 例2：只允许输入小于指定数值的整数
    - 2.3.2 建立可选择输入的序列 —— 例：让数据可以选择输入
    - 2.3.3 用公式建立验证条件
      - 例1：禁止输入重复值
      - 例2：禁止输入空格
    - 2.3.4 设置光标指向时显示输入提示 —— 例：智能的输入提示
  - 2.4 选择性粘贴功能的妙用
    - 2.4.1 数据的复制粘贴
      - 例1：匹配目标区域格式
      - 例2：将公式的计算结果转换为数值
      - 例3：保持两表数据链接
    - 2.4.2 对单元格区域进行批量运算 —— 例：将进货单价统一上调10%
  - 2.5 查找与替换数据
    - 2.5.1 表格数据的查找 —— 例：从数据库中快速找到数据
    - 2.5.2 表格数据的替换
      - 例1：查找并替换数据
      - 例2：替换数据的同时设置特殊格式

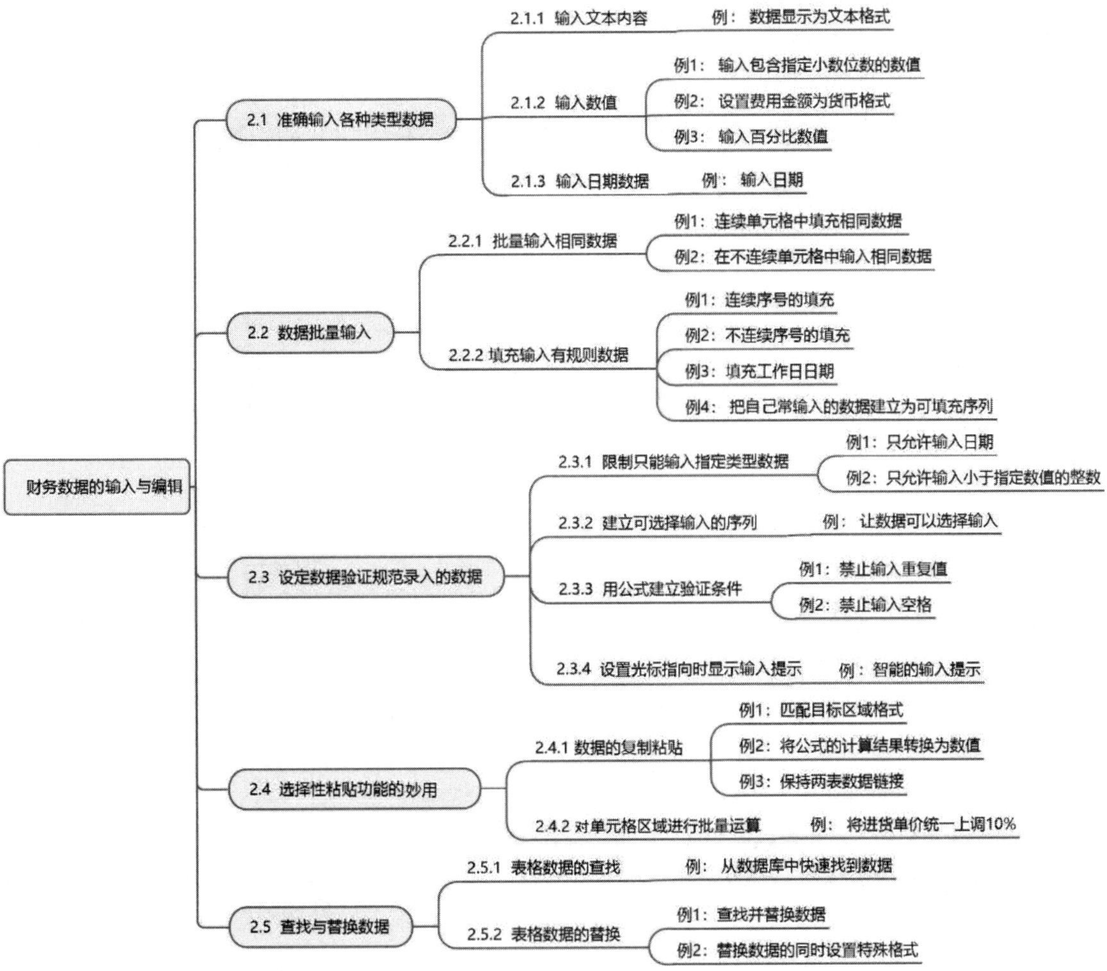

2.1 准确输入各种类型数据

输入任意类型的数据（如文本型数据、数值型数据、日期型数据等）到工作表中是创建表格的首要工作。不同类型数据的输入，其操作要点各不相同。另外，本节中还牵涉到利用填充的方法、导入的方法以实现数据的批量输入。

2.1.1 输入文本内容

一般来说，输入到单元格中的汉字、字母即为文本型数据，像数字、日期、时间等都为数值型数据。除了输入普通文本外，还有一些特殊的情况下需要将输入的数字显示为"文本"的格式。下面通过例子解说。

例：数据显示为文本格式

例如在"序号"列中想显示的序号为"001""002"……这种形式（如图2-1所示），直接输入显示的结果如图2-2所示（前面的0自动省略），此时则需要首先设置单元格的格式为"文本"，然后再输入序号。

图2-1

图2-2

❶ 选中要输入"序号"列的单元格区域，切换到"开始"选项卡，在"数字"组中单击格式设置框右侧下拉按钮，在下拉列表中单击"文本"，如图2-3所示。

❷ 单击"确定"按钮，再输入以0开头的编号时即可正确显示出来，如图2-4所示。

通过以上操作总结如下，如果输入文字、字母等内容，其默认作为文本来处理，无须特意设置单元格的格式为"文本"，但有些情况下必须设置单元格的格式为"文本"。例如，输入以0开头的编号、一串数字表示的产品编码、身份证号码等，如果不设置单元格格式为"文本"，这样的数据将无法正确显示。

财务数据的输入与编辑 第2章

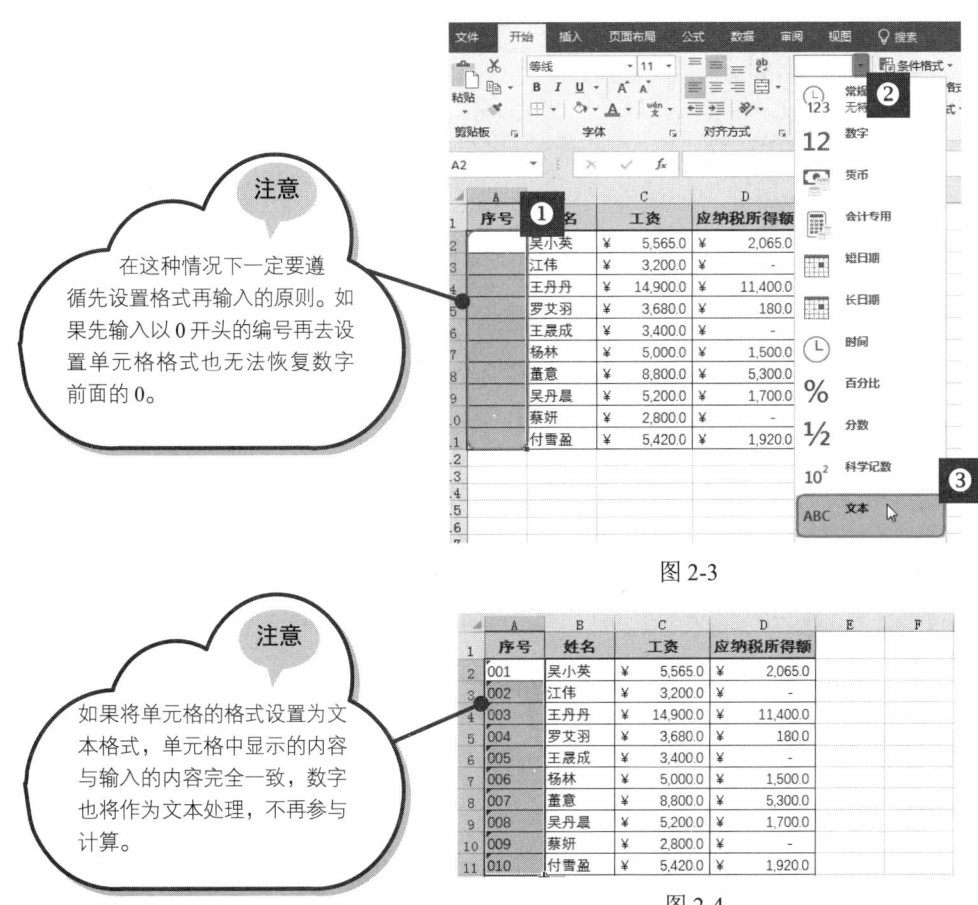

注意

在这种情况下一定要遵循先设置格式再输入的原则。如果先输入以0开头的编号再去设置单元格格式也无法恢复数字前面的0。

图 2-3

注意

如果将单元格的格式设置为文本格式，单元格中显示的内容与输入的内容完全一致，数字也将作为文本处理，不再参与计算。

图 2-4

练一练

练习题目：输入完整的身份证编号，让它完整显示18位编码（如图2-5所示），而不是显示为科学计算的形式。
操作要点：输入前设置单元格格式为"文本"。

图 2-5

2.1.2 输入数值

直接在单元格中输入数字,它默认是可以参与运算的数值,怎么输入就怎么显示,但根据实际的需求,有时需要设置数值的其他显示格式,如包含特定位数的小数、以货币值显示、显示百分比值等。

例1:输入包含指定小数位数的数值

当输入数值包含小数位时,输入几位小数,单元格中就显示出几位小数。有时希望所有输入的数值都包含几位小数(如2位,不足2位的用0补齐),可以按如下方法设置。

❶ 选中要输入包含2位小数数值的单元格区域,在"开始"选项卡的"数字"组中单击 下拉按钮,在打开的下拉列表中选择"数字"选项,如图2-6所示。

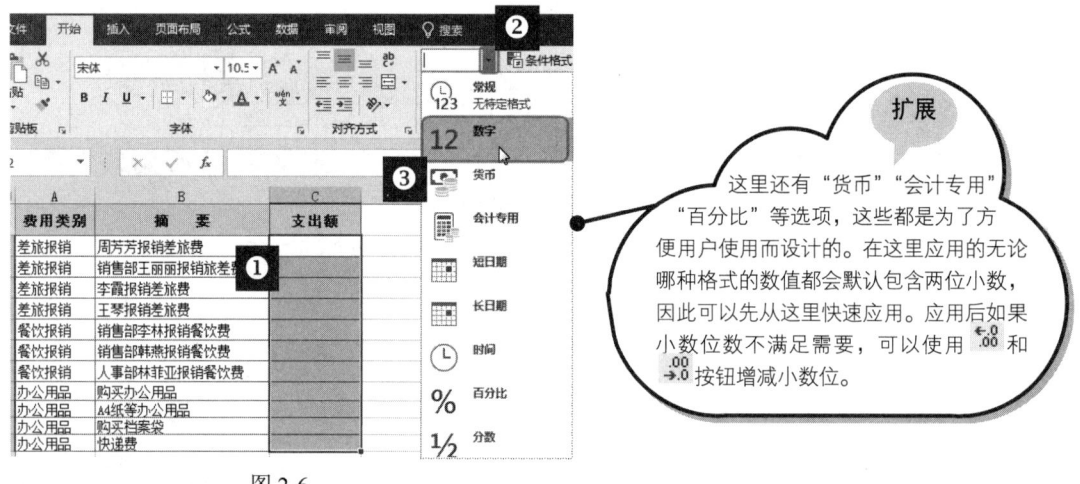

图2-6

> **扩展**
> 这里还有"货币""会计专用""百分比"等选项,这些都是为了方便用户使用而设计的。在这里应用的无论哪种格式的数值都会默认包含两位小数,因此可以先从这里快速应用。应用后如果小数位数不满足需要,可以使用 按钮增减小数位。

❷ 执行上述操作后,在设置了格式的单元格输入数值时会自动显示为两位小数,如图2-7所示。

❸ 如果想对小数位进行增减,则可以在"数字"组中单击 按钮增加小数位(如图2-8所示)和 按钮减少小数位。

例2:设置费用金额为货币格式

要让输入的数据显示为货币格式,可以按如下方法操作。

扩展

区分文本数据与数值数据有一个最简易的办法，输入文本后会自动左对齐，输入数值后会自动右对齐。

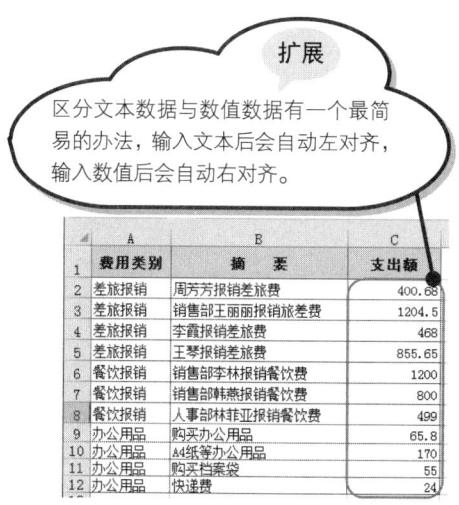

图 2-7

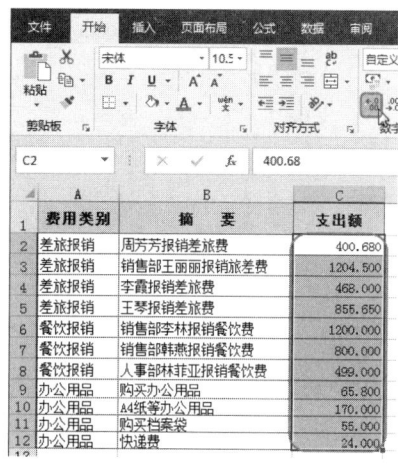

图 2-8

❶ 打开工作表，选中想显示为货币格式的数据区域，切换到"开始"选项卡，在"数字"组中单击 ⌐（设置单元格格式）按钮（如图 2-9 所示），弹出"设置单元格格式"对话框。

❷ 在"分类"列表中选择"货币"选项，并设置小数位数、选择货币符号的样式，如图 2-10 所示。

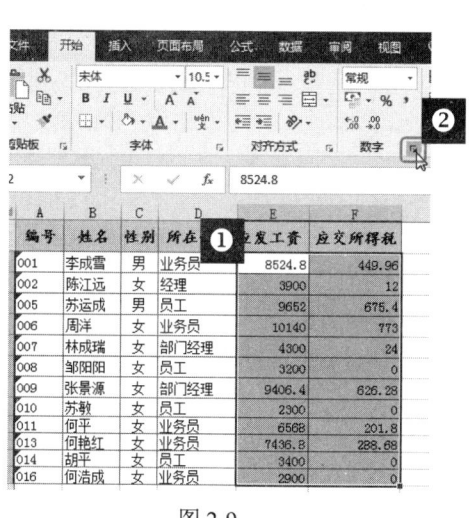

图 2-9

图 2-10

❸ 单击"确定"按钮，则选中的单元格区域数值格式更改为货币格式，如图 2-11 所示。

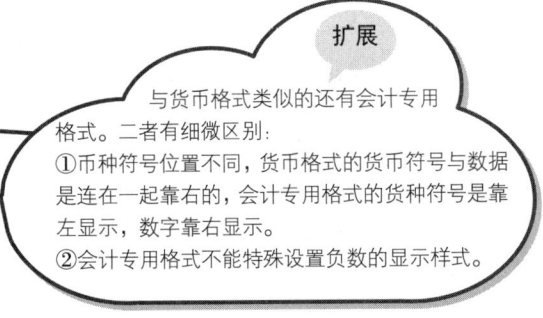

扩展

与货币格式类似的还有会计专用格式。二者有细微区别：
①币种符号位置不同，货币格式的货币符号与数据是连在一起靠右的，会计专用格式的货种符号是靠左显示，数字靠右显示。
②会计专用格式不能特殊设置负数的显示样式。

图 2-11

例3：输入百分比数值

百分比数据可以通过在数据后添加百分比符号的方式来直接输入，但如果在计算时产生大量的数据，最终需要采用百分比的形式表达出来（如求取利润率），则可以按如下方法来实现。

❶ 选中要输入百分比数值的单元格区域或选中已经存在数据且希望其显示为百分比格式的单元格区域，在"开始"选项卡的"数字"组中单击 □ （设置单元格格式）按钮（如图 2-12 所示），打开"设置单元格格式"对话框。

❷ 在"分类"列表框中选择"百分比"选项，然后可以根据实际需要设置小数的位数，如图 2-13 所示。

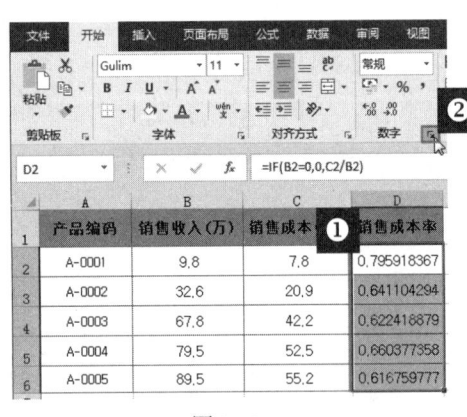

图 2-12

图 2-13

❸ 单击"确定"按钮，可以看到选中的单元格区域中的数据显示为百分比值且包含 2 位小数，如图 2-14 所示。

图 2-14

> **扩展**
> 也可以在输入前就设置单元格格式，这样输入的数字就会自动显示为需要的格式。

练一练

练习题目：设金额的货币格式，并且负数用红色括号表示（如图 2-15 所示）。

操作要点：打开"设置单元格格式"对话框，设置货币格式并选择负数的显示格式。

图 2-15

2.1.3 输入日期数据

在单元格中输入日期和时间时，需要借助符号将数字相连接，并且日期和时间都以默认格式显示出来，可以根据需要让日期和时间显示为其他指定格式。

例：输入日期

输入日期数据要以程序能识别的方式输入，如"18-5-1""5-1""18/5/1"这些格式。因此输入日期时可以选择程序能识别的最简易的方式输入，然后通过单元格格式的设置显示为其他格式。

❶ 选中需要输入日期数值的单元格区域或选中已经存在数据且希望其显示为其他格式的单元格区域，在"开始"选项卡的"数字"组中单击 ⌐（设置单元格格式）按钮（如图 2-16 所示），打开"设置单元格格式"对话框。

❷ 在"分类"列表中选择"日期"选项，然后可以根据实际需要设置日期格式为"14-Mar-12"，如图 2-17 所示。

Excel 财务管理从入门到精通
（微课视频版）

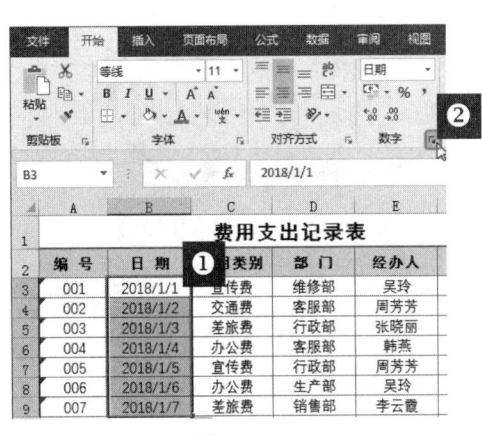

图 2-16

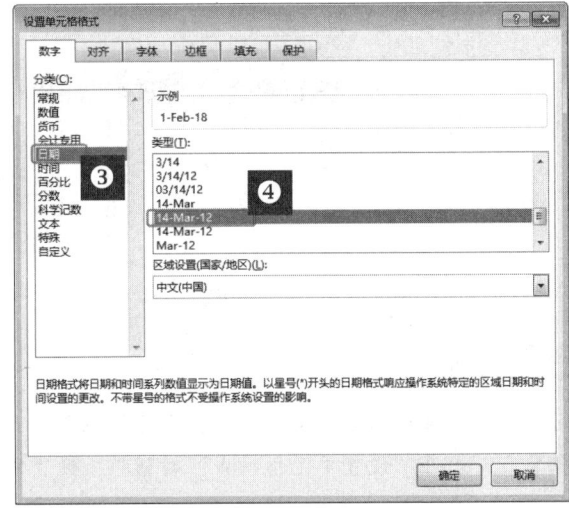

图 2-17

❸ 单击"确定"按钮，则选中的单元格区域数值格式更改为指定日期格式，如图 2-18 所示。

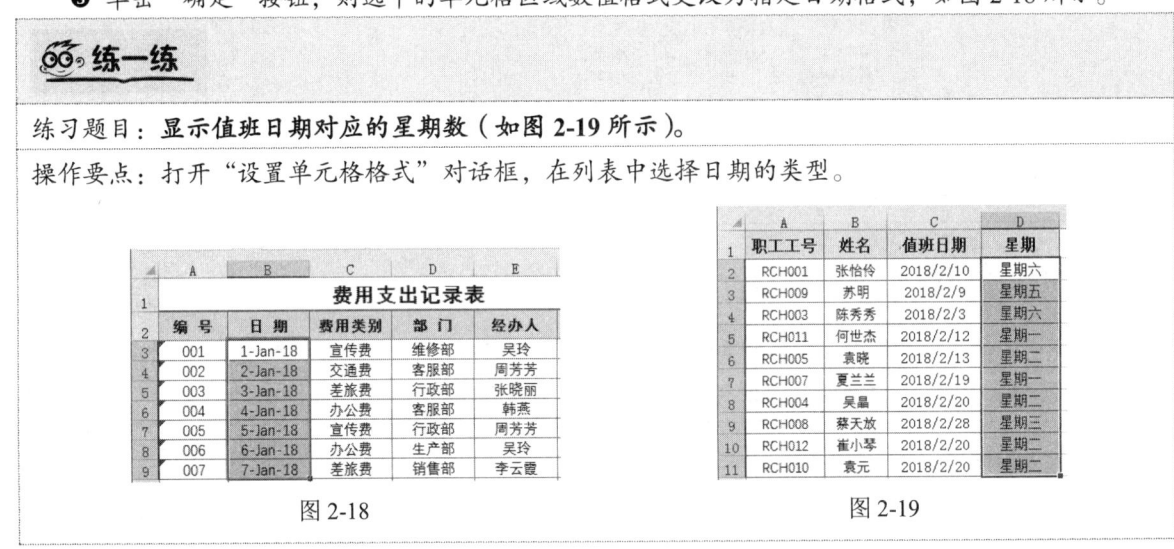

练习题目：显示值班日期对应的星期数（如图 2-19 所示）。

操作要点：打开"设置单元格格式"对话框，在列表中选择日期的类型。

图 2-18　　　　　　　　图 2-19

2.2　数据批量输入

在工作表中批量输入数据（如在连续的单元格中输入相同的数据、填充输入序号、填充输入连续月份等）是最常见的操作，可以方便用户一次性输入相同的或有规律的数据，以提高工作效率。

2.2.1 批量输入相同数据

快速填充输入相同的数据包括在连续的单元格区域中输入相同的数据和在不连续的单元格中输入相同的数据。

例1：在连续单元格中填充相同数据

本例为公司部分费用支出的相关信息，其中费用类别中有很多重复数据，对于这些数据可以通过填充的方式快速输入。

❶ 输入首个数据，如本例中在 A2 单元格中输入"差旅报销"，鼠标指针指向 A2 单元格右下角，出现黑色十字形（称之为填充柄），如图 2-20 所示。

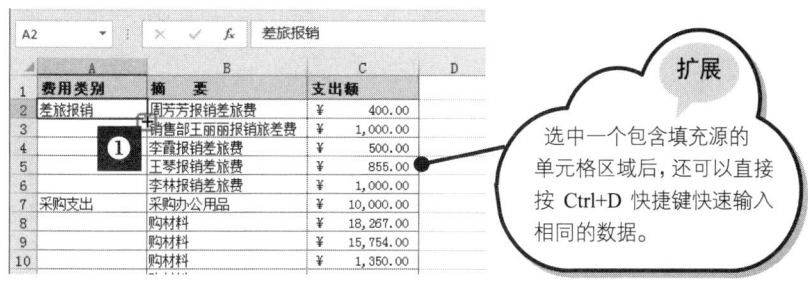

图 2-20

> **扩展**
>
> 选中一个包含填充源的单元格区域后，还可以直接按 Ctrl+D 快捷键快速输入相同的数据。

❷ 按住鼠标左键不放向下拖动（拖动到的位置按实际填充需要决定），如图 2-21 所示。

❸ 释放鼠标即可实现数据填充，如图 2-22 所示。

图 2-21　　　　　　　　　　图 2-22

例2：在不连续单元格中输入相同数据

本例为银行短期借款明细表的部分数据，在不连续单元格中输入相同数据。

❶ 按 Ctrl 键依次选中需要输入相同数据的单元格，接着松开 Ctrl 键，在最后一个选中的单元格中输入数据，如此处输入"农业银行"，如图 2-23 所示。

❷ 按 Ctrl+Enter 组合键，即可在选中的所有单元格中输入相同的数据，如图 2-24 所示。

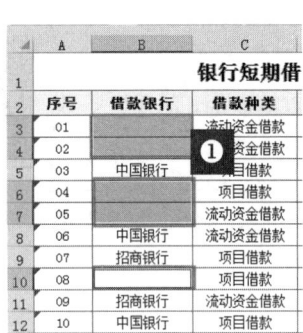

图 2-23

图 2-24

> **练一练**
>
> 练习题目：填充数据时有时数据中包含数字，填充时数字会默认递增（如图 2-25 所示），这时如何通过填充得到相同的数据（如图 2-26 所示）？
>
> 操作要点：填充的同时按住 Ctrl 键。
>
>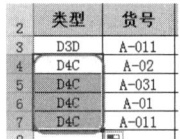
>
> 图 2-25　　　　　　　　　　　　　　图 2-26

2.2.2　填充输入有规则数据

通过填充功能可以实现一些有规则数据的输入，如序号的填充、日期填充、月份填充等。

例 1：连续序号的填充

通过填充可以实现连续序号的输入，其操作如下。

❶ 在 A2 单元格中输入 001。选中 A2 单元格，鼠标指针指向 A2 单元格右下角，出现黑色十字形

（称之为填充柄），如图 2-27 所示。

❷ 按住鼠标左键不放，向下拖动至到填充结束的位置，如图 2-28 所示。

❸ 释放鼠标，拖动过的位置上即会完成序号的填充，如图 2-29 所示。

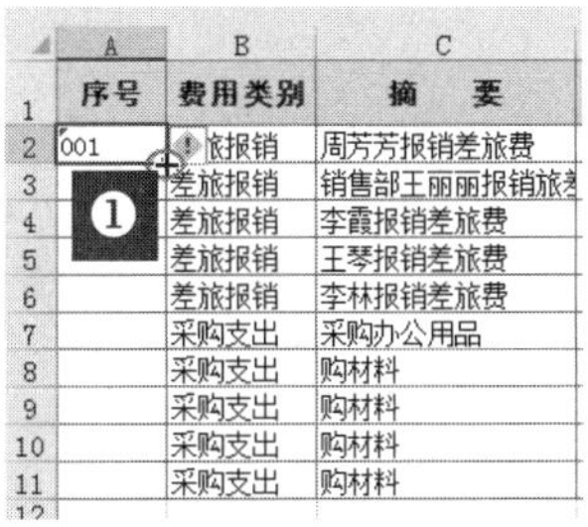

图 2-27 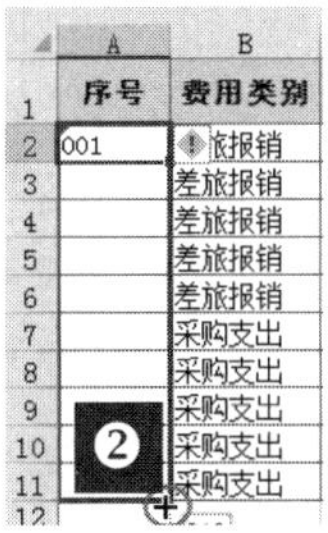　　　　　　图 2-28 　　　　　　图 2-29

经验之谈

如果想填充序列，当输入的数据是日期或本身具有增序或减序特征时，直接填充即可；如果输入的数据是数字，需要按住 Ctrl 键再进行填充，或者在填充后，从"自动填充选项"下拉列表中选中"填充序列"单选按钮。

填充完成后，都会出现"自动填充选项"按钮。单击其右侧的下拉按钮，在弹出的下拉列表中可以为填充选择不同的方式，如"仅填充格式""不带格式填充"等，如图 2-30 所示。

图 2-30

另外，"自动填充选项"下拉列表中的选项内容取决于所填充的数据类型，如填充日期时会出现"按月填充""按工作日填充"等选项。

例 2：不连续序号的填充

通过填充功能可以实现不连续序号的输入，其关键操作在于填充源的输入。例如，本例中固定资产的第 1 个序号为 GD001，第 2 个序号为 GD004，第 3 个序号为 GD007，其他依此类推，即每个序号间隔"3"，那么首先要输入前两个序号，然后再使用填充的方式批量输入。

❶ 在 A2 和 A3 单元格中分别输入前两个编号（GD001 与 GD004）。选中 A2:A3 单元格，将光标移至该单元格区域的右下角，至光标变成十字形状（✚），如图 2-31 所示。

❷ 按住鼠标左键不放，向下拖动至填充结束的位置，如图 2-32 所示。

❸ 松开鼠标左键，拖动过的位置上即会以"3"为间隔显示编号，如图 2-33 所示。

图 2-31

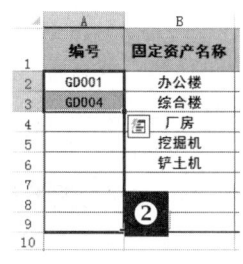
图 2-32

图 2-33

例 3：填充工作日日期

在填充日期时，填充完成后，可以通过单击"自动填充选项"按钮，然后在下拉列表中选择按月填充、按工作日填充、按年填充等不同的填充方式。

❶ 在 A2 单元格输入值班日期，然后将光标放置在 A2 单元格右下角，当光标变成 ✚ 形状，按住鼠标左键向下拖动（如图 2-34 所示），到合适的位置释放鼠标，即可看到日期递增序列。

❷ 单击"自动填充选项"按钮，在下拉列表中选中"填充工作日"单选按钮（如图 2-35 所示），即可按照工作日日期填充，如图 2-36 所示。

图 2-34

图 2-35　　　　图 2-36

例 4：把自己常输入的数据建立为可填充序列

程序中内置了一些可以自动填充的序列，如月份数、星期数、甲乙丙丁等填充时，只要输入首个数据即可实现填充。除了程序内置的序列外，也可以将自己常用的数据序列建立为可填充序列，从而方便自己的输入工作。例如，在建立费用支出表时经常要输入几个固定的费用类别名称，则可以将费用类别定义为可填充输入的序列。

❶ 选择"文件"→"选项"命令，如图 2-37 所示。

❷ 打开"Excel 选项"→"高级"选项卡，在右侧"常规"栏中单击"编辑自定义列表"按钮，如图 2-38 所示。

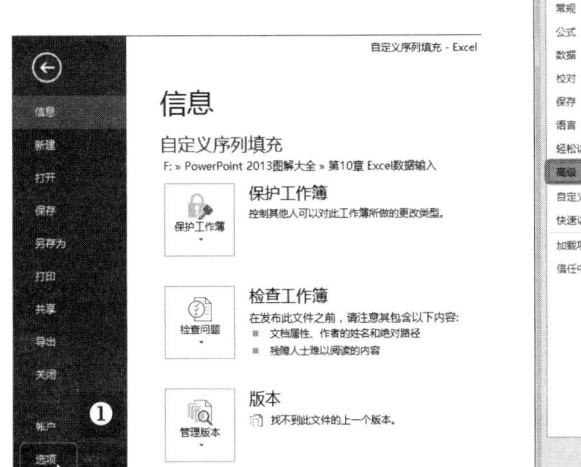

图 2-37　　　　　　　　　　　　　　　　图 2-38

❸ 打开"自定义序列"对话框，在"输入序列"文本框中输入各种费用类别，单击"添加"按钮，即可将其添加到左侧[自定义序列]列表框中，如图 2-39 所示。

扩展

如果不再需要某个自定义序列，则可以在该列表框中选中该序列，单击右侧的"删除"按钮。

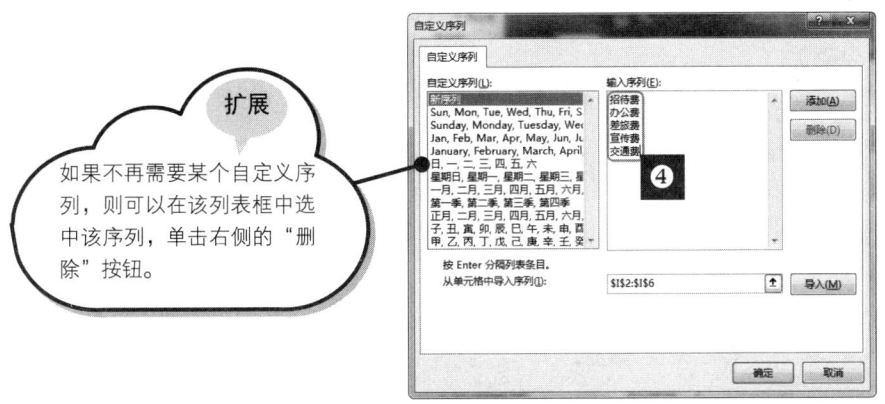

图 2-39

❹ 依次单击"确定"按钮，返回工作表中，在A3单元格中输入"招待费"（首个费用类别，如图2-40所示），拖动填充柄向下填充，即可按自定义序列填充各种费用类别，如图2-41所示。

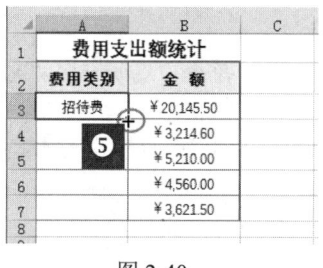

图2-40

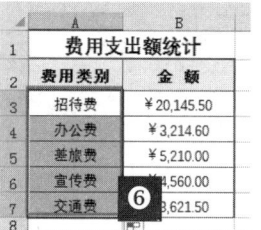

图2-41

> **练一练**
>
> 练习题目：在连续单元格中填充相同的日期（如图2-42所示）。
>
> 操作要点：填充后使用"自动填充选项"按钮。
>
>
>
> 图2-42

2.3　设定数据验证规范录入的数据

数据有效性验证是指让指定单元格中所输入的数据满足一定的要求，如只能输入指定范围的整数、只能输入小数、设置可选择输入序列、添加公式验证等，根据实际情况设置数据有效性后，可以有效防止在单元格中输入无效的数据。

2.3.1　限制只能输入指定类型数据

在表格中输入数据时，有些单元格输入的数据有限制，如只能是日期、某范围内的整数等，这时可以在输入数据前进行数据验证设置，从而有效避免错误输入。

例1：只允许输入日期

例如，某些单元格区域中只允许输入当月的日期，可以按如下方法设置数据验证。

❶ 选择需设置的单元格区域，切换到"数据"选项卡，在"数据工具"组中单击"数据验证"按钮（如图2-43所示），打开"数据验证"对话框。

❷ 在"允许"下拉列表中选择"日期"，在"数据"下拉列表中选择"介于"，然后设置"开始日期"和"结束日期"，如图2-44所示。

图2-43　　　　　　　　　　　图2-44

扩展：在下拉列表中还可以选择小数、时间、文本长度、自定义等类型，可按需要选择相应选项进行设置。

❸ 单击"确定"按钮完成设置。当在单元格中输入程序无法识别为日期的数据时会弹出错误提示，如图2-45所示；当在单元格中输入不在指定区间的日期时也会弹出错误提示，如图2-46所示。

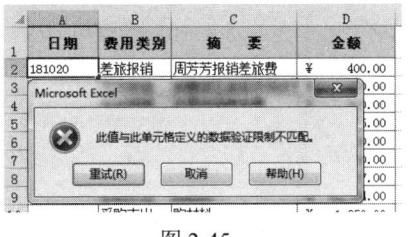　　　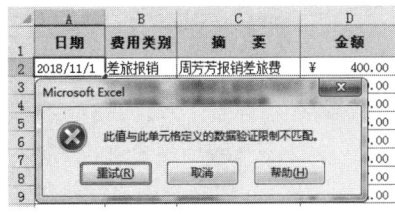

图2-45　　　　　　　　　　　图2-46

例2：只允许输入小于指定数值的整数

例如，某些单元格区域中只允许输入小于某个指定数值的整数，可以按如下方法设置数据验证。

❶ 选择需设置的单元格区域，切换到"数据"选项卡，在"数据工具"组中单击"数据验证"按钮（如图2-47所示），打开"数据验证"对话框。

❷ 在"允许"下拉列表中选择"整数"，在"数据"下拉列表中选择"小于"，然后设置"最大值"，如图2-48所示。

❸ 切换到"出错警告"选项卡，在"标题"文本框中输入警告标题，如图2-49所示。

❹ 单击"确定"按钮即可。当在单元格中输入的不是小于400的整数时，即会弹出警告提示框，如图2-50所示。

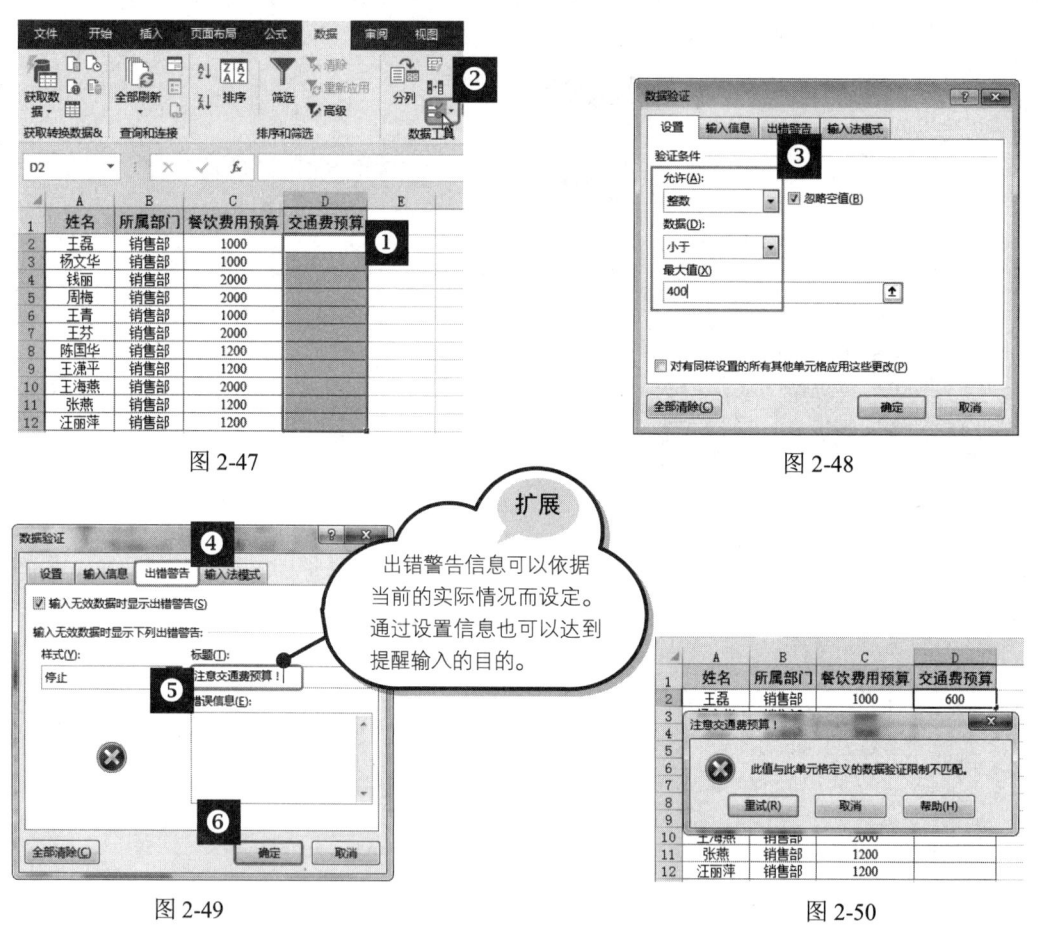

图 2-47　　　　　　　　　　　　　图 2-48

图 2-49　　　　　　　　　　　　　图 2-50

> **扩展**
> 出错警告信息可以依据当前的实际情况而设定。通过设置信息也可以达到提醒输入的目的。

练一练

练习题目：在"活动经费"列中只允许输入金额小于5 000元的整数（如图2-51所示）。

操作要点：设置验证条件为"整数"→"小于"→"5000"。

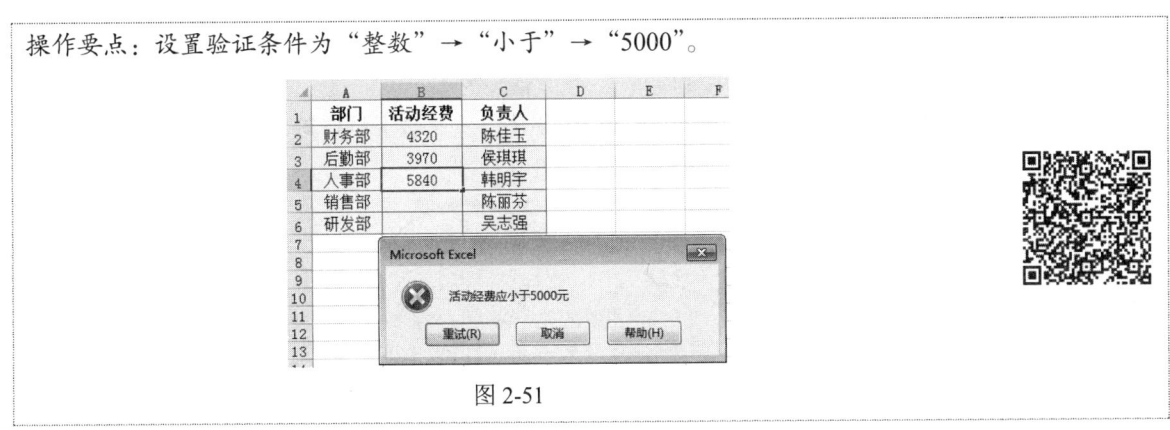

图 2-51

2.3.2 建立可选择输入的序列

选择输入的序列是指某些单元格区域中只有那几个可输入的选项，如产品的系列名称、费用的类别等。这时可以用数据验证功能建立数据序列，输入时可通过下拉列表选择输入。这也是避免数据错误输入的途径之一。

例：让数据可以选择输入

在工资核算表中实现所属部门的选择性输入。

❶ 选中 B2:B15 单元格区域，在"数据"选项卡的"数据工具"组中单击"数据验证"按钮（如图 2-52 所示），打开"数据验证"对话框。

图 2-52

❷ 单击"允许"右侧的下拉按钮，在弹出的下拉列表中选择"序列"；接着在"来源"文本框中输入各个部门（注意输入数据间使用半角逗号间隔），如图 2-53 所示。

❸ 单击"确定"按钮，返回到工作表中。单击 B2 单元格右侧的下拉按钮，在弹出的下拉列表中显示出可选择的序列（如图 2-54 所示），选择相应的部门名称即可。

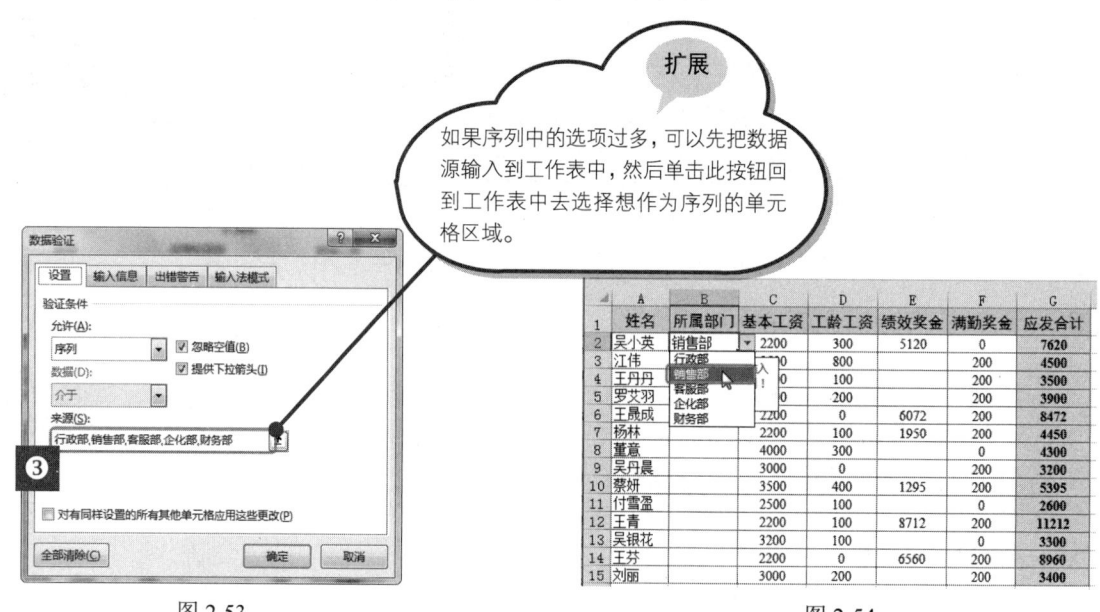

图 2-53　　　　　　　　　　　　　　图 2-54

2.3.3　用公式建立验证条件

用公式建立验证条件可以进行更灵活的数据验证。例如，可以限制输入空格、限制数据输入的长度、避免输入重复编号等。但是要应用好此项功能，需要对 Excel 函数有所了解。下面举两个例子来说明此功能。

例 1：禁止输入重复值

在录入数据时难免出现重复输入数据的情况，这会给后期的数据整理及数据分析带来麻烦。因此对于不允许输入重复值的数据区域，可以事先设置禁止输入重复值。

❶ 选中 A3:A15 单元格区域，在"数据"选项卡的"数据工具"组中单击"数据验证"按钮，如图 2-55 所示。

❷ 打开"数据验证"对话框，单击"允许"右侧的下拉按钮，在弹出的下拉列表中选择"自定义"，如图 2-56 所示。

❸ 在"公式"文本框中输入"=COUNTIF(A:A,A3)<=1",如图 2-57 所示。

❹ 单击"确定"按钮,返回到工作表中。在 A 列中输入的数据不能出现重复,一旦出现重复,则会弹出如图 2-58 所示的提示对话框。

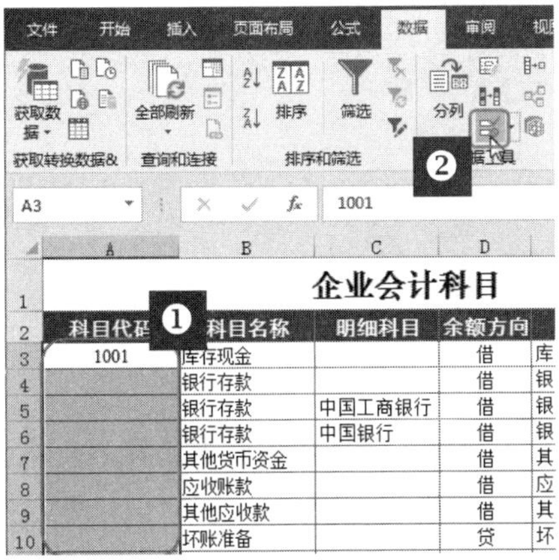

图 2-55

图 2-56

> **扩展**
> COUNTIF 函数用于计算数据区域中满足指定条件的单元格个数。即依次判断所输入的数据在 A 列中出现的次数是否等于 1,如果等于 1 允许输入,否则不允许输入。

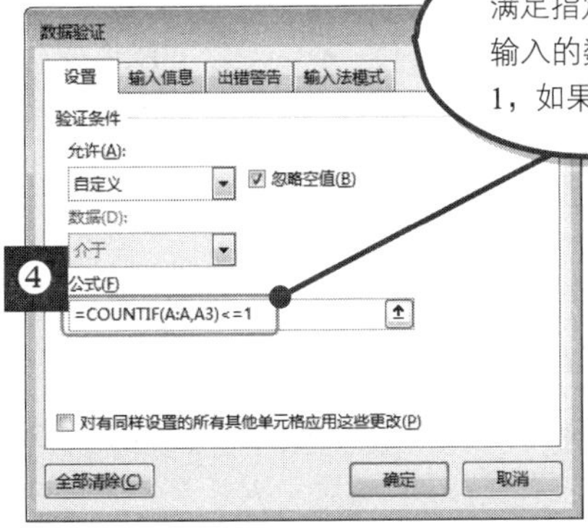

图 2-57

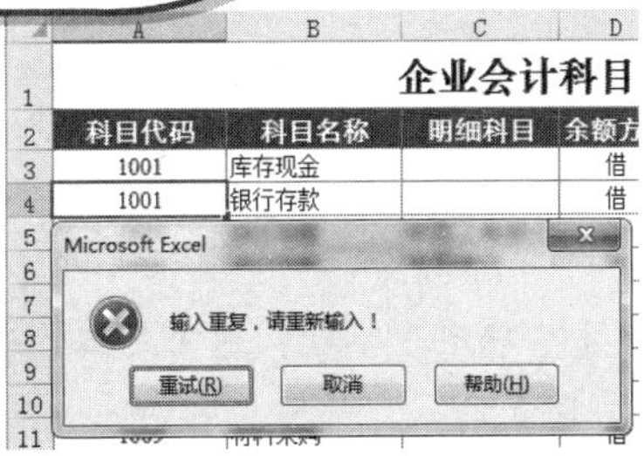

图 2-58

例 2:禁止输入空格

对于需要后期处理的数据库表格,在输入数据时一般都要避免输入空格字符,因为正是这些无关字符的存在,可能导致查找时找不到,计算时出错等情况发生。通过数据验证设置则可以实现禁止空格的输入。

❶ 选中目标数据区域,在"数据"选项卡的"数据工具"组中单击"数据验证"按钮,如图 2-59 所示。

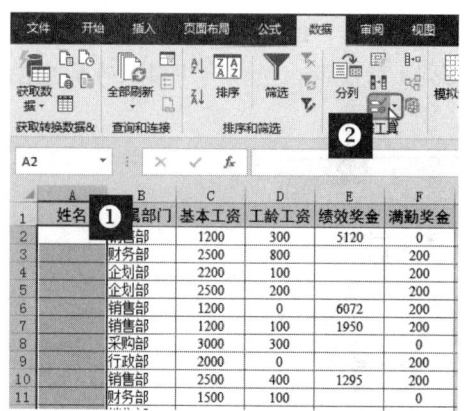

图 2-59

❷ 打开"数据验证"对话框，单击"允许"右侧的下拉按钮，在下拉列表中选择"自定义"，然后在"公式"文本框中输入公式"=ISERROR(FIND(" ",A2))"，如图 2-60 所示。

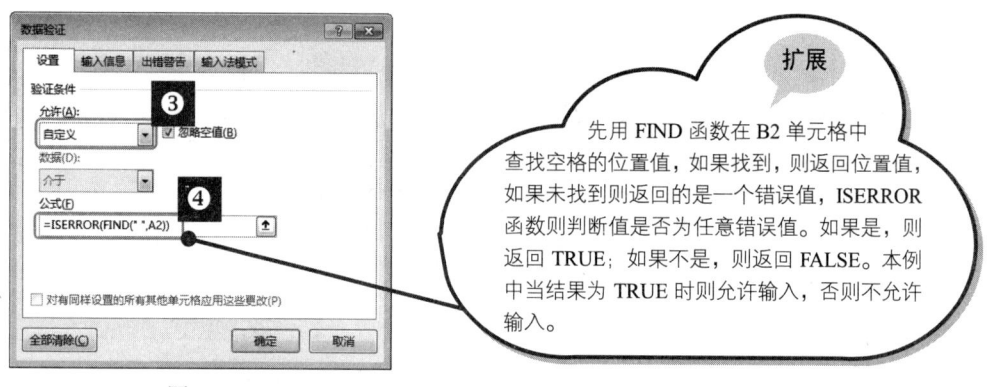

图 2-60

扩展

先用 FIND 函数在 B2 单元格中查找空格的位置值，如果找到，则返回位置值，如果未找到则返回的是一个错误值，ISERROR 函数则判断值是否为任意错误值。如果是，则返回 TRUE；如果不是，则返回 FALSE。本例中当结果为 TRUE 时则允许输入，否则不允许输入。

❸ 单击"确定"按钮，返回到工作表中。当在 A 列中输入姓名时，只要输入了空格，就会弹出警告对话框，阻止输入，如图 2-61 所示。

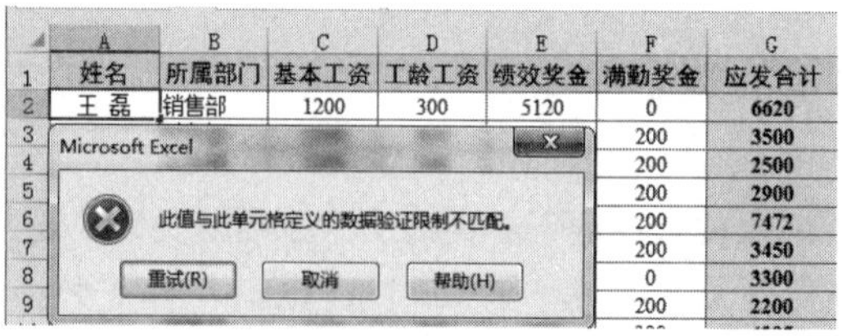

图 2-61

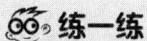 练一练

练习题目：只允许输入小于 200 的数值（可以是整数也可以是小数），如图 2-62 所示。
操作要点：运用公式"=A2<200"来建立验证条件。

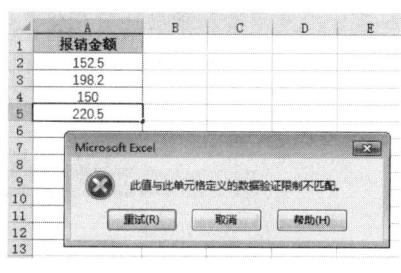

图 2-62

2.3.4 设置光标指向时显示输入提示

如果想对某一块单元格区域可输入数据有要求，但又无法直接对数据进行约束时，可以为这块单元格区域设置输入提醒，即只要选中单元格就显示出文字提示，提醒可以输入哪些数据。

例：智能的输入提示

例如下面表格中需要对"摘要"设置选中时就显示输入提醒的效果。

❶ 选中想要设置的单元格区域（可以一次性选中不连续的单元格区域），切换到"数据"选项卡，在"数据工具"组中单击"数据验证"按钮（如图 2-63 所示），打开"数据验证"对话框。

❷ 选择"输入信息"选项卡，在"标题"和"输入信息"文本框中输入要提示的信息，如图 2-64 所示。

图 2-63

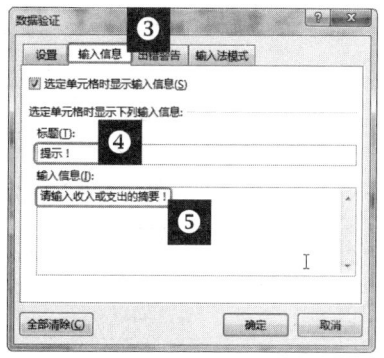

图 2-64

❸ 单击"确定"按钮,返回到工作表中。此时将鼠标指针指向设置了数据验证的单元格时,系统会显示出所设置的提示信息,如图2-65所示。

> **练一练**
>
> 练习题目:提示输入正确的日期格式(如图2-66所示)。
>
> 操作要点:打开"数据验证"对话框,在"输入信息"选项卡中设置。

图2-65

图2-66

2.4 选择性粘贴功能的妙用

当某个数据想要在另一位置使用时可以将其复制或移动目标位置,复制粘贴功能是为了提升数据的输入效率而设定的。在数据粘贴时并非只能是原样粘贴,程序还提供了"粘贴选项"与"选择性粘贴"功能,利用它们可以在粘贴的同时达到特定的目的。

2.4.1 数据的复制粘贴

复制粘贴数据不仅可以提升输入效率,还可以达到一些特殊目的,如将公式的结果转换为数值、通过粘贴保持两处数据相链接等。

例1:匹配目标区域格式

如果直接复制粘贴数据,数据将保持原样粘贴到目标位置。如果希望复制的数据在粘贴时能自动匹配目标区域的格式,则可以通过"粘贴选项"设置实现。

❶ 选中要复制的单元格或单元格区域,按Ctrl+C组合键复制后(如图2-67所示),选中目标位置,按Ctrl+V组合键粘贴,如图2-68所示(默认保持原有格式)。

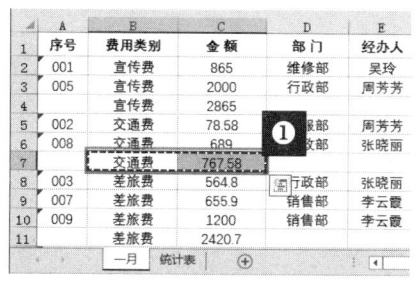

图 2-67

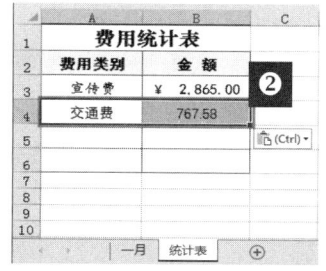

图 2-68

❷ 此时出现"粘贴选项"按钮，单击该按钮，从弹出的下拉列表中可以选择多个不同的粘贴选项。如此处选择"值"选项（如图 2-69 所示），即可实现让粘贴的数据与目标位置的数据格式匹配，如图 2-70 所示。

图 2-69　　　　　　　　　　　　　　　图 2-70

扩展

正因为提供了这么多粘贴选项，才能实现多种不同要求的粘贴。

例 2：将公式的计算结果转换为数值

财务统计中通常会用到公式计算，当计算结果想移至其他位置使用时，则无法显示正确结果，这是因为公式的计算源丢失了。在这种情况下，要想正确使用公式计算结果数据，则可以将其转换为数值。

如图 2-71 所示的 D 列为公式计算结果，下面要将其转换为数值。

图 2-71

❶ 选中要转换的单元格区域,按 Ctrl+C 组合键进行复制。

❷ 在"开始"选项卡的"剪贴板"组中单击"粘贴"按钮,在弹出的下拉列表中"粘贴数值"区域单击"值"(如图 2-72 所示),即可将公式的计算结果转换为数值,如图 2-73 所示。

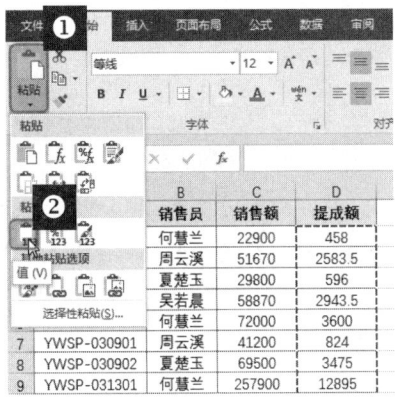

图 2-72   图 2-73

例 3:保持两表数据链接

将其他位置的数据复制到目标单元格区域时,数据默认是当时复制的状态,即当原数据发生变化时不对复制来的数据产生任何影响。但是在一些关联性较强的表格中,对数据的及时更新要求很高,这时就要使用"粘贴链接"这种粘贴方式。

如图 2-74 所示的表格是对销售员的销售金额记录的表格,当需要进行销售业绩奖金计算时,则需要复制使用此表的数据,此时可在复制时保持二者链接,当销售数量发生变化时,两表的销售金额都会发生变化(如图 2-75 所示)。

图 2-74   图 2-75

❶ 在"销售统计表"中选择 C2:C11 单元格区域,按 Ctrl+C 组合键复制数据,如图 2-76 所示。

❷ 切换到"员工销售业绩奖金"工作表,选中 B3 单元格,在"开始"选项卡的"剪贴板"组中单

击"粘贴"按钮,在弹出的下拉列表中单击"粘贴链接"选项(如图2-77所示),单击即可以链接方式粘贴。

图2-76

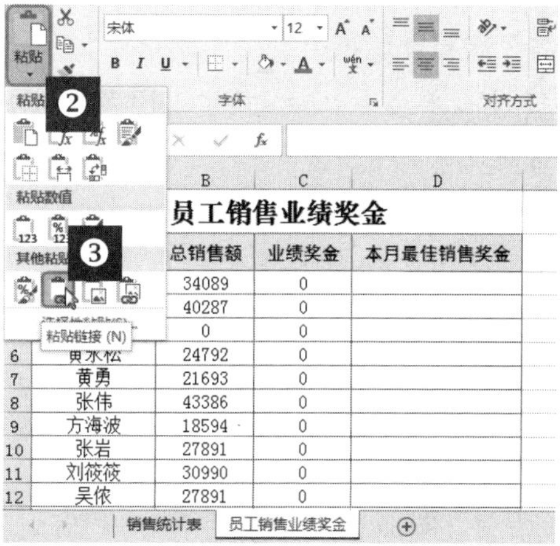

图2-77

❸ 此时粘贴的数据与原数据是相链接的(可以看到复制来的数据在公式编辑框中自动生成公式,如图2-78所示),假设"销售统计表"中的数据更改,如"李琰"的销售额更改为"3099","员工销售业绩奖金"工作表中的数据则自动更改,如图2-79所示。

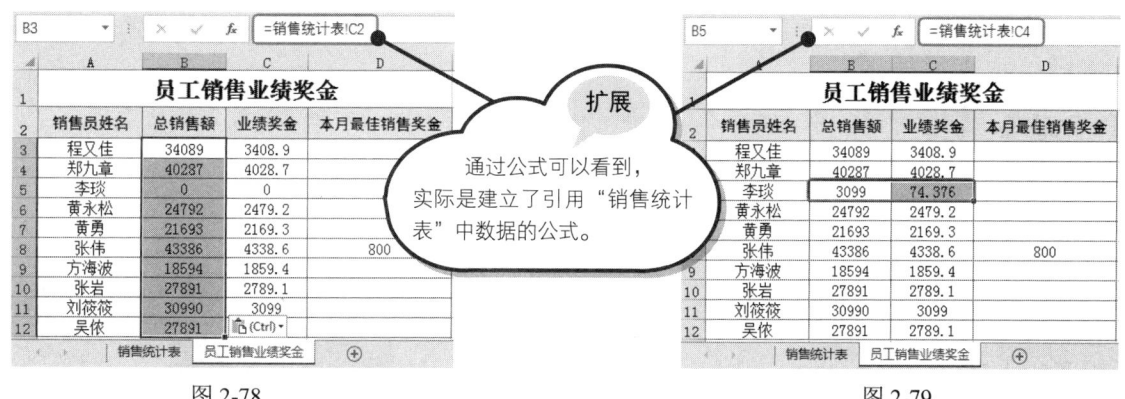

图2-78

图2-79

> **扩展**
> 通过公式可以看到,实际是建立了引用"销售统计表"中数据的公式。

2.4.2 对单元格区域进行批量运算

在数据处理过程中,有时会出现一区域的数据需要同增同减一个具体值的情况,如产品单价统一上涨、基本工资额统一调整等。此时不需要手工逐一输入,可以应用"选择性粘贴"功能实现数据的一次性增加或减少。

例：将进货单价统一上调10%

例如下面的表格要求将进货单价统一上调10%（即可以采用统一乘以110%的办法），那么通过设置粘贴性条件操作就可以实现。

❶ 在空白单元格中输入数字1.1（即110%），然后按Ctrl+C组合键进行复制，接着选中进货单价的单元格区域。

❷ 在"开始"选项卡的"剪贴板"组中单击"粘贴"按钮，在打开的下拉列表中选择"选择性粘贴"选项，如图2-80所示。

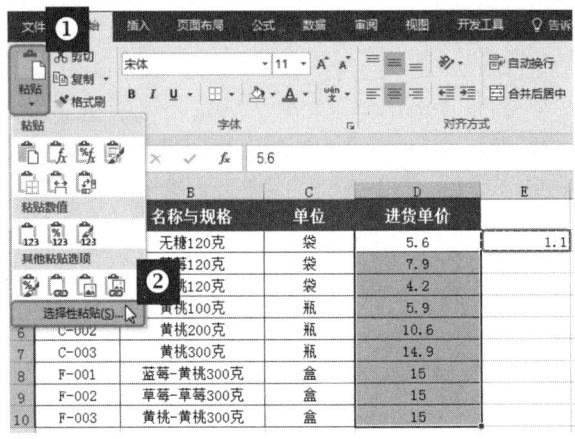

图2-80

❸ 打开"选择性粘贴"对话框，在"运算"栏中选中"乘"单选按钮，如图2-81所示。

❹ 单击"确定"按钮，就可以看到所有被选中的单元格同时进行了乘1.1的运算，结果如图2-82所示。

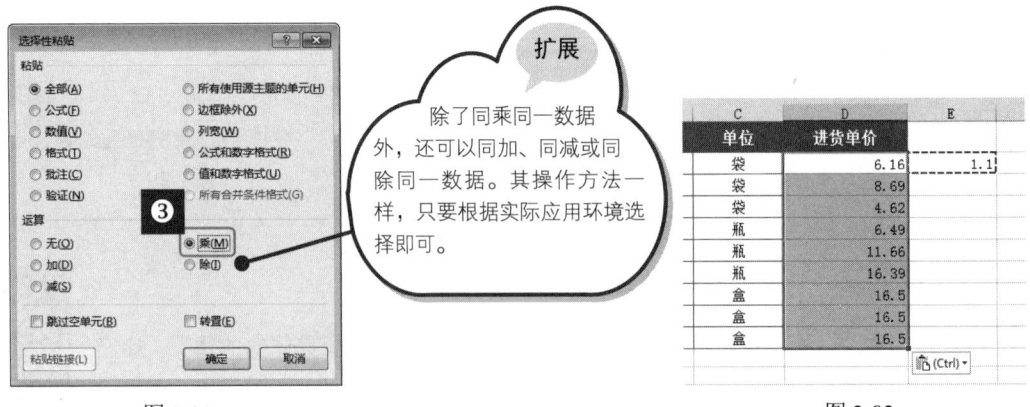

图2-81　　　　　　　　　　图2-82

> 扩展
> 除了同乘同一数据外，还可以同加、同减或同除同一数据。其操作方法一样，只要根据实际应用环境选择即可。

练一练

练习题目： 给养老保险金额统一增加 50 元（如图 2-83 所示）。

操作要点： 利用"选择性粘贴"对话框中的"加"运算。

图 2-83

2.5 查找与替换数据

在日常办公中，可能需要从庞大的数据中查找相关的记录或者对数据进行修改，如果采用手工的方法来查找或修改，效率会很低，此时可以使用"查找和替换"功能。

2.5.1 表格数据的查找

当表格中数据众多时，肉眼查找某个数据会很费时费力，此时可以使用查找工具快速将需要的数据查找出来。

例：从数据库中快速找到数据

查找工具可以让我们快速找到目标数据。

❶ 打开工作表，在"开始"选项卡的"编辑"组中单击"查找和选择"下拉按钮，在下拉菜单中单击"查找"命令（或直接按 Ctrl+F 组合键），打开"查找和替换"对话框。在"查找内容"文本框中输入"农业银行"，单击"查找全部"按钮，如图 2-84 所示。

❷ 按 Ctrl+A 组合键选中所有单元格找到的选项，如图 2-85 所示。

❸ 关闭"查找全部"对话框，可以看到工作表中所有找到的单元格都被选中，如图2-86所示。

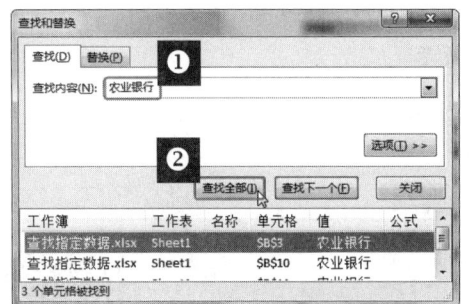

图 2-84　　　　　　　　　　　　　　图 2-85

图 2-86

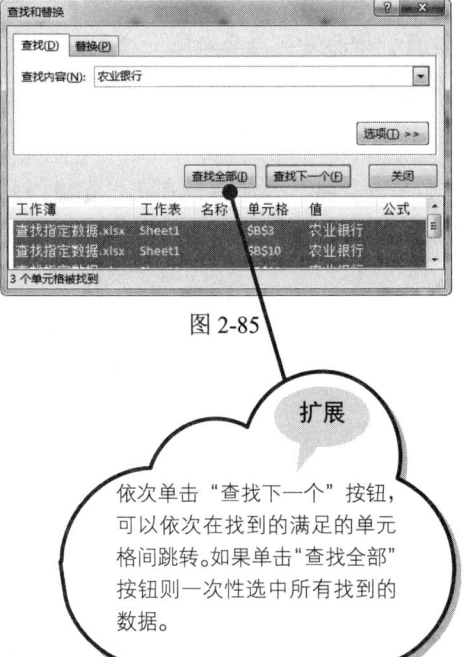

扩展

依次单击"查找下一个"按钮，可以依次在找到的满足的单元格间跳转。如果单击"查找全部"按钮则一次性选中所有找到的数据。

练一练

练习题目：查找时，只想找"经理"（如图2-87所示），像"区域经理""销售经理"都不作为查找对象。

操作要点：展开"查找和替换"对话框中的"选项"，选中"单元格匹配"。

	A	B	C	D
1	序号	姓名	职位	工资额
2	1	钱磊	销售专员	¥ 3,855.00
3	2	谢雨欣	经理	¥ 4,500.00
4	3	王镁	经理	¥ 4,200.00
5	4	徐凌	会计	¥ 2,500.00
6	5	吴梦茹	销售经理	¥ 6,800.00
7	6	王莉	区域经理	¥ 6,800.00
8	7	陈治平	区域经理	¥ 6,800.00
9	8	李坤	人事经理	¥ 4,000.00
10	9	姜胜	销售专员	¥ 3,600.00
11	10	陈馨	销售专员	¥ 5,200.00
12	11	王维	经理	¥ 5,500.00

图 2-87

2.5.2 表格数据的替换

当复制使用往期表格或者由于数据输入错误，需要对工作表中某些相同的数据进行修改时，可以直接使用替换功能实现快速查找并替换修改。

例1：查找并替换数据

例如，表格中抵押资产编号有误，需要进行替换更改，可以使用替换功能一次性替换。

❶ 按 Ctrl+H 组合键，打开"查找和替换"对话框，在"查找内容"文本框中输入 DYXA，在"替换为"文本框中输入 HYZC，如图 2-88 所示。

❷ 单击"全部替换"按钮，即可弹出对话框，提示已完成 4 处替换，如图 2-89 所示。

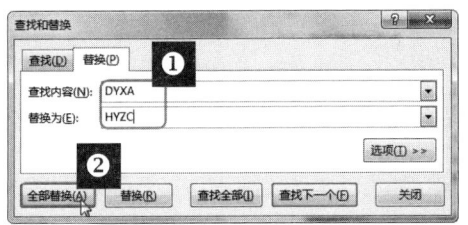

图 2-88

图 2-89

❸ 单击"确定"按钮，替换后结果如图 2-90 所示。

	A	B	C	D	E	F
1			银行短期借款明细表			
2	序号	借款银行	借入日期	借款额度	借款期限（天）	抵押资产及编号
3	1	农业银行	2017/11/1	￥58,000.00	180	KBL-1S02410
4	2	工商银行	2018/2/3	￥56,000.00	90	KBL-1S02411
5	3	中国银行	2018/1/20	￥100,000.00	180	HYZC-1S02412
6	4	中国银行	2017/7/20	￥115,000.00	360	HYZC-1S02413
7	5	中国银行	2018/2/1	￥75,000.00	180	KBL-1S02414
8	6	中国银行	2017/3/5	￥15,000.00	180	KBL-1S02415
9	7	招商银行	2018/2/15	￥45,000.00	360	HYZC-1S02416
10	8	农业银行	2017/8/12	￥150,000.00	270	KBL-1S02417
11	9	农业银行	2017/4/15	￥29,000.00	90	KBL-1S02418
12	10	工商银行	2017/4/17	￥260,000.00	90	HYZC-1S02419

图 2-90

例2：替换数据的同时设置特殊格式

在替换数据的同时，用户可以为替换的数据设置特殊的格式，从而让替换的结果更加便于查看核对。例如，下面的表格中要求将替换后的结果以红色、加粗格式显示出来。

❶ 按Ctrl+H组合键,打开"查找和替换"对话框,并单击"选项"按钮展开对话框。在"查找内容"文本框中输入DYXA,在"替换为"文本框中输入HYZC,单击"替换为"设置框右侧的"格式"下拉按钮,在下拉菜单中单击"格式"命令,如图2-91所示。

❷ 打开"替换格式"对话框,单击"字体"标签,在"字形"列表框中单击"加粗",接着单击"颜色"下拉按钮,在下拉列表中单击"红色",如图2-92所示。

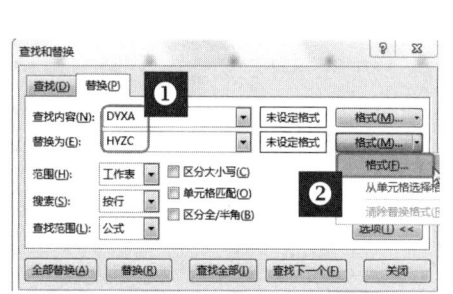

图 2-91

图 2-92

❸ 设置完成后单击"确定"按钮,返回"查找和替换"对话框,即可在"预览"区域中看到设置的格式,如图2-93所示。

❹ 单击"全部替换"按钮,即可在替换内容的同时为单元格数据设置红色、加粗格式,如图2-94所示。

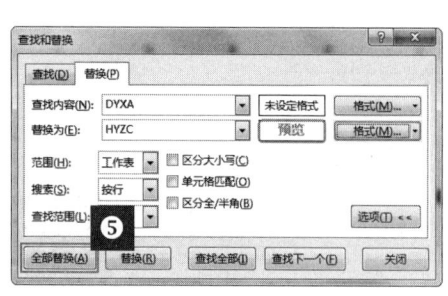

图 2-93

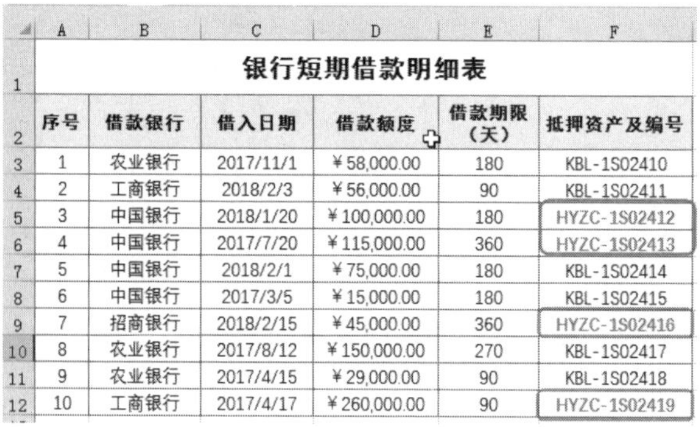

图 2-94

练一练

练习题目：一次性将工作簿中所有"白织灯"（如图 2-95 所示）替换为"白炽灯"。

操作要点：展开"查找和替换"对话框中的"选项"，在"范围"中要先选择"工作簿"。

	A	B	C	D	E	F
2	产品	瓦数	产地	销售单价	销售数量	销售金额
3	白织灯	200	南京	6.2	105	652.05
4	led灯带	2米	广州	15.5	111	1720.5
5	日光灯	100	广州	11.5	254	2921
6	白织灯	80	南京	4.0	201	804
7	白织灯	100	南京	6.0	224	1344
8	2d灯管	5	广州	16.8	214	3595.2
9	2d灯管	10	南京	25.0	100	2500
10	led灯带	5米	南京	28.0	107	2996
11	led灯带	10米	广州	45.5	198	9009
12						

1月统计表 | 2月统计表 | 3月统计表

图 2-95

第 3 章

财务数据的整理与分析

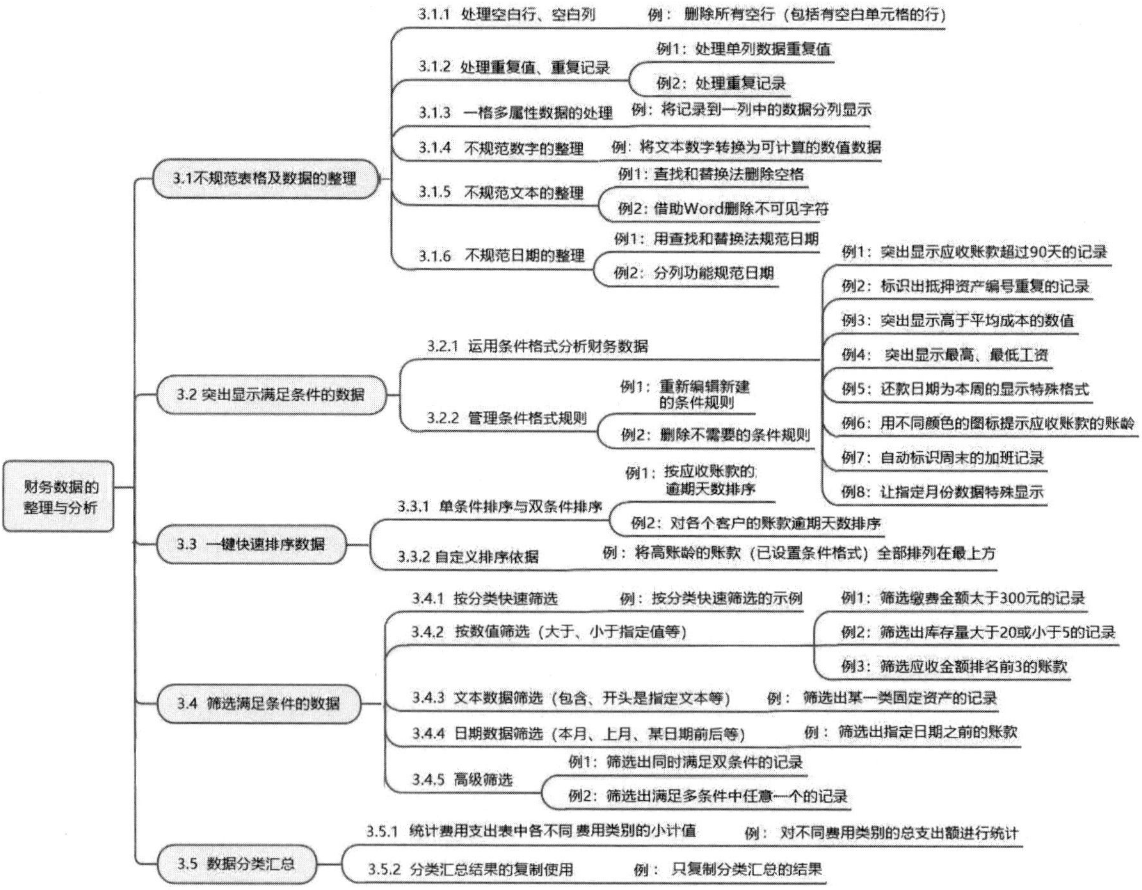

- 3.1 不规范表格及数据的整理
  - 3.1.1 处理空白行、空白列 —— 例：删除所有空白行（包括有空白单元格的行）
  - 3.1.2 处理重复值、重复记录
    - 例1：处理单列数据重复值
    - 例2：处理重复记录
  - 3.1.3 一格多属性数据的处理 —— 例：将记录到一列中的数据分列显示
  - 3.1.4 不规范数字的整理 —— 例：将文本数字转换为可计算的数值数据
  - 3.1.5 不规范文本的整理
    - 例1：查找和替换法删除空格
    - 例2：借助Word删除不可见字符
  - 3.1.6 不规范日期的整理
    - 例1：用查找和替换法规范日期
    - 例2：分列功能规范日期

- 3.2 突出显示满足条件的数据
  - 3.2.1 运用条件格式分析财务数据
    - 例1：突出显示应收账款超过90天的记录
    - 例2：标识出抵押资产编号重复的记录
    - 例3：突出显示高于平均成本的数值
    - 例4：突出显示最高、最低工资
    - 例5：还款日期为本周的显示特殊格式
    - 例6：用不同颜色的图标提示应收账款的账龄
    - 例7：自动标识周末的加班记录
    - 例8：让指定月份数据特殊显示
  - 3.2.2 管理条件格式规则
    - 例1：重新编辑新建的条件规则
    - 例2：删除不需要的条件规则

- 3.3 一键快速排序数据
  - 3.3.1 单条件排序与双条件排序
    - 例1：按应收账款的逾期天数排序
    - 例2：对各个客户的账款逾期天数排序
  - 3.3.2 自定义排序依据 —— 例：将高账龄的账款（已设置条件格式）全部排列在最上方

- 3.4 筛选满足条件的数据
  - 3.4.1 按分类快速筛选 —— 例：按分类快速筛选的示例
  - 3.4.2 按数值筛选（大于、小于指定值等）
    - 例1：筛选缴费金额大于300元的记录
    - 例2：筛选出库存量大于20或小于5的记录
    - 例3：筛选应收金额排名前3的账款
  - 3.4.3 文本数据筛选（包含、开头是指定文本等） —— 例：筛选出某一类固定资产的记录
  - 3.4.4 日期数据筛选（本月、上月、某日期前后等） —— 例：筛选出指定日期之前的账款
  - 3.4.5 高级筛选
    - 例1：筛选出同时满足双条件的记录
    - 例2：筛选出满足多条件中任意一个的记录

- 3.5 数据分类汇总
  - 3.5.1 统计费用支出表中各不同费用类别的小计值 —— 例：对不同费用类别的总支出额进行统计
  - 3.5.2 分类汇总结果的复制使用 —— 例：只复制分类汇总的结果

3.1 不规范表格及数据的整理

财务管理工作具有很强的严谨性和规范性,所以在财务工作的处理过程中,要求每一环节都有数据可循,每一数据都是准确而清晰的。由于数据来源的不同,难免经常会遇到一些不规范的数据表格,这种情况下一定要对数据进行编辑整理,以形成规范表格,才有利于在 Excel 中利用各种分析工具快速得出统计分析结果。

3.1.1 处理空白行、空白列

从数据库或其他途径导出来的数据经常会出现某行或者某列中有空单元格,一般都需要对这些数据进行整理,形成规范的、方便分析的表格。

例:删除所有空行(包括有空白单元格的行)

当前表格如图 3-1 所示,本例中的删除目标为:只要一行数据中有一个空单元格就将整行删除。

注意

如果只想删除整行为空的空行,则可以按下面"练一练"中介绍的方法来完成。

图 3-1

❶ 按 F5 键,打开"定位"对话框,如图 3-2 所示。单击"定位条件"按钮,打开"定位条件"对话框,选择"空值"单选按钮,如图 3-3 所示。

❷ 单击"确定"按钮回到工作表中可以看到选中表格中的所有空白单元格。在选中的任意空白单元格上单击鼠标右键,在打开的快捷菜单中选择"删除"命令(如图 3-4 所示),打开"删除"对话框。选择"整行"单选按钮,如图 3-5 所示。

❸ 单击"确定"按钮完成设置，此时可以看到原先的空单元格所在行全部被删除，如图 3-6 所示。

图 3-2

图 3-3

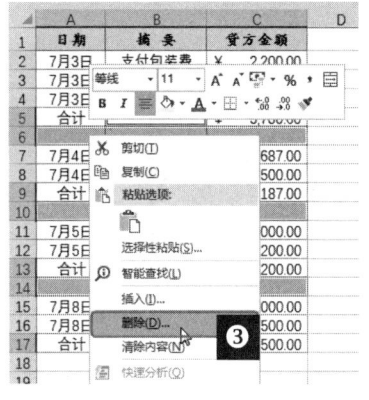

图 3-4

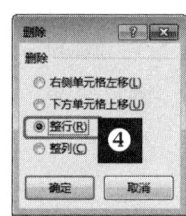

图 3-5

图 3-6

练一练

练习题目：如图 3-7 所示表格中既有整行为空的，也有部分单元格为空的，要求只删除整行为空的记录（删除后如图 3-8 所示）。

操作要点：① 打开"高级筛选"对话框，选中"选择不重复的记录"复选框。
② 筛选后就只剩下一个空行了，将筛选后得到的数据复制到其他位置，然后删除那个唯一的空行即可。

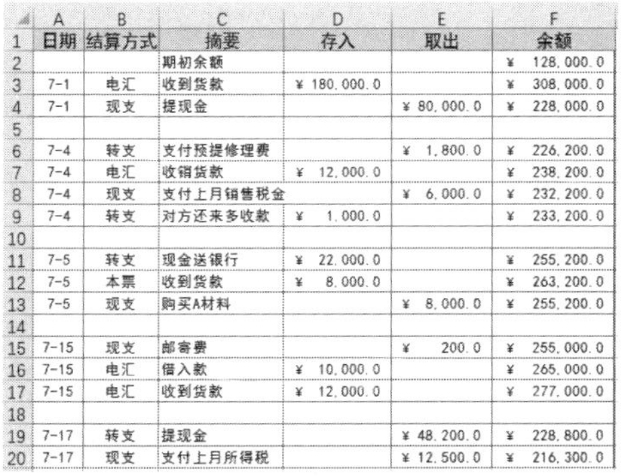

图 3-7

图 3-8

3.1.2 处理重复值、重复记录

数据处理时出现重复值的情况很常见，很多时候需要对重复值进行处理，以得到唯一值的清单或记录。

例 1：处理单列数据重复值

如果是单列数据中有重复值，可以使用 Excel 中的"删除重复值"按钮快速删除。

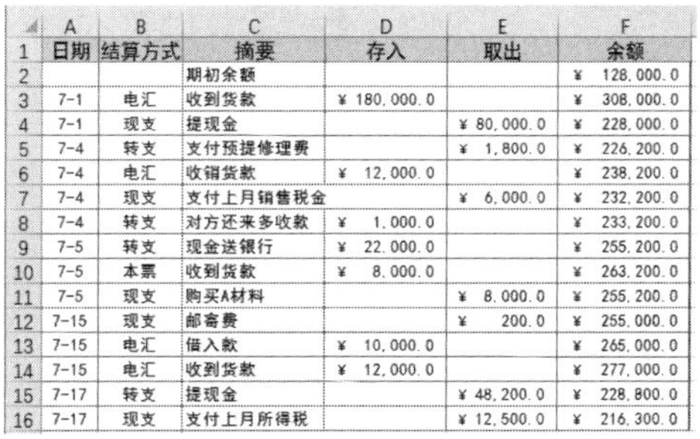

❶ 打开表格后，选中目标数据区域，切换到"数据"选项卡，在"数据工具"组中单击"删除重复值"按钮（如图 3-9 所示），打开"删除重复值"对话框，如图 3-10 所示。

图 3-9

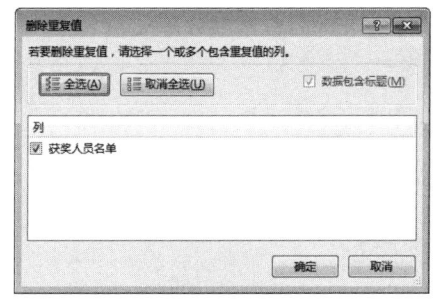

图 3-10

❷ 保持默认选项，单击"确定"按钮（如图 3-10 所示）即可删除重复值，如图 3-11 所示。

例 2：处理重复记录

表格中给出的是月份出差补助统计表，要求一位员工补助一次。因此要求只要"工号"列有重复值，就将其重复值删除。

❶ 选中目标数据区域，在"数据"选项卡的"数据工具"组中单击"删除重复值"按钮（如图 3-12 所示），弹出"删除重复值"对话框。

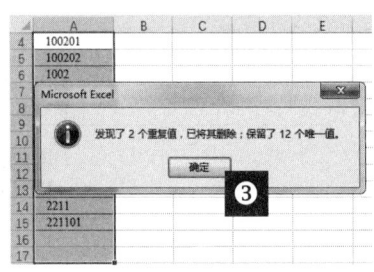

图 3-11

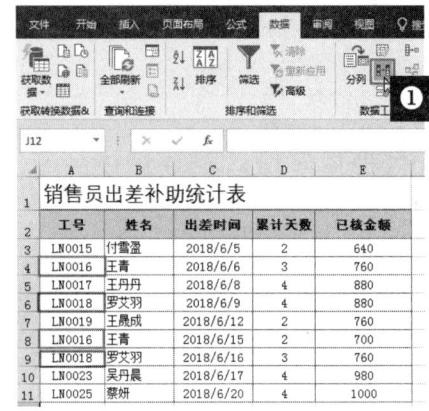

图 3-12

❷ 在"列"区域中选中以哪一列为参照来删除重复值（此处只要是"工号"列有重复值就删除），勾选"工号"复选框，取消选中其他六项，如图 3-13 所示。

❸ 单击"确定"按钮弹出提示框，提示有多少重复值被删除，有多少唯一值被保留（如图 3-14 所示），或未发现重复值，单击"确定"按钮即可完成删除重复值的操作。

扩展

当保持全选时，则两条记录完全重复时才被删除。选中哪些复选框则就以哪些列为判断依据。

图 3-13

图 3-14

3.1.3 一格多属性数据的处理

一格多属性指的是一列中记录两种或多种不同的数据,这种情况经常会在导入数据时出现。这时一般需要将多属性的数据重新分列处理,以方便对数据的计算与分析。最常用的解决方式就是利用分列的办法来分割数据。

例:将记录到一列中的数据分列显示

图 3-15 为一定期间的应收账款数据,在"应收金额"列中同时显示了日期与金额,这样的数据将不便于对到期日期的计算,如果有部分账款到账,也不便于对剩余账款的计算。

❶ 选中 D 列,在右击弹出的快捷菜单中选择"插入"命令,插入一列(插入空列是为了显示分列后的数据),插入后如图 3-16 所示。

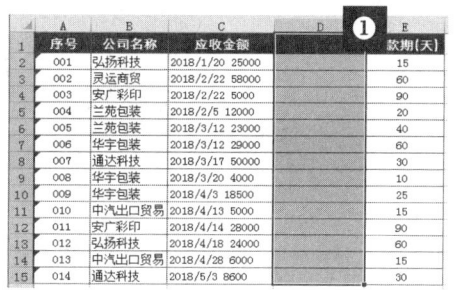

图 3-15　　　　　　　　　图 3-16

❷ 选中需要分列数据的单元格区域,在"数据"选项卡的"数据工具"组中单击"分列"按钮,如图 3-17 所示。

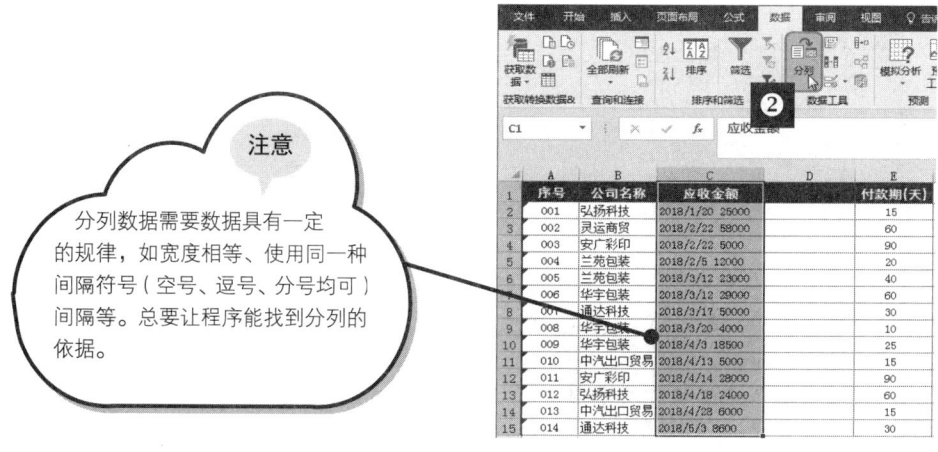

注意

分列数据需要数据具有一定的规律,如宽度相等、使用同一种间隔符号(空号、逗号、分号均可)间隔等。总要让程序能找到分列的依据。

图 3-17

❸ 弹出"文本分列向导-第1步，共3步"对话框，保持默认选项，单击"下一步"按钮，如图 3-18 所示。

❹ 弹出"文本分列向导-第2步，共3步"对话框，在"分隔符号"栏下选中"空格"复选框，如图 3-19 所示。

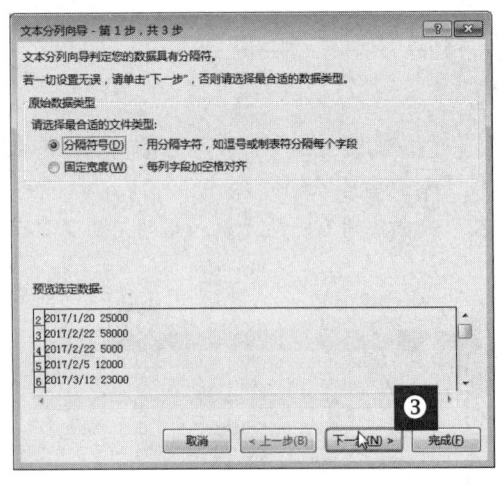

图 3-18   图 3-19

❺ 单击"完成"按钮，弹出 Microsoft Excel 对话框，单击"确定"按钮完成数据分列，如图 3-20 所示，此时根据数据特征重新建立起列标识，如图 3-21 所示。

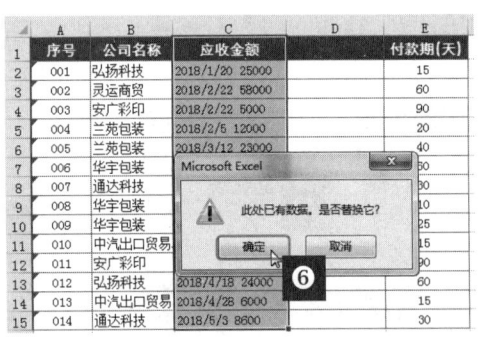

图 3-20   图 3-21

练一练

练习题目：把 C 列"应收金额"中的日期与金额分列（如图 3-22 所示）。

操作要点：分隔符号要设定为"其他"→":"。

图 3-22

3.1.4 不规范数字的整理

公式计算是 Excel 中最为强大的一项功能，但是有时会遇到一些情况，比如明明输入的是数据，却无法对数据进行运算与统计。这通常是由于数字格式不规范造成的，需要将文本数字转换为数值数据。

例：将文本数字转换为可计算的数值数据

如图 3-23 所示，当使用 D 列的数据计算应收账款的总金额时，出现了计算结果是 0 值的情况，可按如下操作解决此问题。

图 3-23

注意：文本数字左上角都会出现绿色三角形，因此当发现此标志时则可以判断是文本数字。

选中"发票金额"列的数据区域，单击左方的  下拉按钮，在下拉列表中单击"转换为数字"（此时左上角绿色文本标志消失，如图 3-24 所示），转换完成后即可重新得到正确的计算结果，如图 3-25 所示。

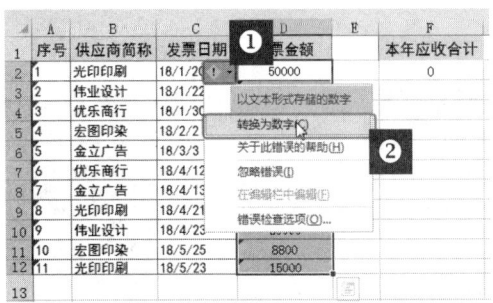

图 3-24　　　　　　　　　　　　图 3-25

练一练

练习题目：由于 C 列中数据带有中文单位（如图 3-26 所示），造成数据无法计算，如何批量处理？

操作要点：① 使用分列功能一次性将"元"删除即可转换为可计算的数字。

② 使用分列功能设置分隔符号为"其他"→"元"。

图 3-26

3.1.5　不规范文本的整理

就文本来说，不规范文本的表现形式有文本中含有空格、不可见字符、分行符等。因为这些字符的存在，让数据呈现的是所见非所得的状态，当进行查找、数据统计等操作时，会出现找不到匹配值的情况，因此需要进行处理。

例 1：查找和替换法删除空格

如图 3-27 所示，要查询"韩燕"的应交所得税，却出现无法查询到的情况。双击 C4 单元格查看源数据，在编辑栏就可发现光标所处的位置与数字最后一位间隔有距离，即为不可见的空格，如图 3-28 所示。而这样的空格却是肉眼很难发现的。

图 3-27

图 3-28

❶ 选中不可见字符并按 Ctrl+C 组合键复制。

❷ 按 Ctrl+H 组合键，打开"查找和替换"对话框，将光标定位到"查找内容"框中，按 Ctrl+V 组合键粘贴，将不可见字符粘贴至"查找内容"栏，"替换为"内容栏为空，如图 3-29 所示。

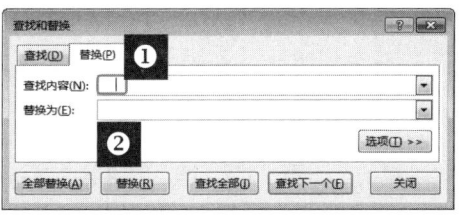
图 3-29

❸ 单击"全部替换"按钮，弹出提示对话框提示共有多少处替换，单击"确定"按钮即可看到，解决了无法查询的问题，如图 3-30 所示。

扩展

也有一些人在输入两个字姓名时，习惯在中间加空格撑开，从而达到好的显示效果，这其中随意添加的空格也会给数据匹配带来困扰，因此当查找出现错误时应该知道从这些方面排除问题。

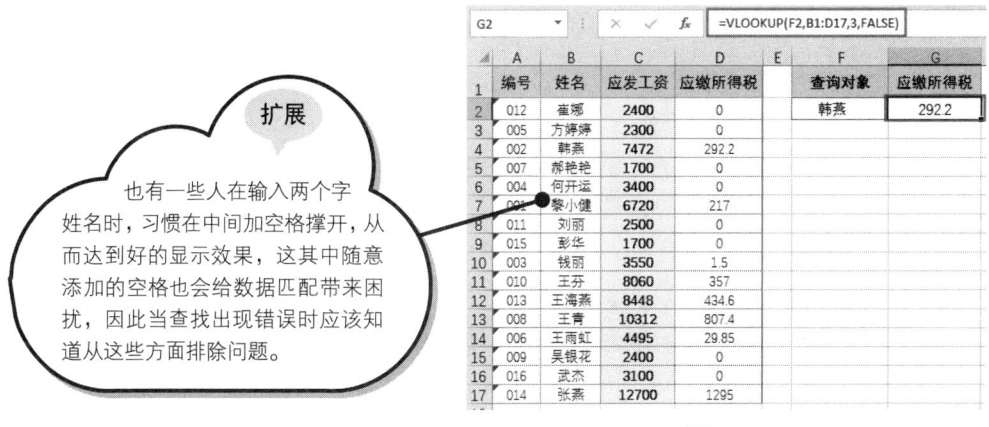
图 3-30

例 2：借助 Word 删除不可见字符

当文本中存在空格或不可见字符时，也可以借助 Word 进行快速处理，将 Excel 表格中目标数据复制，然后粘贴到 Word 文档，再将其复制粘贴回 Excel 表格中，即可整理成标准的数字格式。

❶ 选中表格列，按 Ctrl+C 组合键复制。
❷ 将复制来的数据粘贴到已经打开的 Word 文档中（可创建一个空白文档）。
❸ 在 Word 中执行复制，然后将数据粘贴回 Excel 中，即可整理成标准的数字格式。

练一练

练习题目：当单元格中存在换行符时，也会出现查找错误（如图 3-31 所示）。

操作要点：打开"查找和替换"对话框，在"查找内容"框中按下 Ctrl+J 组合键，"替换为"框中保持空白。

	A	B	C	D	E	F	G
1	编号	姓名	应发工资	应交所得税		查询对象	应交所得税
2	012	崔娜	2400	0		黎小健	#N/A
3	005	方婷婷	2300	0			
4	002	韩燕	7472	292.2			
5	007	郝艳艳	1700	0			
6	004	何开运	3400	0			
7		001	黎小健	6720	217			
8	011	刘丽	2500	0			
9	015	彭华	1700	0			
10	003	钱丽	3550	1.5			
11	010	王芬	8060	357			
12	013	王海燕	8448	434.6			
13	008	王青	10312	807.4			

图 3-31

3.1.6 不规范日期的整理

在 Excel 中必须按指定的格式输入日期，Excel 才会把它当作日期型数值，否则会视为不可计算的文本日期。因此当遇到这些不规范日期时，也要将其处理为规范日期，以便于日期的运算。

在 Excel 中输入以下四种日期格式的日期，Excel 均可识别。

➥ 用短横线"-"分隔的日期，如"2018-4-1""2018-5"。
➥ 用斜杠"/"分隔的日期，如"2018/4/1""2018/5"。
➥ 使用中文年月日输入的日期，如"2018 年 4 月 1 日""2018 年 5 月"。
➥ 使用包含英文月份或英文月份缩写输入的日期，如 April-1、May-18。

用其他符号间隔的日期或数字形式输入的日期，如"2018.4.1""2018\4\1""20180401"等，Excel 无法自动识别为日期数据，而将其视为文本数据。对于这种不规则类型该如何批量处理？根据具体情况来做出不同的处理方法。

例1：用查找和替换法规范日期

有些日期使用一些程序不能识别的符号进行间隔，这时可以使用查找替换功能批量替换，进而转化为规范日期。

❶ 选中 B2:B13 单元格（如图 3-32 所示），按 Ctrl+H 组合键，打开"查找和替换"对话框。

❷ 在"查找内容"文本框中输入"."，在"替换为"文本框中输入"/"（如图 3-33 所示），单击"全部替换"按钮，此时可以看到 Excel 程序已将其转换为可识别的规范日期值（如图 3-34 所示）。

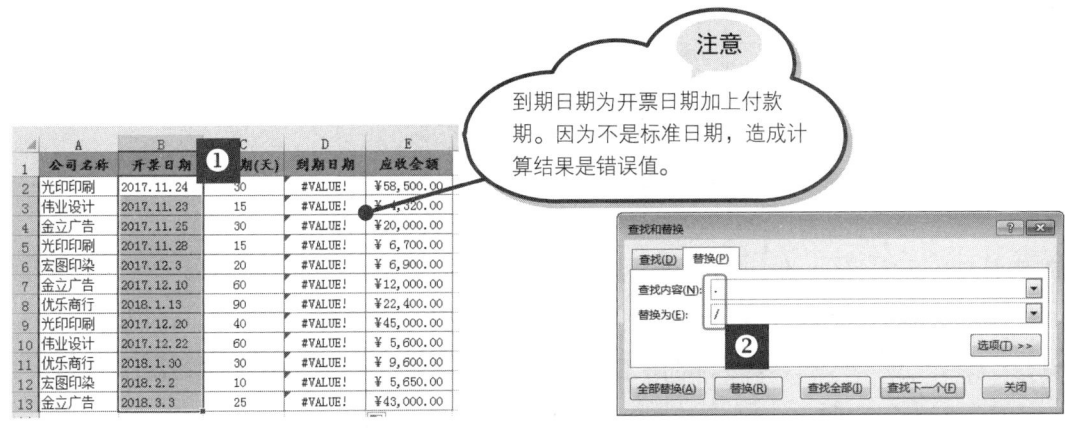

图 3-32　　　　　　　　　　　　　　图 3-33

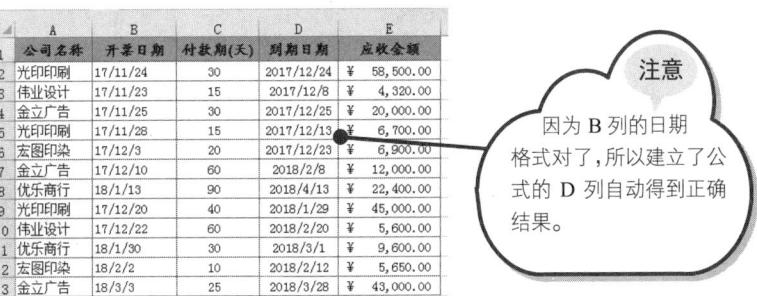

图 3-34

例2：分列功能规范日期

如果日期未使用任何符号相连接，这时的日期实际是一串数字，可以使用分列功能快速转换为标准日期。

❶ 选中 B2:B13 单元格,在"数据"选项卡的"数据工具"组中单击"分列"按钮(如图 3-35 所示),打开"文本分列向导-第 1 步,共 3 步"对话框,如图 3-36 所示。

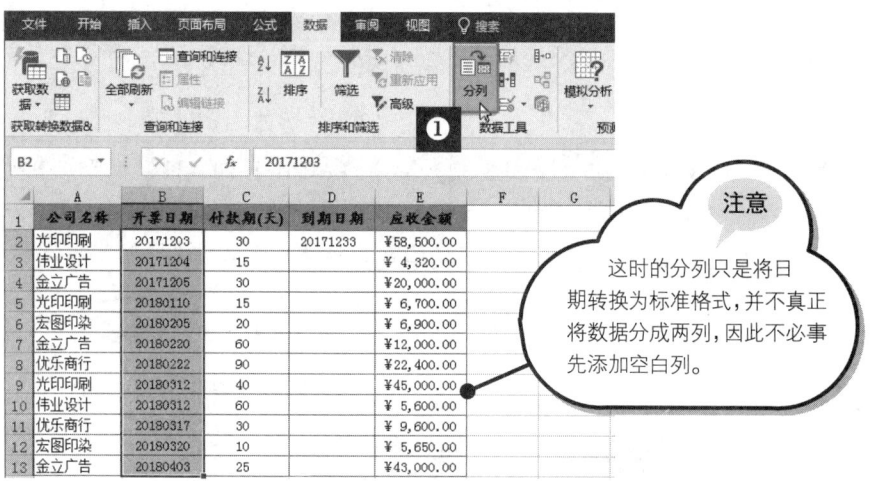

图 3-35

❷ 保持默认选项,依次单击"下一步"按钮,直到打开"文本分列向导-第 3 步,共 3 步"对话框,选中"日期"单选按钮,并在其后的下拉列表中选择 YMD 格式,如图 3-37 所示。

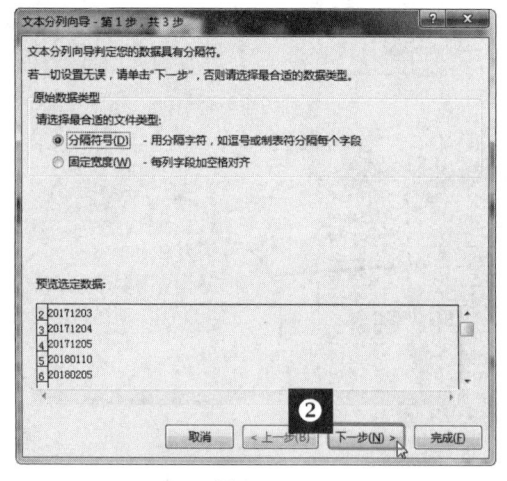

图 3-36   图 3-37

❸ 单击"完成"按钮,即可将表格中的数字全部转换为日期格式。

练一练

练习题目：当日期显示为如图 3-38 所示的样子，要求将日期整理规范。

操作要点：① 利用分列功能分别批量删除左括号与右括号。
② 注意进行两次分列处理。

	A	B	C
1	加班日期	加班员工	加班开始时间
2	(2018/6/4)	吴明华	11:00:00
3	(2018/6/6)	郭时节	11:00:00
4	(2018/6/6)	邓子建	11:00:00
5	(2018/6/7)	陈华伟	11:00:00
6	(2018/6/10)	杨 明	11:00:00
7	(2018/6/11)	张铁明	11:00:00
8	(2018/6/12)	刘济东	17:30:00
9	(2018/6/12)	张仪	12:00:00
10	(2018/6/17)	何丽	17:30:00
11	(2018/6/20)	李凝	17:30:00
12	(2018/6/23)	陈华	17:30:00

图 3-38

3.2 突出显示满足条件的数据

在 Excel 记录的众多数据中，分析人员总是需要利用这些原始数据得出相关的分析结果。例如，查看工资表中哪些人工资过万、库存数据中哪些是库存量过少的、哪些应收账款超过了约定日等，使用条件格式可以突出显示满足条件的数据，从而用更少的时间关注更重要的信息。

Excel 中内置了 5 种条件格式，分别是"突出显示单元格规则""最前/最后规则""数据条""色阶""图标集"。选中要设置条件格式的单元格区域，可以使用预设规则快速设置，也可以打开"新建规则"对话框自定义设置。下面通过一些实例来介绍应用方法。

3.2.1 运用条件格式分析财务数据

在一组或大量数据中，可以通过设置条件格式让满足指定条件的数据（如工资大于指定金额、一组数据中的唯一值、数据列表中前三名等）瞬间突出显示出来，这为特殊数据的查看与分析带来很大的方便。

例1：突出显示应收账款超过 90 天的记录

本例中要求将账款表中收账款超过 90 天的数据以红色标记出来，可以采用"突出显示单元格规则"进行判断。

❶ 选中要设置条件格式的单元格区域（F2:F19 单元格区域），切换到“开始”选项卡，在“样式”组中单击“条件格式”下拉按钮，光标指向“突出显示单元格规则”命令，在弹出的子菜单中选择“大于”命令（如图 3-39 所示），打开“大于”对话框。

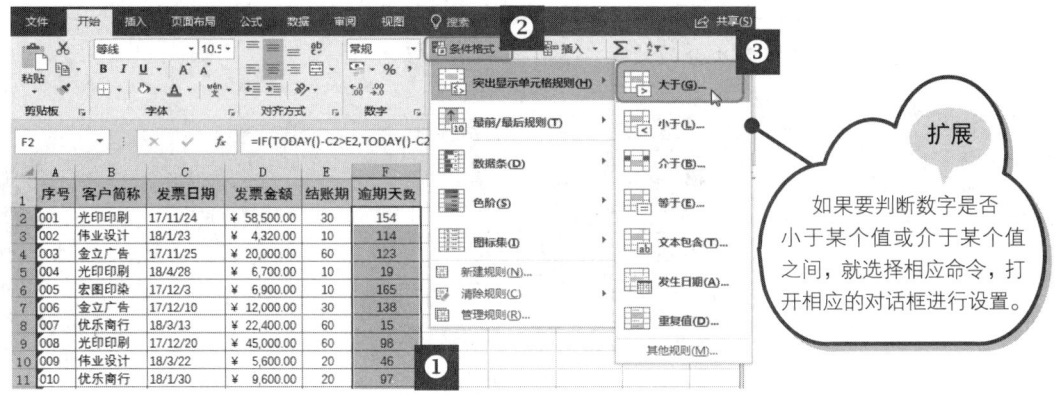

突出显示单元格规则(H)
最前/最后规则(T)
数据条(D)
色阶(S)
图标集(I)
新建规则(N)...
清除规则(C)
管理规则(R)...
大于(G)...
小于(L)...
介于(B)...
等于(E)...
文本包含(T)...
发生日期(A)...
重复值(D)...
其他规则(M)...
扩展
如果要判断数字是否小于某个值或介于某个值之间，就选择相应命令，打开相应的对话框进行设置。
图 3-39

❷ 在“为大于以下值的单元格设置格式”文本框中输入“90”，然后单击“设置为”右侧的下拉按钮，在下拉菜单中单击“浅红填充色深红色文本”，如图 3-40 所示。

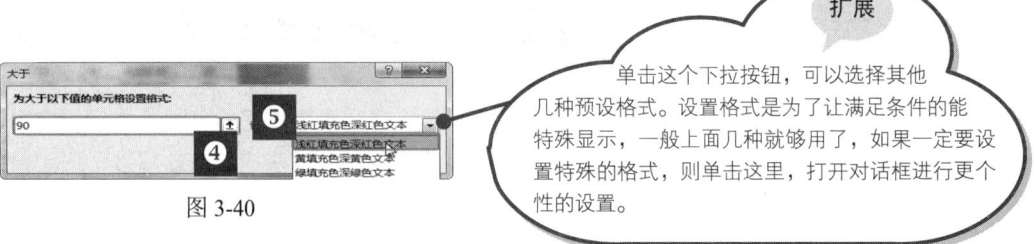

大于
为大于以下值的单元格设置格式:
90
浅红填充色深红色文本
浅红填充色深红色文本
黄填充色深黄色文本
绿填充色深绿色文本
扩展
单击这个下拉按钮，可以选择其他几种预设格式。设置格式是为了让满足条件的能特殊显示，一般上面几种就够用了，如果一定要设置特殊的格式，则单击这里，打开对话框进行更个性的设置。
图 3-40

❸ 单击“确定”按钮，返回工作表中，即可看到应收账款超过 90 天的数据所在单元格以“浅红填充色深红色文本”突出显示出来，如图 3-41 所示。

序号	客户简称	发票日期	发票金额	结账期	逾期天数
001	光印印刷	17/11/24	¥ 58,500.00	30	154
002	伟业设计	18/1/23	¥ 4,320.00	10	114
003	金立广告	17/11/25	¥ 20,000.00	60	123
004	光印印刷	18/4/28	¥ 6,700.00	10	19
005	宏图印染	17/12/3	¥ 6,900.00	10	165
006	金立广告	17/12/10	¥ 12,000.00	30	138
007	优乐商行	18/3/13	¥ 22,400.00	60	15
008	光印印刷	17/12/20	¥ 45,000.00	60	98
009	伟业设计	18/3/22	¥ 5,600.00	20	46
010	优乐商行	18/1/30	¥ 9,600.00	20	97
011	宏图印染	18/2/2	¥ 5,650.00	10	104
012	金立广告	18/1/3	¥ 43,000.00	60	84
013	优乐商行	18/4/12	¥ 15,000.00	60	0
014	金立广告	18/4/13	¥ 33,400.00	60	0
015	光印印刷	18/4/21	¥ 5,000.00	10	26
016	伟业设计	18/4/23	¥ 20,000.00	40	0
017	宏图印染	18/5/25	¥ 8,800.00	20	0
018	光印印刷	18/5/23	¥ 15,000.00	60	0

图 3-41

经验之谈

使用条件格式规则对满足条件的数据进行了标记后,如果数据量非常巨大,数据分散也会不便于查看,这时可以利用"排序"功能将有相同颜色标记的单元格全部排列显示在最上方,或使用"筛选"功能将有相同颜色标记的单元格筛选出来。这些操作将在 3.3.2 小节中介绍。

例 2:标识出抵押资产编号重复的记录

利用条件格式中的"重复的值"规则可以标记出所有单元格中重复的值。例如,在下面的银行短期借款明细表中快速标识出重复的抵押资产编号。

选中 G3:G12 单元格区域,将光标放置到单元格区域右下角,单击 ■(快速分析)按钮,在下拉菜单中选择"重复的值"(如图 3-42 所示),系统自动将选中区域中的重复的值以"浅红色填充深红色文本"显示出来,如图 3-43 所示。

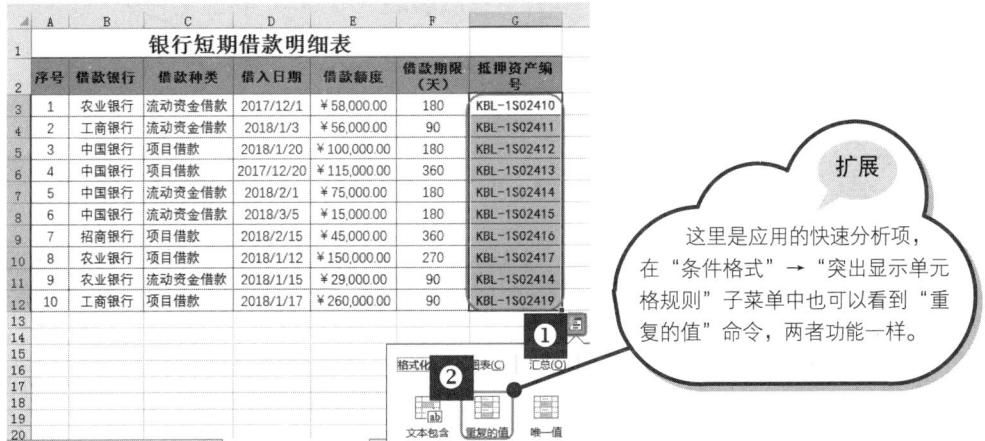

图 3-42

扩展

这里是应用的快速分析项,在"条件格式"→"突出显示单元格规则"子菜单中也可以看到"重复的值"命令,两者功能一样。

	A	B	C	D	E	F	G
1			银行短期借款明细表				
2	序号	借款银行	借款种类	借入日期	借款额度	借款期限(天)	抵押资产编号
3	1	农业银行	流动资金借款	2017/12/1	¥58,000.00	180	KBL-1S02410
4	2	工商银行	流动资金借款	2018/1/3	¥56,000.00	90	KBL-1S02411
5	3	中国银行	项目借款	2018/1/20	¥100,000.00	180	KBL-1S02412
6	4	中国银行	项目借款	2017/12/20	¥115,000.00	360	KBL-1S02413
7	5	中国银行	流动资金借款	2018/2/1	¥75,000.00	180	KBL-1S02414
8	6	中国银行	流动资金借款	2018/3/5	¥15,000.00	180	KBL-1S02415
9	7	招商银行	项目借款	2018/2/15	¥45,000.00	360	KBL-1S02416
10	8	农业银行	项目借款	2018/1/12	¥150,000.00	270	KBL-1S02417
11	9	农业银行	流动资金借款	2018/1/15	¥29,000.00	90	KBL-1S02414
12	10	工商银行	项目借款	2018/1/17	¥260,000.00	90	KBL-1S02419

图 3-43

例 3：突出显示高于平均成本的数值

下面要求将成本统计表中高于所有产品平均成本的数据以特殊格式标记出来，此时可以使用"最前/最后规则"进行判断。

❶ 选中要设置条件格式的单元格区域（B2:B13 单元格区域），切换到"开始"选项卡，在"样式"组中单击"条件格式"下拉按钮，光标指向"最前/最后规则"命令，在弹出的子菜单中选择"高于平均值（A）"命令（如图 3-44 所示），打开"高于平均值"对话框。

❷ 单击"设置为"框右侧下拉按钮，在下拉菜单中单击"浅红填充色深红色文本"，如图 3-45 所示。

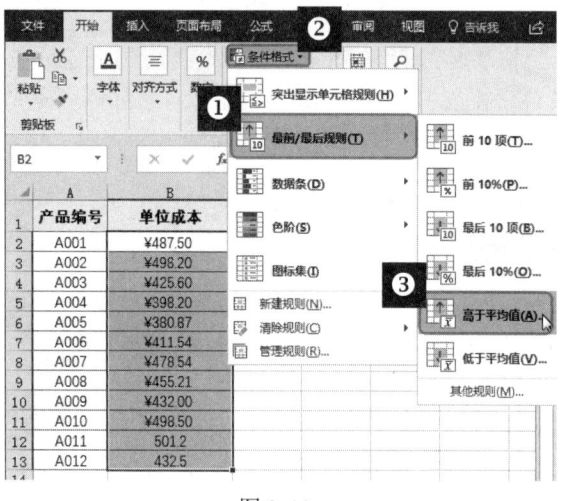

图 3-44

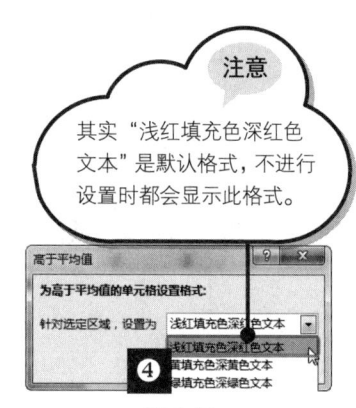

图 3-45

注意：其实"浅红填充色深红色文本"是默认格式，不进行设置时都会显示此格式。

❸ 单击"确定"按钮，返回工作表中，可以看到单位成本高于平均值的数据所在单元格以"浅红填充色深红色文本"样式显示出来，如图 3-46 所示。

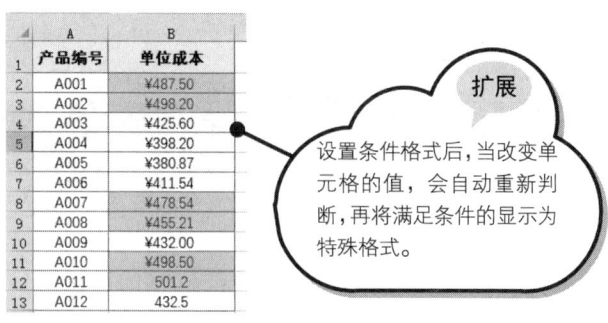

图 3-46

扩展：设置条件格式后，当改变单元格的值，会自动重新判断，再将满足条件的显示为特殊格式。

例 4：突出显示最高、最低工资

下面要求将工资表中最高工资与最低工资特殊标注出来，此时可以使用"最前/最后规则"进行判断。

❶ 选中要设置的数值区域，切换到"开始"选项卡，在"样式"组单击"条件格式"下拉按钮，光标指向"最前/最后规则"命令，在弹出的子菜单中选择"前 10 项"命令（如图 3-47 所示），打开"前 10 项"对话框。

图 3-47

❷ 在"为值最大的那些单元格设置格式"文本框中输入要显示的符合条件的单元格数目 1，在右侧下拉列表中选择"黄填充色深黄色文本"选项，如图 3-48 所示。

❸ 单击"确定"按钮，即可自动查找到最高工资并以黄色底纹标记，如图 3-49 所示。

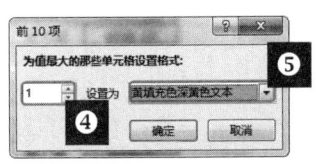

图 3-48   图 3-49

❹ 选中"实发工资"列的数据，在"最前/最后规则"命令的子菜单中选择"最后 10 项"命令，打开"最后 10 项"对话框。

❺ 在对话框中输入要显示的符合条件的单元格数目1，在右侧下拉列表中选择"浅红填充色深红色文本"选项，如图3-50所示。

❻ 单击"确定"按钮，即可自动查找到最低工资并以红色底纹标记，如图3-51所示。

图 3-50

图 3-51

例5：还款日期为本周的显示特殊格式

如果需要将特殊日期标记出来（如本周或上周），可以设置条件格式。例如，本例中要求将还款日期在本周的记录特殊显示出来。

❶ 选中要设置的数值区域，切换到"开始"选项卡，在"样式"组单击"条件格式"下拉按钮，光标指向"突出显示单元格规则"命令，在弹出的子菜单中选择"发生日期"命令（如图3-52所示），打开"发生日期"对话框。

图 3-52

❷ 在左侧下拉列表中选择"本周"，在右侧下拉列表中选择"浅红填充色深红色文本"，如图3-53所示。

❸ 单击"确定"按钮，即可自动查找单元格区域，并会以红色标记显示本周还款日期，如图 3-54 所示。

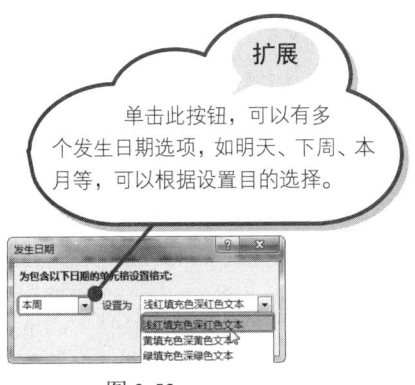

图 3-53

图 3-54

例 6：用不同颜色的图标提示应收账款的账龄

企业需要对账款进行管理，可以通过设置图标集格式，从而直观判断应收账款的账龄。例如，本例中要求当逾期天数大于等于 90 时显示红色图标，当逾期天数在 60~90 之间时显示黄色图标，当逾期天数小于 60 时显示绿色图标。

❶ 选中要设置条件格式的单元格区域（F2:F17 单元格区域），切换到"开始"选项卡，在"样式"组中单击"条件格式"下拉按钮，在下拉菜单中单击"图标集"命令，在弹出的子菜单中选择"其他规则"命令（如图 3-55 所示），打开"新建格式规则"对话框。

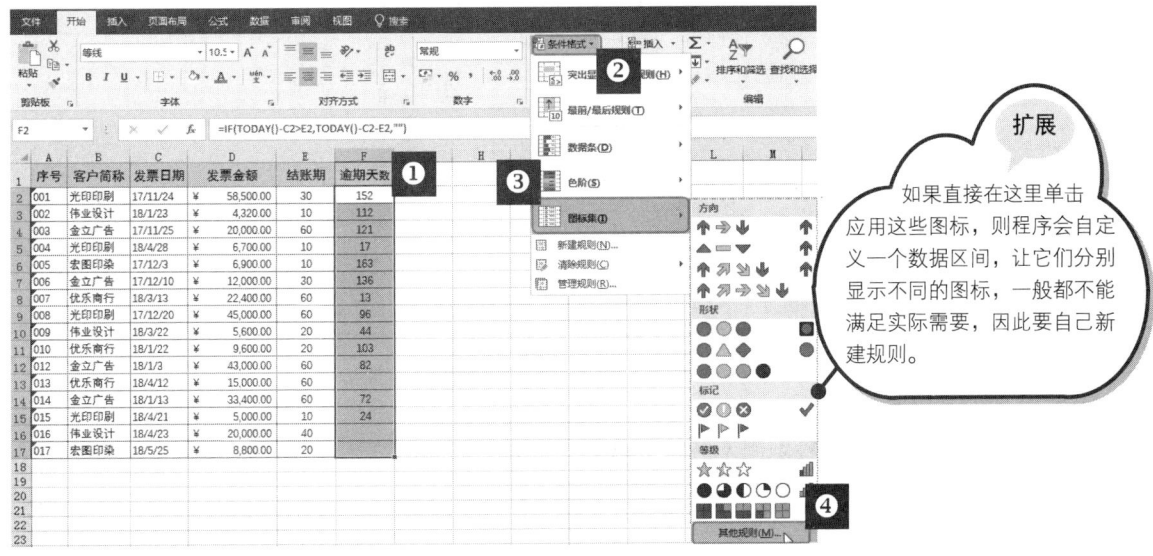

图 3-55

❷ 由于默认的值类型都是"百分比",因此首先单击"类型"下各个设置框右侧的下拉按钮,从打开的列表中选择"数字"格式,如图 3-56 所示。

❸ 在"图标"区域设置红色圆形图标后的值为">=90",黄色圆形图标后的值为">=60"的值,绿色圆形图标后自动显示为"<60",如图 3-57 所示。

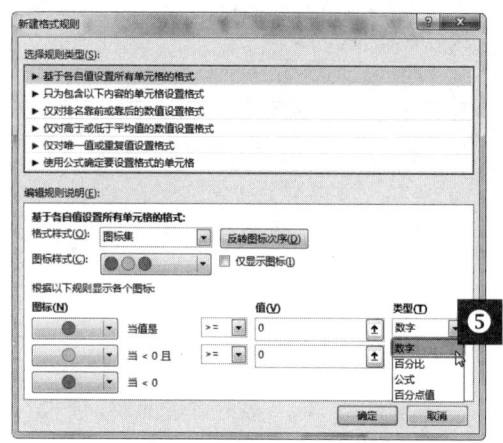

图 3-56　　　　　　　　　　　图 3-57

❹ 单击"确定"按钮,返回工作表中,可以看到在 F2:F17 单元格区域使用不同的图标集显示出逾期天数(逾期天数多的显示红色圆点,可特殊关注),如图 3-58 所示。

	A	B	C	D	E	F
1	序号	客户简称	发票日期	发票金额	结账期	逾期天数
2	001	光印印刷	17/11/24	¥ 58,500.00	30	● 152
3	002	伟业设计	18/1/23	¥ 4,320.00	10	● 112
4	003	金立广告	17/11/25	¥ 20,000.00	60	● 121
5	004	光印印刷	18/4/28	¥ 6,700.00	10	17
6	005	宏图印染	17/12/3	¥ 6,900.00	10	● 163
7	006	金立广告	17/12/10	¥ 12,000.00	30	● 136
8	007	优乐商行	18/3/13	¥ 22,400.00	60	13
9	008	光印印刷	17/12/20	¥ 45,000.00	60	● 96
10	009	伟业设计	18/3/22	¥ 5,600.00	20	44
11	010	优乐商行	18/1/22	¥ 9,600.00	20	● 103
12	012	金立广告	18/1/3	¥ 43,000.00	60	● 82
13	013	优乐商行	18/4/12	¥ 15,000.00	60	
14	014	金立广告	18/1/13	¥ 33,400.00	60	72
15	015	光印印刷	18/4/21	¥ 5,000.00	10	24
16	016	伟业设计	18/4/23	¥ 20,000.00	40	
17	017	宏图印染	18/5/25	¥ 8,800.00	20	

图 3-58

例 7:自动标识周末的加班记录

在加班统计表中,可以通过条件格式的设置快速标识出周末加班的记录。此条件格式的设置需要使用公式进行判断。

❶ 选中目标单元格区域，在"开始"选项卡的"样式"组中单击"条件格式"下拉按钮，从弹出的下拉列表中选择"新建规则"命令（如图 3-59 所示），打开"新建格式规则"对话框。

图 3-59

❷ 在"选择规则类型"栏中选择"使用公式确定要设置格式的单元格"，在下面的文本框中输入公式"=WEEKDAY(A3,2)>5"，如图 3-60 所示。

❸ 单击"格式"按钮，打开"设置单元格格式"对话框。根据需要对需要标识的单元格进行格式设置，这里以设置单元格背景颜色为"橙色"为例，如图 3-61 所示。

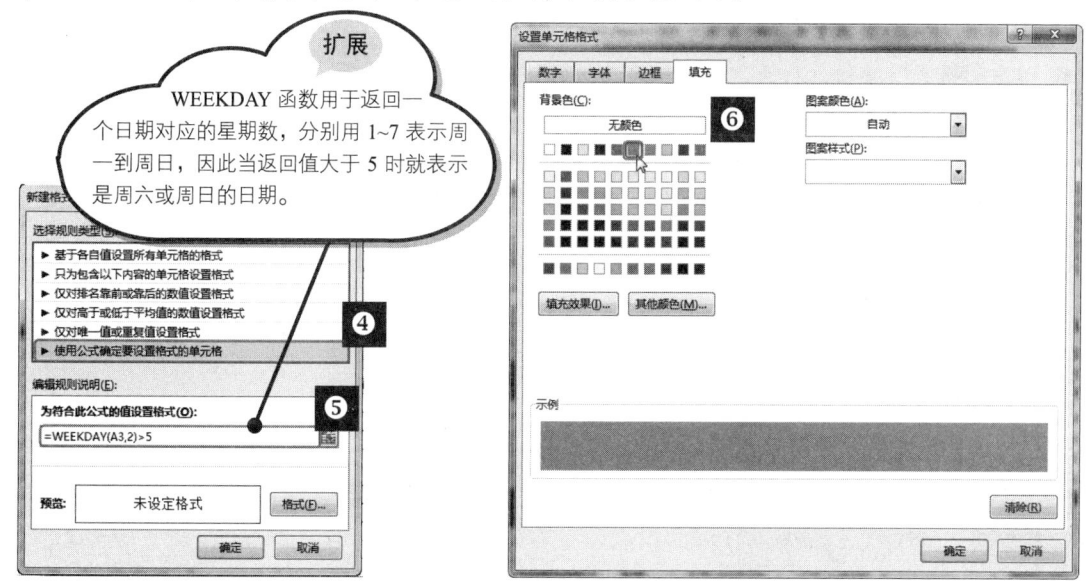

扩展

WEEKDAY 函数用于返回一个日期对应的星期数，分别用 1~7 表示周一到周日，因此当返回值大于 5 时就表示是周六或周日的日期。

图 3-60   图 3-61

❹ 单击"确定"按钮,返回到"新建格式规则"对话框中,再次单击"确定"按钮,即可将选定单元格区域内的双休日以橙色填充色标识出来,如图3-62所示。

图 3-62

例8:让指定月份数据特殊显示

在下面的应收账款统计表中,要求将所有3月份的账款记录以特殊格式显示出来。

❶ 选中目标单元格区域,在"开始"选项卡的"样式"组中,单击"条件格式"下拉按钮,从弹出的下拉列表中选择"新建规则"命令,打开"新建格式规则"对话框。

❷ 在列表框中选择"使用公式确定要设置格式的单元格",在下面的文本框中输入公式"=MONTH(C2)=3",如图3-63所示。

❸ 单击"格式"按钮,打开"设置单元格格式"对话框。切换至"填充"选项卡,在"背景色"列表单击"橙色",如图3-64所示。

> **扩展**
> MONTH 函数用于提取一个日期中的月份数,因此该公式用于判断月份数是否等于3。

图 3-63

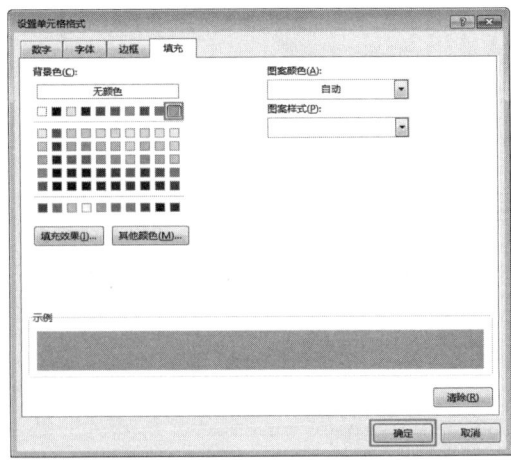

图 3-64

❹ 依次单击"确定"按钮完成设置，此时可以看到所有日期为3月份的单元格被标记为橙色填充效果，如图3-65所示。

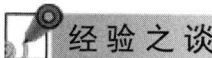

经验之谈

程序预置的和条件判断的选项已经可以解决日常工作中的很多问题。但"条件格式"功能块中还提供了一个"使用公式确定要设置格式的单元格"规则类型，利用它可以处理更为复杂的数据，让条件的判断更加灵活（如例7、例8所示），但是要应用好这项功能，需要对 Excel 函数有所了解。对于公式中对单元格的引用，只要以要设置单元格区域首个单元格的地址作为引用即可。

序号	公司名称	开票日期	应收金额	付款期(天)
001	凯速达科技	2018/1/20	¥ 25,000.00	15
002	晟成科技	2018/2/22	¥ 58,000.00	60
003	智禾佳慧科技	2018/2/22	¥ 15,000.00	90
004	锐泰科技	2018/2/5	¥ 12,000.00	20
005	锐泰科技	2018/2/12	¥ 23,000.00	40
006	腾达实业	2018/3/12	¥ 29,000.00	60
007	凯速达科技	2018/3/17	¥ 50,000.00	30
008	腾达实业	2018/3/20	¥ 4,000.00	10
009	腾达实业	2018/4/3	¥ 18,500.00	25
010	腾达实业	2018/3/13	¥ 5,000.00	15
011	晟成科技	2018/4/14	¥ 28,000.00	90
012	智禾佳慧科技	2018/3/18	¥ 24,000.00	60
013	凯速达科技	2018/4/28	¥ 6,000.00	15
014	智禾佳慧科技	2018/5/3	¥ 8,600.00	30

图 3-65

练一练

练习题目：只给账龄超过100天的亮红灯（如图3-66所示）。

操作要点：① 使用图标集条件格式。
② 只使用红灯一种图标，其他的绿灯与黄灯可以在下拉列表中选择无图标。

序号	供应商简称	发票日期	发票金额	结账期	逾期天数
001	光印印刷	17/11/24	¥ 58,500.00	30	● 151
002	伟业设计	18/1/23	¥ 4,320.00	10	111
003	金立广告	17/11/25	¥ 20,000.00	60	● 120
004	光印印刷	18/4/28	¥ 6,700.00	10	16
005	宏图印染	17/12/3	¥ 6,900.00	10	● 162
006	金立广告	17/12/10	¥ 12,000.00	30	● 135
007	优乐商行	18/3/13	¥ 22,400.00	60	12
008	光印印刷	17/12/20	¥ 45,000.00	60	95
009	伟业设计	18/3/22	¥ 5,600.00	20	43
010	优乐商行	18/1/20	¥ 9,600.00	20	● 102
012	金立广告	18/1/3	¥ 43,000.00	60	81
013	优乐商行	18/4/12	¥ 15,000.00	60	
014	金立广告	18/1/15	¥ 33,400.00	60	71
015	光印印刷	18/4/21	¥ 5,000.00	10	23

图 3-66

3.2.2 管理条件格式规则

当在工作表中设置了条件格式后，用户可以对条件格式进行管理，重新编辑条件格式或者将不需要的条件格式删除等。

例1：重新编辑新建的条件规则

当工作表中设置了条件格式后，用户可以根据需要对条件规则进行编辑。

❶ 在"开始"选项卡的"样式"组中单击"条件格式"下拉按钮,在下拉菜单中选择"管理规则"命令(如图 3-67 所示),打开"条件格式规则管理器"对话框。

❷ 在"显示其格式规则"下拉列表中选择"当前工作表",可以显示出当前工作表中所有定义的规则。在列表中选中要重新编辑的规则,单击"编辑规则"按钮(如图 3-68 所示),打开"编辑格式规则"对话框。

图 3-67

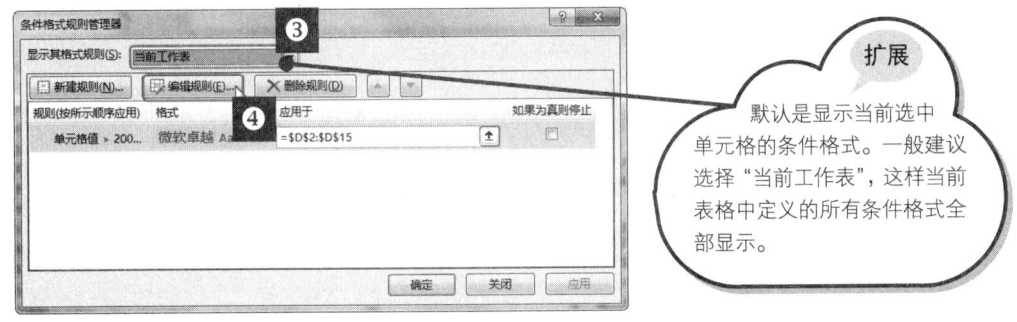

图 3-68

> **扩展**
> 默认是显示当前选中单元格的条件格式。一般建议选择"当前工作表",这样当前表格中定义的所有条件格式全部显示。

❸ 在对话框中可以如同设置格式一样重新修改格式。

例 2:删除不需要的条件规则

当不需要某些条件规则时,可以直接将其删除。

选中需要删除条件格式的单元格区域(D2:D15 单元格区域),切换到"开始"选项卡,在"样式"组中单击"条件格式"下拉按钮,光标指向"清除规则"命令,在弹出的子菜单中选择"清除所选单元格的规则"命令,如图 3-69 所示。

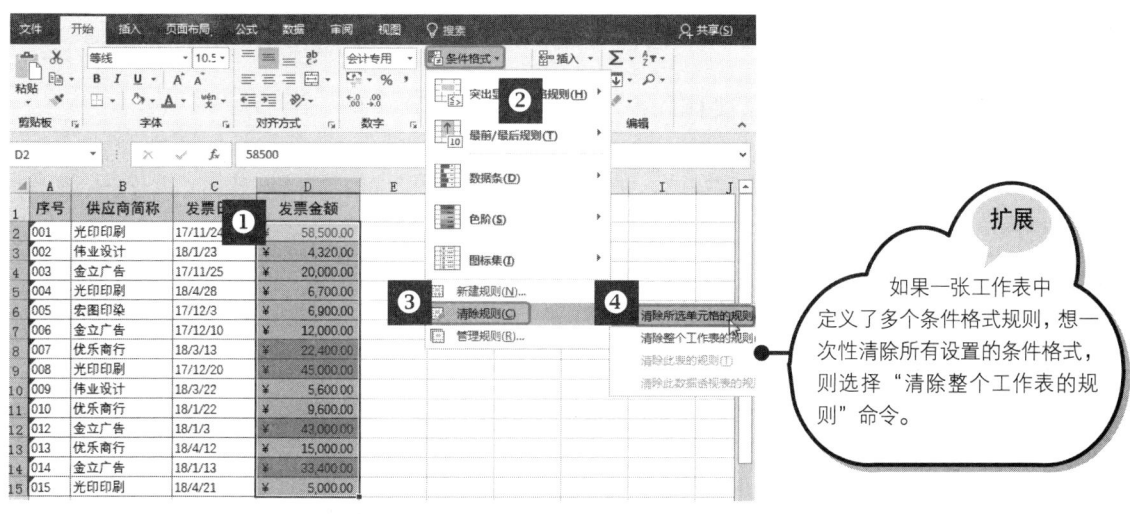

图 3-69

> **扩展**
> 如果一张工作表中定义了多个条件格式规则,想一次性清除所有设置的条件格式,则选择"清除整个工作表的规则"命令。

练一练

练习题目:将"1月金额"列中的条件格式规则复制到"2月金额"列中,如图 3-70 所示。

操作要点:选中 C 列的数据执行复制后,选中 D 列数据,打开"选择性粘贴"对话框,选择"格式"单选按钮。

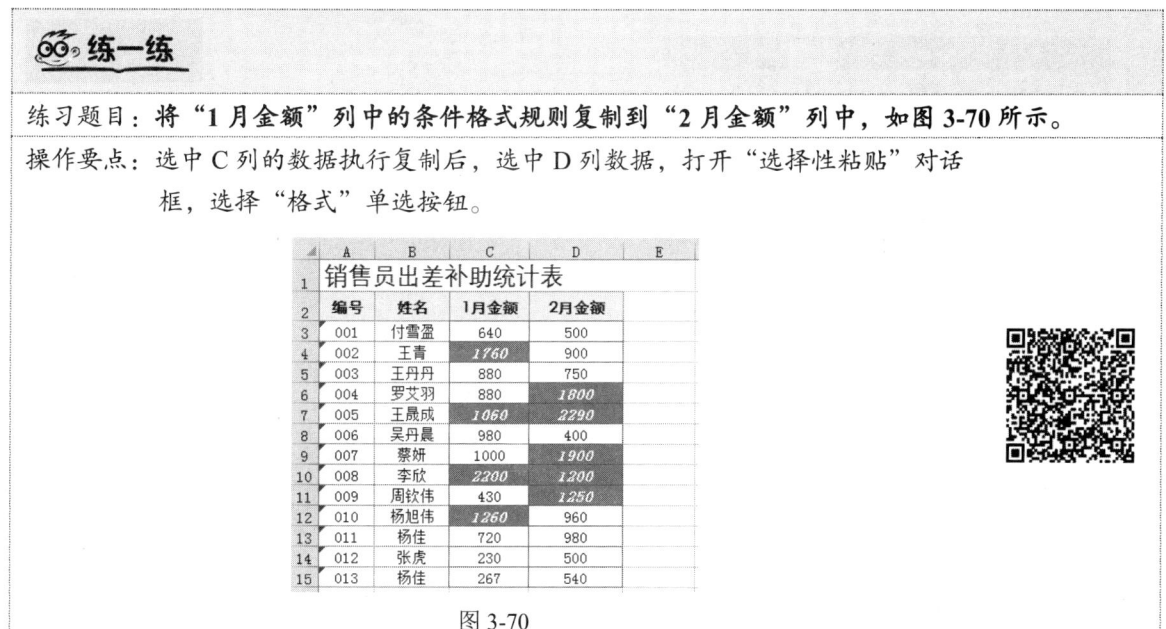

图 3-70

3.3 一键快速排序数据

在 Excel 表格中处理数据时,时常需要对数据进行排序,以直观查看数据的大小情况。在进行数据排序时，可以按单个条件排序，也可以按多个条件排序。

3.3.1 单条件排序与双条件排序

单个数据排序只要定位排序关键字后，使用功能区的"升序"或"降序"按钮一键排序。如果是双关键字排序，则需要打开"排序"对话框进行设置。

例1：按应收账款的逾期天数排序

例如，本例表格中需要按应收账款逾期天数从大到小排序。

❶ 选中"逾期天数"下的任意单元格，切换到"数据"选项卡，在"排序和筛选"组中单击 _Z↓（降序按钮），如图3-71所示。

❷ 执行上述操作后即可看到逾期天数已从高到低进行排序，如图3-72所示。

图3-71   图3-72

例2：对各个客户的账款逾期天数排序

按多条件排序是指当按某一个字段排序出现相同值时再按第2个条件进行排序。在本例中可以通过设置两个条件，从而实现先将相同客户的记录排序在一起，再对相同客户的逾期天数进行排序。

❶ 选中表格中任意单元格，切换到"数据"选项卡，在"排序和筛选"组中单击"排序"按钮（如图 3-73 所示）。

❷ 在"主要关键字"下拉列表中单击"客户简称"，排序次序采用默认的"升序"，如图 3-74 所示。

> **扩展**
> 有时在选择字段时并不能出现与表格中一致的字段名，而是显示 A 列、B 列……这种形式，这是因为数据源表格格式不规范，如列标识不能有合并单元格等。

图 3-73　　　　　　　　　　　图 3-74

❸ 单击"添加条件"按钮，在"次要关键字"下拉列表中单击"逾期天数"，在"次序"下拉列表中单击"降序"，如图 3-75 所示。

❹ 单击"确定"按钮，返回工作表中，即可看到首先按客户进行排序，再对相同客户中的逾期天数从高到低排序，如图 3-76 所示。

图 3-75　　　　　　　　　　　图 3-76

练一练

练习题目：查看各收货方的单笔销售金额情况（效果如图 3-77 所示）。

操作要点："收货方"为主要关键字，"销售金额"为次要关键字，双关键字排序。

	A	B	C	D	E
1	销售时间	产品名称	收货方	销售金额	
2	2017/6/3	F7plus彩屏新机	锐泰科技	26000.00	
3	2017/6/3	F18中控旗舰机	锐泰科技	7200.00	
4	2017/6/3	中控人脸iFace7	锐泰科技	5050.00	
5	2017/6/3	Smart3F彩屏	锐泰科技	2600.00	
6	2017/6/4	中控人脸iFace7	锐泰科技	2020.00	
7	2017/6/4	中控Z8	晟成科技	17000.00	
8	2017/6/5	中控Z8	晟成科技	17000.00	
9	2017/6/3	中控Z8	晟成科技	6800.00	
10	2017/6/3	中控人脸iFace7	晟成科技	5050.00	
11	2017/6/4	F18中控旗舰机	晟成科技	4500.00	
12	2017/6/6	F18中控旗舰机	智禾佳慧科技	10800.00	
13	2017/6/4	面部王中控A200	智禾佳慧科技	9000.00	
14	2017/6/5	面部王中控A200	智禾佳慧科技	9000.00	
15	2017/6/4	F7plus彩屏新机	智禾佳慧科技	6240.00	
16	2017/6/4	Smart3F彩屏	智禾佳慧科技	5200.00	
17	2017/6/4	中控人脸iFace7	智禾佳慧科技	5050.00	

图 3-77

3.3.2 自定义排序依据

数据在排序时默认按数值大小为依据，除此之外还可以设置以单元格的颜色、字体颜色、条件格式图标为排序依据。

例：将高账龄的账款（已设置条件格式）全部排列在最上方。

本例中已经设置了三色灯的条件格式，即将账龄较长的显示为红灯图标、中间值显示为黄灯图标、账龄较短的显示为绿灯图标。当账款条目较多时，为了能更快速直观地查看高账龄的账款，可以通过排序将显示红灯的单元格排序到顶端。

❶ 选中表格区域任意单元格，在"数据"选项卡的"排序和筛选"组中单击"排序"按钮（如图 3-78 所示），打开"排序"对话框。

❷ 设置主要关键字为"逾期天数"，然后单击"排序依据"右侧的下拉按钮，选择"条件格式图标"，如图 3-79 所示。

❸ 设置次序，本例中选择红灯，如图 3-80 所示。

❹ 单击"确定"按钮，效果如图 3-81 所示。

图 3-78

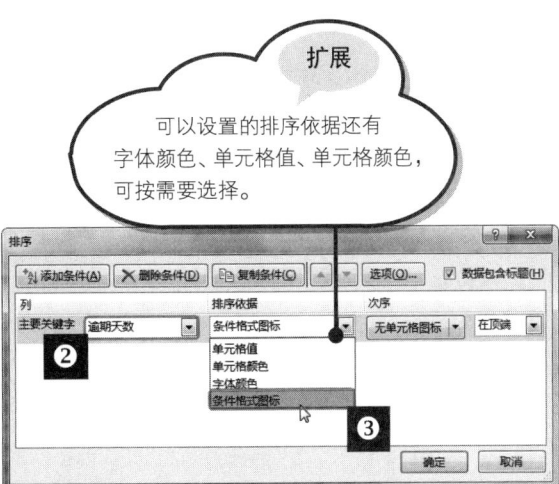

> **扩展**
> 可以设置的排序依据还有字体颜色、单元格值、单元格颜色,可按需要选择。

图 3-79

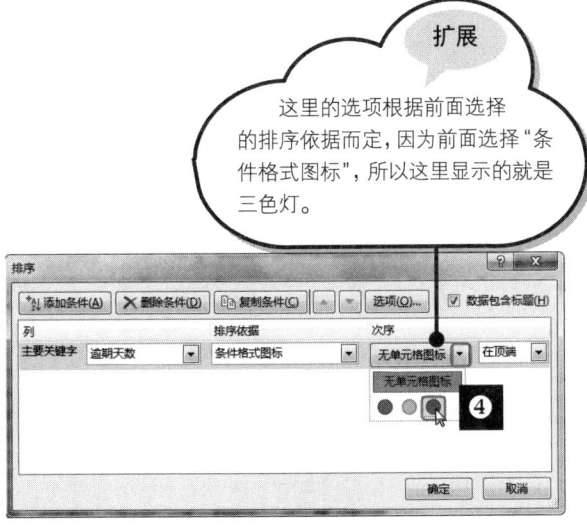

> **扩展**
> 这里的选项根据前面选择的排序依据而定,因为前面选择"条件格式图标",所以这里显示的就是三色灯。

图 3-80

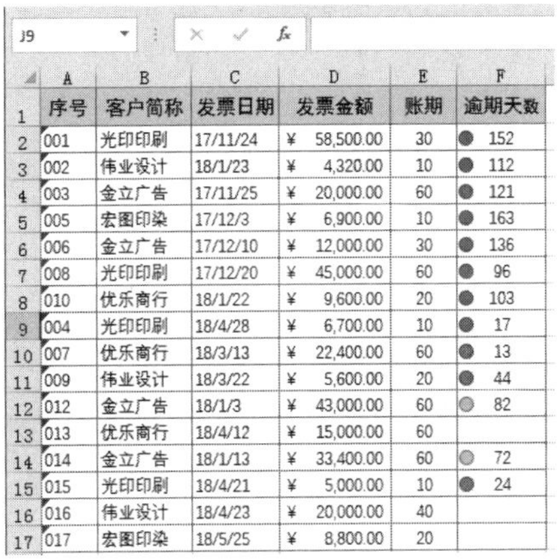

图 3-81

练一练

练习题目: 按单元格图标排序(效果如图 3-82 所示)。

操作要点：选择排序依据为"单元格颜色"，排序的次序为土黄颜色。

	A	B	C
1	产品名称	规格	库存量
2	盼盼法式奶香小面包	320g	18
3	盼盼莲蓉香包	300g	15
4	盼盼红豆蓉香包	300g	9
5	艾比利风情烧烤味薯片	48g	19
6	艾比利风情烧烤味薯片	70g	12
7	盼盼番茄鸡味块	105g	220
8	盼盼真食惠薯片	145g	210
9	盼盼法式奶香小面包	200g	24
10	盼盼莲蓉香包	45g	260
11	盼盼莲蓉香包	150g	24
12	盼盼红豆蓉香包	150g	224
13	艾比利真情原味薯片	20g	26
14	艾比利激情香辣味薯片	20g	346
15	艾比利田园番茄味薯片	48g	120

图 3-82

3.4 筛选满足条件的数据

筛选是指暂时隐藏不必显示的行列，只按设定的条件显示满足条件的数据记录。筛选是数据分析过程中被频繁使用的工具。

3.4.1 按分类快速筛选

在执行筛选前，需要为表格的列标识添加自动筛选。添加自动筛选后可以快速筛选出一类数据。

例：按分类快速筛选的示例

例如，在工资表中要求筛选查看销售部的工资记录。

❶ 打开工作表，选中任意单元格，切换到"数据"选项卡，在"排序和筛选"组中单击"筛选"按钮，如图 3-83 所示。

❷ 单击"筛选"按钮后，系统为列标识添加筛选按钮，单击"所属部门"右侧筛选按钮，取消选中"全选"复选框，然后选中"销售部"复选框，如图 3-84 所示。

❸ 单击"确定"按钮，返回工作表中，即可看到筛选出销售部的工资记录，如图 3-85 所示。

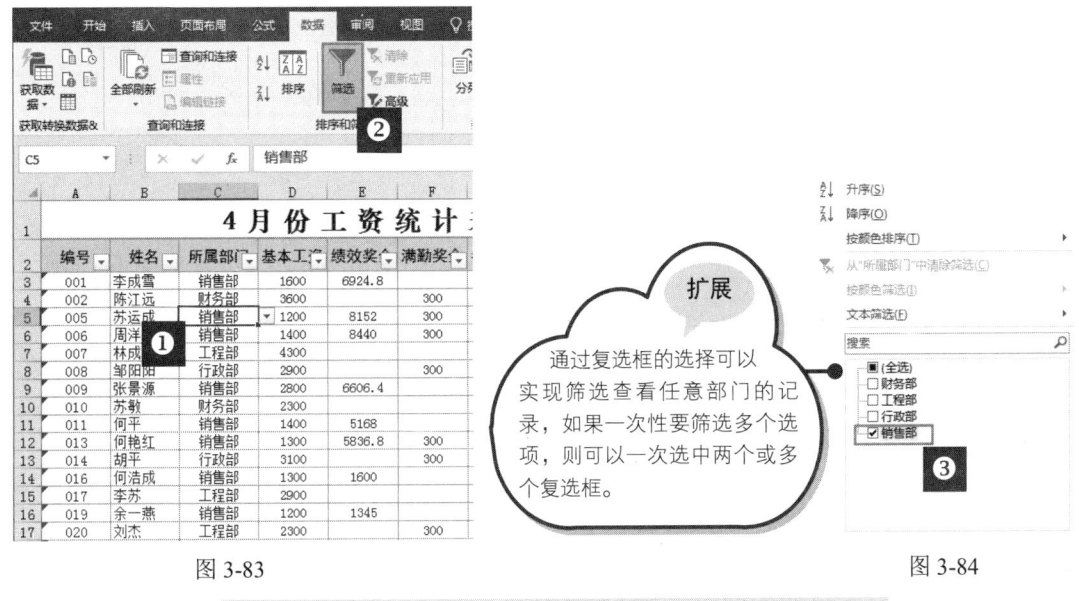

图 3-83　　　　　　　　　　　　　　　　图 3-84

图 3-85

3.4.2 按数值筛选（大于、小于指定值等）

当需要筛选的内容为数字时，可以为筛选数字设置多种筛选条件，如大于某个指定值、小于某个指定值、界于某些值之间等。

例 1：筛选缴费金额大于 300 元的记录

例如在社保缴费统计表中，要求筛选出缴费合计金额大于 300 元的记录。

❶ 切换到"数据"选项卡，在"排序和筛选"组中单击"筛选"按钮。单击"合计"右侧筛选按钮，在筛选菜单中选择"数字筛选"命令，在弹出的子菜单中选择"大于"命令（如图 3-86 所示），打

开"自定义自动筛选方式"对话框。

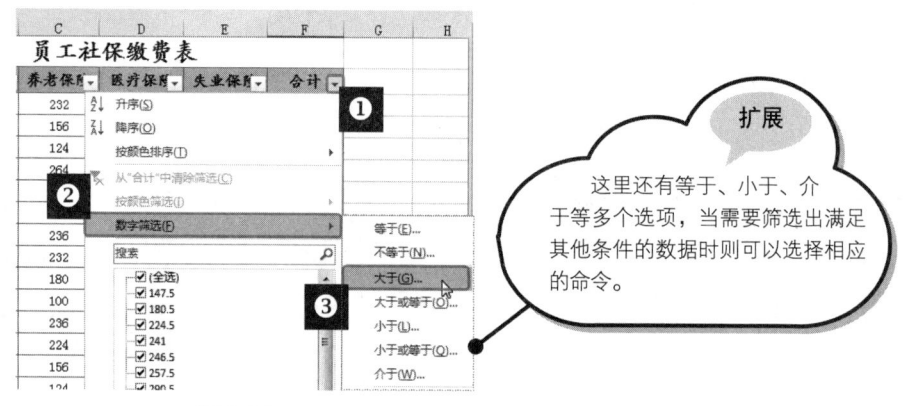

图 3-86

> **扩展**
> 这里还有等于、小于、介于等多个选项，当需要筛选出满足其他条件的数据时则可以选择相应的命令。

❷ 在"大于"文本框中输入"300"，如图 3-87 所示。

❸ 单击"确定"按钮，返回工作表中，即可筛选出缴费合计金额大于 300 元的记录，如图 3-88 所示。

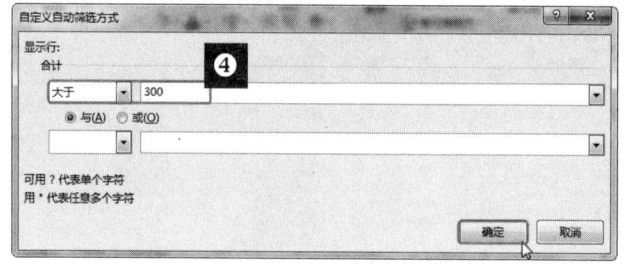

图 3-87

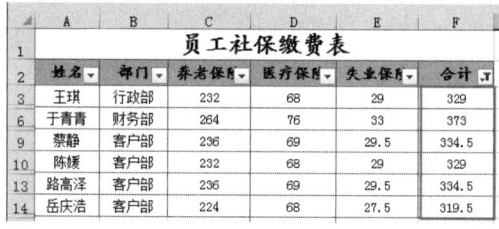

图 3-88

例 2：筛选出库存量大于 20 或小于 5 的记录

例如在本期库存盘点表中，要求筛选出库存量大于 20 或小于 5 的记录，从而查看哪些商品库存量过多和哪些商品库存量过少。

❶ 切换到"数据"选项卡，在"排序和筛选"组中单击"筛选"按钮。单击"库存"右侧筛选按钮，在筛选菜单中选择"数字筛选"命令，在弹出的子菜单中选择"大于"命令（如图 3-89 所示），打开"自定义自动筛选方式"对话框。

❷ 在"大于"文本框中输入 20；选中"或"单选按钮，设置条件为"小于"，并在后面文本框中输入 5，如图 3-90 所示。

财务数据的整理与分析 第3章

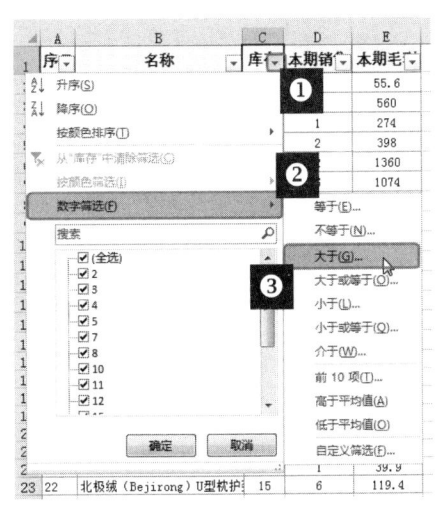

图 3-89

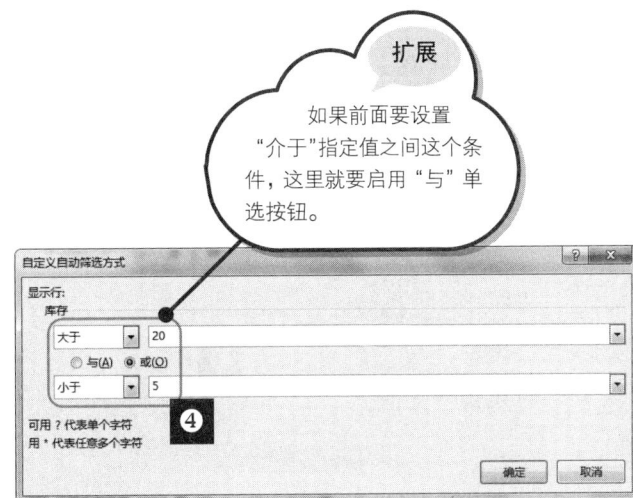

图 3-90

❸ 单击"确定"按钮，返回工作表中，即可筛选出库存大于 20 或小于 5 的记录，如图 3-91 所示。

图 3-91

例3：筛选应收金额前 3 名的账款

本例中记录了一段时间企业的应收账款记录，为了能快速查看到最高的几项应收账款，可以筛选出应收账款前 3 名的记录。

❶ 切换到"数据"选项卡，在"排序和筛选"组中单击"筛选"按钮。单击"发票金额"右侧筛选按钮，在筛选菜单中选择"数字筛选"命令，在弹出的子菜单中选择"前 10 项"命令（如图 3-92 所示），打开"自动筛选前 10 个"对话框。

❷ 将 10 更改为 3，如图 3-93 所示。

❸ 单击"确定"按钮，返回工作表中，即可筛选出应收账款前 3 名的记录，如图 3-94 所示。

|85|

图 3-92

图 3-93

图 3-94

经验之谈

数据筛选是将原表格区域中不满足条件的条目隐藏起来，如果在查看数据后想重新恢复原数据的显示，则在"数据"选项卡的"排序和筛选"组中单击"筛选"按钮，取消其启用状态即可。如果想使用筛选出的结果，则选中筛选后得到的数据，执行复制后，将其粘贴到其他工作表的空白区域中。

练一练

练习题目：筛选出本月折旧额大于 500 元的记录（如图 3-95 所示）。

操作要点：使用"数字筛选"中的"大于"条件。

图 3-95

财务数据的整理与分析 第3章

3.4.3 文本数据筛选（包含、开头是指定文本等）

当单元格区域为文本时，也可以对文本进行筛选，如筛选出包含指定文本、开头是某个文本等。满足设置条件的记录都会被筛选出来。

例：筛选出某一类固定资产的记录

例如下面的例子中要求筛选出"车"类资产，从而方便查看它们的相关情况，可以按下面的方法进行筛选。

❶ 切换到"数据"选项卡，在"排序和筛选"组中单击"筛选"按钮。单击"固定资产名称"右侧筛选按钮，在筛选菜单中选择"文本筛选"命令，在弹出的子菜单中选择"包含"命令（如图3-96所示），打开"自定义自动筛选方式"对话框。

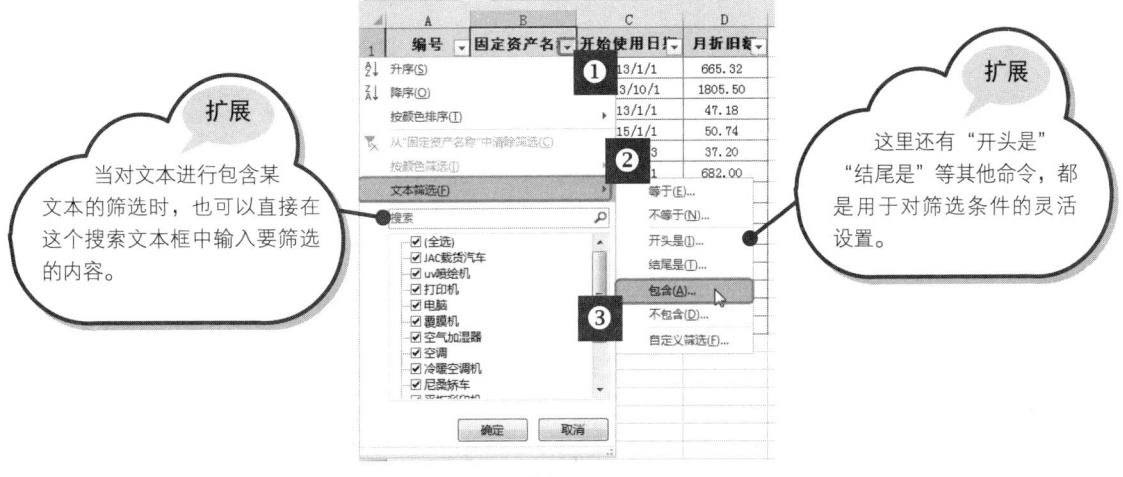

> **扩展**
> 当对文本进行包含某文本的筛选时，也可以直接在这个搜索文本框中输入要筛选的内容。

> **扩展**
> 这里还有"开头是""结尾是"等其他命令，都是用于对筛选条件的灵活设置。

图 3-96

❷ 在"包含"文本框中输入"车"，如图3-97所示。

❸ 单击"确定"按钮，返回工作表中，即可筛选出"车"类名称，如图3-98所示。

图 3-97   图 3-98

练一练

练习题目： 从应收账款统计表中排除某个公司的记录（如图 3-99 所示为排除前数据表，如图 3-100 所示为排除"光印印刷"后的数据表）。

操作要点： 在"文本筛选"子菜单中有多个关于文本筛选的命令，要排除某个文本，可以根据情况使用"不等于"或"不包含"命令。

图 3-99　　　　　　　　　　　　　　图 3-100

3.4.4　日期数据筛选（本月、上月、某日期前后等）

在 Excel 表格中可以对日期进行筛选，如筛选出本月、上月的记录，或筛选出某指定日期之前或之后的记录等。

例：筛选出指定日期之前的账款

在本例的账款统计表中要求筛选出 2018 年 2 月之前的账款记录。

❶ 切换到"数据"选项卡，在"排序和筛选"组中单击"筛选"按钮。单击"发票日期"右侧筛选按钮，在筛选菜单中选择"日期筛选"命令，在弹出的子菜单中选择"之前"命令（如图 3-101 所示），打开"自定义自动筛选方式"对话框。

❷ 在"在以下日期之前"文本框后输入日期 2018/2/1，如图 3-102 所示。

❸ 单击"确定"按钮，返回工作表中，即可看到筛选出 2018 年 2 月 1 日之前账款的记录，如图 3-103 所示。

财务数据的整理与分析 第3章

扩展

在"日期筛选"子菜单中包含多种筛选方式,如"上周""上月""今天""明天""下季度"等,它们都是以当前系统日期为参照,在单击命令后即可显示满足条件的筛选结果。

图 3-101

图 3-102

	A	B	C	D	E	F
1	序	客户简称	发票日	发票金额	账期	逾期天
2	001	光印印刷	17/11/24	¥ 58,500.00	30	152
3	003	金立广告	17/11/25	¥ 20,000.00	60	121
4	006	金立广告	17/12/10	¥ 12,000.00	30	136
5	008	光印印刷	17/12/20	¥ 45,000.00	60	96
6	012	金立广告	18/1/3	¥ 43,000.00	60	82
7	002	伟业设计	18/1/23	¥ 4,320.00	10	112
8	010	伟业设计	18/1/30	¥ 9,600.00	20	95

图 3-103

练一练

练习题目: 筛选任意指定月份的记录,如图 3-104 所示。

操作要点: 对日期数据筛选时,在筛选按钮的下拉列表中会自动对日期进行分组,先按年分,年下面再按月分(如图 3-105 所示),因此要显示哪一个月份的数据,只要选中该月份前的复选框即可。

	A	B	C	D	E	F
1	序	客户简称	发票日期	发票金额	账期	逾期天
13	005	宏图印染	18/4/3	¥ 6,900.00	15	37
14	014	金立广告	18/4/13	¥ 33,400.00	60	
15	015	光印印刷	18/4/21	¥ 5,000.00	10	24
16	016	伟业设计	18/4/23	¥ 20,000.00	40	
17	004	光印印刷	18/4/28	¥ 6,700.00	10	17

图 3-104

图 3-105

3.4.5　高级筛选

自动筛选都是在原有表格上实现数据的筛选，被排除的记录行自动被隐藏，而使用高级筛选功能则可以将筛选到的结果存放于其他位置上，以便于得到单一的分析结果，便于使用。在高级筛选方式下可以实现只满足一个条件的筛选（即"或"条件筛选），也可以实现同时满中两个条件的筛选（即"与"条件筛选）。

例1：筛选出同时满足双条件的记录

"与"条件筛选是指同时满足两个条件或多个条件的筛选。例如在下面的员工社保缴费表中，需要筛选出客户部缴费合计大于300元的记录。

❶ 在I1:J2单元格区域输入筛选条件，切换到"数据"选项卡，在"排序和筛选"组中单击"高级"按钮（如图3-106所示），打开"高级筛选"对话框。

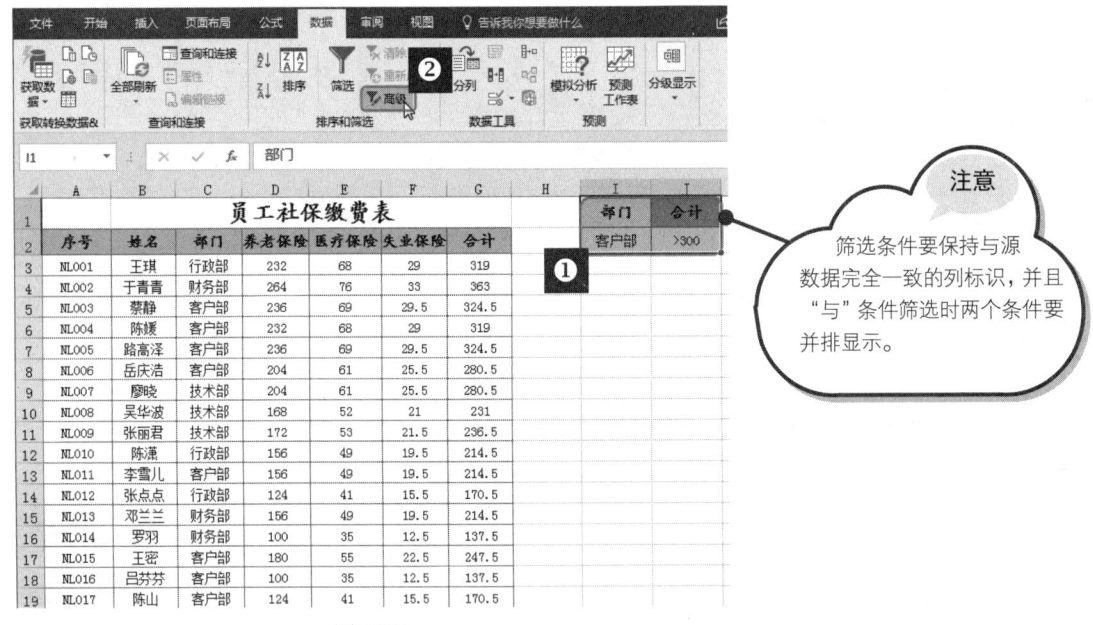

图3-106

❷ 设置"列表区域"为A2:G19单元格区域，设置"条件区域"为I1:J2单元格区域（如图3-107所示），选中"将筛选结果复制到其他位置"单选按钮，将光标放置到激活的"复制到"文本框中，在工作表中单击I3单元格，如图3-108所示。

❸ 单击"确定"按钮,返回到工作表中,即可筛选出客户部缴费合计大于300元的记录,如图3-109所示。

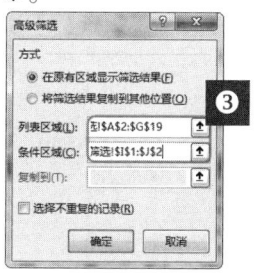

图 3-107

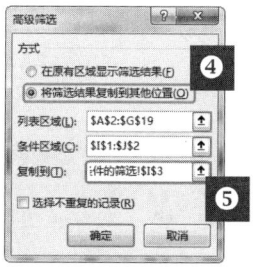

图 3-108

部门	合计				
客户部	>300				
序号	姓名	部门	养老保险	医疗保险	失业保险	合计
NL003	蔡静	客户部	236	69	29.5	324.5
NL004	陈媛	客户部	232	68	29	319
NL005	路高泽	客户部	236	69	29.5	324.5

图 3-109

例2:筛选出满足多条件中任意一个的记录

"或"条件筛选是指数据只要满足两个或多个条件中的任意一个就被作为满足要求的记录。例如在下面的员工社保缴费表中,需要筛选出技术部或者缴费合计大于300元的记录。

❶ 在I1:J3单元格区域输入筛选条件,切换到"数据"选项卡,在"排序和筛选"组中单击"高级"按钮(如图3-110所示),打开"高级筛选"对话框。

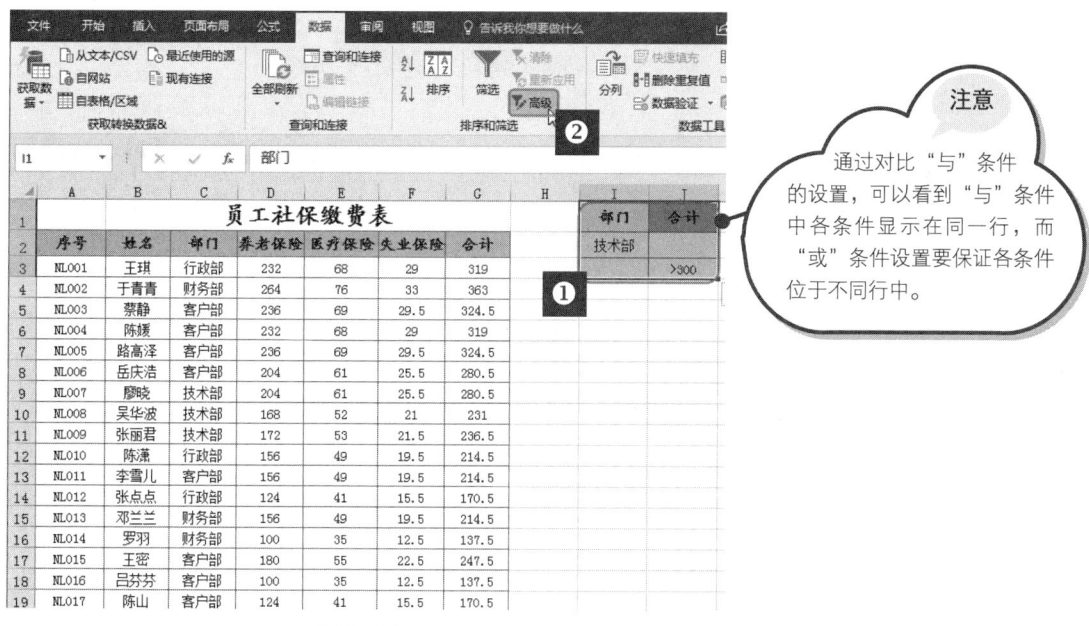

图 3-110

> **注意**
> 通过对比"与"条件的设置,可以看到"与"条件中各条件显示在同一行,而"或"条件设置要保证各条件位于不同行中。

❷ 设置"列表区域"为A2:G19单元格区域,设置"条件区域"为I1:J3单元格区域,选中"将筛选结果复制到其他位置"单选按钮,将光标放置在激活的"复制到"文本框中,在工作表中单击I4单

元格，如图 3-111 所示。

❸ 单击"确定"按钮，返回到工作表中，即可筛选出技术部或者缴费合计大于 300 元的记录，如图 3-112 所示。

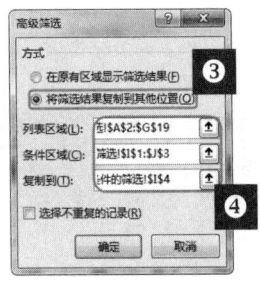

图 3-111　　　　　　　　　　　图 3-112

练一练

练习题目：筛选出指定时间与指定课程的报名记录（如图 3-113 所示）。

操作要点：设置筛选条件时也可以使用通配符，"?"字符代表一个字符，"*"字符代表多个字符。

图 3-113

3.5　数据分类汇总

分类汇总可以为同一类别的记录自动添加合计或小计，从而得到分散记录的合计数据。这项功能是数据分析乃至大数据分析中的常用功能之一。

3.5.1 统计费用支出表中各不同费用类别的小计值

在进行分类汇总之前,需要对数据进行排序,就是将同一类数据放置在一起,形成多个分类,然后才能对各个类别进行汇总统计。

例:对不同费用类别的总支出额进行统计

例如在下面的费用统计表中,要求统计出各个费用类别的小计金额。

❶ 打开工作表,选中"费用类别"列下任意单元格,切换到"数据"选项卡,在"排序和筛选"组中单击 ↓(升序)按钮(如图 3-114 所示),即可将相同的费用类型排序到一起,如图 3-115 所示。

图 3-114　　　　　　　　　　　　图 3-115

❷ 在"数据"选项卡的"分级显示"组中单击"分类汇总"按钮(如图 3-116 所示),打开"分类汇总"对话框,选中"支出金额"复选框。

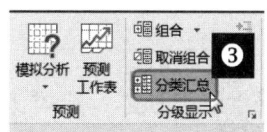

图 3-116

❸ 单击"分类字段"右侧的下拉按钮,在下拉列表中选择"费用类别","汇总方式"采用默认的"求和",在"选项汇总项"中选择"支出金额"复选框,如图 3-117 所示。

❹ 单击"确定"按钮返回工作表中,即可看到表格中的数据以"费用类别"为字段,对各个类别的费用进行了汇总统计,如图 3-118 所示。

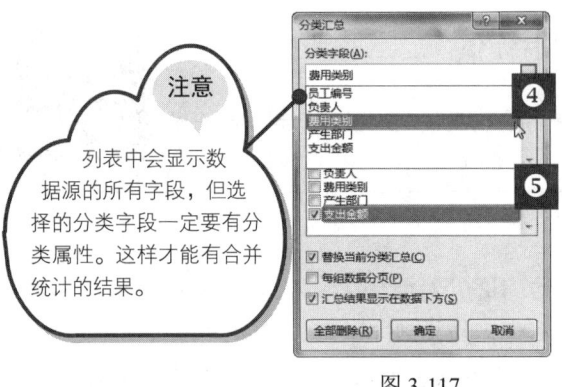

注意

列表中会显示数据源的所有字段,但选择的分类字段一定要有分类属性。这样才能有合并统计的结果。

图 3-117　　　　　　　　图 3-118

练一练

练习题目：分类汇总获取最大值,如图 3-119 所示。

操作要点：在"分类汇总"对话框中要更改"汇总方式",默认是求和。

图 3-119

3.5.2　分类汇总结果的复制使用

当利用分类汇总功能获取统计结果后,可以将统计结果直接复制下来并通过整理得到统计报表。

例：只复制分类汇总的结果

当获取分类汇总的统计结果后,如果直接复制使用会连同所有被隐藏的明细项目一起被复制,此时需要先定位可见单元格，然后再执行复制粘贴的操作。

❶ 在如图 3-120 所示的表格中，按 F5 键，打开"定位"对话框，单击"定位条件"按钮（如图 3-121 所示），打开"定位条件"对话框，并选中"可见单元格"单选按钮，如图 3-122 所示。

> **注意**
> 进行分类汇总后，默认是连同明细数据一起显示。要想只显示分类汇总的结果，则可以通过单击这几个序号。数字越小级别越高。

图 3-120

图 3-121

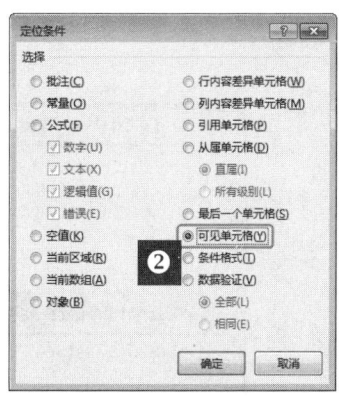

图 3-122

❷ 单击"确定"按钮即可在工作表中选中所有可见单元格，按 Ctrl+C 组合键复制（如图 3-123 所示），选择要粘贴到的位置后，按 Ctrl+V 组合键粘贴，即可只将分类汇总的结果复制下来，如图 3-124 所示。对数据稍加整理则可以作为统计报表使用了。

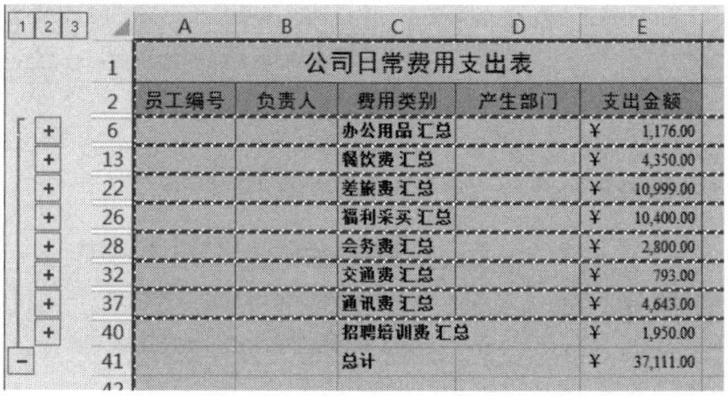

图 3-123

图 3-124

第 4 章

数据计算的公式与函数

- 数据计算的公式与函数
  - 4.1 了解Excel中的公式运算
    - 4.1.1 编辑公式
      - 例1:了解公式的组成及运算符
      - 例2:手动编辑公式
    - 4.1.2 复制公式完成批量计算
      - 例1:在连续单元格填充公式
      - 例2:大范围公式复制的办法
  - 4.2 公式计算中函数的使用
    - 4.2.1 初识函数
      - 例1:函数的构成
      - 例2:学习函数的用法
    - 4.2.2 函数运用
      - 例1:配合插入函数向导输入公式
      - 例2:嵌套函数的例子
  - 4.3 公式计算中对单元格的引用
    - 4.3.1 相对引用与绝对引用
      - 例1:相对数据源的示例与应用环境
      - 例2:绝对数据源的示例与应用环境
    - 4.3.2 引用当前工作表之外的单元格
      - 例1:引用其他工作表的数据源计算
      - 例2:引用其他工作簿的数据源计算
      - 例3:引用多工作表的同一单元格计算
  - 4.4 公式正确结果错误的原因分析
    - 4.4.1 有文本数据参与运算
      - 例:将文本数据恢复为数值数据
    - 4.4.2 空白单元格不为空
      - 例1:公式返回的空值再参与计算时造成出错
      - 例2:单元格中有英文单引号造成出错
      - 例3:自定义单元格格式为隐藏格式造成出错
    - 4.4.3 实际值与显示的值不同
      - 例:自定义单元格格式造成实际值与显示的值不同

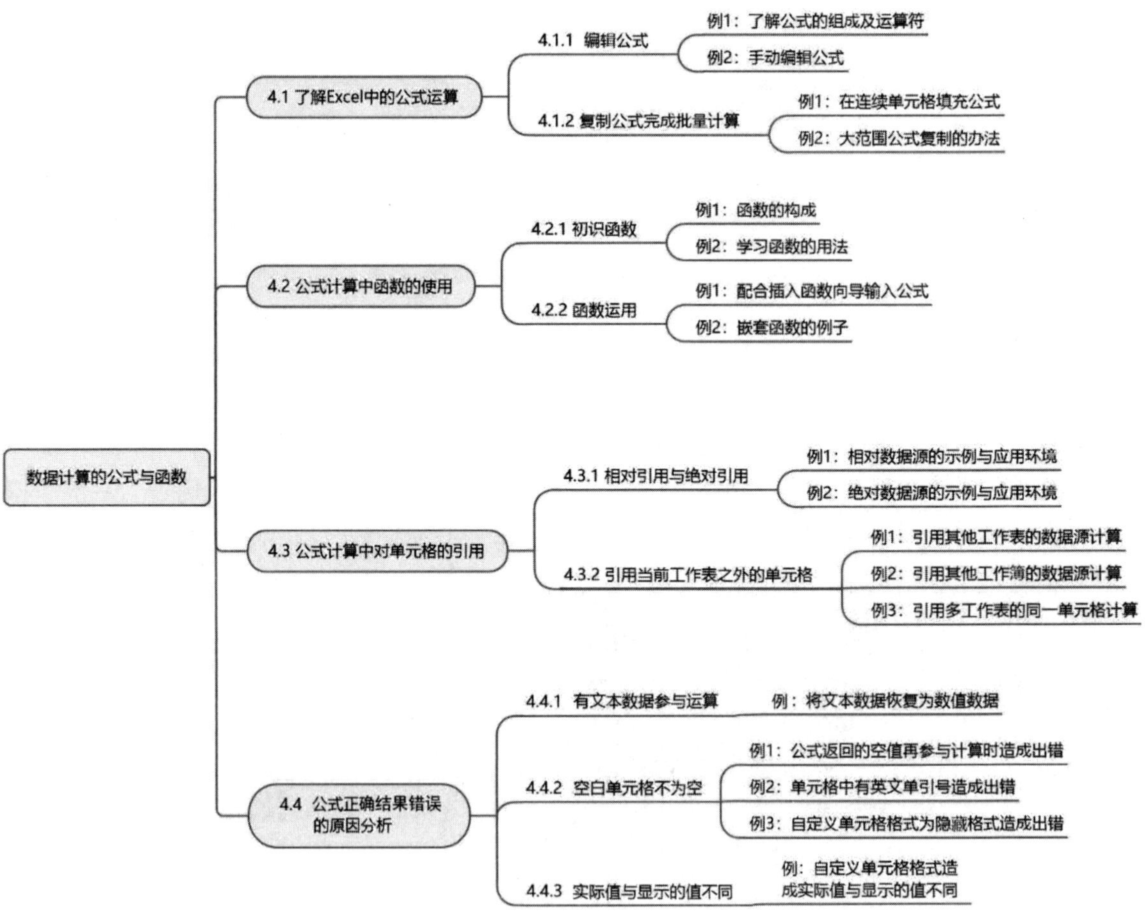

4.1 了解 Excel 中的公式运算

公式是 Excel 中由使用者自行设计对工作表数据进行计算、查找、匹配、统计和处理的计算式，如 =B2+C3+D2、=IF(B2>=80,"达标","不达标")、=SUM(B2:B20)+90 等这种形式的表达式都称为公式。

我们看到，公式不仅有常量的参与，更多的是对单元格的引用，同时还要引入函数完成特定的数据计算，因为如果只是常量的加减乘除，那么就与使用计算器来运算无任何区别了，所以函数在公式运算中具有重要作用。

4.1.1 编辑公式

要想使用公式进行数据运算、统计、查询，首先要学会如何输入及编辑公式。一般是遇到运算符时用手工输入、遇到对单元格的引用时用鼠标拖动选取，当然使用函数时就涉及对函数参数的设置，这项编辑在后面的小节中再做介绍。

例1：了解公式的组成及运算符

公式一般是以等号"="开始，后面可以包括运算符、函数、单元格引用和常量。通过表 4-1 可以了解运算符及它们在公式中的应用。

表 4-1

序号	运算符	说明	公式举例
1	:（冒号）、（空格）、,（逗号）	引用运算符	=SUM(B1:B10)
2	-	负号运算	=(-B2)*C3
3	%	百分比运算	=B2%
4	^	乘幂运算	=B2^C3
5	*（乘）、/（除）	乘除运算	=B2*C3
6	+（加）、-（减）	加减运算	=B2+C3+D2
7	&	连接运算	=B1&B10
8	=、>、<、>=、<=、<>	比较运算	=IF(B2>=80,"达标","不达标")

例2：手动编辑公式

本例中需要计算出每一位员工社保缴费的总和，也就是养老保险、医疗保险、失业保险相加，得到社保缴费的总和。公式编辑如下。

❶ 首先选中要输入公式的单元格，即 F3，然后把鼠标指针置于编辑栏内，在编辑栏内输入“=”（如图 4-1 所示），单击需要引用数据的单元格，即 C3，可以看到编辑栏内自动输入“=C3”，如图 4-2 所示。

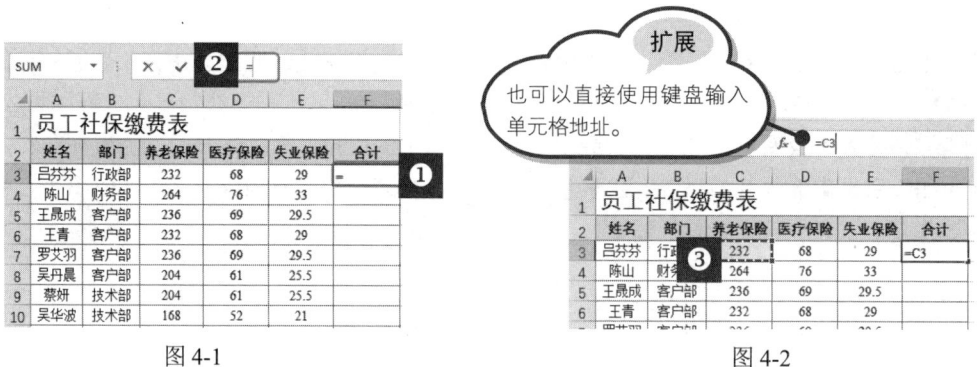

	A	B	C	D	E	F
1	员工社保缴费表					
2	姓名	部门	养老保险	医疗保险	失业保险	合计
3	吕芬芬	行政部	232	68	29	=
4	陈山	财务部	264	76	33	
5	王晟成	客户部	236	69	29.5	
6	王青	客户部	232	68	29	
7	罗艾羽	客户部	236	69	29.5	
8	吴丹晨	客户部	204	61	25.5	
9	蔡妍	技术部	204	61	25.5	
10	吴华波	技术部	168	52	21	

图 4-1

	A	B	C	D	E	F
1	员工社保缴费表					
2	姓名	部门	养老保险	医疗保险	失业保险	合计
3	吕芬芬	行政部	232	68	29	=C3
4	陈山	财务部	264	76	33	
5	王晟成	客户部	236	69	29.5	
6	王青	客户部	232	68	29	

图 4-2

❷ 继续输入运算符“+”（如图 4-3 所示），然后依次单击引用 D3 单元格和 E3 单元格并在其之间使用加号运算符，如图 4-4 所示。

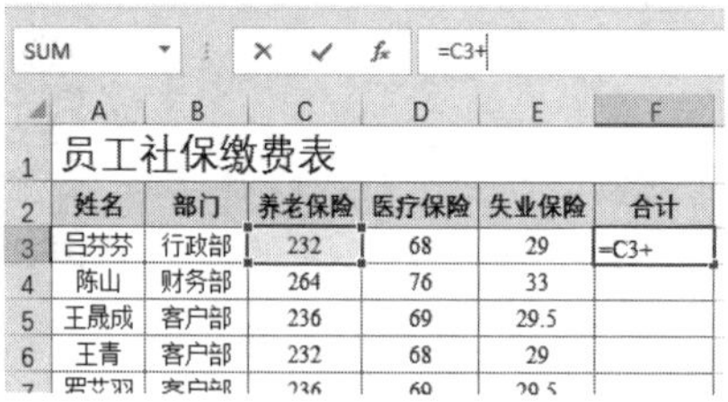

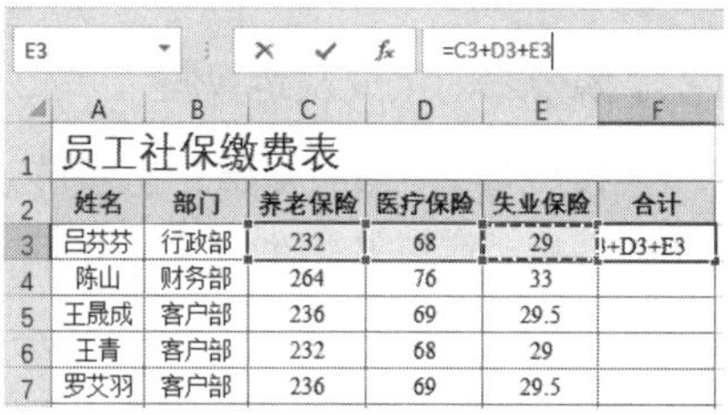

	A	B	C	D	E	F
1	员工社保缴费表					
2	姓名	部门	养老保险	医疗保险	失业保险	合计
3	吕芬芬	行政部	232	68	29	=C3+
4	陈山	财务部	264	76	33	
5	王晟成	客户部	236	69	29.5	
6	王青	客户部	232	68	29	

图 4-3

	A	B	C	D	E	F
1	员工社保缴费表					
2	姓名	部门	养老保险	医疗保险	失业保险	合计
3	吕芬芬	行政部	232	68	29	+D3+E3
4	陈山	财务部	264	76	33	
5	王晟成	客户部	236	69	29.5	
6	王青	客户部	232	68	29	
7	罗艾羽	客户部	236	69	29.5	

图 4-4

❸ 按 Enter 键后可以得到计算结果，如图 4-5 所示。

	A	B	C	D	E	F
1	员工社保缴费表					
2	姓名	部门	养老保险	医疗保险	失业保险	合计
3	吕芬芬	行政部	232	68	29	329
4	陈山	财务部	264	76	33	
5	王晟成	客户部	236	69	29.5	
6	王青	客户部	232	68	29	
7	罗艾羽	客户部	236	69	29.5	
8	吴丹晨	客户部	204	61	25.5	
9	蔡妍	技术部	204	61	25.5	

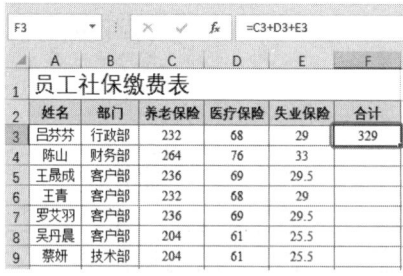

图 4-5

练一练

练习题目：**扣除金额为基本工资、绩效工资、工龄工资之和的 7%，建立公式如图 4-6 所示。**

操作要点：公式中使用了求和函数。

图 4-6

4.1.2 复制公式完成批量计算

在 Excel 中建立公式很多时候都是要完成批量计算，因此在建立一个公式后，当其他位置需要进行相同的计算时，可以通过公式的复制来快速得到批量的结果。公式的复制是数据运算中一项非常重要的操作，我们时刻都在使用着。

例 1：在连续单元格填充公式

在单个单元格内输入公式，最常见的是在一列或者一行中输入相同的公式，这时就可以使用填充柄功能。例如本例中在使用公式求出第一位员工的社保缴费后，其他员工的社保缴费也要按相同方法求取，所以可以复制公式一次性运算。

❶ 把鼠标指针放在 F3 单元格右下角，当其变成黑色十字形时（如图 4-7 所示），按住鼠标左键向需要复制的方向拖动，如图 4-8 所示。

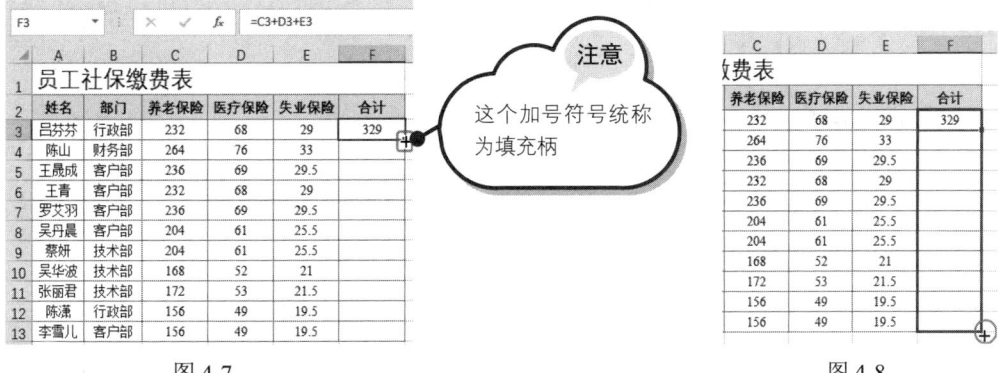

图 4-7　　　　　　　　　　　　　图 4-8

❷ 释放鼠标左键后一次性得到其他社保缴费的总额，效果如图 4-9 所示。

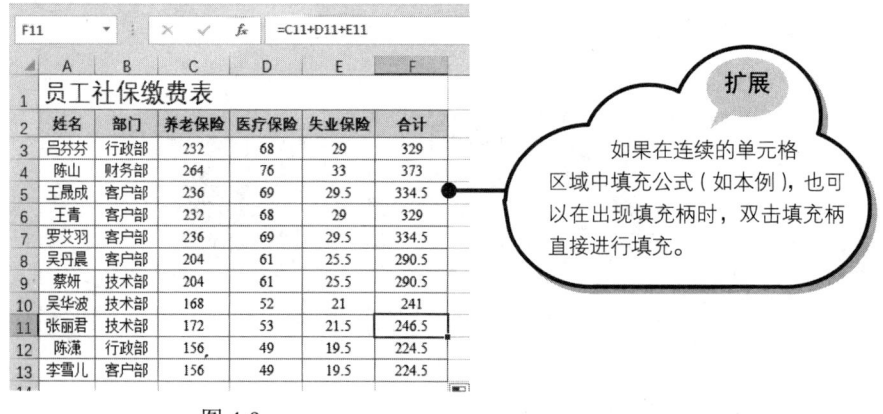

图 4-9

例 2：大范围公式复制的办法

当要输入公式的单元格区域非常大时采用拖动填充柄的方法会非常耗时，因此可以首先输入第一个单元格的公式，然后准确定位包含公式在内的单元格区域，再利用快捷键快速填充公式。

❶ 首先选中已经设置好公式的第一个单元格，如 J3，然后在名称框中输入想填充到的最后一个单元格地址 J3:J32，如图 4-10 所示。

图 4-10

❷ 按 Enter 键，即可选中需要填充公式的 J3:J32 单元格区域，如图 4-11 所示。

❸ 按 Ctrl+D 组合键，就可以一次复制公式到 J3:J32 单元格区域，如图 4-12 所示。

图 4-11　　　　　　　　　　　　图 4-12

练一练

练习题目：表格中使用了公式计算销售员的提成金额，复制公式可以快速计算所有销售员的提成金额，如图 4-13 所示。

操作要点：使用填充柄填充。

图 4-13

4.2　公式计算中函数的使用

函数是应用于公式中的一个最重要的元素，如果没有函数的参与，公式只能完成一些简易的运算。而函数可以自动判断条件并计算数据、统计条目、查找目标数据、完成日期数据的计算等，这些都是数据分析过程中非常必要的工作。

4.2.1 初识函数

要用好函数，最重要的是对其参数的设置，并且如果要完成一些复杂的运算及统计还要会嵌套函数。这些知识的学习并非一朝一夕之功，既要学习还要实践运算，才能不断积累，更自如地应用函数解决实际问题。

例1：函数的构成

函数必须应用于公式中才能发挥其作用，即它必须有两个组成部分，一是标志着公式开始的"="，另一个则是函数本身。在函数的参数中可以有运算符、数据引用、常量等。

例如公式中：
=SUM(A1:H1)*C1+100

SUM 是一个函数，括号内是它的参数，它可以单独求解，也可以与其他单元格的引用、常量等利用运算符相连接组成公式。

函数的结构是：函数名；括号；参数；参数分隔符（,）。如图 4-14 所示中的公式是一个 SUMIF 函数，可以查看其参数的构成情况。

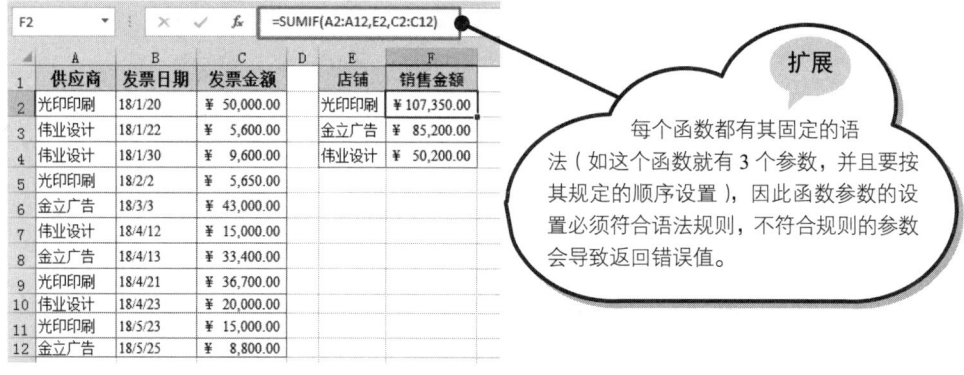

> **扩展**
>
> 每个函数都有其固定的语法（如这个函数就有 3 个参数，并且要按其规定的顺序设置），因此函数参数的设置必须符合语法规则，不符合规则的参数会导致返回错误值。

图 4-14

例2：学习函数的用法

不同的函数可以解决不同的运算，因此学习函数时首先要了解其功能，再学会它的参数设置规则，只有做到了这两点才能编制出解决问题的公式。初学者学习函数一般是使用函数的帮助文件。例如，本例中需要了解 SUMIF 函数的详细功能、语法，以及参数说明。

❶ 选中 D2 单元格，将光标定位于编辑栏中，输入"=SUMIF("，此时编辑栏下方出现函数提示，然后移动光标至函数名上，单击函数名（如图 4-15 所示），打开"Excel 帮助"对话框。

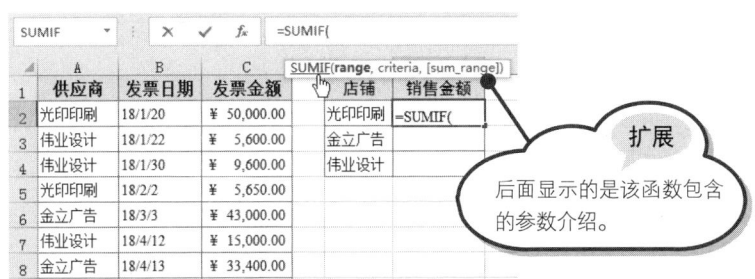

图 4-15

❷ 在帮助文档中可看到函数的视频讲解、详细的功能、语法、参数说明，如图 4-16 所示。移动滚动条可看到下面的例子。

❸ 也可以使用百度搜索，例如搜索"SUMIF 函数"关键字，则可以通过百度知道学习该函数，如图 4-17 所示。

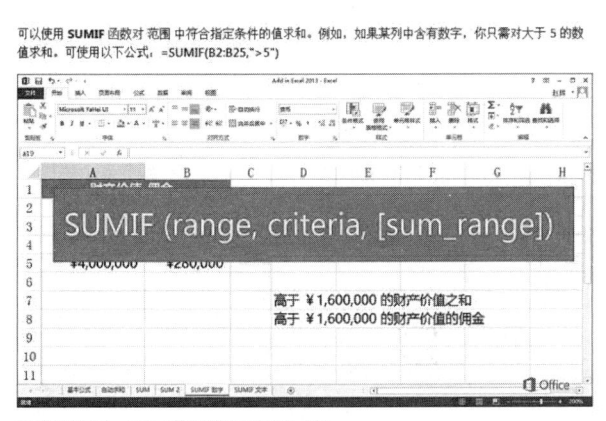

图 4-16

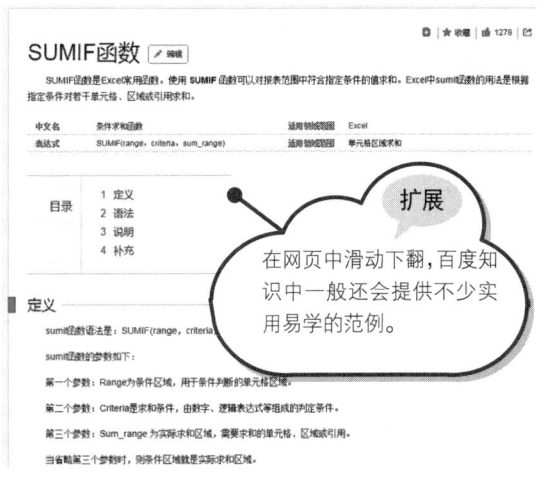

图 4-17

4.2.2 函数运用

如果对于函数的应用已经熟悉了，可以在选中目标单元格后，直接在编辑栏中输入公式：先输入函数名称，然后按照该函数的参数设定规则为函数设置参数，并使用其他运算符等。但对于初学者而言也可以通过"插入函数"对话框来逐一设置各个参数，因为在此对话框中会对各个参数的用途作出提示。

例1：配合插入函数向导输入公式

例如，下面要输入使用一个 SUMIF 函数来进行分类别求和，即对销售部的总工资求和。

❶ 选中要输入公式的单元格。单击编辑栏前的 f_x 按钮（如图 4-18 所示），打开"插入函数"对话框。

图 4-18

❷ 在"选择函数"列表中选择需要使用的函数，本例为选择 SUMIF 函数，如图 4-19 所示。

❸ 单击"确定"按钮即可打开"函数参数"对话框。将光标定位到第一参数编辑框中设置参数，如图 4-20 所示。

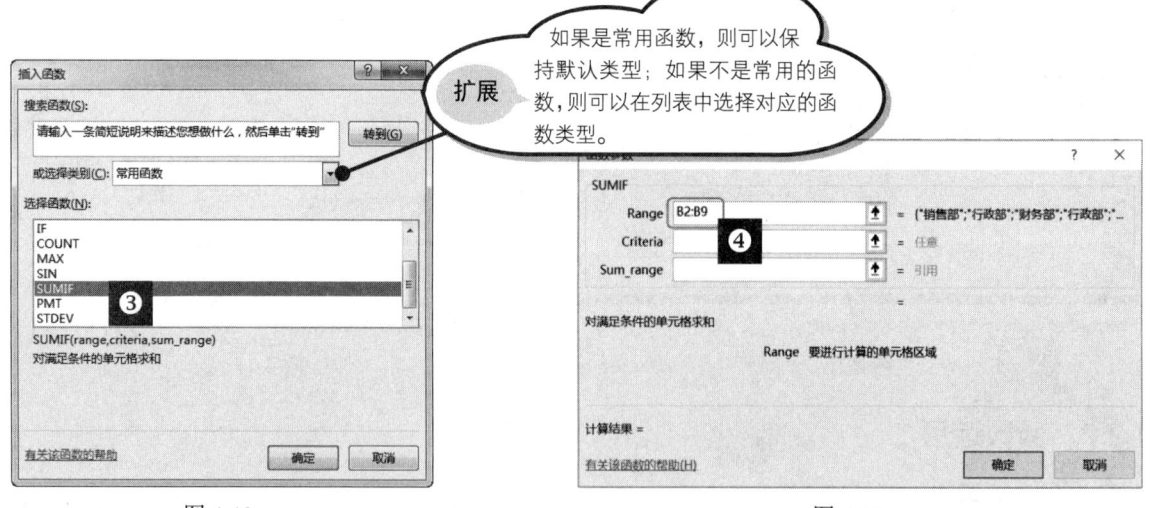

> 扩展：如果是常用函数，则可以保持默认类型；如果不是常用的函数，则可以在列表中选择对应的函数类型。

图 4-19　　　　　　　　　　图 4-20

❹ 按相同方法设置其他参数，如图 4-21 所示（第二个参数表示判断条件，第三个参数表示当满足条件时，用哪个区域上的数据进行求和）。

数据计算的公式与函数
第4章

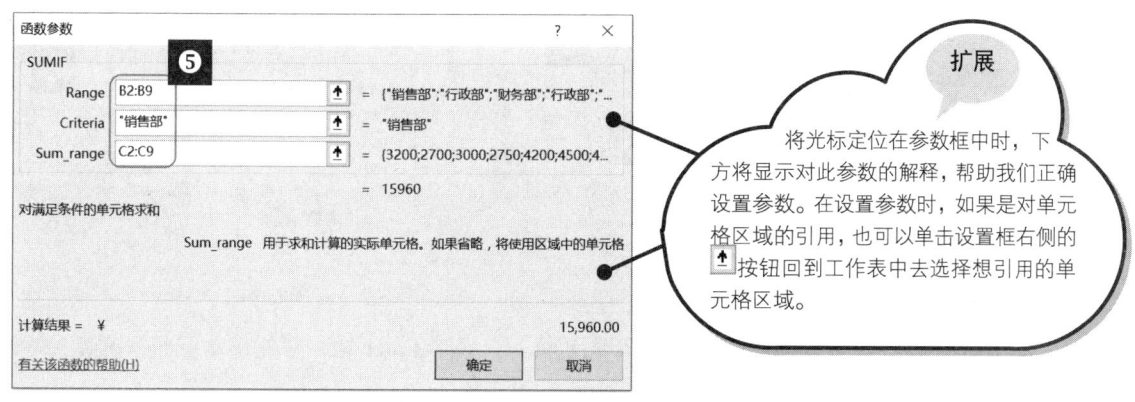

图 4-21

> **扩展**
> 将光标定位在参数框中时，下方将显示对此参数的解释，帮助我们正确设置参数。在设置参数时，如果是对单元格区域的引用，也可以单击设置框右侧的 ⬆ 按钮回到工作表中去选择想引用的单元格区域。

❺ 设置完成后，单击"确定"按钮即可返回正确的结果。同时在编辑栏中可以看到完整的公式，如图 4-22 所示。

图 4-22

例 2：嵌套函数的例子

为了进行更复杂的条件判断、完成更复杂的计算，很多时候还需要嵌套使用函数，用一个函数的返回结果来作为前面函数的参数使用。日常工作中使用嵌套函数的场合很多，例如下面的例子中，要求判断两个月销售额是否都大于 20 000 元，如果是，则返回"优秀"。但 IF 函数只能判断一项条件，当条件满足时返回某值，不满足时返回另一值。要同时判断两个条件，单独使用一个 IF 函数则无法实现判断，此时在 IF 中嵌套了一个 AND 函数判断两个条件是否都满足，AND 函数就是用于判断给定的所有条件是否都为"真"（如果都为"真"，则返回 TRUE，否则返回 FALSE），然后使用它的返回值作为 IF 函数的第一个参数。

❶ 选中要输入公式的 D2 单元格，首先输入"=IF(AND(B2>20000,C2>20000)"，如图 4-23 所示。

❷ "AND(B2>20000,C2>20000)"作为 IF 函数的第一个参数使用，因此在后面输入","号来间隔参数，接着输入 IF 函数的第 2 个与第 3 个参数""优秀",""，如图 4-24 所示。

|105|

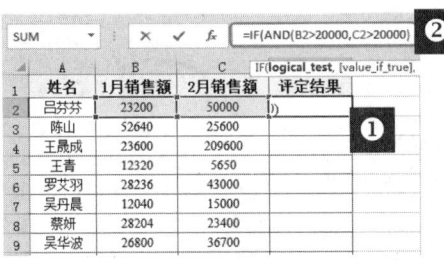
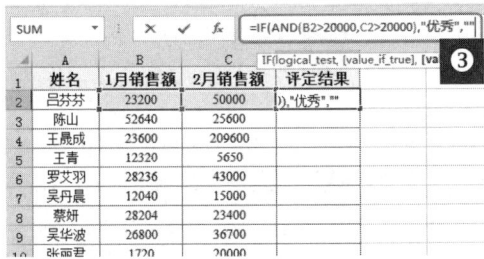

图 4-23　　　　　　　　　　　　　图 4-24

❸ 最后输入右括号")",完成嵌套函数公式的输入,按下 Enter 键,即可得出第一位销售员的评定结果,如图 4-25 所示。

❹ 向下复制公式,依次判断出其他员工的评定结果,如图 4-26 所示。

图 4-25　　　　　　　　　　　　　图 4-26

练一练

练习题目:根据开票日期与付款期判断应收账款是否到期,如图 4-27 所示。

操作要点:① 公式中使用了 IF 函数。
　　　　　② 将 "TODAY()-B2>C2" 这一部分的计算作为 IF 函数的第一个参数,因此也嵌套了函数。

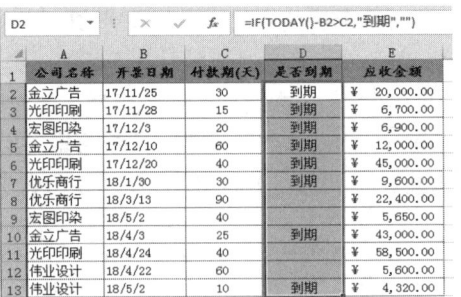

图 4-27

4.3 公式计算中对单元格的引用

在使用公式对工作表进行计算时，基本都需要引用单元格数据参与计算，在引用单元格时可以进行相对引用、绝对引用或混合引用，在不同的应用场合中需要使用不同的引用方式，有时候为了进行一些特定的计算还需要引用其他工作表或工作簿中的数据。

4.3.1 相对引用与绝对引用

相对数据源引用是指把单元格中的公式复制到新的位置时，公式中的单元格地址会随之改变。对多行或多列进行数据统计时，利用相对数据源引用是十分方便和快捷的，Excel 中默认的计算方法也是使用相对数据源引用。

绝对数据源引用是指把公式复制或者填入到新位置时，公式中对单元格的引用保持不变。要对数据源采用绝对引用方式，需要使用"$"符号来标注，其显示形式为$A$1、$A$2:$B$2 等。

相对数据源引用与绝对数据源引用都有其不同的应用场合，下面可以根据范例来学习。

例 1：相对数据源的示例与应用环境

本例中统计了每位员工每项保险的费用，要求使用相对数据源引用计算出每位员工的社保缴费总和。

❶ 选中 F3 单元格，在公式编辑栏中可以看到该单元格的公式为"=SUM(C3:E3)"，如图 4-28 所示。

❷ 向下复制公式到 F9 单元格。选中 F4 单元格，在公式编辑栏中可以看到该单元格的公式为"=SUM(C4:E4)"（如图 4-29 所示）；选中 F7 单元格，在公式编辑栏中可以看到该单元格的公式为"=SUM(C7:E7)"，如图 4-30 所示。

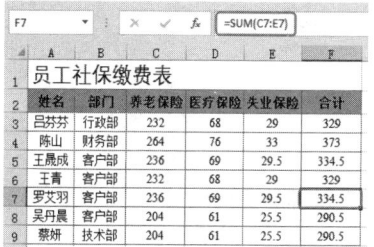

图 4-28　　　　　　图 4-29　　　　　　图 4-30

经验之谈

通过对比 F3、F4、F7 单元格的公式可以发现，当向下复制 F3 单元格的公式时，相对引用的数据源也发生了相应的变化，这正是求解其他员工社保缴费总和所需要的正确公式（复制公式是批量建立公式求值的一个最常见办法，有效避免了逐一输入公式的繁琐程序）。在这种情况下，用户需要使用相对引用的数据源。

例 2：绝对数据源的示例与应用环境

本例中要求计算每笔营业额在所有营业额中占百分比数据，这里对整体营业额数据（$B$2:$B$6）的引用应当自始至终不发生变化，因此需要使用绝对引用方式。

❶ 选中 C2 单元格，在公式编辑栏中可以看到该单元格的公式为"=B2/SUM($B$2:$B$6)"，如图 4-31 所示。

❷ 向下复制公式到 C6 单元格。选中 C4 单元格，在公式编辑栏中可以看到该单元格的公式为"=B4/SUM($B$2:$B$6)"（如图 4-32 所示）；选中 C6 单元格，在公式编辑栏中可以看到该单元格的公式为"=B6/SUM($B$2:$B$6)"，如图 4-33 所示。

图 4-31

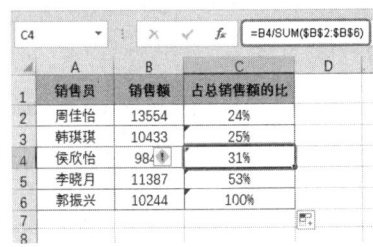

图 4-32

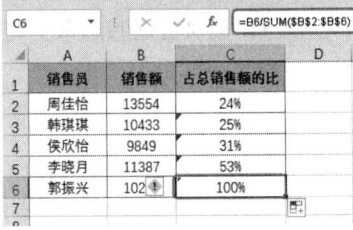

图 4-33

经验之谈

通过对比 C2、C4、C6 单元格的公式可以发现，只有相对引用的数据源发生相对变化，而绝对引用的数据源始终不发生变化。而在本例中正是要求用于求总和的除数是不能发生变化的，因此为了达到这一种计算效果，此处就必须使用绝对引用。如果使用相对引用，求出的除数就不正确了。

要在相对引用方式和绝对引用方式间切换，无须手工添加或删除"$"符号，只要使用 F4 快捷键快速地在绝对引用、相对引用、行/列的绝对/相对引用之间切换即可。

练一练

练习题目：求每位销售员的排名，如图 4-34 所示。

操作要点：因为用于排名的数据区域是不能发生变化的，因此这一部分需要使用绝对引用方式。

图 4-34

4.3.2 引用当前工作表之外的单元格

在进行公式运算时，很多时候都需要使用其他工作表的数据源参与计算。在引用其他工作表的数据进行计算时，需要添加的格式为"=函数'工作表名'！数据源地址"。在公式中还可以引用其他工作簿的数据来进行数据计算。要实现对其他工作簿单元格的引用，首先必须确保两个工作簿同时都打开。其引用的格式为"=[工作簿名]工作表名!单元格"。

例1：引用其他工作表的数据源计算

在本例的工作簿有 3 个工作表分别统计了公司第二季度每位销售员各月的销量及销售额（如图 4-35 所示），需要在"2 季度销售统计"工作表统计每月的总销量及销售额。

图 4-35

扩展

日常工作中经常会按时间、按类别建立分散统计表，一般在月末、季末或年末经常需要建立汇总统计表。

❶ 切换至"2 季度销售统计"工作表，选中 B2 单元格，在编辑栏中输入等号及函数等，如此处输入"=SUM("，如图 4-36 所示。

❷ 单击"4月销售报表"工作表标签，切换到"4月销售报表"工作表，选中参与计算的单元格（引用单元格区域的前面添加了工作表名称标识），如图4-37所示。

图4-36　　　　　　　　　　　　图4-37

❸ 输入其他运算符，如果还需引用其他工作表中数据来运算，则按第2步方法再次切换到目标工作表中选择参与运算的单元格区域，完成后按Enter键即可计算出4月的销售量，如图4-38所示。

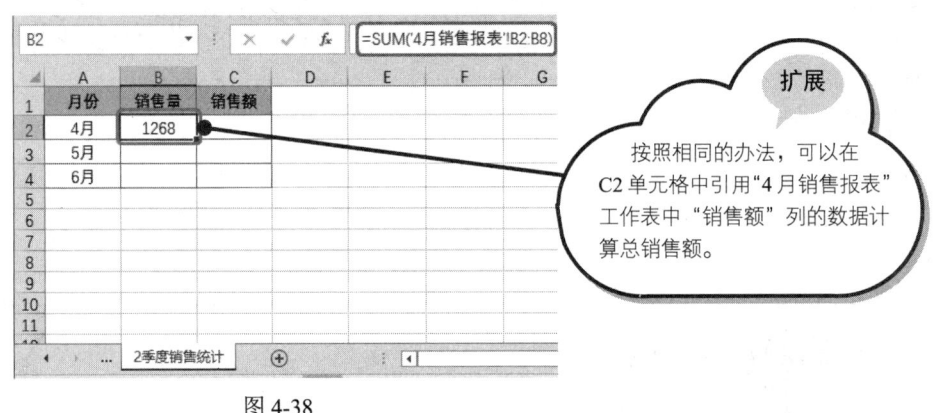

图4-38

例2：引用其他工作簿的数据源计算

本例中有两张工作簿，下面需要将"上期库存表"（如图4-39所示）中的入库数量引用到"入库统计表"中的D列（如图4-40所示），计算出每种产品上期和本期的累计入库数量。

数据计算的公式与函数
第 4 章

图 4-39

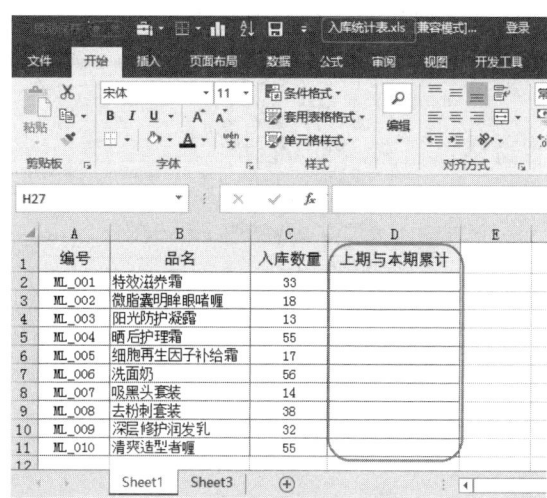

图 4-40

❶ 首先在"入库统计表"的 D2 单元格中输入"=C2+"（如图 4-41 所示），然后在"上期库存表"中单击 C2 单元格即可完成引用，得到公式"=C2+[上期库存表.xls]Sheet1!$C$2"，如图 4-42 所示。

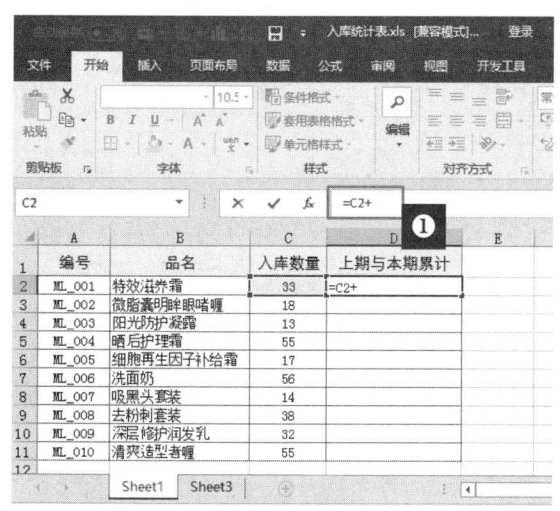

图 4-41

图 4-42

❷ 按下 Enter 键后计算出第一条产品上期与本期的合计值（如图 4-43 所示），再向下复制公式得到所有累计值，效果如图 4-44 所示。

|111|

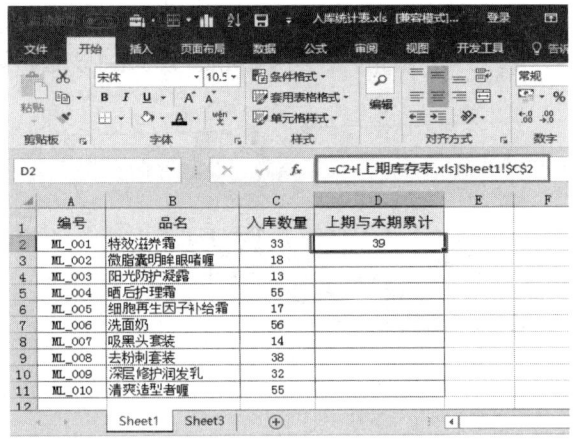

图 4-43　　　　　　　　　　　　　　　图 4-44

例3：引用多工作表的同一单元格计算

本例中分别有"华东地区营业额""沿海地区营业额""西北地区营业额"三张工作表（如图4-45~图4-47所示），下面需要在"统计表"中引用这三张工作表的营业额数据。

图 4-45　　　　　　　　　　图 4-46　　　　　　　　　　图 4-47

❶ 首先在"统计表"中选中 B2 单元格并输入公式"=SUM("（如图4-48所示），然后单击"华东地区营业额"工作表标签。接着在按下 Shift 键的同时单击"西北地区营业额"（多张工作表的最后一张）工作表标签（如图4-49所示），再单击 B2 单元格，得到引用位置为"=SUM('华东地区营业额:西北地区营业额'!B2"，如图4-50所示。

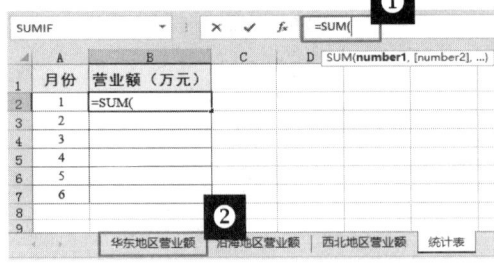

图 4-48　　　　　　　　　　　　　　　图 4-49

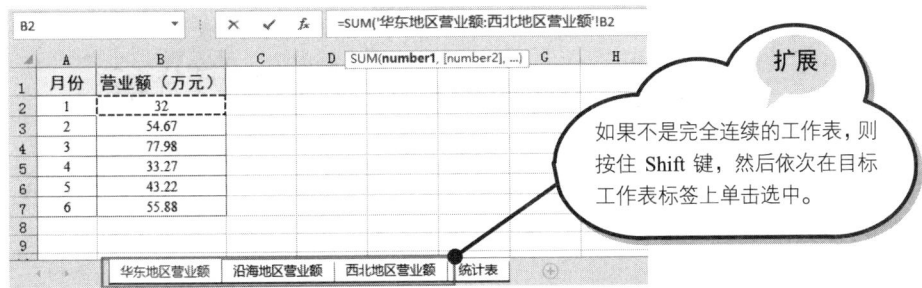

图 4-50

> **扩展**
> 如果不是完全连续的工作表,则按住 Shift 键,然后依次在目标工作表标签上单击选中。

❷ 输入右括号后,得到最终如图 4-51 所示公式。按下 Enter 键后,得到 1 月份各地区营业额合计。

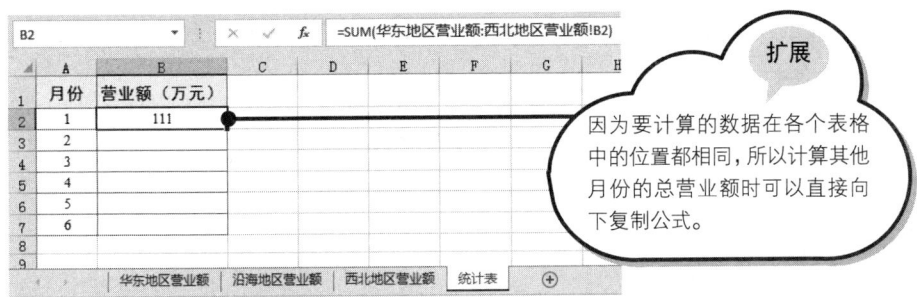

图 4-51

> **扩展**
> 因为要计算的数据在各个表格中的位置都相同,所以计算其他月份的总营业额时可以直接向下复制公式。

练一练

练习题目:如图 4-52 所示为一个计算所得税的表格,另外建立一张查询表,查询任意员工所得税。

操作要点:要实现对任意员工所得税的查询,则需要建立公式,而这个公式显然要引用"所得税计算表"这张表格中的数据,如图 4-53 所示。

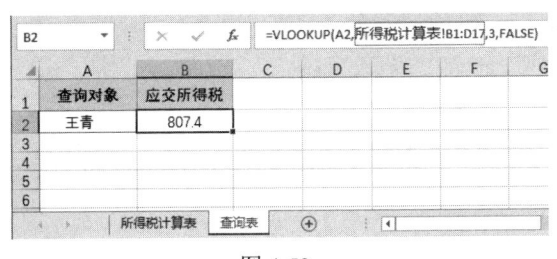

图 4-52　　　　　　图 4-53

4.4 公式正确结果错误的原因分析

公式设置无问题,却无法返回与期望相符的结果,日常运算中经常会遇到这种情况。出现这种情况一般是因为引用的单元格数据源有问题,如对文本型数据计算、数据中有空值等。

4.4.1 有文本数据参与运算

文本数据无法参与运算,文本数据看似为文本,但参与公式计算时就会返回错误值。

例:将文本数据恢复为数值数据

在下面的工作表中统计了公司各种产品各季度的销量,需要在 F 列通过公式统计全年的销量,但是输入了公式"=SUM(B2:E2)",返回的答案却是 0,显然返回的结果不正确,其原因是参与计算的单元格数值为文本型数值,这种情况下将文本数据转换为数值数据即可解决问题。

❶ 如图 4-54 所示中,F 列中虽然使用了正确的求和公式,但返回结果却为 0。

产品名称	第一季度	第二季度	第三季度	第四季度	全年销量
液晶电视	755	656	676	698	0
微波炉	657	684	694	666	0
冰箱	543	577	566	535	0
洗衣机	675	685	667	665	0
空调	466	456	475	485	0

图 4-54

❷ 选中 B2:E6 单元格区域,单击旁边的按钮,在下拉菜单中选择"转换为数字"命令(如图 4-55 所示),即可得到正确的结果,如图 4-56 所示。

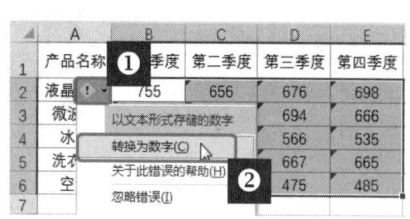

图 4-55

产品名称	第一季度	第二季度	第三季度	第四季度	全年销量
液晶电视	755	656	676	698	2785
微波炉	657	684	694	666	2701
冰箱	543	577	566	535	2221
洗衣机	675	685	667	665	2692
空调	466	456	475	485	1882

图 4-56

4.4.2 空白单元格不为空

当引用数据源中是由公式返回的空值,或者包含特殊符号"'"或自定义单元格格式为";;;"等时,都会造成公式结果返回错误值,因为它们并不是真正的空单元格。

例1:公式返回的空值再参与计算时造成出错

如图 4-57 所示,在 E7 单元格中使用了公式"=C7+D7"进行求和时,但是却返回了 #VALUE!错误值。这是由于 D7 单元格看似为空,但实际却是使用公式返回了空字符串(使用的公式如图 4-58 所示),所以导致了 E7 单元格出现错误值。

图 4-57　　　　　　　　图 4-58

这时只针对性地将这些单元格手动删除其中公式,让其保持空状态即可解决问题。

例2:单元格中有英文单引号造成出错

如图 4-59 所示,由于 B4 单元格中包含一个英文单引号,在 D4 单元格中使用公式"=B2+B4"求和时出现错误值。

这时可以使用 ISBLANK 函数来检测单元格是否真空(如图 4-60 所示),如果返回值是 TRUE,则表示真空;如果看似空的单元格,返回结果却是 FALSE,则表格其不是真空,可以选中单元格检查其中是否有英文单引号。

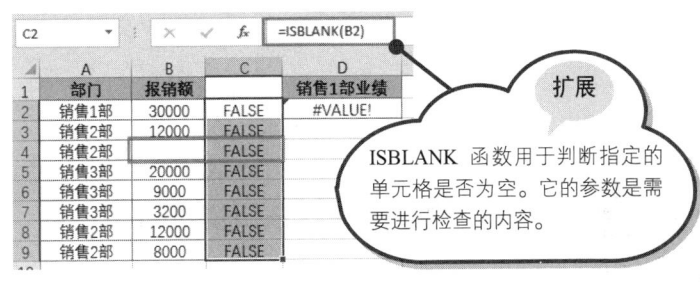

图 4-59　　　　　　　　图 4-60

例3：自定义单元格格式为隐藏格式造成出错

单元格虽包含内容，但其单元格格式被设置为"
;;;"（如图4-61所示的C2:C6单元格中有数据，但是在C7单元格中使用公式"=SUM(C2:C6)"求和时返回了如图4-62所示的"空"数据）。

图 4-61　　　　　　　　　　　　　　图 4-62

这时需要选中目标区域后，打开"设置单元格格式"对话框，单击"自定义"，在"类型"列表中重新单击"G/通用格式"即可恢复，如图4-63所示。

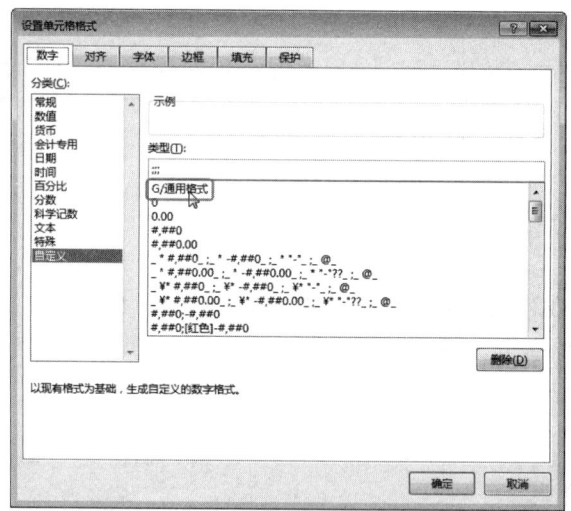

图 4-63

4.4.3　实际值与显示的值不同

实际工作中为了输入方便或为了让数据显示特殊的外观效果，通常会设置单元格格式,从而改变数据的显示方式,但实际数据并未改变。公式返回值是以实际值为准,所以造成公式计算结果错误。

例:自定义单元格格式造成实际值与显示的值不同

例如在如图 4-64 所示的表格中,在 F 列中输入公式,从身份证号码中提取员工的出生年份,但提取出的是月份后的四位数字。

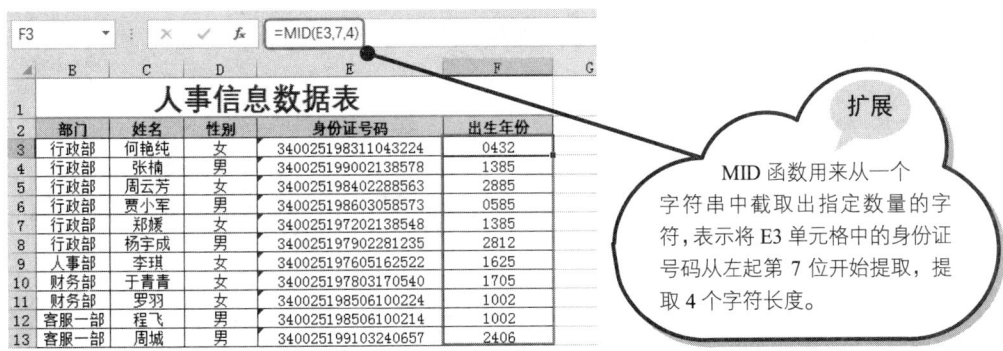

图 4-64

出现这种情况是因为事先在 E 列中设置了单元格格式(如图 4-65 所示),这是操作者为了输入方便,而自定义单元格的格式,让身份证号码前面的相同编码能够自动输入。但针对数据而言,程序认为只输入了后面的 12 位数字(选中单元格,通过在编辑栏中可以看到,如图 4-66 所示),因此在提取出生年份时出现了错误提取。

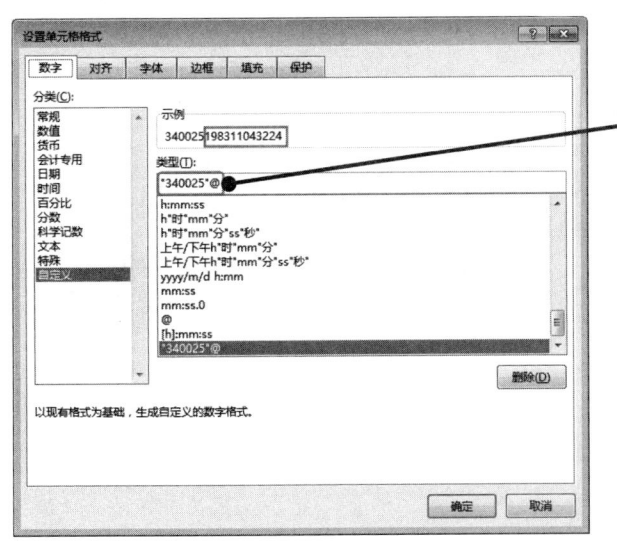

图 4-65　　　　　　图 4-66

这时将所显示的数据转换为实际数据即可解决问题。

❶ 选中要转换为实际数据的单元格区域，按下 Ctrl+C 组合键执行复制，然后在"开始"选项卡的"剪贴板"组中单击"剪贴板"按钮，打开"剪贴板"左侧窗格。

❷ 在"单击要粘贴的项目"列表中单击要粘贴项右侧的下拉按钮，在打开的列表中单击"粘贴"命令（如图 4-67 所示），即可将选中的数据由自定义格式数据转换为实际数据。

> **扩展**
> 如果连续按两次 Ctrl+C 组合键未打开"剪贴板"窗格，则在选中单元格区域后，按 Ctrl+C 组合键复制，然后在"开始"选项卡"剪贴板"选项组中单击对话框启动器按钮即可打开。

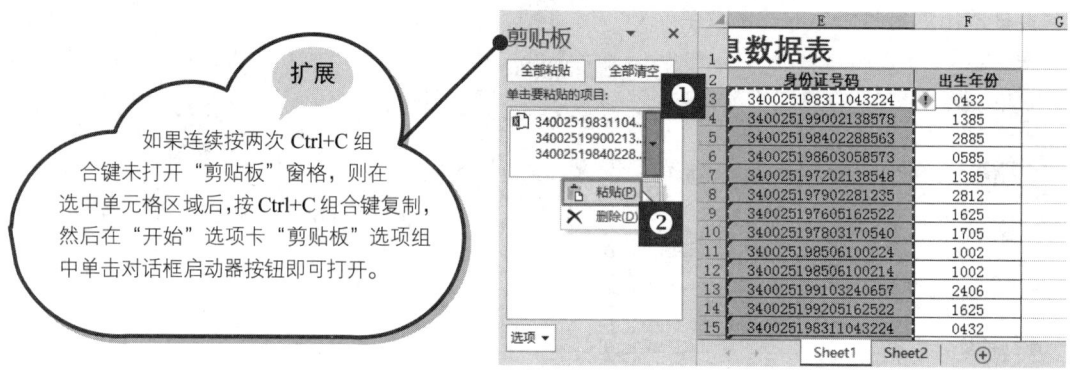

图 4-67

经验之谈

要想建立正确的公式，首先要懂得所使用函数的参数规则，之后才是根据当前使用情况合理设置参数。在实际应用公式时难免会出现错误值，有时原因在数据源（例如本节中列举的一些情况），有时原因在公式本身。当出现错误值时，可先从数据中进行排查，然后在"公式"选项卡的"公式审核"组中单击"错误检查"按钮打开"错误检查"对话框，一般会给出错误提示，还可以单击"关于此错误的帮助"按钮打开帮助信息逐步排查，如图 4-68 所示。

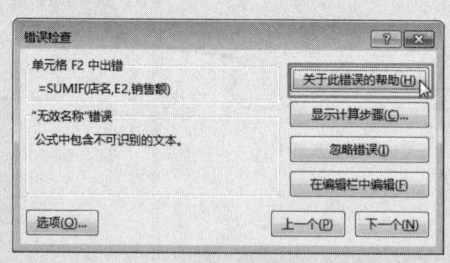

图 4-68

第 5 章

常用于财务计算的函数

- 5.1 专项财务函数的应用范例
  - 例1：计算贷款的每期偿还额
  - 例2：计算贷款每期偿还额中包含的本金额
  - 例3：计算贷款每期偿还额中包含的利息额
  - 例4：等额本金还款方式下的利息计算
  - 例5：计算某些投资的未来值
  - 例6：计算某项投资的投资期数
  - 例7：计算一笔投资的内部收益率
  - 例8：计算不同利率下的修正内部收益率
  - 例9：计算一笔投资的年收益率

- 5.2 其他函数用于财务运算的范例
  - 例1：绩效奖金计算
  - 例2：根据员工的职位和工龄调整工资
  - 例3：统计指定部门的总工资额
  - 例4：一次性统计各客户应收账款总金额
  - 例5：判断是否是本月的应收账款
  - 例6：判断应收账款是否到期
  - 例7：计算应收账款的到期日期(账期按月统计)
  - 例8：计算应收账款的逾期天数
  - 例9：计算固定资产已使用月份
  - 例10：员工工龄工资自动追加
  - 例11：核算临时工的实际工作天数并计算工资
  - 例12：各个车间平均工资的核算比较
  - 例13：返回指定部门的最高工资
  - 例14：统计指定月份的报销总额
  - 例15：统计大于12个月的账款
  - 例16：汇总某两种产品的销售额
  - 例17：查询任意固定资产的本月折旧额
  - 例18：扣除预支后实际报销给付核算
  - 例19：根据员工姓名自动匹配绩效奖金
  - 例20：LOOKUP函数模糊查找代替IF函数的多层嵌套
  - 例21：根据银行全称自动匹配利率
  - 例22：查找业绩最低的销售员姓名(满足条件的反向查询)

5.1 专项财务函数的应用范例

Excel 程序中有一个"财务函数"分类，它是用来进行财务处理的函数，主要用于金融和财务方面的业务计算，如确定贷款的偿还额、本金额、利息额、投资的未来值或净现值等，以及固定资产折旧的计算。

例 1：计算贷款的每期偿还额

某银行的商业贷款利率为 6.55%，个人在银行贷款 100 万元，分 28 年还清，利用 PMT 函数可以返回每年的偿还金额。

❶ 选中 D2 单元格，在编辑栏中输入公式：
=PMT(B1,B2,B3)

❷ 按 Enter 键即可返回每年偿还金额，如图 5-1 所示。

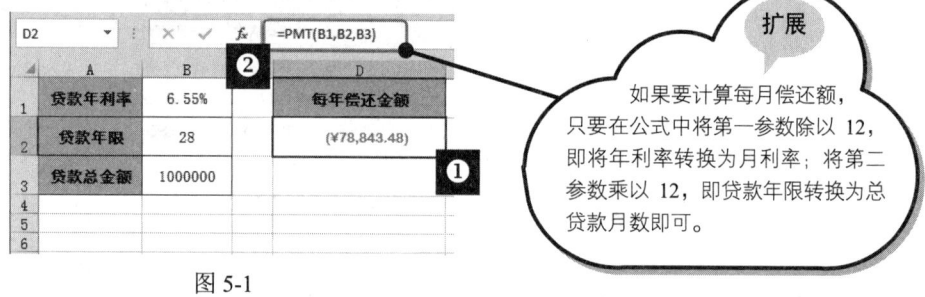

图 5-1

扩展

如果要计算每月偿还额，只要在公式中将第一参数除以 12，即将年利率转换为月利率；将第二参数乘以 12，即贷款年限转换为总贷款月数即可。

> **函数解析**
>
> PMT 函数基于固定利率及等额分期付款方式，返回贷款的每期付款额。
> PMT(rate,nper,pv,fv,type)
> ➤ rate：表示贷款利率。
> ➤ nper：表示该项贷款的付款总数。
> ➤ pv：表示为现值，即本金。
> ➤ fv：表示为未来值，即最后一次付款后希望得到的现金余额。
> ➤ type：表示指定各期的付款时间是在期初，还是期末。若为 0，则是期末；若为 1，则是期初。

常用于财务计算的函数 第 5 章

例 2：计算贷款每期偿还额中包含的本金额

使用 PPMT 函数可以计算出每期偿还额中包含的本金金额。例如，本例中得知某项贷款的金额、贷款年利率、贷款年限，付款方式为期末付款，现在要计算出第 1 年与第 2 年的偿还额中包含的本金金额。

❶ 选中 B5 单元格，在编辑栏中输入公式：
=PPMT($B$1,1,$B$2,$B$3)
按 Enter 键即可返回第 1 年的本金额，如图 5-2 所示。

❷ 选中 B6 单元格，在编辑栏中输入公式：
=PPMT($B$1,2,$B$2,$B$3)
按 Enter 键即可返回第 2 年的本金额，如图 5-3 所示。

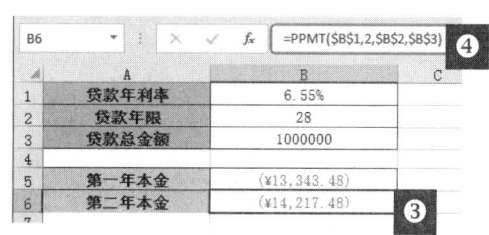

图 5-2   图 5-3

函数解析

PPMT 函数基于固定利率及等额分期付款方式，返回投资在某一给定期间内的本金偿还额。
PPMT(rate,per,nper,pv,fv,type)

- rate：表示贷款利率。
- per：表示用于计算其利息数额的期数，在 1～nper 之间。
- nper：表示总投资期。
- pv：表示现值，即本金。
- fv：表示未来值，即最后一次付款后的现金余额。如果省略 fv，则假设其值为零。
- type：表示指定各期的付款时间是在期初，还是期末。若为 0，则是期末；若为 1，则是期初。

例 3：计算贷款每期偿还额中包含的利息额

表格中录入了某项贷款的金额、贷款年利率、贷款年限，付款方式为期末付款。要求计算每年偿还金额中有多少是利息。

❶ 选中 B6 单元格，在编辑栏中输入公式：

```
=IPMT($B$1,A6,$B$2,$B$3)
```

❷ 按 Enter 键即可返回第 1 年的利息金额,如图 5-4 所示。

❸ 选中 B6 单元格,拖动右下角的填充柄向下复制公式即可返回直到第 6 年各年的利息额,如图 5-5 所示。

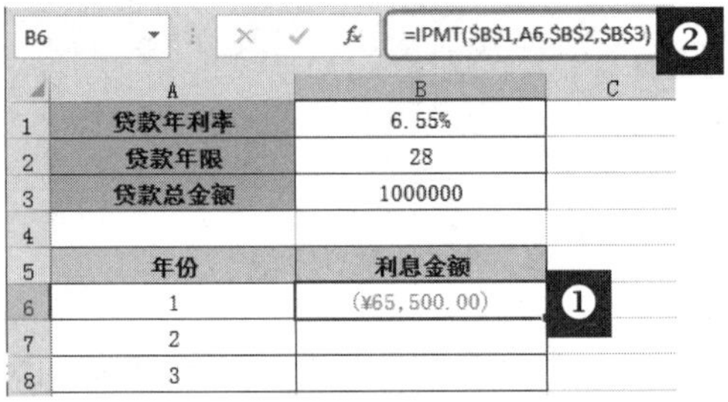

图 5-4

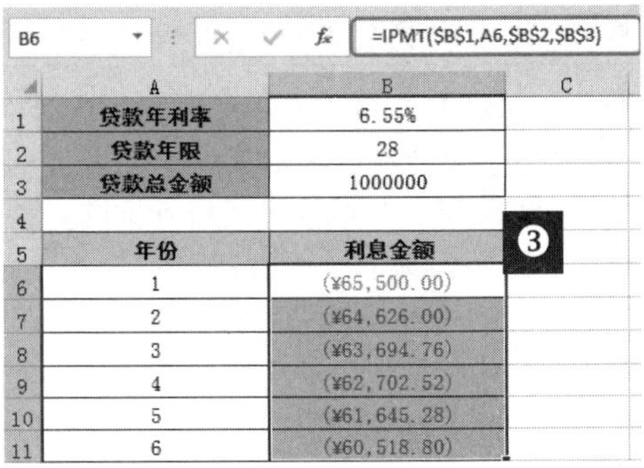

图 5-5

函数解析

IPMT 函数基于固定利率和等额本息还款方式下,返回投资或贷款在某一给定期限内的利息偿还额。

IPMT(rate,per,nper,pv,fv,type)

➡ rate:表示各期利率。
➡ per:表示用于计算其利息数额的期数,在 1~nper 之间。
➡ nper:表示总投资期。
➡ pv:表示现值,即本金。
➡ fv:表示未来值,即最后一次付款后的现金余额。如果省略 fv,则假设其值为零。
➡ type:表示指定各期的付款时间是在期初,还是期末。若为 0,则是期末;若为 1,则是期初。

例 4:等额本金还款方式下的利息计算

当前表格显示了某项贷款的年利率、贷款年限、贷款总金额,基于等额本金还款方式下可以计算出各年利息额。

❶ 选中 B6 单元格,在编辑栏中输入公式:
```
=ISPMT($B$1,A6,$B$2,$B$3)
```
❷ 按 Enter 键即可返回此项贷款第 1 年的利息金额,如图 5-6 所示。

❸ 选中 B6 单元格，然后向下复制公式，可以依次计算出第 2、3、4……各年的利息额，如图 5-7 所示。

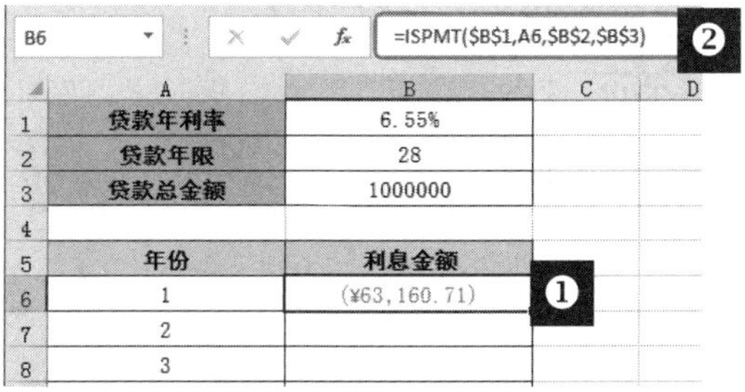

图 5-6

图 5-7

函数解析

ISPMT 函数基于等额本金还款方式下，计算特定投资期内要支付的利息额。

ISPMT(rate,per,nper,pv)

- rate：表示投资的利率。
- per：表示要计算利息的期数，在 1～nper 之间。
- nper：表示投资的总支付期数。
- pv：表示投资的当前值，而对于贷款来说 pv 为贷款数额。

经验之谈

IPMT 函数与 ISPMT 函数都是计算利息，它们的区别如下。

这两个函数的还款方式不同。IPMT 基于固定利率和等额本息还款方式，返回一项投资或贷款在指定期间内的利息偿还额。

在等额本息还款方式下，贷款偿还过程中每期还款总金额保持相同，其中本金逐期递增、利息逐期递减。

ISPMT 基于等额本金还款方式，返回某一指定投资或贷款期间内所需支付的利息。在等额本金还款方式下，贷款偿还过程中每期偿还的本金数额保持相同，利息逐期递减。

例 5：计算某些投资的未来值

若某些投资年利率为 6.38%、分 10 年付款、各期应付金额为 15 000 元、付款方式为期初付款。现在要计算出该项投资的未来值，需要使用 FV 函数来实现。

❶ 选中 C5 单元格，在编辑栏中输入公式：
=FV(C1,C2,C3,1)

❷ 按 Enter 键即可计算出该项投资的未来值，如图 5-8 所示。

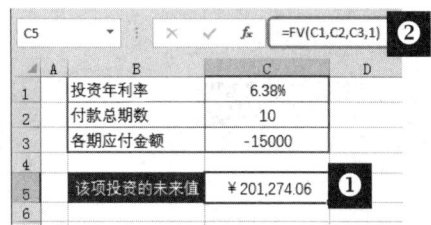

图 5-8

函数解析

FV 函数基于固定利率及等额分期付款方式，返回某项投资的未来值。
FV(rate,nper,pmt,pv,type)
- rate：表示各期利率。
- nper：表示总投资期，即该项投资的付款期总数。
- pmt：表示各期所应支付的金额。
- pv：表示现值，即从该项投资开始计算时已经入账的款项，或一系列未来付款的当前值的累积和，也称为本金。
- type：表示数字 0 或 1（0 为期末，1 为期初）。

例 6：计算某项投资的投资期数

例如某项投资的回报率为 7.18%，每月需要投资的金额为 10 000 元，现在想最终获取 100 000 元的收益，计算需要经过多少期的投资才能实现，需要使用 NPER 函数。

❶ 选中 B4 单元格，在编辑栏中输入公式：
=NPER(A2/12,B2,C2)

❷ 按 Enter 键即可计算出要取得预计的收益金额需要投资的总期数（约为 10 个月），如图 5-9 所示。

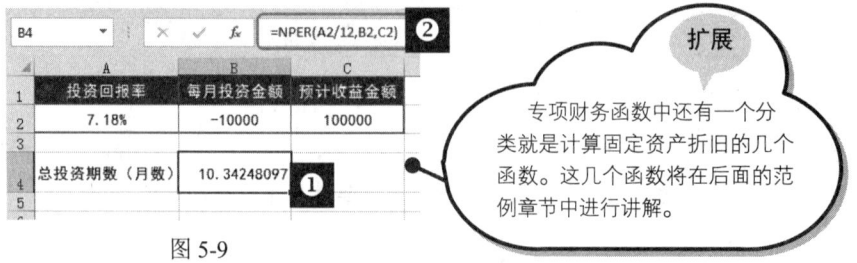

图 5-9

扩展

专项财务函数中还有一个分类就是计算固定资产折旧的几个函数。这几个函数将在后面的范例章节中进行讲解。

常用于财务计算的函数 第 5 章

> **函数解析**
>
> NPER 函数基于固定利率及等额分期付款方式，返回某项投资（或贷款）的总期数。
> NPER(rate,pmt,pv,fv,type)
> - rate：表示各期利率。
> - pmt：表示各期所应支付的金额。
> - pv：表示现值，即本金。
> - fv：表示未来值，即最后一次付款后希望得到的现金余额。
> - type：表示指定各期的付款时间是在期初，还是期末。若为 0，则是期末；若为 1，则是期初。

例 7：计算一笔投资的内部收益率

假设要开设一家店铺需要投资 100 000 元，希望未来 5 年中各年的收入分别为 10 000、20 000、50 000、80 000、120 000 元。要求计算出第 3 年后的内部收益率与第 5 年后的内部收益率。

❶ 选中 B8 单元格，在编辑栏中输入公式：
=IRR(B1:B4)
按 Enter 键即可计算出 3 年后的内部收益率，如图 5-10 所示。

❷ 选中 B9 单元格，在编辑栏中输入公式：
=IRR(B1:B6)
按 Enter 键即可计算出 5 年后的内部收益率，如图 5-11 所示。

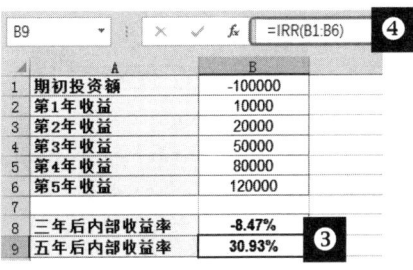

图 5-10   图 5-11

> **函数解析**
>
> IRR 函数返回由数值代表的一组现金流的内部收益率。这些现金流不必为均衡的，但作为年金，它们必须按固定的间隔产生，如按月或按年。内部收益率为投资的回收利率，其中包含定期支付（负值）和定期收入（正值）。
> IRR(values,guess)

➙ values：表示进行计算的数组，即用来计算返回的内部收益率的数字。
➙ guess：表示对函数 IRR 计算结果的估计值。

例 8：计算不同利率下的修正内部收益率

假如开一家店铺需要投资 100 000 元，预计今后 5 年中各年的收入分别为 10 000、20 000、50 000、80 000、120 000 元。期初投资的 100 000 元是从银行贷款所得，利率为 6.9%，并且将收益又投入店铺中，再投资收益的年利率为 12%。要求计算出 5 年后的修正内部收益率与 3 年后的修正内部收益率。

❶ 选中 B10 单元格，在编辑栏中输入公式：
=MIRR(B3:B8,B1,B2)
按 Enter 键，即可计算出 5 年后的修正内部收益率，如图 5-12 所示。

❷ 选中 B11 单元格，在编辑栏中输入公式：
=MIRR(B3:B6,B1,B2)
按 Enter 键，即可计算出 3 年后的修正内部收益率，如图 5-13 所示。

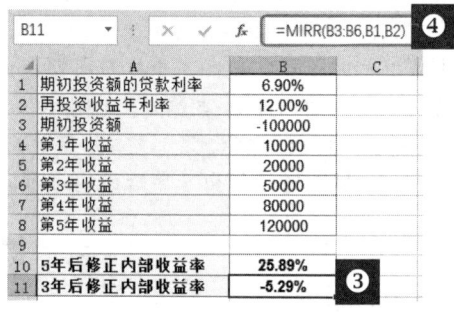

图 5-12　　　　　　　　　　图 5-13

> **函数解析**
>
> MIRR 函数是返回某一连续期间内现金流的修正内部收益率。函数 MIRR 同时考虑了投资的成本和现金再投资的收益率。
>
> MIRR(values,finance_rate,reinvest_rate)
>
> ➙ values：表示进行计算的数组，即用来计算返回的内部收益率的数字。
> ➙ finance_rate：表示现金流中使用的资金支付的利率。
> ➙ reinvest_rate：表示将现金流再投资的收益率。

常用于财务计算的函数 第5章

例9：计算一笔投资的年收益率

如果需要使用 100 000 元进行某项投资，该项投资的年回报金额为 28 000 元，回报期为 5 年。现在要计算该项投资的收益率是多少，从而判断该项投资是否值得。

❶ 选中 B5 单元格，在编辑栏中输入公式：
=RATE(B1,B2,B3)

❷ 按 Enter 键，即可计算出该项投资的收益率，如图 5-14 所示。

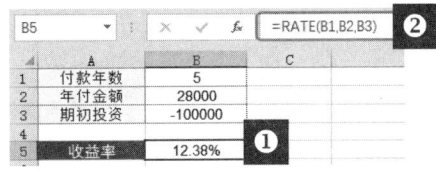

图 5-14

函数解析

RATE 函数返回年金的各期利率。
RATE(nper,pmt,pv,fv,type,guess)
- nper：表示总投资期，即该项投资的付款期总数。
- pmt：表示各期付款额。
- pv：表示现值，即本金。
- fv：表示未来值。
- type：表示指定各期的付款时间是在期初，还是期末。若为 0，则是期末；若为 1，则是期初。
- guess：表示预期利率。如果省略预期利率，则假设该值为 10%。

5.2 其他函数用于财务运算的范例

在日常财务工作中，除了使用专用的财务函数，更多时候还需要使用其他函数来进行财务数据的处理、运算、统计等。例如，求和计算、求平均值计算、数据匹配查找等，在财务数据中都经常需要进行这些运算。

例1：绩效奖金计算

IF 函数是典型的条件判断函数，也是最常用的函数之一，该函数可以进行多层嵌套从而满足多层条件判断。例如，绩效资金的计算时就要使用此函数来根据不同的业绩区间给予不同的奖金比例，然后根据业绩与奖金比例计算出提成额。

❶ 选中 D2 单元格，在编辑栏中输入公式：
=IF(C2<50000,3%,IF(C2<100000,5%,10%))

❷ 按 Enter 键，即可得出员工"王蒙"的提成比例，如图 5-15 所示。

❸ 选中 D2 单元格，拖动右下角的填充柄向下复制公式即可实现批量获取各员工的提成比例，如图 5-16 所示。

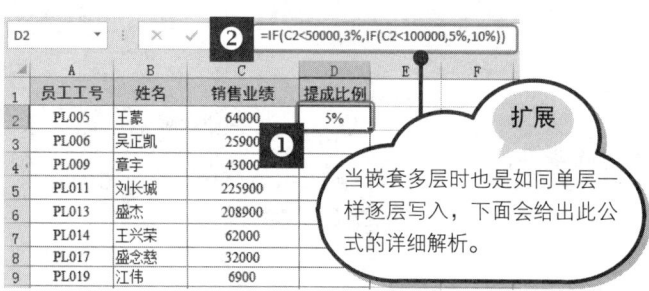

图 5-15　　　　　　　　　　　　　　　图 5-16

公式解析

1. IF 函数

IF 函数是 Excel 中最常用的函数之一，它根据指定的条件来判断其"真"（TRUE）、"假"（FALSE），从而返回其相对应的内容。

第 1 个参数是逻辑判断表达式，返回结果为 TRUE 或 FALSE。

=IF(B2>90,"合格","不合格")

第 2 个参数为函数返回值，当第 1 个参数返回 TRUE 时，最终返回这个值。如果是文本，则要使用双引号。

第 3 个参数为函数返回值，当第 1 个参数返回 FALSE 时，最终返回这个值。如果是文本，则要使用双引号。

2. 本例公式

① 表示判断 C2 是否小于 50000，如果是，则返回 3%，如果不是，则进入②步的判断。

② 表示判断 C2 是否小于 100000，如果是，则返回 5%。

③ 如果既不满足①也不满足②，则返回 10%。

=IF(C2<50000,3%,IF(C2<100000,5%,10%))

 例 2：根据员工的职位和工龄调整工资

本例中要求根据职位与工龄两个条件进行是否调薪的判断，具体要求为：当职位是"研发员"并且工龄达到 5 年给予增长 1000 元，否则保持不变。

❶ 选中 E2 单元格，在编辑栏中输入公式：

```
=IF(AND(B2="研发员",C2>=5),D2+1000,"不变")
```

❷ 按 Enter 键，即可得出员工“何志新”的调薪情况，如图 5-17 所示。

❸ 选中 E2 单元格，拖动右下角的填充柄向下复制公式即可实现批量获取各员工的调薪情况，如图 5-18 所示。

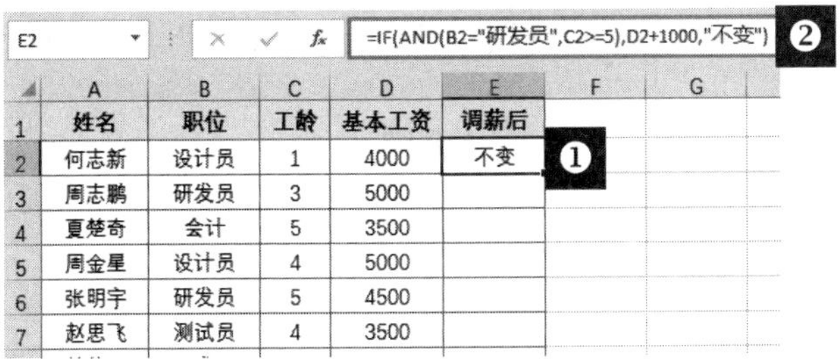

E2
=IF(AND(B2="研发员",C2>=5),D2+1000,"不变")
②
①

	A	B	C	D	E
1	姓名	职位	工龄	基本工资	调薪后
2	何志新	设计员	1	4000	不变
3	周志鹏	研发员	3	5000	
4	夏楚奇	会计	5	3500	
5	周金星	设计员	4	5000	
6	张明宇	研发员	5	4500	
7	赵思飞	测试员	4	3500	

图 5-17

③

	A	B	C	D	E
1	姓名	职位	工龄	基本工资	调薪后
2	何志新	设计员	1	4000	不变
3	周志鹏	研发员	3	5000	不变
4	夏楚奇	会计	5	3500	不变
5	周金星	设计员	4	5000	不变
6	张明宇	研发员	5	4500	5500
7	赵思飞	测试员	4	3500	不变
8	韩佳人	研发员	6	6000	7000
9	刘莉莉	测试员	8	5000	不变
10	吴世芳	研发员	6	5000	6000

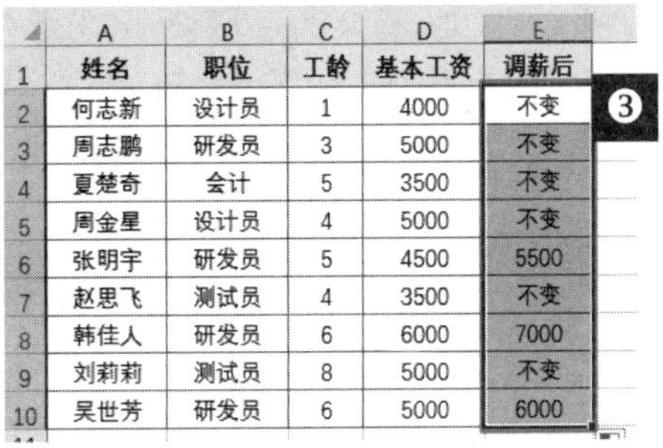

图 5-18

公式解析

1. AND 函数

AND 函数用于当所有的条件均为“真”（TRUE），返回的运算结果为“真”（TRUE）；反之，返回的运算结果为“假”（FALSE）。

条件 1，是条件值或表达式。
条件 2，是条件值或表达式。
=AND(B2>60,C2>60)
当这两个参数都为“真”时，AND 函数返回结果 TRUE。

2. 本例公式

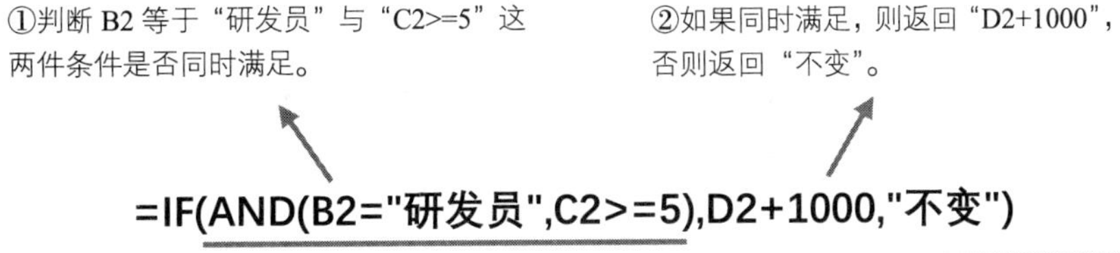

①判断 B2 等于“研发员”与“C2>=5”这两件条件是否同时满足。
②如果同时满足，则返回“D2+1000”，否则返回“不变”。
=IF(AND(B2="研发员",C2>=5),D2+1000,"不变")

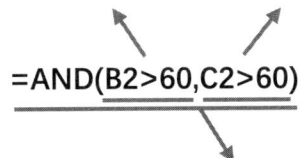

例3：统计指定部门的总工资额

统计了各员工的工资后，可以通过公式统计出各部门的工资总额。例如下面要统计出"销售部"的总工资额。

❶ 选中 F3 单元格，在编辑栏中输入公式：
=SUMIF(C2:C12,"销售部",D2:D12)

❷ 按 Enter 键，即可得出"销售部"的工资总额，如图 5-19 所示。

图 5-19

公式解析

1. SUMIF 函数

SUMIF 函数则可以先进行条件判断，然后对满足条件的数据区域进行求和。

= SUMIF(❶用于条件判断的区域，❷求和条件，❸用于求和的单元格区域)

> 扩展
> 第 2 个参数是求和条件，可以是数字、文本、单元格引用或表达式等。如果是文本，必须使用双引号。

> 扩展
> 此参数中可以使用通配符来设计条件，目的是对一类数据进行求和处理。

> 扩展
> 如果用于条件判断的区域（第 1 个参数）与用于求和的区域（第 3 个参数）是同一区域，则可以省略第 3 个参数。

2. 本例公式

=SUMIF(C2:C12,"销售部",D2:D12)

公式表示先判断 C2:C12 单元格区域中哪些单元格为"销售部"，然后将对应于 D2:D12 单元格区域上的值求和。

例4：一次性统计各客户应收账款总金额

应收账款是按日期先后顺序统计的，一个公司可能对应多条账款，使用 SUMIF 函数可以将各个公式应收账款总额进行汇总。

❶ 选中 H2 单元格，在编辑栏中输入公式：
=SUMIF($A$2:$A$13,G2,$E$2:$E$13)

❷ 按 Enter 键，即可得出"伟业设计"应收总额，如图 5-20 所示。

图 5-20

扩展

首个公式建立后要向下复制，而用于条件判断的区域与用于求和的区域是不变的，所以使用绝对引用方式。

❸ 选中 H2 单元格，拖动右下角的填充柄向下复制公式即可统计出各公司的应收总额，如图 5-21 所示。

图 5-21

公式解析

注意

SUMIF 函数的基本语法参见例3。

=SUMIF($A$2:$A$13,G2,$E$2:$E$13)

公式表示先判断 A2:A13 单元格区域中哪些单元格与 G2 中的值相同，然后将对应于 E2:E13 单元格区域上的值求和。

例 5：判断是否是本月的应收账款

表格对公司往来账款的应收账款进行了统计，现在需要快速找到本月的账款。

❶ 选中 D2 单元格，在编辑栏中输入公式：
=IF(MONTH(C2)=MONTH(TODAY()),"本月","")
❷ 按 Enter 键，即可根据 C2 单元格中的账款日期判断出是否是本月的账款，如图 5-22 所示。
❸ 选中 D2 单元格，拖动右下角的填充柄向下复制公式即可实现批量判断本月的账款，如图 5-23 所示。

图 5-22　　　　　　　　　　　图 5-23

公式解析

1. MONTH 函数
MONTH 函数用于提取一个日期中的月份数。

= MONTH（日期值）

2. TODAY 函数
TODAY 函数用于返回当前的系统日期。

3. 本例公式

① 返回 C2 中日期的月份数。
② 先用 TODAY 函数返回当前日期，再用 MONTH 函数返回其月份数。
③ 如果①与②相等，返回"本月"，否则返回空值。

常用于财务计算的函数 第 5 章

例 6：判断应收账款是否到期

下面要求根据到期日期判断各项应收账款是否到期，此处约定超过开票日期 90 天为到期。

❶ 选中 D2 单元格，在编辑栏中输入公式：
=IF(TODAY()-C2>90,"到期","未到期")

❷ 按 Enter 键，即可根据 C2 单元格中的开票日期计算出应收款是否到期，如图 5-24 所示。

❸ 选中 D2 单元格，拖动右下角的填充柄向下复制公式，即可批量得出各项应收款是否到期，如图 5-25 所示。

图 5-24

图 5-25

公式解析

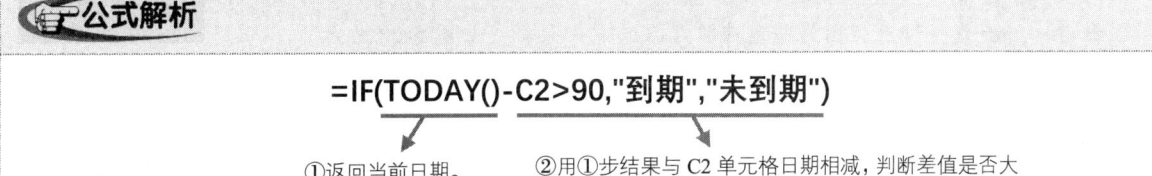

=IF(TODAY()-C2>90,"到期","未到期")

①返回当前日期。　②用①步结果与 C2 单元格日期相减，判断差值是否大于 90，如果是，则返回"到期"，否则返回"未到期"。

例 7：计算应收账款的到期日期（账期按月统计）

如图 5-26 所示表格统计了各项账款的借款日期与账龄，账龄是按月记录的，现在需要返回每项账款的到期日期，即得到 E 列的结果。

❶ 选中 E2 单元格，在编辑栏中输入公式：
=EDATE(C2,D2)

❷ 按 Enter 键，即可得出第一项账款的到期日期，如图 5-26 所示。

❸ 选中 E2 单元格，拖动右下角的填充柄向下复制公式即可实现批量获取每项账款的到期日期，如图 5-27 所示。

扩展

EDATE 函数用于计算一个日期在间隔指定个月后的日期。

E2 =EDATE(C2,D2) ❷

	A	B	C	D	E
1	发票号码	借款金额	账款日期	账龄(月)	到期日期
2	12023	20850.00	2017/9/30	8	2018/5/30 ❶
3	12584	5000.00	2017/9/30	10	
4	20596	15600.00	2017/8/10	3	
5	23562	120000.00	2017/10/25	4	
6	63001	15000.00	2017/10/20	5	
7	125821	20000.00	2017/10/1	6	
8	125001	9000.00	2017/4/28	3	

图 5-26

	A	B	C	D	E
1	发票号码	借款金额	账款日期	账龄(月)	到期日期
2	12023	20850.00	2017/9/30	8	2018/5/30 ❸
3	12584	5000.00	2017/9/30	10	2018/7/30
4	20596	15600.00	2017/8/10	3	2017/11/10
5	23562	120000.00	2017/10/25	4	2018/2/25
6	63001	15000.00	2017/10/20	5	2018/3/20
7	125821	20000.00	2017/10/1	6	2018/4/1
8	125001	9000.00	2017/4/28	3	2017/7/28

图 5-27

例 8：计算应收账款的逾期天数

根据各项应收账款的发票日期与账期（按日），可以建立公式判断应收账款是否到期，如果到期，则计算出逾期天数。

❶ 选中 F2 单元格，在编辑栏中输入公式：

```
=IF(TODAY()-C2>E2,TODAY()-C2-E2,"")
```

❷ 按 Enter 键，即可得出第一笔应收账款的逾期天数，如图 5-28 所示。

❸ 选中 F2 单元格，拖动右下角的填充柄向下复制公式即可实现批量获取每位客户的逾期天数，如图 5-29 所示。

F2 =IF(TODAY()-C2>E2,TODAY()-C2-E2,"") ❷

	A	B	C	D	E	F
1	序号	客户简称	发票日期	发票金额	账期	逾期天数
2	001	光印印刷	17/11/24	¥ 58,500.00	30	155 ❶
3	003	金立广告	17/11/25	¥ 20,000.00	60	
4	006	金立广告	17/12/10	¥ 12,000.00	30	
5	008	光印印刷	17/12/20	¥ 45,000.00	60	
6	012	金立广告	18/1/3	¥ 43,000.00	60	
7	002	伟业设计	18/1/23	¥ 4,320.00	10	
8	010	伟业设计	18/1/30	¥ 9,600.00	20	
9	013	宏图印染	18/2/12	¥ 15,000.00	60	

图 5-28

	A	B	C	D	E	F
1	序号	客户简称	发票日期	发票金额	账期	逾期天数
2	001	光印印刷	17/11/24	¥ 58,500.00	30	155
3	003	金立广告	17/11/25	¥ 20,000.00	60	124
4	006	金立广告	17/12/10	¥ 12,000.00	30	139
5	008	光印印刷	17/12/20	¥ 45,000.00	60	99
6	012	金立广告	18/1/3	¥ 43,000.00	60	85
7	002	伟业设计	18/1/23	¥ 4,320.00	10	115
8	010	伟业设计	18/1/30	¥ 9,600.00	20	98
9	013	宏图印染	18/2/12	¥ 15,000.00	60	45
10	007	伟业设计	18/3/13	¥ 22,400.00	60	16
11	009	伟业设计	18/3/22	¥ 5,600.00	20	47
12	015	光印印刷	18/4/21	¥ 5,000.00	10	27
13	016	伟业设计	18/4/23	¥ 20,000.00	40	
14	004	光印印刷	18/4/28	¥ 6,700.00	10	20
15	018	光印印刷	18/5/23	¥ 15,000.00	60	

❸

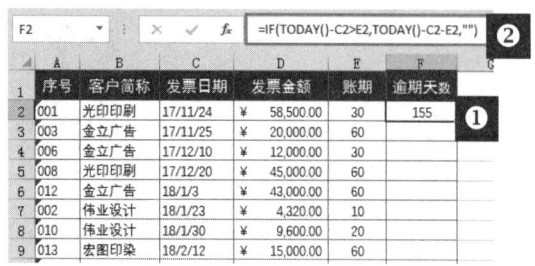

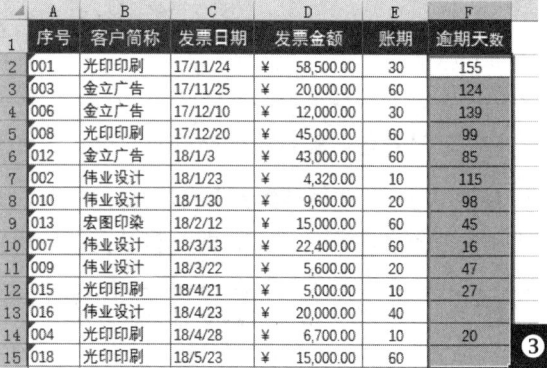

图 5-29

常用于财务计算的函数 第5章

> **公式解析**
>
> ①判断当前日期与 C2 中日期差值是否大于 E2 中的账期。
> ②如果①步结果为真，则计算当前日期减去发票日期再减去账期，得到结果是逾期天数。
>
> =IF(TODAY()-C2>E2,TODAY()-C2-E2,"")

例9：计算固定资产已使用月份

固定资产统计时经常要根据已使用的月份数来计提折旧，因此可以根据固定资产统计表中的新增日期来计算已使用月份数。

❶ 选中 D2 单元格，在编辑栏中输入公式：
=DATEDIF(C2,TODAY(),"m")

❷ 按 Enter 键，即可根据 C2 单元格中的新增日期计算出第一项固定资产已使用月数，如图 5-30 所示。

❸ 选中 D2 单元格，拖动右下角的填充柄向下复制公式即可实现批量计算各固定资产的已使用月数，如图 5-31 所示。

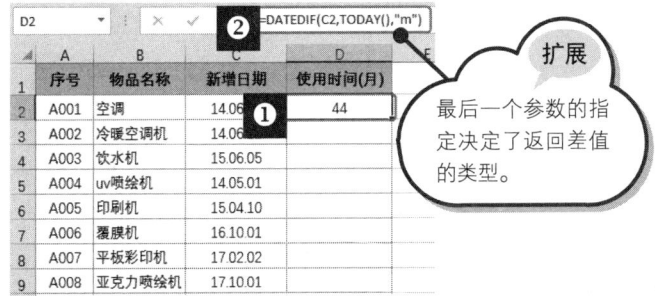

图 5-30　　　　　　　　　　　图 5-31

> **公式解析**
>
> **1. DATEDIF 函数**
>
> DATEDIF 函数用于计算两个日期之间的年数、月数和天数。
>
> 日期可以是带引号的字符串、日期序列号、单元格引用、其他公式的计算结果等。
>
> = DATEDIF（❶起始日期,❷终止日期,❸返回值类型）

第3个参数用于指定函数的返回值类型，共有6种设定。
- "Y"返回两个日期值间隔的整年数
- "M"返回两个日期值间隔的整月数
- "D"返回两个日期值间隔的天数
- "MD"返回两个日期值间隔的天数（忽略日期中的年和月）
- "YM"返回两个日期值间隔的月数（忽略日期中的年和日）
- "YD"返回两个日期值间隔的天数（忽略日期中的年）

2. 本例公式

①表示起始日期。
②表示结束日期。
=DATEDIF(C2,TODAY(),"m")
③表示指定要返回两个日期哪种差值的参数代码。

例10：员工工龄工资自动追加

一般在员工档案表中会记录员工的入职日期，根据入职日期可以使用 DATEDIF 函数计算员工的工龄，进而进行工龄工资的核算。例如本例中约定工龄每增加一年，工龄工资增长 100 元。

❶ 选中 D2 单元格，在编辑栏中输入公式：
=DATEDIF(C2,TODAY(),"y")*100

❷ 按 Enter 键，即可根据 C2 单元格中的入职日期计算出其工龄并得出工龄工资，如图 5-32 所示。

工号	姓名	入职日期	工龄工资
SJ001	刘瑞轩	2010/11/17	700
SJ002	方嘉禾	2010/3/27	
SJ003	徐瑞	2009/6/5	
SJ004	曾浩煊	2009/12/5	
SJ005	李杰	2011/7/14	
SJ006	周伊伊	2012/2/9	
SJ007	周正洋	2011/4/28	
SJ008	龚梦莹	2014/6/21	
SJ009	侯娜	2015/6/10	

图 5-32

❸ 选中 D2 单元格，拖动右下角的填充柄向下复制公式即可实现批量计算出工龄工资，如图 5-33 所示。

常用于财务计算的函数
第 5 章

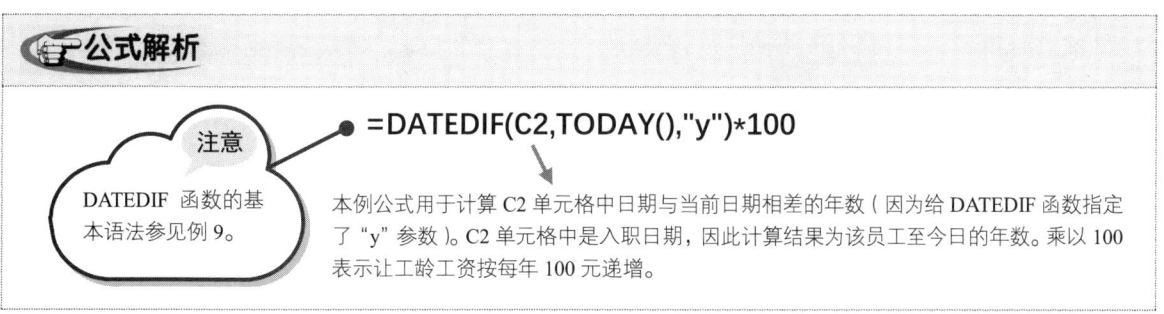

图 5-33

> **注意**
> 日期值与日期值间的运算返回的结果也是一个日期值，当按下 Enter 键不是显示此结果时不必诧异，只要选中单元格，将单元格的格式更改为"常规"格式即可正确显示出来。后面日期计算中出现此类问题都按相同方法处理，不再赘述。

公式解析

=DATEDIF(C2,TODAY(),"y")*100

> **注意**
> DATEDIF 函数的基本语法参见例 9。

本例公式用于计算 C2 单元格中日期与当前日期相差的年数（因为给 DATEDIF 函数指定了"y"参数）。C2 单元格中是入职日期，因此计算结果为该员工至今日的年数。乘以 100 表示让工龄工资按每年 100 元递增。

例 11：核算临时工的实际工作天数并计算工资

假设企业在某一段时间使用一批临时工，现在需要对他们的工资进行核算。要进行此项计算最重要的是对实际工作天数进行核算，这时需要使用 NETWORKDAYS 函数。本例假设临时工日工资为 150 元。

❶ 选中 D3 单元格，在编辑栏中输入公式：
=NETWORKDAYS(B3,C3,$G$3)

❷ 按 Enter 键，即可根据员工"高子轩"的开始日期与结束日期计算出其工作日数，如图 5-34 所示。

> **扩展**
> 指定的法定假日在公式复制过程中始终不变，所以使用绝对引用。

图 5-34

❸ 选中 D3 单元格，拖动右下角的填充柄向下复制公式即可根据每位人员的开始日期与结束日期计算出其工作日数，如图 5-35 所示。

❹ 选中 E3 单元格，在编辑栏中输入公式：

```
=D3*150
```

❺ 按 Enter 键，即可得出员工“高子轩”的工资核算，然后向下复制公式即可得出每位员工的工资核算，如图 5-36 所示。

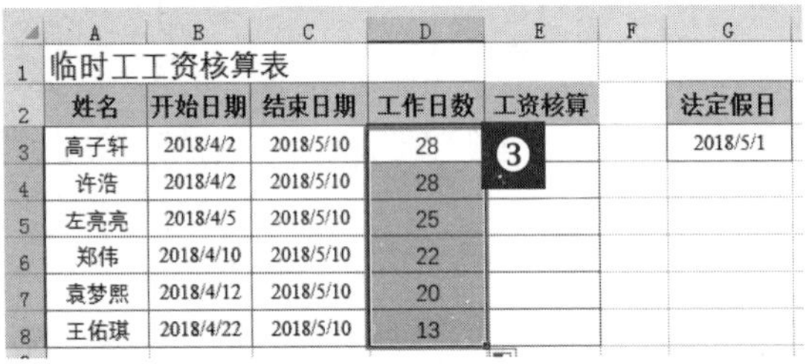

	A	B	C	D	E	F	G
1	临时工工资核算表						
2	姓名	开始日期	结束日期	工作日数	工资核算		法定假日
3	高子轩	2018/4/2	2018/5/10	28			2018/5/1
4	许浩	2018/4/2	2018/5/10	28			
5	左亮亮	2018/4/5	2018/5/10	25			
6	郑伟	2018/4/10	2018/5/10	22			
7	袁梦熙	2018/4/12	2018/5/10	20			
8	王佑琪	2018/4/22	2018/5/10	13			

图 5-35

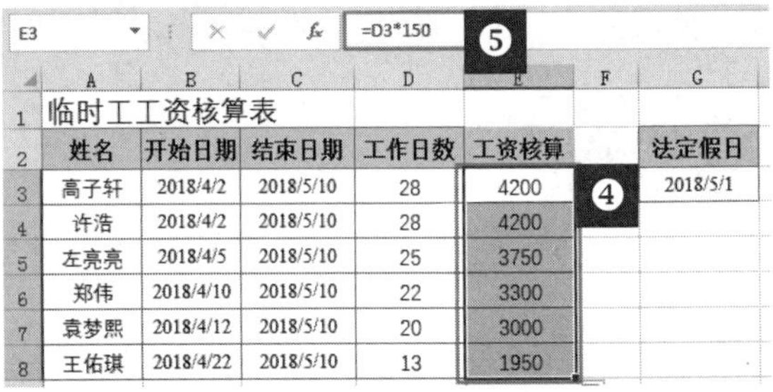

	A	B	C	D	E	F	G
1	临时工工资核算表						
2	姓名	开始日期	结束日期	工作日数	工资核算		法定假日
3	高子轩	2018/4/2	2018/5/10	28	4200		2018/5/1
4	许浩	2018/4/2	2018/5/10	28	4200		
5	左亮亮	2018/4/5	2018/5/10	25	3750		
6	郑伟	2018/4/10	2018/5/10	22	3300		
7	袁梦熙	2018/4/12	2018/5/10	20	3000		
8	王佑琪	2018/4/22	2018/5/10	13	1950		

图 5-36

公式解析

1. NETWORKDAYS 函数

NETWORKDAYS 函数表示返回两个日期间的工作日数。

= NETWORKDAYS (❶起始日期, ❷终止日期, ❸节假日)

可选的。除去周天之外另外再指定的不计算在内的日期。若没有，则可以不指定。

2. 本例公式

=NETWORKDAYS(B3,C3,$G$3)

表示返回 B3 与 C3 中两个日期间的工作日数，计算时排除 G3 单元格中指定的法定假日。

经验之谈

同 NETWORKDAYS 函数类似的还有一个函数 NETWORKDAYS.INTL，它也可以用一个参数对休息日进行指定，例如本例中求指定每周只有周一是周末日，可以将公式改为如图 5-37 所示。

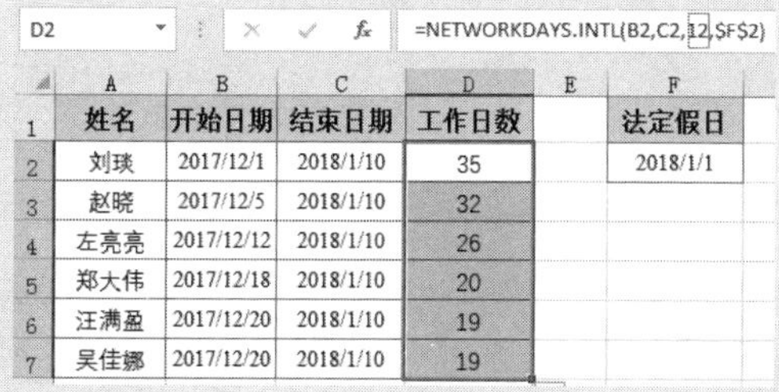

图 5-37

例 12：各个车间平均工资的核算比较

某工厂车间工人工资采用计件工资方式，表格中统计了某个月中各个不同车间工人的工资额（抽样，各个车间抽取 5 人），现在想统计出各个不同车间的平均工资。

❶ 选中 H2 单元格，在编辑栏中输入公式：
= AVERAGEIF($C$2:$C$16,G2,$E$2:$E$16)

❷ 按 Enter 键，即可得出"女装车间"的平均工资，如图 5-38 所示。

❸ 选中 H2 单元格，拖动右下角的填充柄向下复制公式即可得到各个车间的平均工资，如图 5-39 所示。

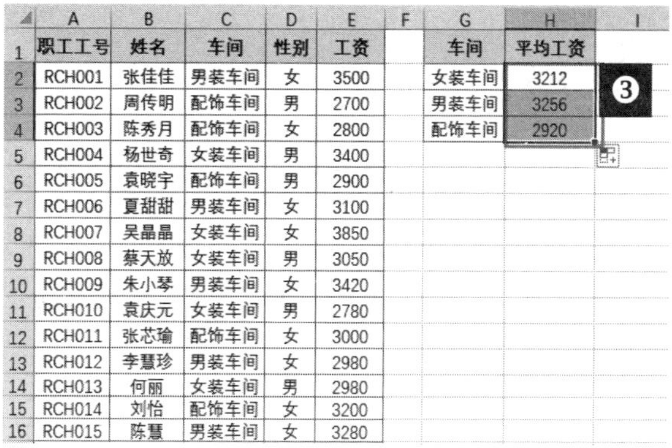

> **扩展**
> 因为公式要向下复制，用于求平均值的区域与条件判断的区域始终是不变的，所以采用绝对引用方式。

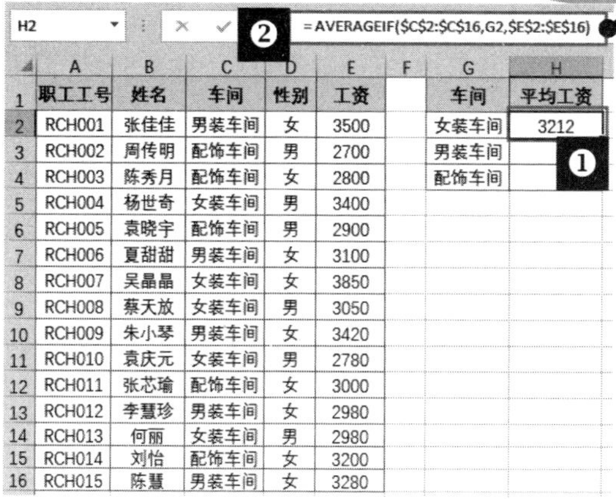

图 5-38

图 5-39

公式解析

1. AVERAGEIF 函数

AVERAGEIF 函数返回某个区域内满足给定条件的所有单元格的算术平均值。

第 1 个参数是用于条件判断区域，必须是单元格引用。

第 3 个参数是用于求和区域。行、列数应与第 1 个参数相同。

= AVERAGEIF (❶条件判断区域，❷条件，❸求平均值区域)

第 2 参数是求和条件，可以是数字、文本、单元格引用或公式等。如果是文本，则必须使用双引号。

2. 本例公式

①在条件区域 C2:C16 中找 G2 中指定车间所在的单元格。

= AVERAGEIF($C$2:$C$16,G2,$E$2:$E$16)

②将①步中找到的满足条件的对应在 E2:E16 单元格区域上的工资进行求平均值运算。

例 13：返回指定部门的最高工资

本例表格统计了服装车间与鞋包车间工人的实发工资，下面需要将"服装车间"中的最高工资找出来并显示具体工资数额。

❶ 选中 G2 单元格，在编辑栏中输入公式：
=MAX(IF($B$2:$B$14=F2,$D$2:$D$14))

❷ 按 Ctrl+Shift+Enter 组合键，即可得出"服装车间"的最高工资，如图 5-40 所示。

❸ 选中 G2 单元格，拖动右下角的填充柄向下复制公式到 G3 即可得到"鞋包车间"的最高工资，如图 5-41 所示。

常用于财务计算的函数 第5章

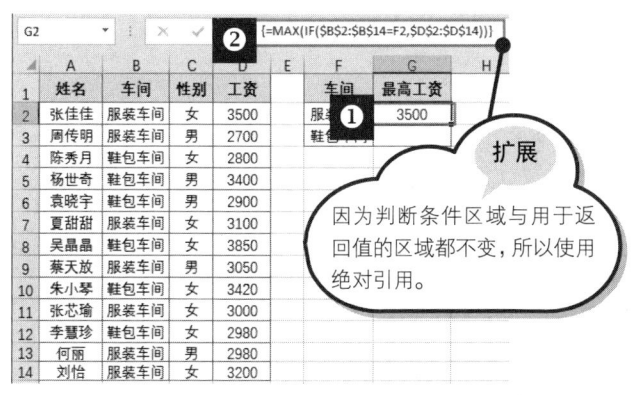

图 5-40   图 5-41

> 扩展
> 因为判断条件区域与用于返回值的区域都不变，所以使用绝对引用。

公式解析

1. MAX 函数

MAX 函数用于返回数据集中的最大值。

2. 本例公式

①首先在 B2:B14 单元格区域中判断车间是否为 F2 单元格中指定的车间，如果是，则返回 TRUE；如果不是，则返回 FALSE，返回的是一个数组，然后把返回 TRUE 的对应在 D2:D14 区域上的值取下，即排除了不满足条件的数据。

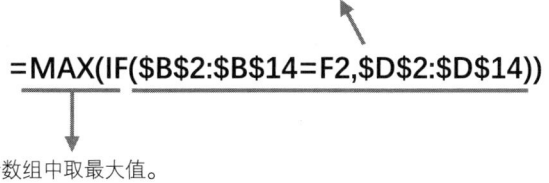

=MAX(IF($B$2:$B$14=F2,$D$2:$D$14))

②从①步数组中取最大值。

例 14：统计指定月份的报销总额

本例统计了不同日期下不同部门的报销金额，需要将 9 月份和 10 月份的报销总额统计出来，比较这两个月哪个月的报销额最高。

❶ 选中 G2 单元格，在编辑栏中输入公式：
=SUMPRODUCT((MONTH($A$2:$A$13)=F2)*($C$2:$C$13))

❷ 按 Enter 键，即可统计出 9 月份的报销总额，如图 5-42 所示。

❸ 选中 G2 单元格，拖动右下角的填充柄向下复制公式至 G3 即可得到 10 月份报销金额，如图 5-43 所示。

图 5-42　　　　　　　　　　　　　图 5-43

> **扩展**
> 只有判断条件 F2 单元格使用相对引用，其他都使用绝对引用。

公式解析

1. SUMPRODUCT函数

SUMPRODUCT 函数是一个数学函数，SUMPRODUCT 最基本的用法是对数组间对应的元素相乘，并返回乘积之和。

= SUMPRODUCT（A2:A4,B2:B4,C2:C4）

执行的运算是"A2*B2*C2+A3*B3*C3+A4*B4*C4"，即将各个数组中的数据一一对应相乘再相加。

实际上 SUMPRODUCT 函数的作用非常强大，它可以代替 SUMIF 和 SUMIFS 函数进行按条件求和，也可以代替 COUNTIF 和 COUNTIFS 函数进行计数运算。当需要判断一个条件或双条件时，用 SUMPRODUCT 进行求和或计数，与使用 SUMIF、SUMIFS、COUNTIF、COUNTIFS 没有什么差别。它的语法可以写为：

=SUMPRODUCT（（条件1表达式）*（条件2表达式）*（条件3表达式）……*（求和的区域））

2. 本例公式

①使用 MONTH 函数将 A2:A13 单元格区域中各日期的月份数提取出来，返回的是一个数组，然后判断数组中各值是否等于 F2 中指定的"9"，如果等于，则返回 TRUE；如果不等于，则返回 FALSE，得到的还是一个数组。

=SUMPRODUCT((MONTH($A$2:$A$13)=F2)*($C$2:$C$13))

②将第①步得到的数组与 C2:C13 单元格区域中的值依次相乘，TRUE 乘以数值返回数值本身，FALSE 乘以数值返回 0。最后再对这个数组进行求和计算。

例 15：统计大于 12 个月的账款

表格按时间统计了借款金额，要求分别统计出 12 个月内的账款与超过 12 个月的账款。

❶ 选中 F2 单元格，在编辑栏中输入公式：
=SUMPRODUCT((DATEDIF(B2:B12,TODAY(),"M")<=12)*C2:C12)

❷ 按 Enter 键，即可对 B2:B12 单元格区域中的日期进行判断，并计算出 12 个月以内的账款合计值，如图 5-44 所示。

图 5-44

❸ 选中 F3 单元格，在编辑栏中输入公式：
=SUMPRODUCT((DATEDIF(B2:B12,TODAY(),"M")>12)*C2:C12)

❹ 按 Enter 键，即可对 B2:B12 单元格区域中的日期进行判断，并计算出 12 个月以上的账款合计值，如图 5-45 所示。

图 5-45

公式解析

1. DATEDIF 函数

DATEDIF 函数基本语法参见例 9。

2. SUMPRODUCT 函数

SUMPRODUCT 函数基本语法参见例 14。

3. 本例公式

=SUMPRODUCT((DATEDIF(B2:B12,TODAY(),"M")>12)*C2:C12)

① 依次返回 B2:B12 单元格区域日期与当前日期相差的月数。返回结果是一个数组。

② 依次判断①步数组是否大于 12，如果是，则返回 TRUE，否则返回 FALSE。返回 TRUE 的为找到的满足条件的。

③ 将②步返回数组 C2:C12 单元格区域值依次相乘，即将满足条件的取值，然后进行求和运算。

例 16：汇总某两种产品的销售额

表格中统计了商场 7 月份的销售记录，现需要对某两种产品的总销售额进行汇总计算。要达到这种统计目的，仍然可以使用 SUMPRODUCT 函数，读者可注意学习参数的设置方式。

❶ 选中 G2 单元格，在编辑栏中输入公式：

=SUMPRODUCT(((D2:D16="柔肤水")+(D2:D16="乳液"))*E2:E16)

❷ 按 Enter 键，即可得出乳液与柔肤水总销售额，如图 5-46 所示。

	A	B	C	D	E	F	G
1	销售日期	经办人	产品系列	产品名称	销售额		乳液与柔肤水总销售额
2	2018/7/3	张佳佳	高保湿系列	乳液	13500		121200
3	2018/7/3	周传明	日夜修复系列	柔肤水	12900		
4	2018/7/5	周传明	男士系列	乳液	13800		
5	2018/7/7	张佳佳	高保湿系列	日霜	14100		
6	2018/7/7	袁晓宇	男士系列	洁面膏	14900		
7	2018/7/10	周传明	高保湿系列	柔肤水	13700		
8	2018/7/15	张佳佳	男士系列	乳液	13850		
9	2018/7/18	张佳佳	日夜修复系列	日霜	13250		
10	2018/7/18	周传明	日夜修复系列	乳液	15420		
11	2018/7/20	袁晓宇	男士系列	洁面膏	14780		
12	2018/7/21	张佳佳	日夜修复系列	晚霜	13750		
13	2018/7/21	袁晓宇	高保湿系列	柔肤水	12040		
14	2018/7/25	周传明	男士系列	乳液	11020		
15	2018/7/27	张佳佳	日夜修复系列	柔肤水	14970		
16	2018/7/29	袁晓宇	日夜修复系列	晚霜	15010		

图 5-46

扩展

这个公式就类似于一个"或"条件，如果要统计更多个产品只要使用"+"号连接即可。同理，如果要统计某几个地区、某几位销售员的销售额等都可以使用类似公式。

常用于财务计算的函数 第5章

> **公式解析**
>
> =SUMPRODUCT(((D2:D16="柔肤水")+(D2:D16="乳液"))*E2:E16)
>
> 这一处的设置是公式的关键点,首先当 D2:D16 单元格区域中是"柔肤水"时返回 TRUE,否则返回 FALSE;接着依次判断 D2:D16 单元格区域中是否是"乳液",如果是,则返回 TRUE,否则返回 FALSE。两个数组相加将会取所有 TRUE,即 TRUE 加 FALSE 也返回 TRUE。这样就实现了找到有以"柔肤水"与"乳液",然后将满足条件的取 E2:E16 单元格区域上的值,再进行求和运算。

例 17:查询任意固定资产的本月折旧额

当前表格为本月的资产折旧计算表,如果数据条目众多,可以通过建立查询表实现对任意固定资产的本月折旧额的查询。

❶ 在 K3 单元格中输入查询编号"Ktws-2"(如图 5-47 所示),选中 L3 单元格,在编辑栏中输入公式:

= VLOOKUP(K3,$A$3:$I$16,2,FALSE)

	A	B	C	D	E	F	G	H	I	J	K	L	M
1					固定资产折旧								
2	编号	固定资产名称	开始使用日期	预计使用年限	原值	净残值率	净残值	已计提月数	月折旧额		查询编号	固定资产名称	月折旧额
3	Ktws-1	轻型载货汽车	13.01.01	10	84000	5%	4200	64	665		Ktws-2		
4	Ktws-2	尼桑轿车	13.10.01	10	228000	5%	11400	55	1805				
5	Ktws-3	电脑	13.01.01	5	2980	5%	149	64	47				
6	Ktws-4	电脑	15.01.01	5	3205	5%	160	40	51				
7	Ktws-5	打印机	16.02.03	5	2350	5%	118	27	37				
8	Ktws-6	空调	13.11.07	5	2980	5%	149	54	47				
9	Ktws-7	空调	14.06.05	5	5800	5%	290	47	92				
10	Ktws-8	冷暖空调机	14.06.22	4	2200	5%	110	47	44				
11	Ktws-9	uv喷绘机	14.05.01	10	98000	10%	9800	48	735				
12	Ktws-10	印刷机	15.04.10	5	3080	5%	154	37	49				
13	Ktws-11	覆膜机	15.10.01	10	35500	8%	2840	31	272				
14	Ktws-12	平板彩印机	16.02.02	10	42704	8%	3416	27	327				
15	Ktws-13	亚克力喷绘机	16.10.01	10	13920	8%	1114	19	107				

图 5-47

> 扩展:查询表也可以建到其他工作表中。

❷ 按 Enter 键,即可得出 Ktws-2 所对应的固定资产名称,如图 5-48 所示。

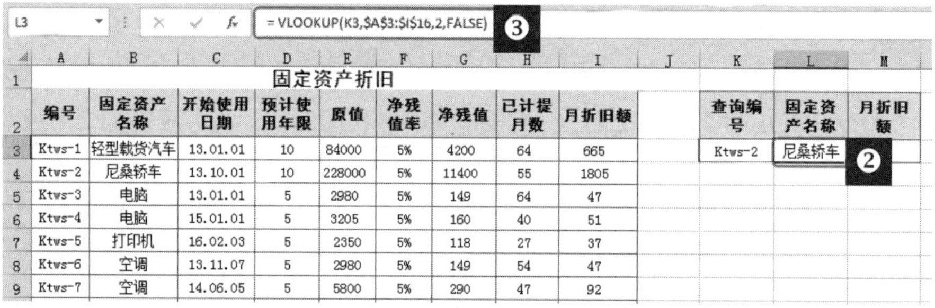

图 5-48

❸ 选中 M3 单元格，在编辑栏中输入公式：

= VLOOKUP(K3,$A$3:$I$16,9,FALSE)

❹ 按 Enter 键，即可查询出 Ktws-2 所对应的月折旧额的值，如图 5-49 所示。

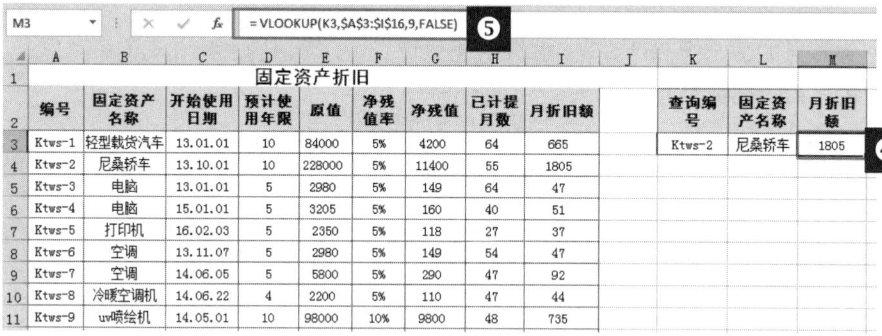

图 5-49

❺ 当需要查询其他固定资产时，则可以重新输入要查询编号，如输入 Ktws-9，按下 Enter 键即可查询出所对应的月折旧额，如图 5-50 所示。

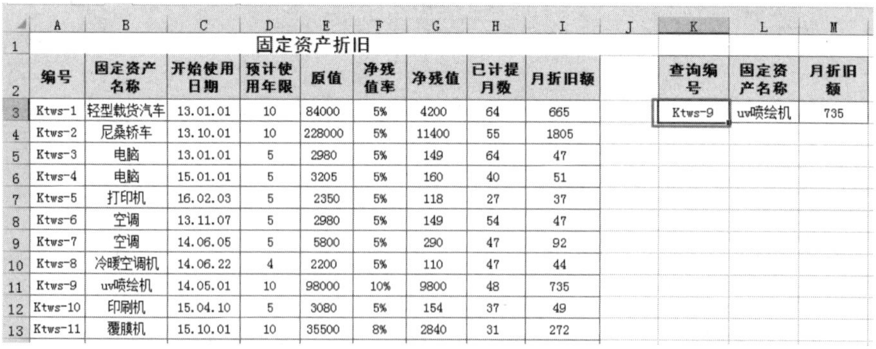

图 5-50

公式解析

1. VLOOKUP 函数

VLOOKUP 函数在表格或数值数组的首列查找指定的数值，并由此返回表格或数组当前行中指定列处的值。

=VLOOKUP（❶要查找的值，❷用于查找的区域，❸要返回哪一列上的值）

设置此区域时注意要查找的值一定要在该区域的第一列，并且该区域中一定要包含要返回值所在的列（返回哪一列用第 3 个参数指定）。

第 3 个参数用于指定找到匹配值后要返回哪一列上的内容。

2. 本例公式

= VLOOKUP(K3,$A$3:$I$16,9,FALSE)

在 A3:I16 单元格区域的首列，即在 A 列中查找 K3 单元格中指定的相同的编号，然后返回对应在第 9 列上的值，即"月折旧额"这一列上的值。

例 18：扣除预支后实际报销给付核算

下面的例子中给出了每位销售员月支出金额统计表（如图 5-51 所示）和实际报销统计表，要求对扣除预支后的实际报销给付金额进行核算。

❶ 在"报销支付表"中选中 C3 单元格，在编辑栏中输入公式：
=VLOOKUP(A3,预支记录表!$A$1:$B$10,2,FALSE)

❷ 按 Enter 键，即查找匹配得出"杨文芝"的预支额，如图 5-52 所示。

人员	预支额
何利	1000
刘丛明	900
林洁	800
蔡瑞屏	1500
苏瑞	1000
黄永明	1200
廖春	500
明雪花	1500
杨文芝	1000

图 5-51

本月报销实际支付表

人员	报销额	预支额	实际支付
杨文芝	800	1000	
蔡瑞屏	1540		
明雪花	1800		
黄永明	1200		
廖春	760		
何利	1358		
刘丛明	900		
林洁	1200		

图 5-52

扩展：这个单元格区域，可以在输入第一个","号后，切换到"预支记录表"工作表中去用鼠标拖动选取。

❸ 选中 C3 单元格，拖动右下角的填充柄向下复制公式，即可查找匹配得出所有人员的预支额，如图 5-53 所示。

❹ 选中 D3 单元格，在编辑栏中输入公式"=B3-C3"，按 Enter 键后再向下复制公式，计算出实际支付金额，正值表示实际支付金额，负值表示预支金额超过报销金额，如图 5-54 所示。

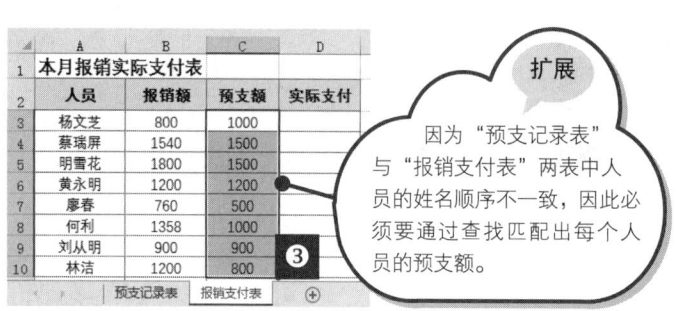

图 5-53　　　　　　　　　　　　　　图 5-54

公式解析

1. VLOOKUP 函数

VLOOKUP 函数基本语法参见例 17。

2. 本例公式

=VLOOKUP(A3,预支记录表!$A$1:$B$10,2,FALSE)

在预支记录表中 A1:B10 单元格区域的首列，即在 A 列中查找与报销支付表 A3 单元格中指定的相同的人员。然后返回对应在第 2 列上的值，即"预支额"这一列上的值。

例 19：根据员工姓名自动匹配绩效奖金

当前工作簿的"员工绩效奖金计算表"中显示了各员工的绩效奖金信息，如图 5-55 所示。现在在"员工月度工资表"中需要根据员工姓名自动匹配该员工的绩效奖金。可以使用 VLOOKUP 函数来设计公式。

❶ 在"员工月度工资表"中选中 E3 单元格，在编辑栏输入公式：
=IFERROR(VLOOKUP(A3,员工绩效奖金计算表!$A$2:$D$8,4,FALSE),"")

❷ 按 Enter 键，即可得到 A3 单元格中的员工的绩效奖金，如图 5-56 所示。

❸ 选中 E3 单元格，拖动右下角的填充柄向下复制公式，即可根据 A 列中显示的各员工姓名自动从"员工绩效奖金计算表"中匹配其员工的绩效奖金，如图 5-57 所示。

常用于财务计算的函数
第5章

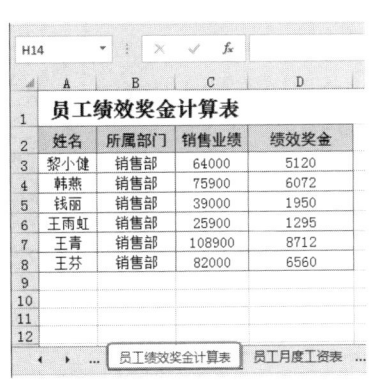

图 5-55

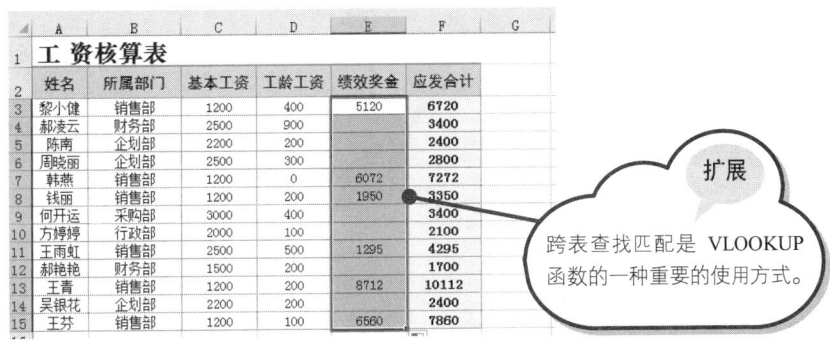

图 5-56

图 5-57

> **扩展**
> 跨表查找匹配是 VLOOKUP 函数的一种重要的使用方式。

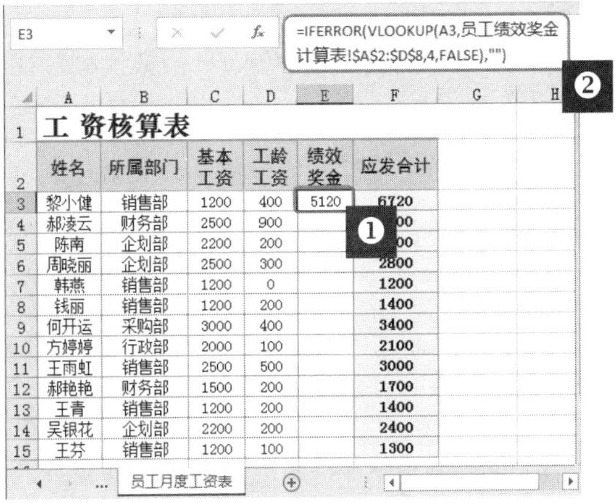

公式解析

1. IFERROR 函数

IFERROR 函数用于判断值公式的计算结果是否是错误值，具体用法可见下面的公式解析。

2. VLOOKUP 函数

VLOOKUP 函数基本语法参见例 17。

3. 本例公式

=IFERROR(VLOOKUP(A3,员工绩效奖金计算表!$A$2:$D$8,4,FALSE),"")

本例公式用于在"员工绩效奖金计算表!$A$2:$D$8"单元格区域的首列中查找姓名，找到后返回对应在"员工绩效奖金计算表!$A$2:$D$8"单元格区域第 4 列上的值。

VLOOKUP 函数的外层嵌套一个 IFERROR 函数用于判断值公式的计算结果是否是错误值（如果是错误值，则表示未找到，因为不是人人都有绩效奖金的记录），为避免在单元格中显示一个错误值，就使用这个函数以判断当 VLOOKUP 函数返回错误值时就返回空白。

例 20：LOOKUP 函数模糊查找代替 IF 函数的多层嵌套

LOOKUP 函数模糊查找的属性是指：如果 LOOKUP 找不到所设定的目标值，则会寻找小于或等于目标值的最大数值。利用这个特性可以实现模糊匹配。在如图 5-58 所示的应用环境下，要根据不同的业绩区间对员工按实际销售额进行等级评定。要达到这一目的，使用 IF 函数是可以实现的，但有几个判断区间就需要有几层 IF 嵌套，而利用 LOOKUP 函数可以让公式变得简单。

❶ 选中 G3 单元格，在编辑栏中输入公式：

```
=LOOKUP(F3,$A$3:$B$7)
```

❷ 按 Enter 键，即可得出对员工“刘浩宇”的等级评定，如图 5-58 所示。

❸ 选中 G3 单元格，拖动右下角的填充柄向下复制公式即可根据分数依次评定等级，如图 5-59 所示。

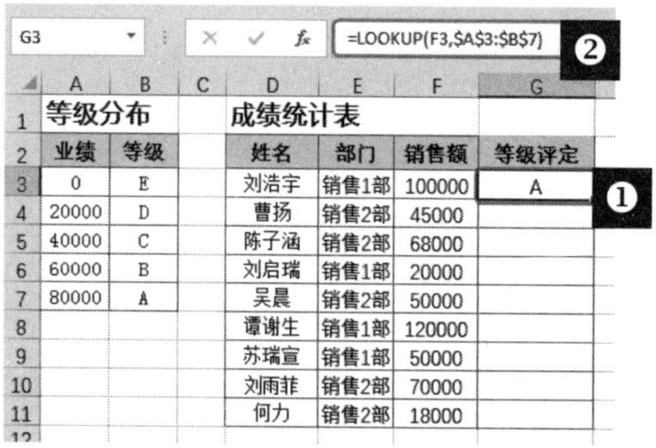

	A	B	C	D	E	F	G
1	等级分布			成绩统计表			
2	业绩	等级		姓名	部门	销售额	等级评定
3	0	E		刘浩宇	销售1部	100000	A
4	20000	D		曹扬	销售2部	45000	
5	40000	C		陈子涵	销售2部	68000	
6	60000	B		刘启瑞	销售1部	20000	
7	80000	A		吴晨	销售2部	50000	
8				谭谢生	销售1部	120000	
9				苏瑞宣	销售1部	50000	
10				刘雨菲	销售2部	70000	
11				何力	销售2部	18000	

图 5-58

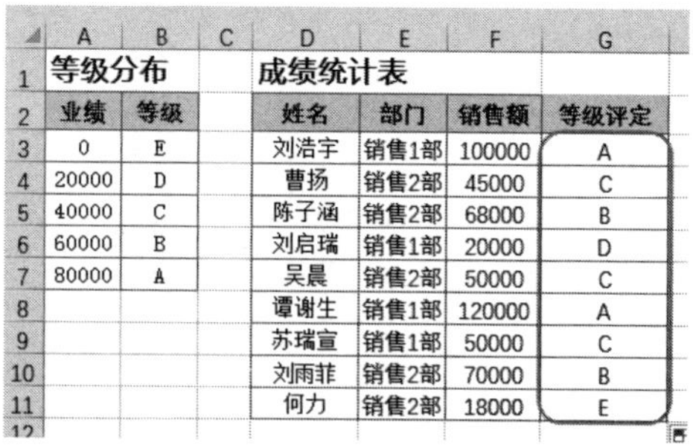

	A	B	C	D	E	F	G
1	等级分布			成绩统计表			
2	业绩	等级		姓名	部门	销售额	等级评定
3	0	E		刘浩宇	销售1部	100000	A
4	20000	D		曹扬	销售2部	45000	C
5	40000	C		陈子涵	销售2部	68000	B
6	60000	B		刘启瑞	销售1部	20000	D
7	80000	A		吴晨	销售2部	50000	C
8				谭谢生	销售1部	120000	A
9				苏瑞宣	销售1部	50000	C
10				刘雨菲	销售2部	70000	B
11				何力	销售2部	18000	E

图 5-59

公式解析

1. LOOKUP 函数

LOOKUP 函数是查找函数类型中非常重要的函数。LOOKUP 函数分为数组形式和向量形式，这两种形式的区别在于参数设置上的不同，但无论使用哪种形式，查找目的都是一样。下面分别介绍这两种语法。

数组型语法有两个参数：一是查找值，二是包含查找值与返回值的一个数组。

=LOOKUP（❶查找值，❷包含查找值与返回值的数组）

在这个数组的首列中查找值，找到后返回对应在这个数组末列中相应位置上的值。

向量型语法有三个参数：一是查找值，二是查找值的区域，三是返回值的区域。

常用于财务计算的函数 第5章

> **扩展**
> 无论哪种语法，注意用于查找的那一列的数据都应按升序排列。如果不排序，在查找时会出现查找错误的情况。

在这一列上查找❶处指定的目标值。找到后返回对应在❸数组中相应位置上的值。

=LOOKUP（❶查找值，❷查找的数组，❸返回值的数组）

2. 本例公式

=LOOKUP(F3,$A$3:$B$7)

在 A3:B7 单元格区域的 A 列中查找对象，找到后返回对应在 B 列上的值。其判断原理为：例如 45 000 在 A3:A7 单元格区域中找不到，则找到的就是小于 45 000 的最大数 40 000，其对应在 B 列上的数据是"C"。再如，120 000 在 A3:A7 单元格区域中找不到，则找到的就是小于 120 000 的最大数 80 000，其对应在 B 列上的数据是"A"。

经验之谈

LOOKUP 具有模糊查找的特性，有两项重要的总结如下，同时这里也讲一下 LOOKUP 函数与 VLOOKUP 函数的区别。

① 如果查找对象小于查找区域中的最小值，LOOKUP 返回错误值 #N/A。
② 如果函数 LOOKUP 找不到完全匹配的查找对象，则查找所设定的查找区域中小于或等于查找值的最大数值，即我们所说有模糊查找（在例 20 中的查找就是利用了这一特性，公式解析中已经给出了其查找原理）。
利用这一特性，可以用一个通用公式来作查找引用。关于这个通用公式，下面的例 21、例 22 都是使用的此公式并给出了详细的解析。因为这个公式很重要，在理解了其用法后，建议牢记。
=LOOKUP(1,0/(条件),用于返回值的区域)
③ VLOOKUP 一般用于精确查找，虽然将最后一个参数省略或设置为 TRUE 时也可以实现模糊查找，但一般模糊查找可以直接交给 LOOKUP。VLOOKUP 函数只能从给定数据区域的首列中查找，而 LOOKUP 函数则可以使用向量型语法任意指定要在哪一列查找和在哪一列中返回值，因此它可以进行反向查找，VLOOKUP 函数则不能。

例 21：根据银行全称自动匹配利率

在本例中给出了各个银行对应的利率（名称是银行简称），而在实际查询匹配时使用的银行是全称（如某某路某某支行），现在要求根据全称能自动从 A、B 两列中匹配相应的利率。

❶ 选中 G2 单元格，在编辑栏中输入公式：

```
=LOOKUP(1,0/FIND($A$2:$A$6,D2),$B$2:$B$6)
```

❷ 按 Enter 键，即可根据银行的全称匹配得到相应的利率，如图 5-60 所示。

G2　=LOOKUP(1,0/FIND($A$2:$A$6,D2),$B$2:$B$6)

	A	B	C	D	E	F	G
1	银行	利率		借款银行	借入日期	借款额度	利率
2	工商银行	5.59%		农业银行花园路支行	2018/1/1	¥58,000.00	0.0533
3	建设银行	5.24%		工商银行习友路支行	2018/2/3	¥56,000.00	
4	中国银行	5.87%		中国银行南村路储蓄所	2018/1/20	¥100,000.00	
5	招商银行	5.02%		中国银行大钟楼支行	2017/12/20	¥115,000.00	
6	农业银行	5.33%		招商银行和平路支行	2018/2/1	¥75,000.00	
7				农业银行红村储蓄所	2018/3/5	¥15,000.00	
8				建设银行大钟楼支行	2017/12/15	¥45,000.00	
9				工商银行高新区支行	2017/12/12	¥150,000.00	

图 5-60

❸ 选中 G2 单元格，拖动右下角的填充柄向下复制公式即可实现批量获取各项借款的利率，如图 5-61 所示。

G2　=LOOKUP(1,0/FIND($A$2:$A$6,D2),$B$2:$B$6)

	A	B	C	D	E	F	G
1	银行	利率		借款银行	借入日期	借款额度	利率
2	工商银行	5.59%		农业银行花园路支行	2018/1/1	¥58,000.00	0.0533
3	建设银行	5.24%		工商银行习友路支行	2018/2/3	¥56,000.00	0.0559
4	中国银行	5.87%		中国银行南村路储蓄所	2018/1/20	¥100,000.00	0.0587
5	招商银行	5.02%		中国银行大钟楼支行	2017/12/20	¥115,000.00	0.0587
6	农业银行	5.33%		招商银行和平路支行	2018/2/1	¥75,000.00	0.0502
7				农业银行红村储蓄所	2018/3/5	¥15,000.00	0.0533
8				建设银行大钟楼支行	2017/12/15	¥45,000.00	0.0524
9				工商银行高新区支行	2017/12/12	¥150,000.00	0.0559
10							

图 5-61

公式解析

1. LOOKUP 函数

LOOKUP 函数基本语法参见例 20，并着重理解“经验之谈”中介绍的公式。

2. 本例公式

①在$A$2:$A$6 单元格区域中依次查找 D2 这个关键字，找到的返回其在字符串中的起始位置，找不到的返回#DIV/0。

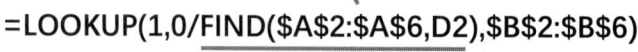

=LOOKUP(1,0/FIND($A$2:$A$6,D2),$B$2:$B$6)

③LOOKUP 在②组数中查找 1，在②组数中最大的就是 0，因此与 0 匹配，并且返回对应在 B 列中的值。

②用数值 0 除以①步数组中各个值，“0/0”返回#DIV/0，“0/位置数字”返回 0，计算后得到的是一个由 0 和错误值#DIV/0 组成的数组。

常用于财务计算的函数 第 5 章

例 22：查找业绩最低的销售员姓名（满足条件的反向查询）

本例统计了各个员工的销售额，现在需要将销售业绩最低的销售员姓名查找出来并显示在指定单元格。这里可以通过 LOOKUP 函数配合 MIN 函数实现。

❶ 选中 D2 单元格，在编辑栏中输入公式：
=LOOKUP(0,0/(B2:B12=MIN(B2:B12)),A2:A12)

❷ 按 Enter 键，即可返回业绩最低的销售员姓名，如图 5-62 所示。

	A	B	C	D	E
1	姓名	销售额（万元）		业绩最低销售员	
2	窦云	43.7		王婷婷	
3	李建强	22.9			
4	李欣	9.66			
5	玲玲	10.8			
6	刘媛	11.2			
7	刘芸	8.33			
8	王超	16.3			
9	王婷婷	7.56			
10	王宇	11.23			
11	杨凯	10.98			
12	张慧慧	22.65			

扩展：如果要查找业绩最高的销售员姓名，则把这里的 MIN 函数更改为 MAX 函数即可。

图 5-62

公式解析

1. MIN 函数

MIN 函数用于返回数据集中的最小值。

2. LOOKUP 函数

LOOKUP 函数基本语法参见例 20。

3. 本例公式

①选用 MIN 求出 B2:B12 单元格区域中的最小值，然后依次判断 B2:B12 单元格区域中各个值是否能等于这个最小值，显然只有一个值等于这个最小值，等于的这个返回 TRUE，其他都是 FALSE。

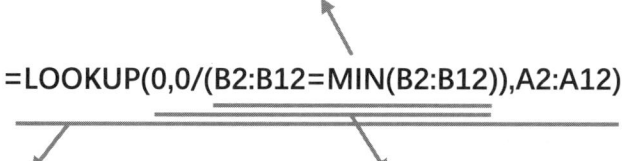

=LOOKUP(0,0/(B2:B12=MIN(B2:B12)),A2:A12)

③LOOKUP 在②组数中查找 0，找到的正是最小值所在的那个单元格，然后返回对应在 A 列上的值，即最小值对应的姓名。

②用数值 0 除以①步数组中各个值，"0/TRUE"返回 0，"0/FALSE"返回#DIV/0，计算后得到的是一个由 0 和错误值#DIV/0 组成的数组。

第 6 章

财务表单的创建和日常费用支出管理

- 财务表单的创建和日常费用支出管理
  - 6.1 差旅费报销单
    - 6.1.1 创建差旅费报销单
      - 1．设置标题会计用下划线效果
      - 2．设置边框线及底纹
      - 3．竖排文字
    - 6.1.2 设置填表提醒
    - 6.1.3 报销金额合计计算
      - 1．运算公式计算各项金额及合计金额
      - 2．实现大写金额的自动填写
    - 6.1.4 设置表格除填写域外其他区域不可编辑
  - 6.2 业务招待费报销单
    - 6.2.1 创建表单框架
    - 6.2.2 设置公式计算合计金额
  - 6.3 制作会计科目表
    - 6.3.1 建立会计科目表
    - 6.3.2 建立会计科目及明细科目
  - 6.4 创建日记账表单
    - 6.4.1 创建现金日记账表单
    - 6.4.2 创建银行存款日记账表单
  - 6.5 日常费用统计表
    - 6.5.1 建立日常费用支出汇总表
      - 1．创建日常费用支出表格并设置格式
      - 2．通过数据验证设置实现费用类别与产生部门的选择性输入
    - 6.5.2 用筛选功能分类查看费用支出情况
      - 1．查看指定类别的费用支出情况
      - 2．查看指定产生部门的费用支出情况
      - 3．筛选支出金额大于2000元的记录
    - 6.5.3 利用数据透视表(图)统计费用支出额
      - 1．统计本期各类别费用支出额
      - 2．用数据透视图显示各类别费用支出金额分布情况
      - 3．统计各部门支出费用占比

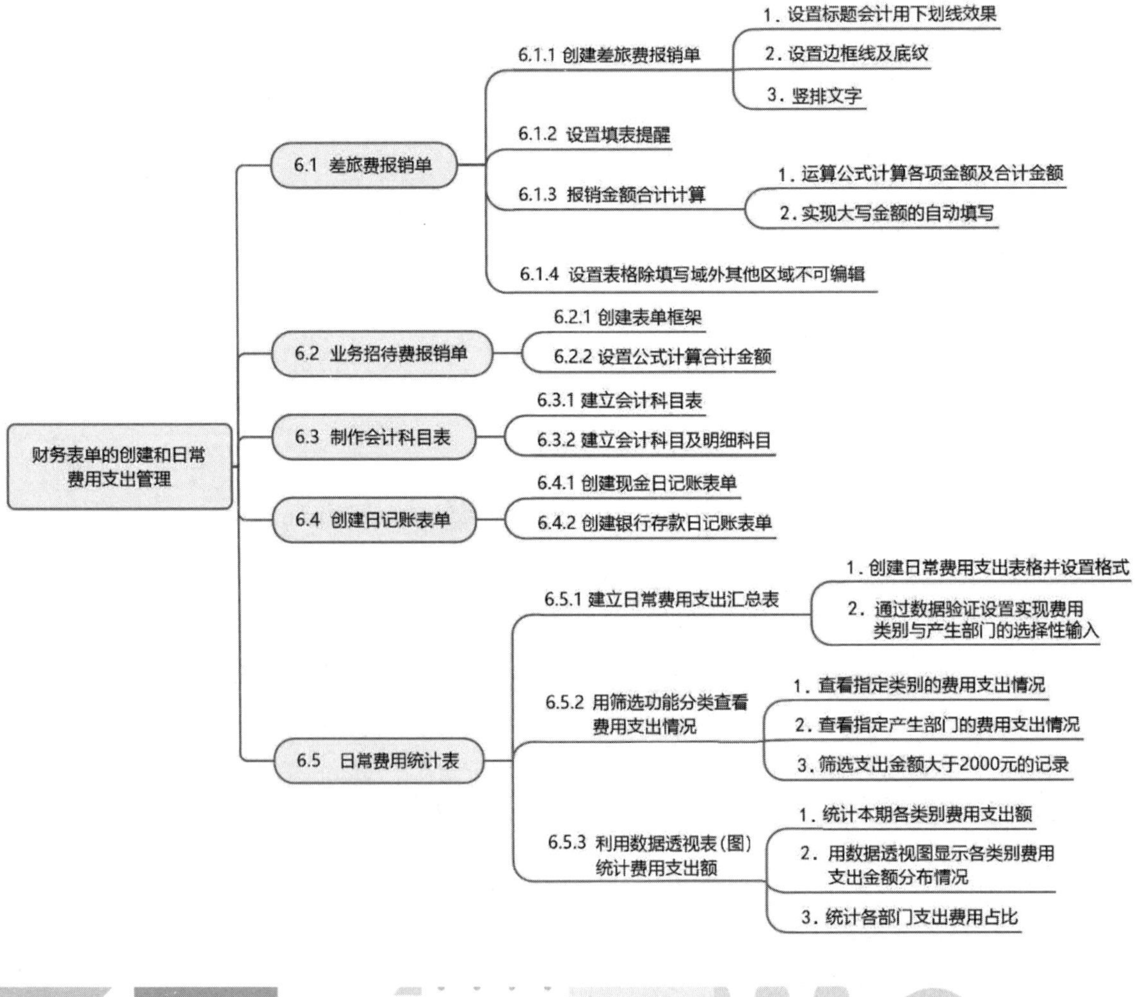

6.1 差旅费报销单

"差旅费报销单"是企业中常用的一种财务单据,是用于差旅费用报销前对各项明细数据进行记录的表单。根据企业性质不同,或个人设计思路不同,其框架结构也会稍有不同,但一般都会包括报销项目、金额,以及提供相应的原始单据等。下面通过一个实例介绍创建差旅费报销单的方法。

6.1.1 创建差旅费报销单

创建表格前要根据自己企业的实际情况规划好差旅费报销单应包含哪些项目,可以在稿纸上对表格进行粗略规划。表格创建过程中需要对表格进行格式调整,还可以进行数据验证设置及建立计算公式。

1. 设置标题下划线效果

标题下划线效果是财务报表中一种常用的应用格式,可以为"差旅费报销单"应用此格式。

❶ 新建工作表,将其重命名为"差旅费报销单"。选中 A1 单元格并输入标题文字,在"开始"选项卡的"字体"组中单击 按钮,打开"设置单元格格式"对话框,如图 6-1 所示。

❷ 选择"字体"选项卡,在"字体"列表框中选择"方正楷体简体",单击"下划线"右侧的下拉按钮,在弹出的下拉列表中选择"会计用单下划线",在"字形"列表框中选择"加粗",在"字号"列表框中选择"22",如图 6-2 所示。

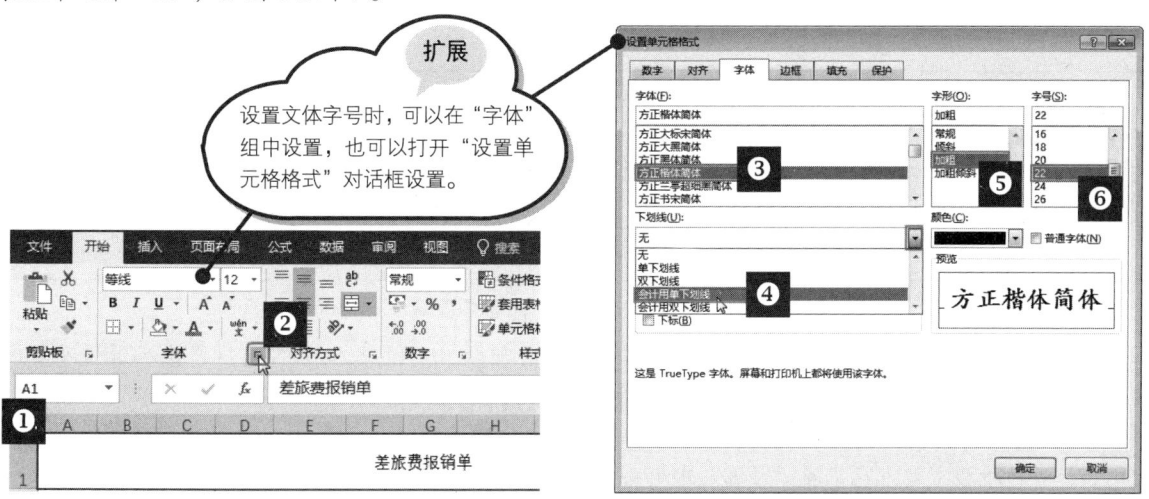

图 6-1　　　　　　　　　　　　　　图 6-2

❸ 单击"确定"按钮即可看到下划线的标题效果，如图 6-3 所示。

图 6-3

❹ 按照拟订好的项目，输入到表格中（内容的拟订可以根据自己的需要在草稿上先规划后，再录入），然后对需要合并的单元格区域进行合并，字体的使用及大小设置可按实际需要设定。基本框架如图 6-4 所示。

图 6-4

2. 设置边框线及底纹

Excel 2016 默认下显示的网格线只是用于辅助单元格编辑，实际上这些线条是不存在的（通过进入打印预览状态下可以看到），因此表格编辑后如果想打印使用，需要为其添加边框。另外，通过为特定区域添加底纹，可以达到特殊标注的作用。

❶ 选中要设置表格边框的单元格区域，如 A3:L12 单元格区域。

❷ 在"开始"选项卡的"字体"组中单击 按钮（如图 6-5 所示），打开"设置单元格格式"对话框。

❸ 切换到"边框"选项卡，在"样式"列表中先选择外边框的线条样式，接着在"颜色"下拉列表中选择外边框样式的颜色。在"预置"中单击"外边框"按钮，即可将设置的样式和颜色应用到表格外边框中，并且在下面的"预览"窗口中可以看到应用后的效果，如图 6-6 所示。

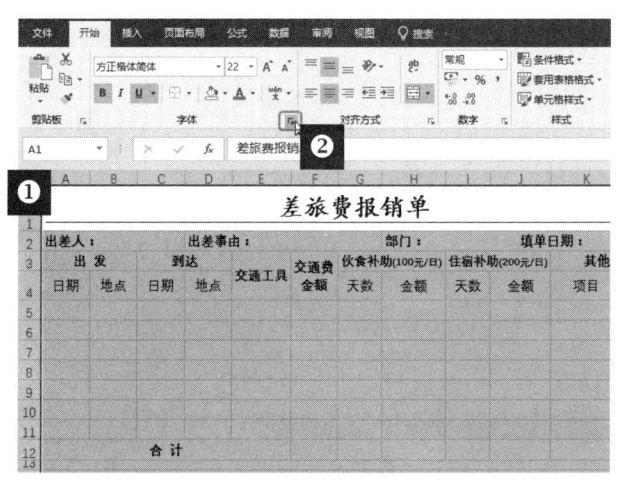

图 6-5

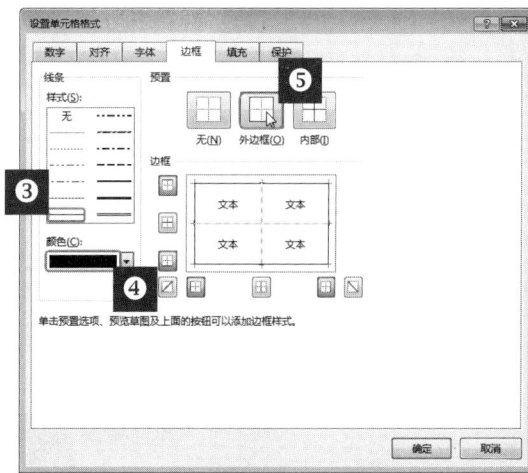

图 6-6

❹ 在"样式"列表中选择内边框的线条样式（可另在"颜色"下拉列表中重设内边框颜色）。在"预置"中单击"内部"按钮，即可将设置的样式和颜色应用到表格内边框中，并且在下面的"预览"窗口中同样可以看到应用后的效果，如图 6-7 所示。

> **扩展**
> 当内外边框使用不同线条格式设置，应用外边框后要重新选择线条样式与颜色，再去应用内边框。

图 6-7

❺ 设置完成后，单击"确定"按钮，选中的单元格区域即可套用设置的边框效果，如图 6-8 所示。

❻ 按住 Ctrl 键不放，依次选中要设置底纹的单元格或单元格区域，在"开始"选项卡的"字体"组中单击"填充颜色"右侧的下拉按钮，在其下拉列表中选择填充色，鼠标指向时预览，单击即可应用，如图 6-9 所示。

图 6-8

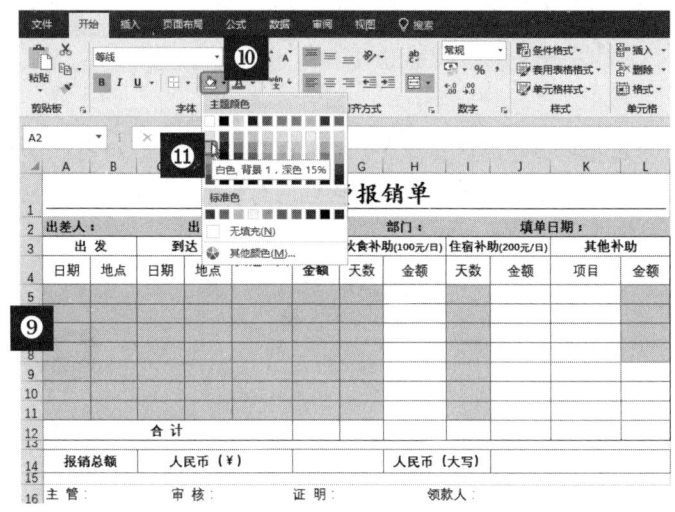

图 6-9

3．竖排文字

在单元格中输入文字默认是横向显示，当该单元格行较高、列较窄，文字适合竖向输入时，可以利用"文字方向"功能，更改横排文字为竖排文字。

❶ 选中 M2:M14 单元格区域，在"开始"选项卡的"对齐方式"组中单击"合并后居中"按钮，如图 6-10 所示。

❷ 选中 M2 单元格，在编辑栏中输入"附单据　　张"，如图 6-11 所示。

❸ 按 Enter 键，完成文本的输入。选中 M2 单元格，在"开始"选项卡的"对齐方式"组中单击"方向"按钮，在弹出的下拉菜单中单击"竖排文字"命令（如图 6-12 所示），即可实现文字的竖向显示，如图 6-13 所示。

财务表单的创建和日常费用支出管理
第6章

图 6-10

> **扩展**
> 因为是竖排文字，可以根据实际应用情况调整这一列的列宽。

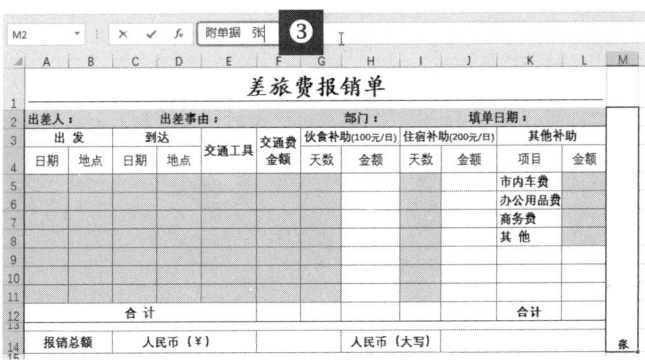

图 6-11

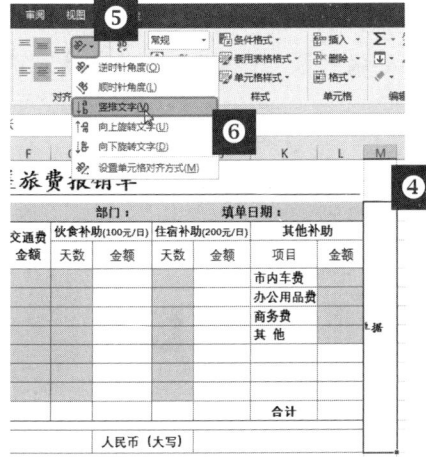

图 6-12

图 6-13

6.1.2 设置填表提醒

通过设置数据验证可以实现对单元格中输入的数据从内容到范围进行限制，或设置选中时就显示输入提醒。因为制作完成的差旅费报销单是需要分布到各个部门投入使用，因此通过数据验证功能实现选中单元格时给出输入提示是非常必要的。

❶ 选中 A5:A11 和 C5:C11 单元格区域，在"数据"选项卡的"数据工具"组中单击"数据验证"按钮（如图 6-14 所示），打开"数据验证"对话框。

图 6-14

❷ 在"设置"选项卡下，单击"允许"右侧的下拉按钮，在弹出的下拉列表中选择"日期"选项，在"数据"下拉列表中选择"介于"选项，设置"开始日期"为"2018/1/1"，"结束日期"为"2018/12/30"，如图 6-15 所示。

❸ 选择"输入信息"选项卡，勾选"选定单元格时显示输入信息"复选框，在"输入信息"文本框中输入"请规范填写。示例 2018/3/5"，如图 6-16 所示。

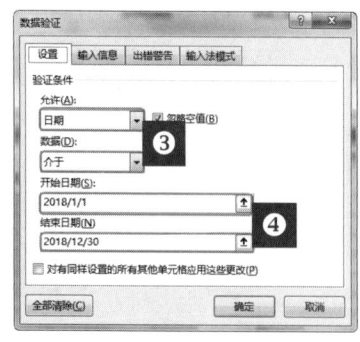

图 6-15

图 6-16

❹ 选择"出错警告"选项卡，勾选"输入无效数据时显示出错警告"复选框，在"样式"下拉列表中选择"警告"选项，并在"错误信息"文本框中输入"请规范填写。示例2018/3/5"，如图6-17所示。

❺ 单击"确定"按钮，完成数据验证。返回到工作表中，选中设置了数据验证的单元格，会立刻出现提醒，如图6-18所示。

图 6-17

图 6-18

❻ 当输入错误的时间时，系统会弹出提示对话框，如图6-19所示。

❼ 按住 Ctrl 键，依次选中不连续的 F12、H12、J12、L12、F14 和 J14 单元格，在"数据"选项卡的"数据工具"组中单击"数据验证"按钮（如图6-20所示），打开"数据验证"对话框。

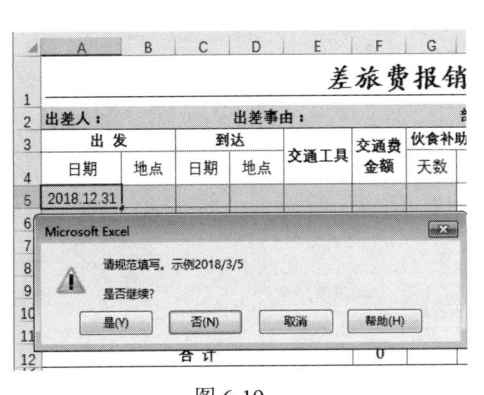

图 6-19

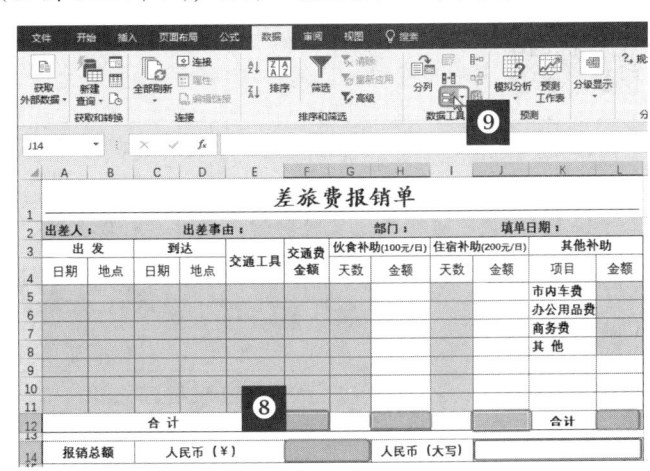

图 6-20

❽ 选择"输入信息"选项卡，在"输入信息"文本框中输入"无需填写，公式自动计算！"，如图6-21所示。

❾ 单击"确定"按钮，完成数据验证。返回到工作表中，单击 H12 单元格，即出现输入提醒，如图6-22所示。

图 6-21

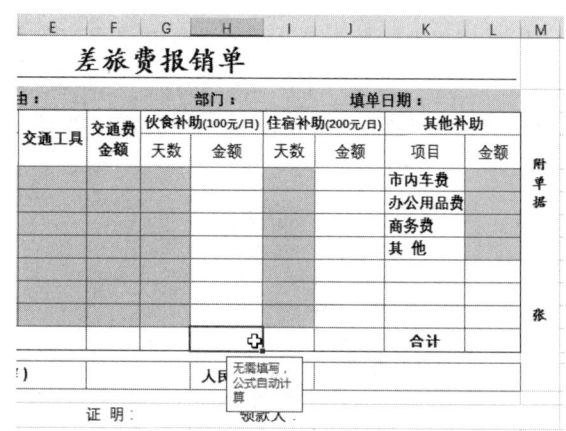
图 6-22

6.1.3 报销金额合计计算

在 Excel 中进行差旅费报销单的填制有一个好处，即相关的统计金额可以自动计算。当然这要得力于公式的使用，这里多处使用到的是 SUM 求和函数。

1. 运算公式计算各项金额及合计金额

差旅费报销单中的金额计算包括两项，一是根据伙食补助的天数与住宿补助的天数计算补助金额，二是各项合计金额及总合计金额的计算。

❶ 选中 H5 单元格，在编辑栏中输入公式：

=G5*100

按 Enter 键即可根据伙食补助的天数计算补助金额，如图 6-23 所示。

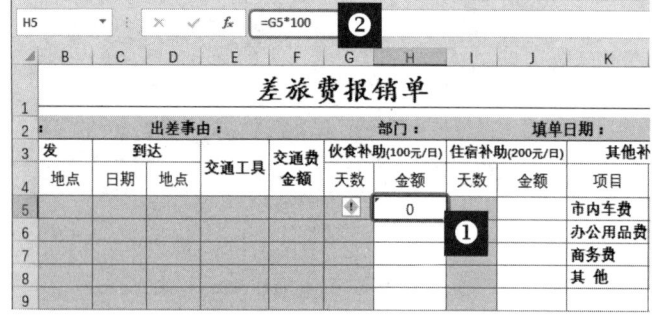
图 6-23

❷ 选中 J5 单元格，在编辑栏中输入公式：

```
=I5*200
```

按 Enter 键即可根据住宿补助的天数计算补助金额，如图 6-24 所示。

图 6-24

❸ 选中 F12 单元格，在"公式"选项卡的"函数"组中单击"自动求和"下拉按钮，弹出下拉菜单，选择"求和"命令（如图 6-25 所示），即可在 F12 单元格中输入求和公式"=SUM()"，如图 6-26 所示。

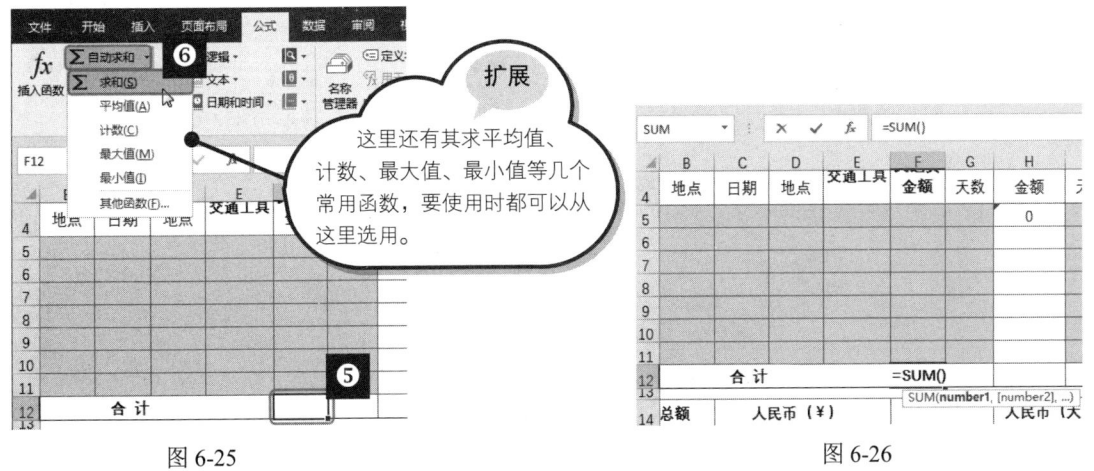

图 6-25　　　　　　　　　　　　　　　图 6-26

❹ 利用鼠标拖动选中参与计算的单元格区域 F5:F11，如图 6-27 所示。

❺ 按 Enter 键，完成公式的设置（因为当前 F5:F11 单元格区域无数据，所以计算结果为 0），如图 6-28 所示。

❻ 按相同的方法在 H12 单元格设置自动求和公式"=SUM(H5:H11)"，如图 6-29 所示；在 J12 单元格设置自动求和公式"=SUM(J5:J11)"，如图 6-30 所示；在 L12 单元格设置自动求和公式"=SUM(L5:L11)"，如图 6-31 所示。

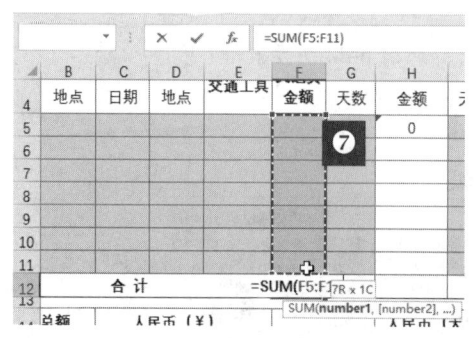
图 6-27

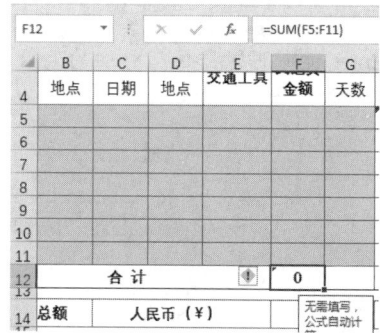
图 6-28

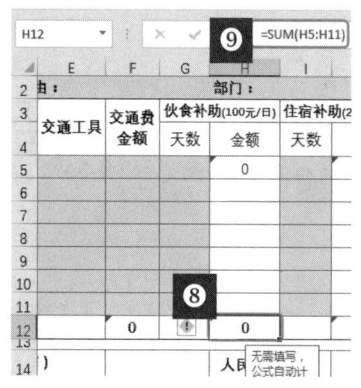
图 6-29

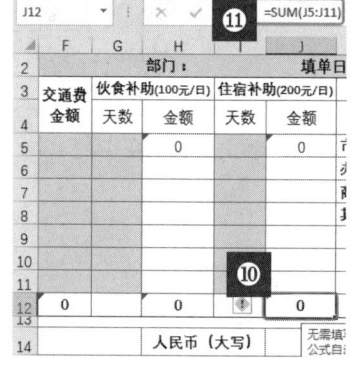
图 6-30

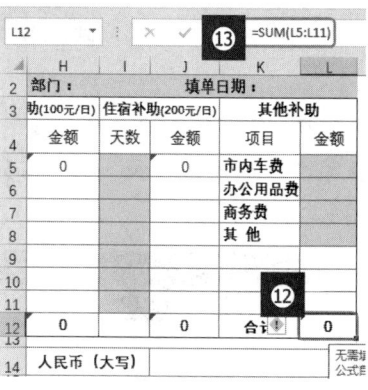
图 6-31

❼ 在 F14 单元格设置求和公式"=F12+H12+J12+L12",建立起计算总金额的公式,如图 6-32 所示。

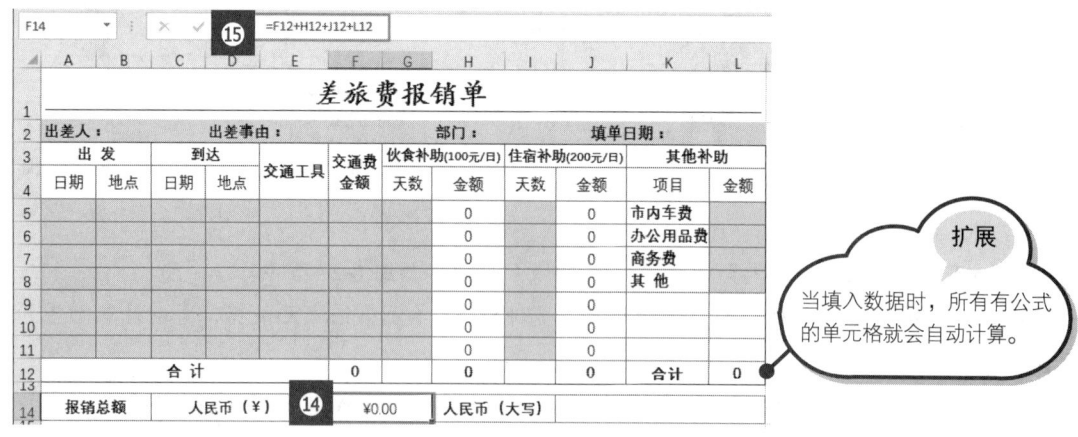
图 6-32

2. 实现大写金额的自动填写

在完成金额的核算后往往需要向单据中填写大写金额,而在 Excel 中可以通过单元格格式的设置实现大写金额的自动填写。

❶ 选中 J14 单元格,在编辑栏中输入公式"=F14",如图 6-33 所示。

❷ 按 Enter 键得到结果,在"开始"选项卡的"数字"组中单击 按钮(如图 6-34 所示),打开"设置单元格格式"对话框。

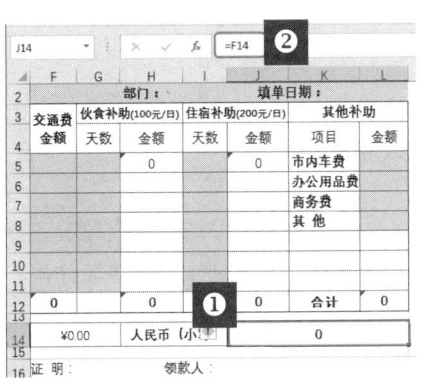

图 6-33

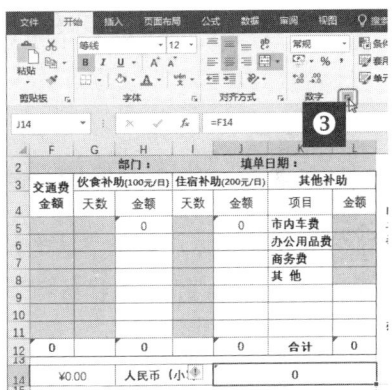

图 6-34

❸ 在"分类"列表框中选中"特殊"选项,在"类型"列表框中选中"中文大写数字"选项,如图 6-35 所示。

❹ 单击"确定"按钮,返回到工作表中,即可看到原先的数字 0,变成了中文大写数字"零",如图 6-36 所示。

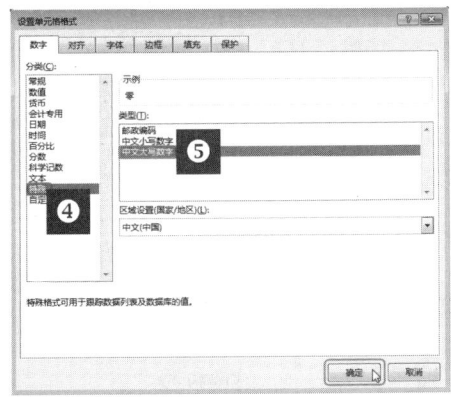

图 6-35

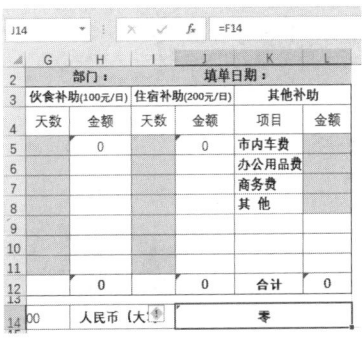

图 6-36

❺ 例如在单元格中输入数值验证，如图 6-37 所示。

图 6-37

6.1.4 设置表格除填写域外其他区域不可编辑

通过本小节操作想要实现的效果是：只有表格中灰色的需要填写的区域允许编辑，除此之外的其他单元格区域都不能被编辑，也不能被选择。可以利用"保护工作表"功能实现这种效果。

❶ 按住 Ctrl 键依次拖动选取灰色单元格区域（灰色是需要填写的区域），然后单击鼠标右键，在弹出的快捷菜单中选择"设置单元格格式"命令（如图 6-38 所示），打开"设置单元格格式"对话框。

❷ 选择"保护"选项卡，取消勾选"锁定"复选框，如图 6-39 所示。

图 6-38

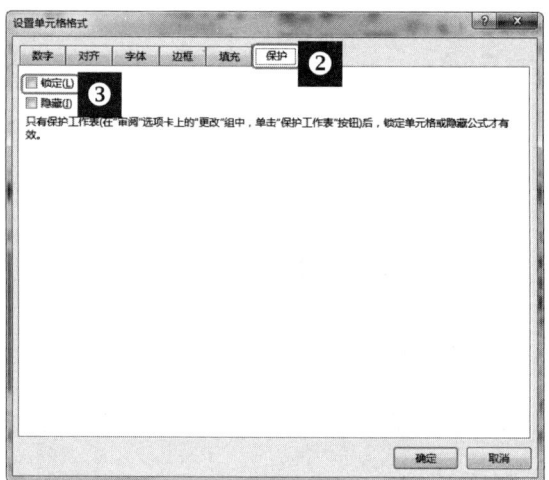

图 6-39

❸ 单击"确定"按钮，回到工作表中，在"审阅"选项卡的"更改"组中单击"保护工作表"按

钮（如图 6-40 所示），打开"保护工作表"对话框。

❹ 在"取消工作表保护时使用的密码"文本框中输入密码，然后在下面的列表框中只保持"选定未锁定的单元格"这个复选框被选中，其他都不选中，如图 6-41 所示。

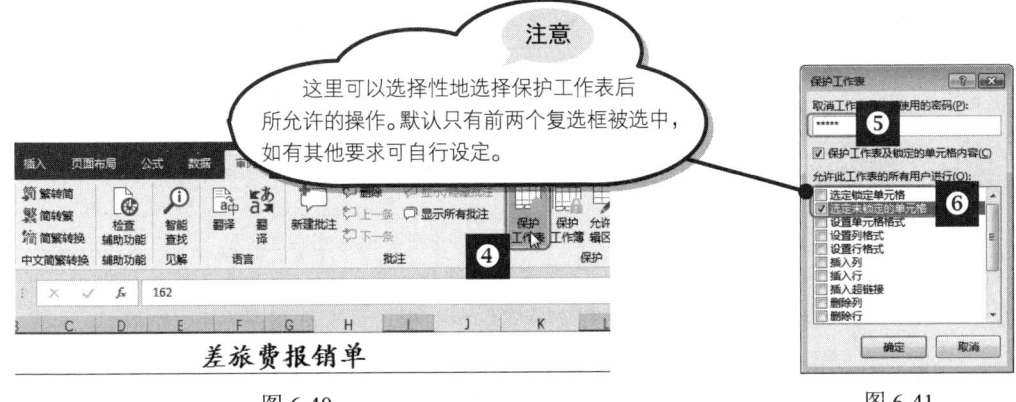

图 6-40　　　　　　　　　　　　　　　图 6-41

❺ 单击"确定"按钮，打开"确认密码"对话框，在"重新输入密码"文本框中再次输入一遍密码。单击"确定"按钮，完成操作。此时返回到工作表中，可以看到在灰色区域这一块单元格区域是可编辑状态，如图 6-42 所示；而其他任意区域都不能进行编辑，连选择都无法做到，如图 6-43 所示。

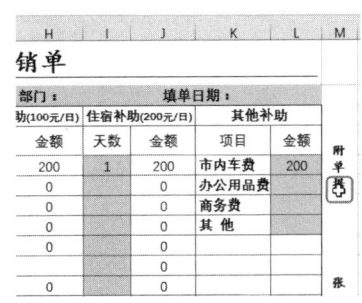

图 6-42　　　　　　　　　　　　　　　图 6-43

 经验之谈

此项操作的原理是，工作表的保护只对锁定了的单元格有效。因此首先取消对整张表的锁定，然后设置只锁定需要保护的部分单元格区域，最后再执行保护工作表的操作，其保护操作只对这一部分单元格有效。

6.2　业务招待费报销单

业务招待费用包括餐饮费、住宿费、食品、茶叶、礼品、正常娱乐活动支出、安排客户旅游产生的费用等支出。业务招待费的支出实行"预先申请，据实报销"的管理方式。业务招待费发生前要先提出申请，包括招待单位、人数、时间、地点、陪同人员等，待相关部门审核通过后方可安排，紧急情况下经口头请示同意后方可进行业务招待，但事后要履行审批手续，否则，财务部门不予报销。业务招待结束后应将相关单据准备完善，然后详细填写报销单。业务招待费报销单制作如下。

6.2.1 创建表单框架

拟订好业务招待费用报销明细表的元素后，可以通过行高列宽的调整、边框底纹等设置格式化表格。

❶ 新建工作表，将其重命名为"业务招待费用报销明细表"，在表格中建立相应列标识，并对需要合并的单元格进行合并处理，然后设置表格的文字格式和边框。设置后如图 6-44 所示。

图 6-44

❷ 选中列标识区域，在"开始"选项卡的"字体"组中单击"颜色填充"下拉按钮，在弹出的下拉列表中选择适合的填充颜色，应用效果如图 6-45 所示。

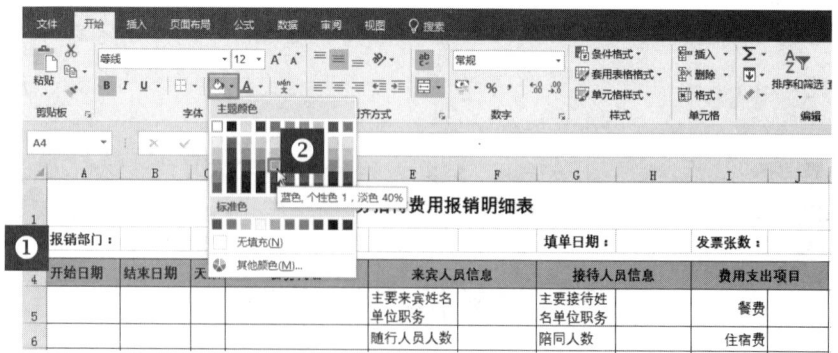

图 6-45

6.2.2 设置公式计算合计金额

创建好业务招待费用报销明细表格后，可以设置公式实现报销总金额的自动计算。

❶ 选中 J9 单元格，在编辑栏中输入公式：
=SUM(J5:J8)
按 Enter 键，得出结果如图 6-46 所示。

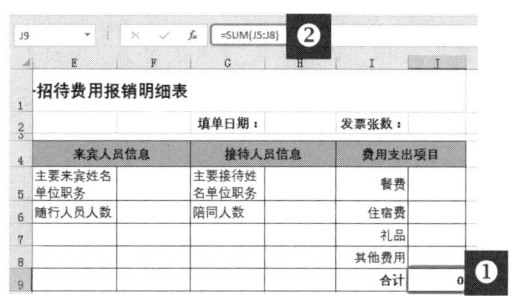

图 6-46

❷ 选中显示金额数据的单元格区域，在"开始"选项卡的"数字"组中单击"数字格式"下拉按钮，在弹出的下拉列表中选择"会计专用"，即可为选定单元格区域设置会计数字格式，如图 6-47 所示。

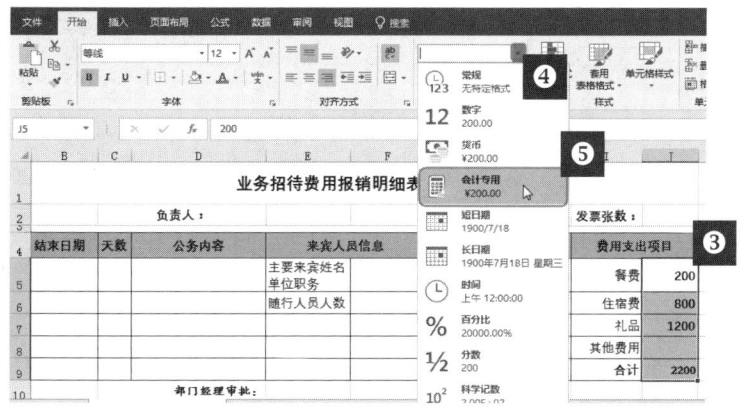

图 6-47

6.3 制作会计科目表

会计科目是指对会计对象的具体内容进行分类核算的标志或项目，它是会计分录的对象，也是处理账务所必须遵守的规则和依据，是一种基本的会计核算方法。

会计分类一般分为一级科目、二级科目或三级科目。其中，一级科目是由国家有关部门统一制定会计科目，另外企业可根据自己的需要自行设计会计科目。

6.3.1 建立会计科目表

在账务处理过程中，通常都是以"科目代码"为统一依据，科目代码贯穿着整个账务处理的全过程。

❶ 新建工作簿，单击"保存"按钮，将保存文件名设置为"会计科目表"。在 Sheet1 工作表标签上双击进入文字编辑状态，重新输入名称为"会计科目表"，在 A1 单元格中输入表格名称为"企业会计科目"，列标识设计为"科目代码""科目名称""明细科目""余额方向""账户名称"几项。

❷ 对表格进行格式设置，让其更加便于阅读，如图 6-48 所示。

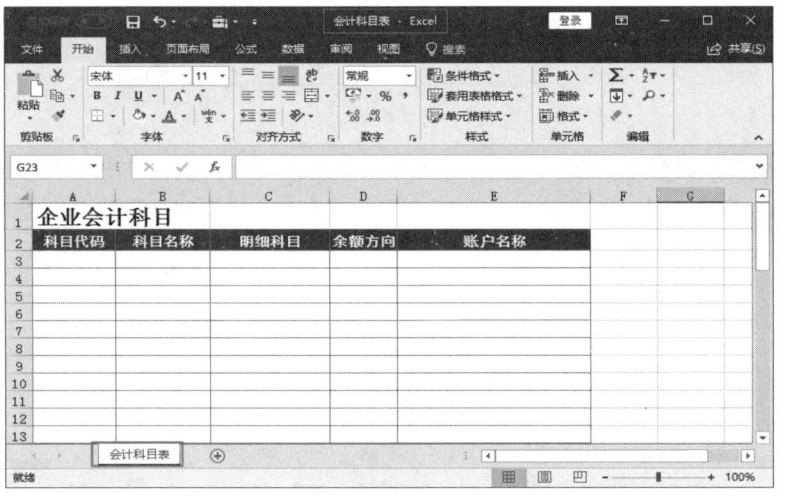

图 6-48

6.3.2 建立会计科目及明细科目

在这里建立会计科目表，在后面的章节中介绍的各类账目的处理都会应用会计科目，因此要保障会计科目的正确性。下面以执行《小企业会计准则》的一家企业为例来建立会计科目及明细科目。

❶ 输入一级科目的代码与科目名称，如图 6-49 所示。

❷ 当某处涉及二级科目时，则可以通过插入行的方式添加，如"银行存款"科目下有两个二级科

目，则同时选中 5、6 两行，单击鼠标右键，在弹出的快捷菜单中选择"插入"命令，如图 6-50 所示。

图 6-49

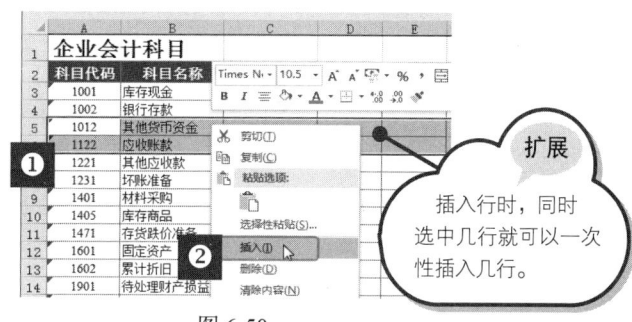

图 6-50

扩展

插入行时，同时选中几行就可以一次性插入几行。

❸ 执行"插入"命令后即可插入两个空白行，如图 6-51 所示。

❹ 利用空白行输入"1001"科目的二级科目（如图 6-52 所示）。注意，一级科目由 4 位数字组成，二级科目在一级科目的基础上再加两位数，即如果一级科目包含二级科目，那么前 4 位数字都是一样的，只在后再添加数字进行识别，因此此处"科目名称"列填写一致，只在"明细科目"中进行二级区分。

图 6-51   图 6-52

❺ 按相同方法添加其他二级科目，例如"应付职工薪酬"科目下包含 4 个二级科目，则一次性插入 4 行（如图 6-53 所示），然后输入二级科目及明细科目，如图 6-54 所示。

图 6-53    图 6-54

❻ 如果二级科目下还涉及三级科目，则前 6 位数相同，再在其后添加两位数。例如“应交税费”科目下包含的“应交税费-应交增值税”二级科目，其下又包含“应交税费-应交增值税-进项税额”与“应交税费-应交增值税-已交税金”三级科目，如图 6-55 所示。

	A	B	C	D	E
19	2211	应付职工薪酬			
20	221101	应付职工薪酬	员工工资		
21	221102	应付职工薪酬	员工福利费		
22	221103	应付职工薪酬	保险费		
23	221104	应付职工薪酬	代扣个人所得税		
24	2221	应交税费			
25	222101	应交税费	应交增值税		
26	22210101	应交税费	应交增值税-进项税额		
27	22210102	应交税费	应交增值税-已交税金		
28	222106	应交税费	应交所得税		
29	222113	应交税费	应交个人所得税		
30	2241	其他应付款			

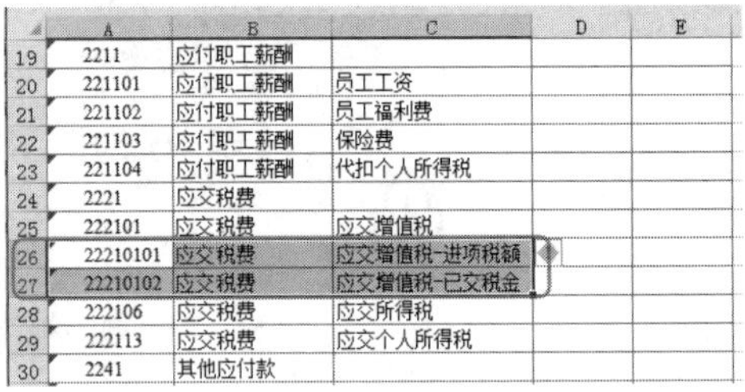

图 6-55

❼ 填写余额方向。可以采用一次性填写的方式实现，即按住 Ctrl 键不放，依次选中所有要输入“借”的单元格及单元格区域（如图 6-56 所示），接着输入“借”字，按 Ctrl+Enter 键，即可一次填充输入“借”字，如图 6-57 所示。

D16　借

	A	B	C	D	E
1	企业会计科目				
2	科目代码	科目名称	明细科目	余额方向	账户名称
3	1001	库存现金			
4	1002	银行存款			
5	100201	银行存款	中国工商银行		
6	100202	银行存款	中国银行		
7	1012	其他货币资金			
8	1122	应收账款			
9	1221	其他应收款			
10	1231	坏账准备			
11	1401	材料采购			
12	1405	库存商品			
13	1471	存货跌价准备			
14	1601	固定资产			
15	1602	累计折旧			
16	1901	待处理财产损益		借	
17	2001	短期借款			

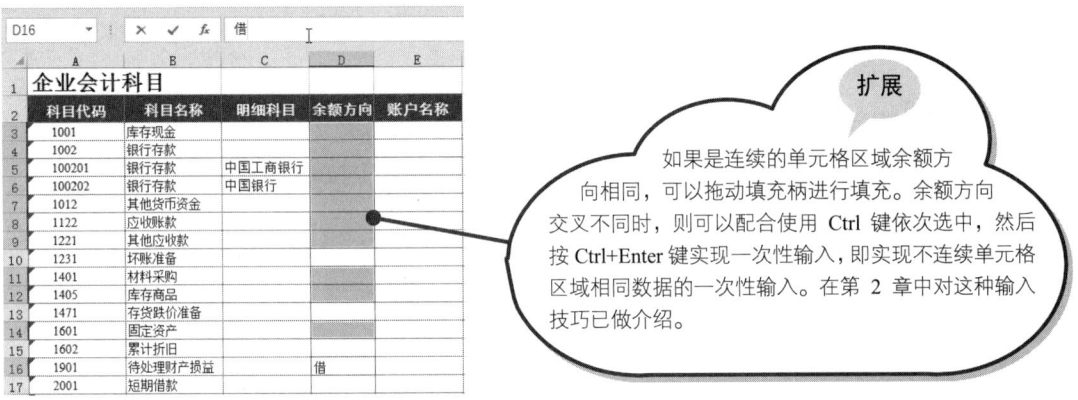

扩展

如果是连续的单元格区域余额方向相同，可以拖动填充柄进行填充。余额方向交叉不同时，则可以配合使用 Ctrl 键依次选中，然后按 Ctrl+Enter 键实现一次性输入，即实现不连续单元格区域相同数据的一次性输入。在第 2 章中对这种输入技巧已做介绍。

图 6-56

	A	B	C	D	E
1	企业会计科目				
2	科目代码	科目名称	明细科目	余额方向	账户名称
3	1001	库存现金		借	
4	1002	银行存款		借	
5	100201	银行存款	中国工商银行	借	
6	100202	银行存款	中国银行	借	
7	1012	其他货币资金		借	
8	1122	应收账款		借	
9	1221	其他应收款		借	
10	1231	坏账准备			
11	1401	材料采购		借	
12	1405	库存商品		借	
13	1471	存货跌价准备			
14	1601	固定资产		借	
15	1602	累计折旧			
16	1901	待处理财产损益		借	
17	2001	短期借款			

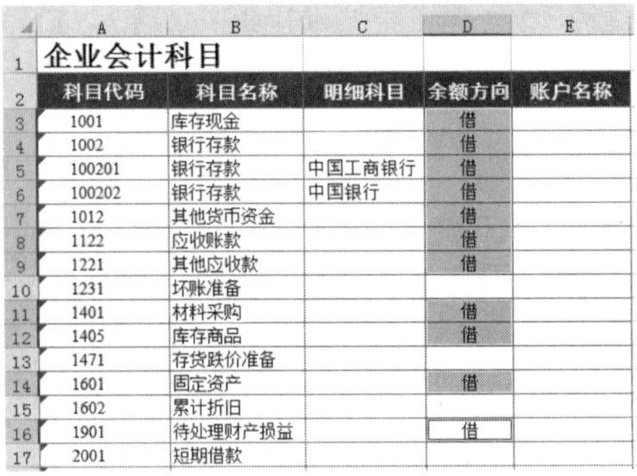

图 6-57

❽ 返回账户名称。账户名称由科目名称与明细科目名称组成。当没有明细科目时，账户名称就是一级科目名称，如果有明细科目，则需要将一级科目名称与明细科目名称连接。因此选中 E3 单元格，输入公式：

```
=IF(C3="",B3,B3&"-"&C3)
```

如图 6-58 所示。

❾ 按 Enter 键，返回结果如图 6-59 所示。

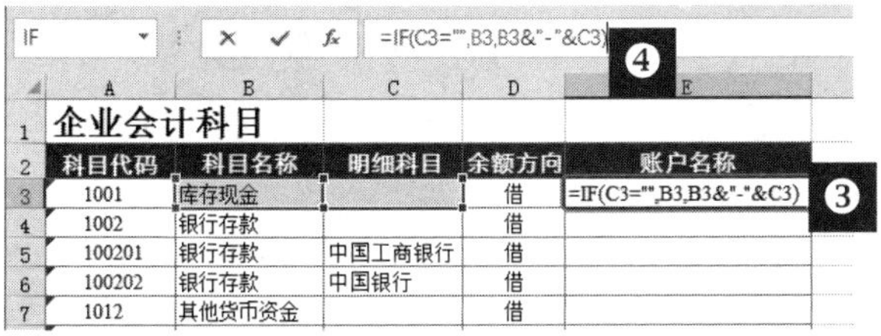

	A	B	C	D	E
1	企业会计科目				
2	科目代码	科目名称	明细科目	余额方向	账户名称
3	1001	库存现金		借	=IF(C3="",B3,B3&"-"&C3)
4	1002	银行存款		借	
5	100201	银行存款	中国工商银行	借	
6	100202	银行存款	中国银行	借	
7	1012	其他货币资金		借	

图 6-58

	A	B	C	D	E
1	企业会计科目				
2	科目代码	科目名称	明细科目	余额方向	账户名称
3	1001	库存现金		借	库存现金
4	1002	银行存款		借	
5	100201	银行存款	中国工商银行	借	
6	100202	银行存款	中国银行	借	
7	1012	其他货币资金		借	

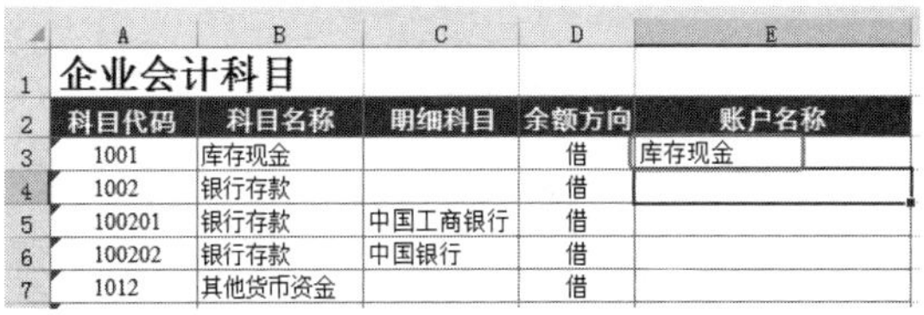

图 6-59

公式解析

1. IF 函数

IF 函数是根据指定的条件来判断其“真”（TRUE）、“假”（FALSE），从而返回其相对应的内容。

第 1 个参数是逻辑判断表达式，返回结果为 TRUE 或 FALSE。

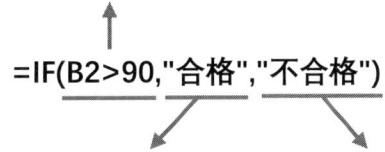

=IF(B2>90,"合格","不合格")

第 2 个参数为函数返回值，当第 1 个参数返回 TRUE 时，公式最终返回这个值。如果是文本，则要使用双引号。

第 3 个参数为函数返回值，当第 1 个参数返回 FALSE 时，公式最终返回这个值。如果是文本，则要使用双引号。

2. 本例公式

=IF(C3="",B3,B3&"-"&C3)

IF 函数先判断 C3 单元格是否为空，如果是，则返回 B3 单元格的值；如果 C3 单元格不为空，则返回结果为“B3&”-“&C3”，即把 B3 与 C3 相连接，且中间使用“-”相连接

⑩ 选中 E4 单元格，将光标定位到此单元格右下角的填充柄上，按住鼠标左键不放向下拖动至最后一条科目记录，释放鼠标即可得出批量的账户名称结果，如图 6-60 所示。完成此操作后即完成了会计科目表的创建。

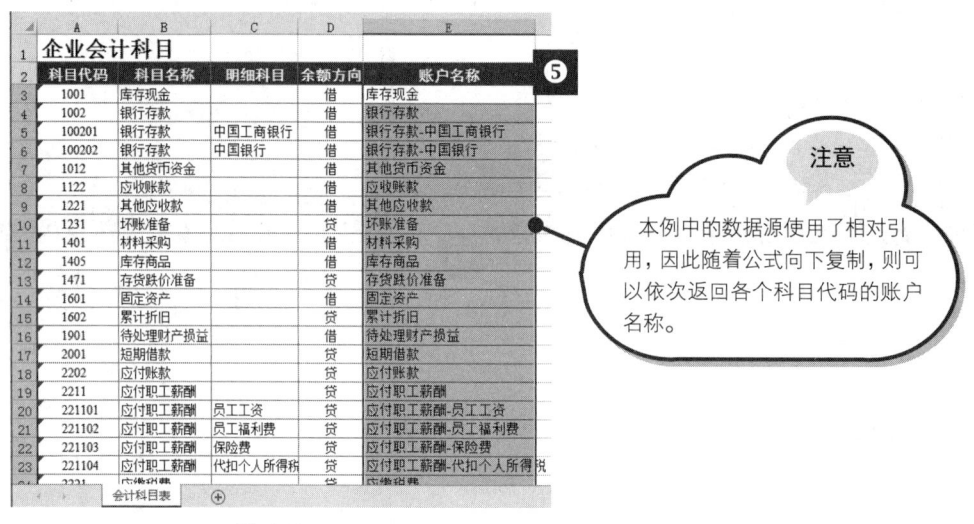

图 6-60

6.4 创建日记账表单

日记账通常称为序时账，它主要用于按照时间的先后顺序记录经济业务，以保持会计资料的连续性与完整性。因此当一笔经济业务发生时，除了登记记账凭证，还需要登记日记账。日记账分为现金日记账与银行存款日记账。

6.4.1 创建现金日记账表单

现金日记账是专门记录现金收付业务的特种日记账。可以在这里先学习建立日记账表单，当进入下一章进行会计记账时则可以进行日记账的登记。

新建工作簿，单击"保存"按钮，将保存文件名设置为"日记账"。在 Sheet1 工作表标签上双击进入文字编辑状态，重新输入名称为"现金日记账"，输入"现金日记账"表名，建立如图 6-61 所示的列标识，并进行简易格式设置。

财务表单的创建和日常费用支出管理
第6章

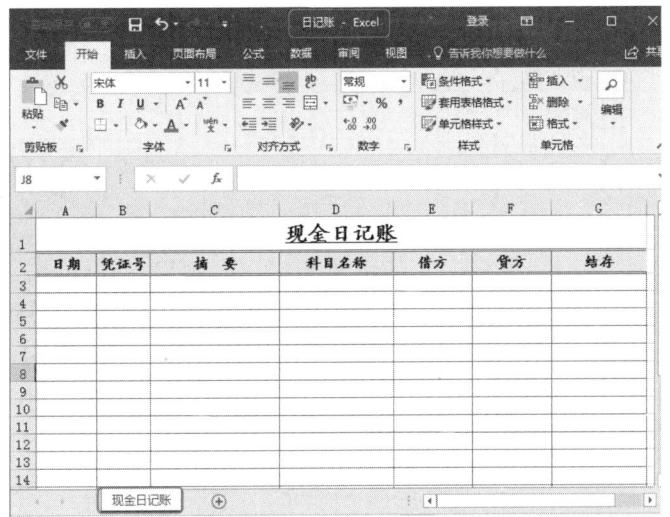

图 6-61

6.4.2 创建银行存款日记账表单

银行存款日记账是专门记录银行收付业务的特种日记账,它反映了银行存款的增减变化及其结果。

❶ 在"现金日记账"工作表标题上单击,按住 Ctrl 键不放,按住鼠标左键向右拖动,鼠标指针变成 样式(如图 6-62 所示),释放鼠标即可快速完成对"现金日记账"工作表的复制,如图 6-63 所示。

图 6-62

图 6-63

❷ 将"现金日记账(2)"重命名为"银行存款日记账",将表格标题更改为"银行存款日记账",如图 6-64 所示。

图 6-64

经 验 之 谈

无论现金日记账还是银行存款日记账,它们都是根据实际经济业务的发生情况填制的。而利用 Excel 处理账务时,则可以根据审核无误的记账凭证来实现自动生成现金日记账与银行存款日记账。当然,想要自动生成需要借助于强大的函数来建立表格间的关联,实现数据的相互引用。在第 7 章会将公式的应用进行透彻的分析,让每位读者都能读懂公式,进而会用公式。

6.5 日常费用统计表

在日常工作中,费用支出时时在发生,财务部门应及时做好费用统计工作,以实现将企业的日常费用支出控制在合理范围,并对下期费用做出合理预算。

6.5.1 建立日常费用支出汇总表

通过建立日常费用支出记录表可以详细地记录一段时间企业日常管理中产生的费用支出条目。

1. 创建日常费用支出表格并设置格式

费用统计表的数据都来源于平时员工填写的报销单据。可以首先建立好基本表格并进行格式设置,准备好表格后再按日期进行填制。

❶ 新建工作表，将其重命名为"费用支出记录表"，在表格中建立相应列标识，并设置表格的文字格式、边框底纹格式等（6.1 与 6.2 小节中有介绍，此处不再赘述），如图 6-65 所示。

扩展
关于这种以 0 开头的序号的输入在 2.1.1 小节中已介绍过，要先设置为文本格式再输入数字。

图 6-65

❷ 选中 B 列中用于填制支出日期的单元格区域，在"开始"选项卡的"数字"组中单击 按钮（如图 6-66 所示），打开"设置单元格格式"对话框。

❸ 在"设置单元格格式"对话框中设置日期的显示格式，如图 6-67 所示。

图 6-66

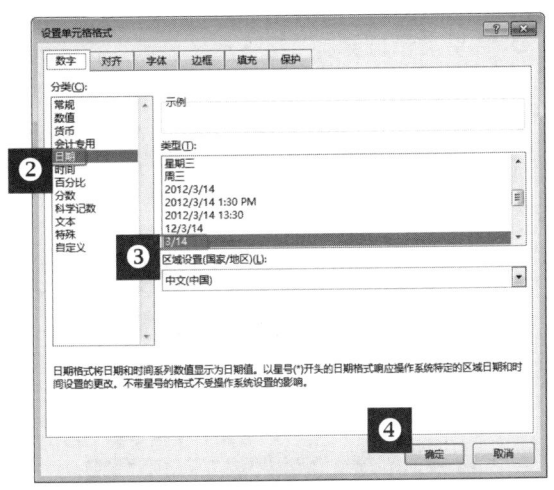

图 6-67

❹ 选中 D 列中用于填写支出金额的单元格区域，在"开始"选项卡的"数字"组中单击"数字格式"下拉按钮，在弹出的下拉列表中选择"会计专用"选项，如图 6-68 所示。

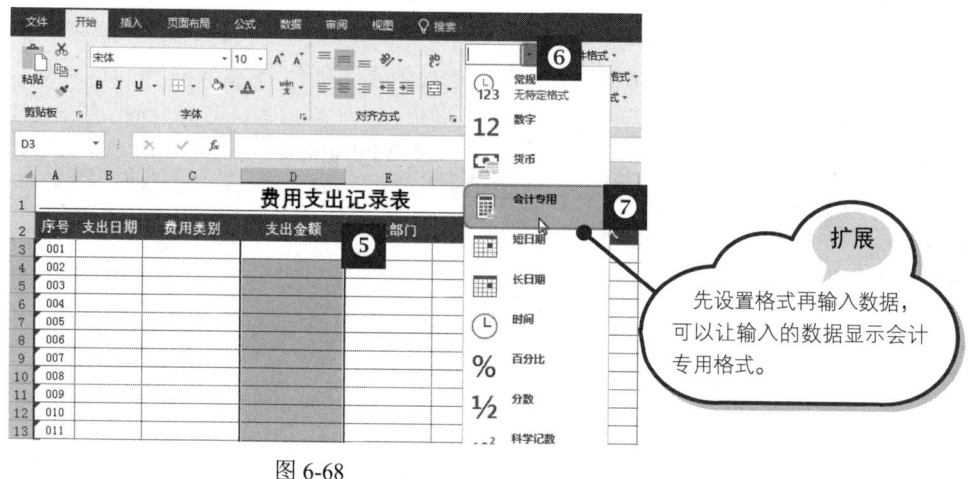

图 6-68

> **扩展**
> 先设置格式再输入数据，可以让输入的数据显示会计专用格式。

2. 通过数据验证设置实现费用类别与产生部门的选择性输入

当所要输入的数据只有几个可选项时，可以通过设置数据验证实现选择输入，以避免错误输入。例如，下面要设置"费用类别"与"产生部门"列的数据验证，以实现选择输入。

❶ 选中"费用类别"列单元格区域，在"数据"选项卡下的"数据工具"组中单击"数据验证"按钮（如图 6-69 所示），打开"数据验证"对话框。

❷ 在"允许"列表中单击"序列"，单击"来源"参数框右侧的 (拾取器)按钮（如图 6-70 所示），在工作表中选择输入了费用类别的单元格区域作为序列的来源（需要事先拟订并输入到空白位置备用），如图 6-71 所示。

图 6-69

图 6-70

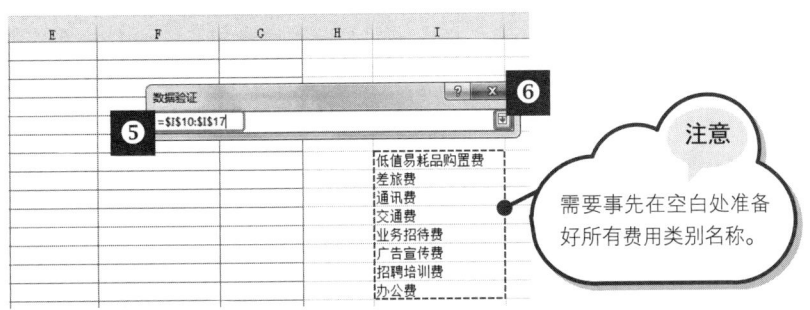

图 6-71

❸ 选择来源后，单击 按钮回到"数据验证"对话框中，可以看到"来源"框中显示的单元格区域，如图 6-72 所示。

❹ 选择"输入信息"选项卡，在"输入信息"编辑框中输入选中单元格时显示的提示信息，如图 6-73 所示。

图 6-72

图 6-73

❺ 单击"确定"按钮，回到工作表中。选中"费用类别"列单元格时，会显示提示信息并显示下拉按钮，如图 6-74 所示；单击该下拉按钮打开下拉列表，显示可供选择的费用类别，如图 6-75 所示。

图 6-74

图 6-75

❻ 选中"产生部门"列单元格区域,按与步骤❶相同的操作打开"数据验证"对话框。在"允许"列表中选择"序列",在"来源"设置框中输入各个部门(注意用半角逗号隔开),如图6-76所示。

❼ 单击"确定"按钮,回到工作表中。选中"产生部门"列单元格时会显示提示信息并显示下拉按钮,单击该下拉按钮即可从下拉列表中选择部门,如图6-77所示。

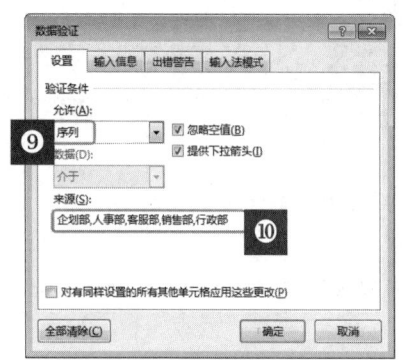
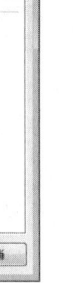

图 6-76   图 6-77

❽ 完成上面所有的设置后,即可根据单据的情况,进行各项支出费用的填制,如图6-78所示。

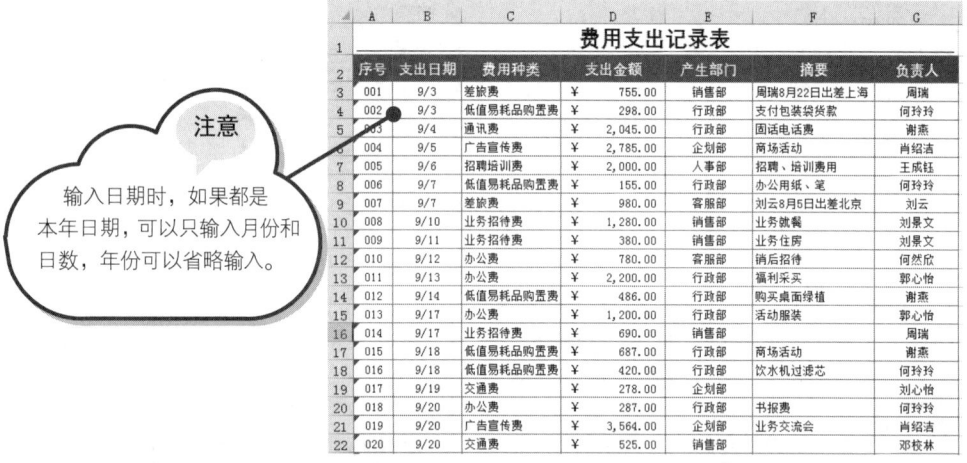

> 注意
> 输入日期时,如果都是本年日期,可以只输入月份和日数,年份可以省略输入。

图 6-78

6.5.2 用筛选功能分类查看费用支出情况

费用记录表建立完成后,可以利用Excel 2016中的筛选功能来查看满足条件的记录,如查看某种类别的费用支出情况、查看指定部门的费用支出情况等。

财务表单的创建和日常费用支出管理
第6章

1. 查看指定类别的费用支出情况

费用记录单是按照日期记录的,因此每条支出费用的类别各不相同,要实现查看某一类别的费用支出情况,则可以按照下面的方法来操作。

❶ 选中数据编辑区域任意单元格,在"数据"选项卡下"排序和筛选"组中单击"筛选"按钮,如图6-79所示。

❷ 单击"费用类别"右侧筛选按钮,从打开的下拉面板中取消选中"全选"复选框,然后选中要显示的费用类别,如"业务招待费",如图6-80所示。

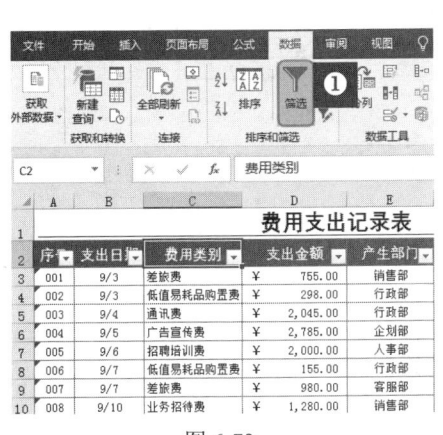

图6-79

图6-80

❸ 单击"确定"按钮即可实现筛选出所有费用类别为"业务招待费"的记录,如图6-81所示。

图6-81

2. 查看指定产生部门的费用支出情况

如果想查看指定产生部门的费用支出情况,也可以通过筛选的方式查看。

|181|

❶ 单击"产生部门"右侧筛选按钮，从打开的下拉面板中取消选中"全选"复选框，然后选中要显示的部门，如"企划部"，如图 6-82 所示。

❷ 单击"确定"按钮即可实现筛选出所有产生部门为"企划部"的记录，如图 6-83 所示。

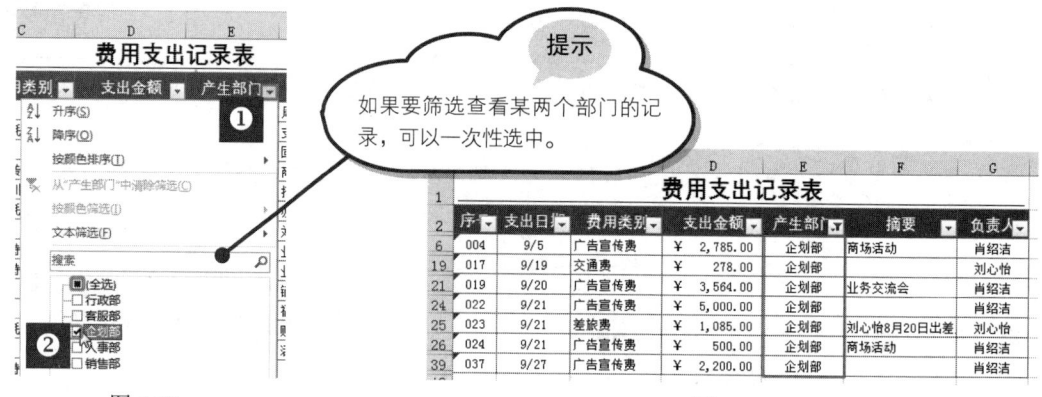

提示
如果要筛选查看某两个部门的记录，可以一次性选中。

图 6-82　　　　　　　　　　　　　图 6-83

3. 筛选支出金额大于 2 000 元的记录

要筛选查看支出金额大于 2 000 元的费用记录，可以利用"支出金额"列标识下的"数字筛选"功能。

❶ 单击"支出金额"右侧筛选按钮，在打开的下拉面板中选择"数字筛选"→"大于"命令（如图 6-84 所示），打开"自定义自动筛选方式"对话框。

❷ 在"大于"右侧文本框里输入"2 000"，如图 6-85 所示。

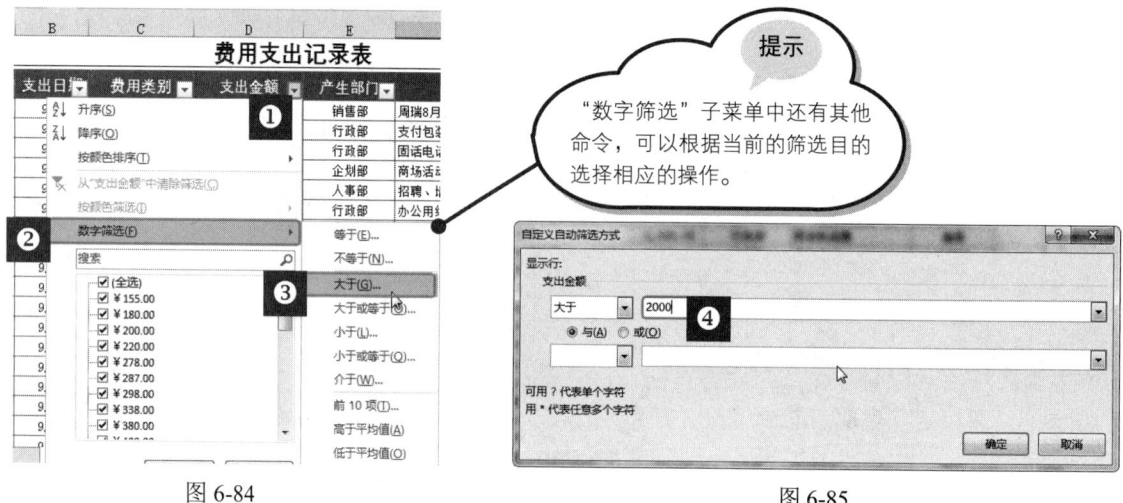

提示
"数字筛选"子菜单中还有其他命令，可以根据当前的筛选目的选择相应的操作。

图 6-84　　　　　　　　　　　　　图 6-85

❸ 单击"确定"按钮即可筛选出支出金额大于2 000元的记录，如图6-86所示。

图6-86

6.5.3 利用数据透视表（图）统计费用支出额

利用数据透视表来对费用记录表进行分析，可以得到多种不同的统计结果。有了对这些统计数据的掌握，则可以方便工作人员对后期日常费用支出的规划、预算等。

1. 统计本期各类别费用支出额

利用数据透视表的统计分析功能，可以统计出各种类别费用的总计值、各个部门产生的费用总计值等。

❶ 选中"费用支出记录表"表格中任意单元格，在"插入"选项卡下"表格"组中单击"数据透视表"按钮，如图6-87所示。

❷ 打开"创建数据透视表"对话框，在"选择一个表或区域"框中显示了当前要建立为数据透视表的数据源，如图6-88所示。

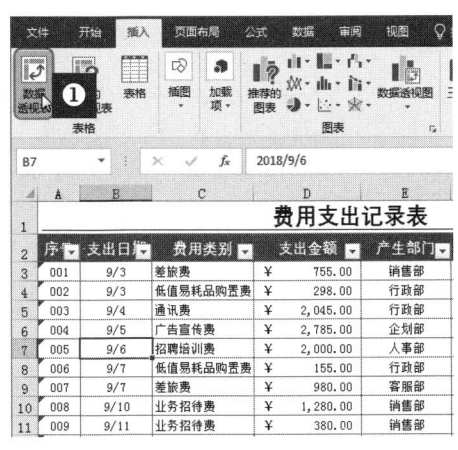

图6-87

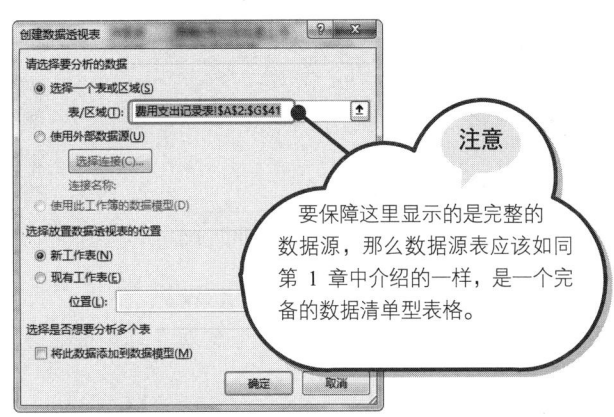

图6-88

> **注意**
> 要保障这里显示的是完整的数据源，那么数据源表应该如同第1章中介绍的一样，是一个完备的数据清单型表格。

❸ 单击"确定"按钮即可新建空白的数据透视表。在新建的工作表标签上双击，输入名称为"统计本期各类别费用支出额"，如图6-89所示。

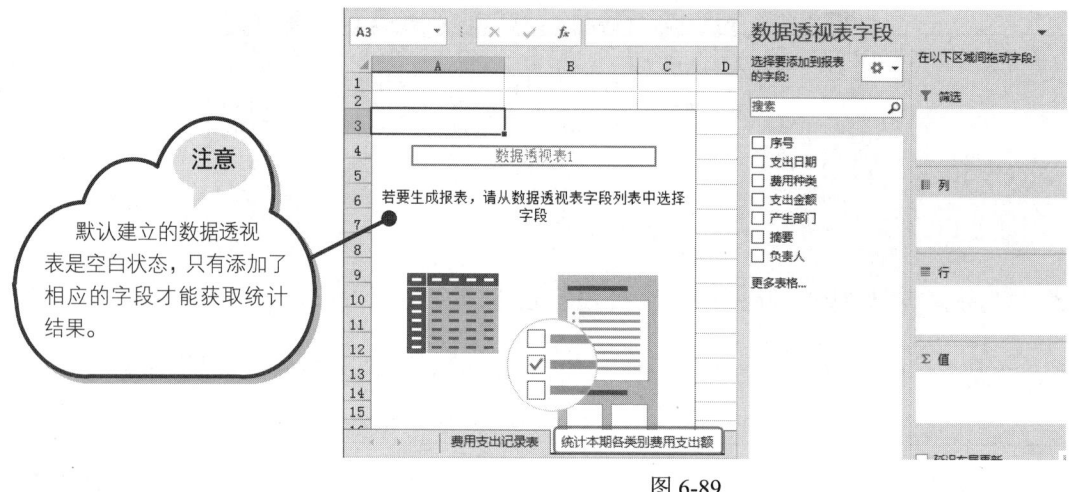

图6-89

❹ 在字段列表中选中"费用种类"字段，默认添加到"行标签"列表中；接着再选中"支出金额"字段，默认添加到"值"列表中（如果默认添加位置不正确，可以按住鼠标左键将字段拖到需要的列表中）。数据透视表根据字段的设置显示相应的统计结果，如图6-90所示。

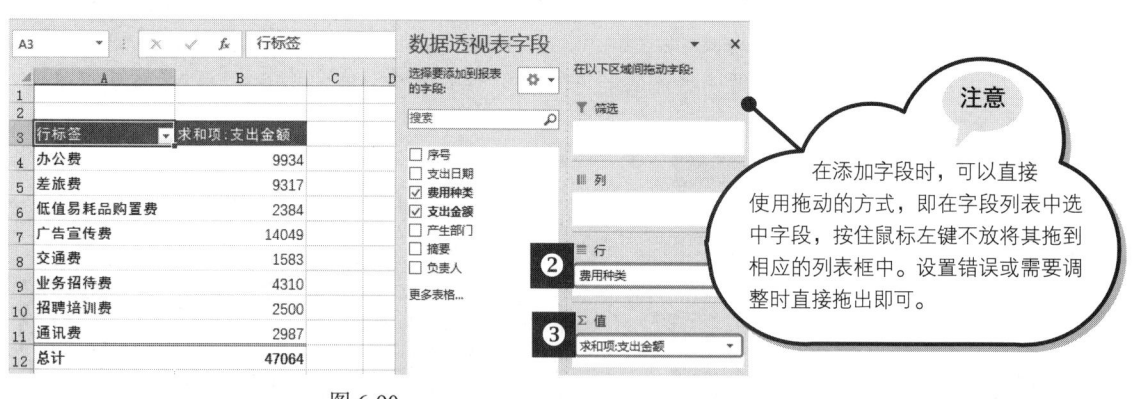

图6-90

❺ 选中"支出金额"列任意单元格，单击"数据"选项卡，在"排序和筛选"组中单击"降序"按钮（如图6-91所示），即可对各类别费用支出金额从大到小排序，如图6-92所示。

财务表单的创建和日常费用支出管理 第6章

图 6-91

图 6-92

2. 用数据透视图显示各类别费用支出金额分布情况

建立了统计各类别费用支出金额的数据透视表之后,接着可以建立图表来直观显示各类别费用支出金额的分布情况。

❶ 选中数据透视表任意单元格,在"数据透视表工具-分析"选项卡的"工具"组中单击"数据透视图"按钮,如图6-93所示。

❷ 打开"插入图表"对话框,选择图表类型,本例中选择饼图,如图6-94所示。

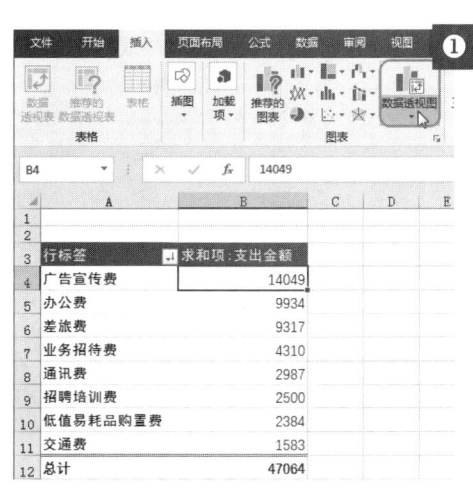

图 6-93

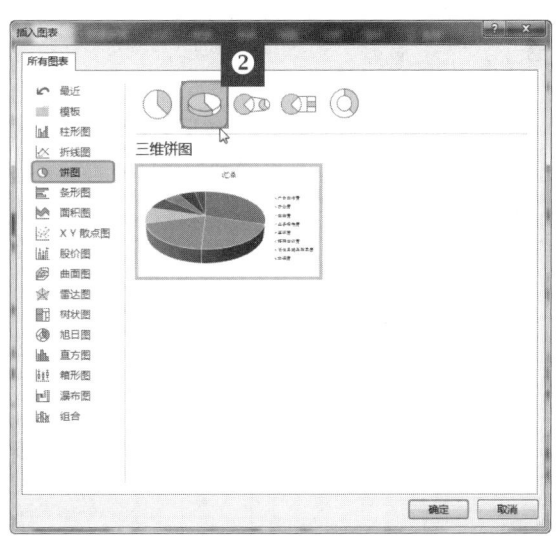

图 6-94

❸ 单击"确定"按钮即可新建数据透视图。可以在图表标题编辑框中重新输入图表的名称（按实际分析目的命名），如图 6-95 所示。

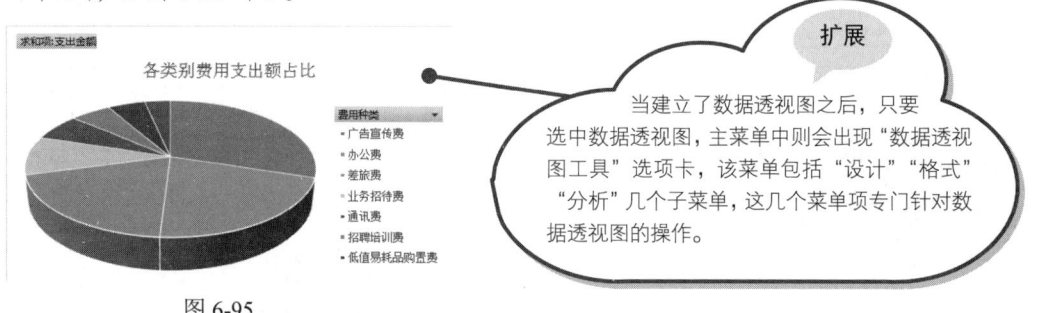

图 6-95

> 扩展
> 当建立了数据透视图之后，只要选中数据透视图，主菜单中则会出现"数据透视图工具"选项卡，该菜单包括"设计""格式""分析"几个子菜单，这几个菜单项专门针对数据透视图的操作。

❹ 选中图表，单击"图表元素"按钮，打开下拉菜单，单击"数据标签"右侧按钮，在子菜单中单击"更多选项"（如图 6-96 所示），打开"设置数据标签格式"窗格。

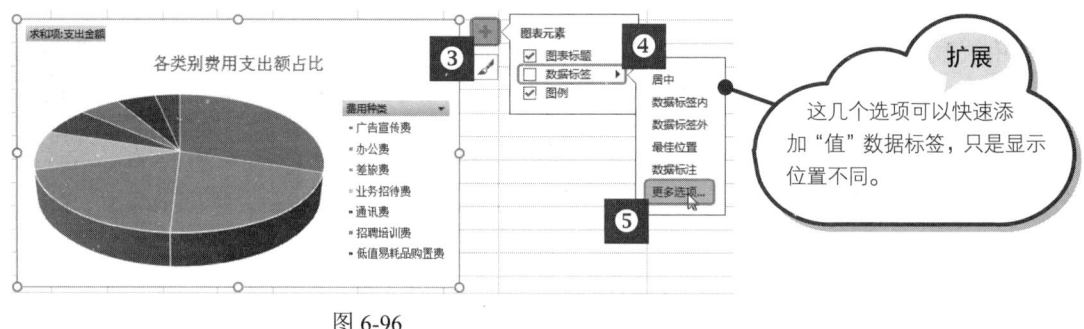

图 6-96

> 扩展
> 这几个选项可以快速添加"值"数据标签，只是显示位置不同。

❺ 在"标签包括"栏下选中要显示标签前的复选框，这里选中"百分比"（如图 6-97 所示）。

图 6-97

> 扩展
> 如果一次性显示多种数据标签，则可以选中多个复选框，例如饼图中就经常同时使用"类别名称"与"百分比"数据标签。这样可以删除图表中的图例。

❻ 展开"数字"栏，在"类别"下拉列表中选择"百分比"，然后在"小数位数"文本框中设置小数位数为 2，如图 6-98 所示。

❼ 设置完成后，图表显示效果如图 6-99 所示。

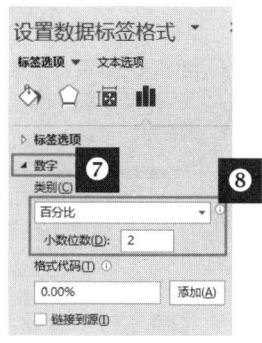

图 6-98

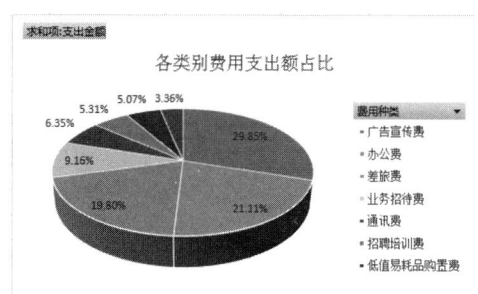

图 6-99

3. 统计各部门支出费用占比

要统计各部门支出费用占比情况，也可以利用数据透视表轻松实现。可以直接复制前面建立的"统计本期各类别费用支出额"统计表，然后进行字段的重新设置即可。

❶ 单击"统计本期各类别费用支出额"工作表标签，按住 Ctrl 键不放，按住鼠标左键向右拖动，鼠标指针变成 样式（如图 6-100 所示），释放鼠标即可快速完成对"统计本期各类别费用支出额"工作表的复制，如图 6-101 所示。

图 6-100

图 6-101

❷ 将复制得到的工作表重命名为"统计各部门支出费用占比"，在"数字透视表字段"窗格中，将原来的行标签字段、值字段都拖出，然后重新添加"产生部门"为行标签字段，"支出金额"字段为值字段。数据透视表根据字段的设置显示相应的统计结果，如图 6-102 所示。

图 6-102

> **注意**
> 当字段不需要或需要重新设置获取其他结果时,直接将字段拖出即可。

❸ 选中"支出金额"下的任意单元格,在"数据透视表工具-分析"选项卡的"活动字段"组中单击"字段设置"功能按钮,打开"值字段设置"对话框(如图 6-103 所示),选择"值显示方式"选项卡,在"值显示方式"下拉列表中选择"总计的百分比",如图 6-104 所示。

图 6-103

图 6-104

❹ 单击"确定"按钮,即可直观显示各个部门的支出金额占总支出金额的百分比。效果如图 6-105 所示。

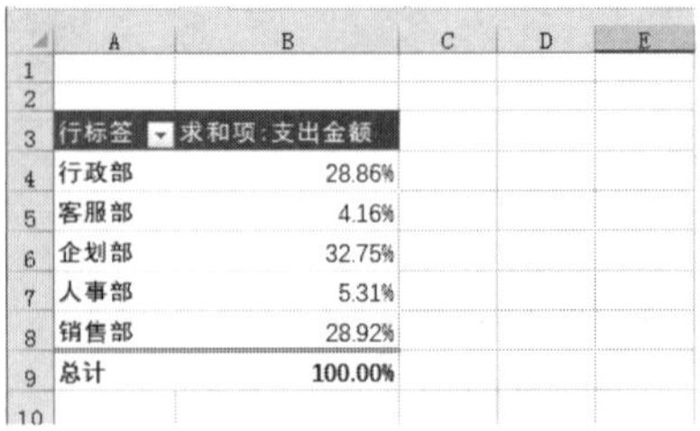

图 6-105

第 7 章

在 Excel 中进行会计记账

- 在Excel中进行会计记账
  - 7.1 填制记账凭证
    - 7.1.1 制作通用记账凭证表单
      1. 建立"记账凭证"表单
      2. 将"会计科目"表移至本工作簿中
      3. 在"记账凭证"表中建立公式
    - 7.1.2 填制通用记账凭证
  - 7.2 记账凭证汇总
    - 7.2.1 制作记账凭证汇总表
    - 7.2.2 建立公式实现从"会计科目表"中返回基本信息
  - 7.3 登记日记账
    - 7.3.1 登记现金日记账
      1. 复制"记账凭证汇总表"到"日记账"工作簿中
      2. 建立公式确认"库存现金"与"银行现金"科目
      3. 新增记账凭证时现金日记账自动记录
    - 7.3.2 登记银行存款日记账

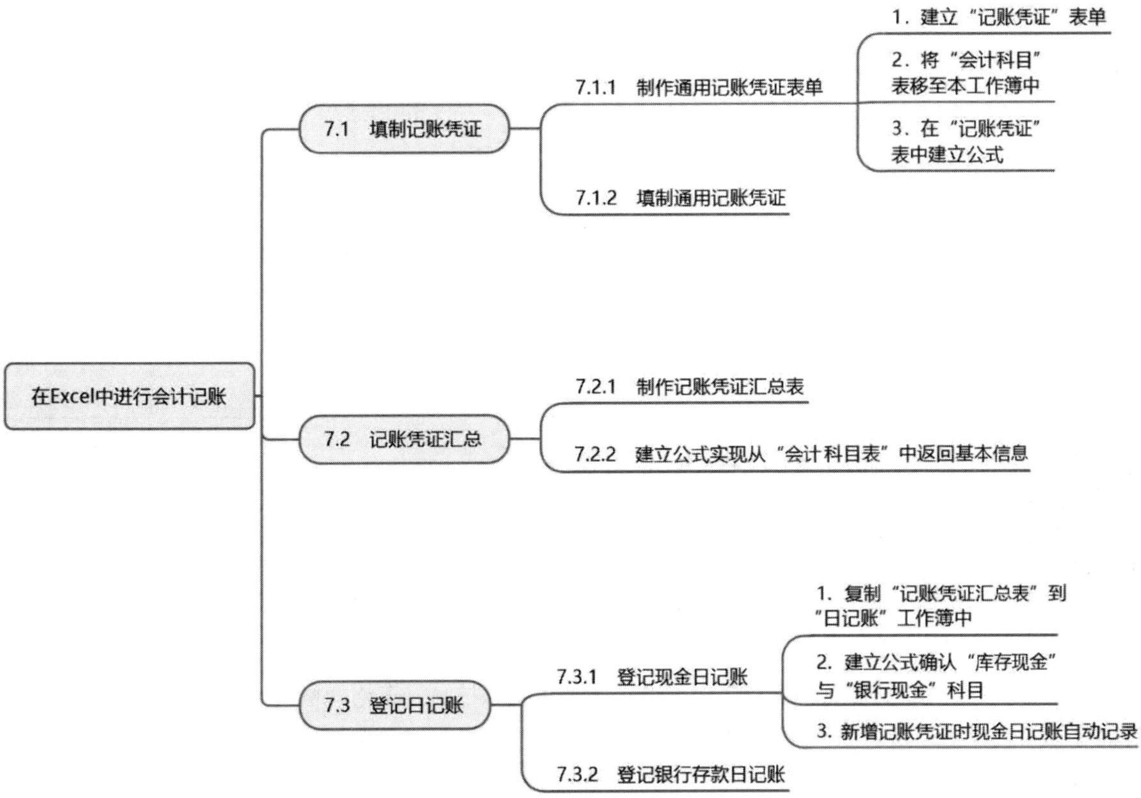

7.1 填制记账凭证

在记账时首先要根据具体的经济业务填制会计凭证，然后再根据会计凭证登记相关账簿。因此填制记账凭证是会计工作的首要工作。

在实际中，会计凭证的形式多种多样。将会计凭证明确地分为两大类，这就是原始凭证和记账凭证。

- ➘ 原始凭证。原始凭证是在经济业务事项发生时取得或填制的，用以证明经济业务发生和完成情况的原始凭据，是会计核算的原始依据。原始凭证种类很多，常见的收货单、发货单、收款或付款凭证、支票等，都属于原始凭证。
- ➘ 记账凭证。记账凭证是对原始凭证所反映的经济业务事项按其性质加以归类后由会计人员编制作为记账依据的凭证。记账凭证的作用主要在于对原始凭证进行分类归纳，便于登记会计账簿。

最常用的记账凭证是通用记账凭证，它可用于填制收款凭证或付款凭证。记账凭证必须具备以下基本内容：

- ➘ 记账凭证的编号。
- ➘ 记账凭证的日期。
- ➘ 经济业务的内容摘要。
- ➘ 会计科目（包括一级、二级和明细科目）的名称、记账方法和金额。
- ➘ 所附原始凭证的张数。
- ➘ 制证、审核、记账、会计主管等有关人员签章，收款凭证和付款凭证还应由出纳人员签名或盖章。

7.1.1 制作通用记账凭证表单

记账凭证是根据原始凭证来进行填制的，因此首先需要制作记账凭证表单。

1. 建立"记账凭证"表单

在Excel中建立记账凭证应具备上面所介绍的几项基本信息，表格的格式可以根据个人要求进行设计。下面举例介绍如何制作通用记账凭证。

❶ 新建工作簿，单击"保存"按钮，将文件保存为"填制记账凭证"。在Sheet1工作表标签上双击进入文字编辑状态，将其重命名为"通用记账凭证"。在表格中输入通用记账凭证的各项元素，主要包

括"凭证号""科目代码""科目名称""借方金额""贷方金额"等,如图 7-1 所示。

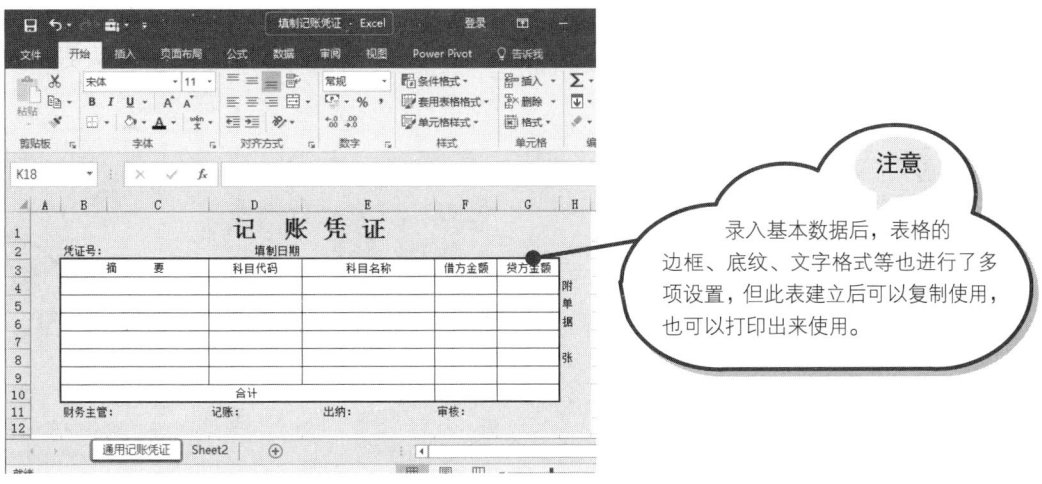

> **注意**
> 录入基本数据后,表格的边框、底纹、文字格式等也进行了多项设置,但此表建立后可以复制使用,也可以打印出来使用。

图 7-1

❷ 选中 C2 单元格,在"开始"选项卡的"数字"组中单击"数字格式"下拉按钮,在下拉列表中选择"文本",如图 7-2 所示。设置文本格式的目的是在 C2 单元格中可以输入以 0 开头的凭证号,如图 7-3 所示。

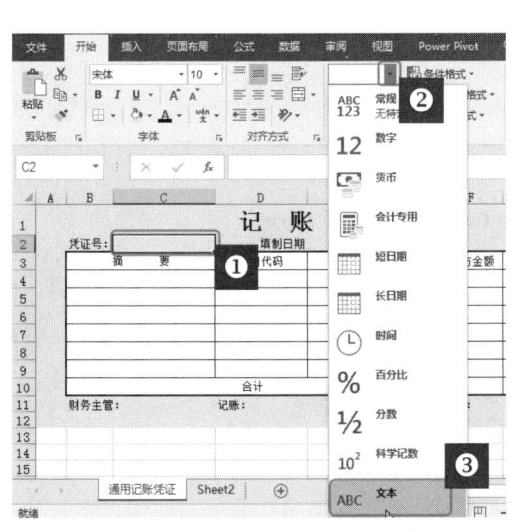

图 7-2

图 7-3

> **注意**
> 要输入以 0 开头的编号,需要先设置单元格格式为文本,在前面章节中已介绍过此知识点。

2. 将"会计科目表"移至本工作簿中

将"会计科目表"移至本工作簿中以方便填制会计凭证时对科目名称的引用。

❶ 打开第 6 章中建立的"会计科目表"工作簿,在"会计科目表"工作表中单击鼠标右键,选择"移动或复制"命令(如图 7-4 所示),打开"移动或复制工作表"对话框。在"工作簿"下拉列表中选择要复制到的工作簿(即当前的"填制记账凭证"工作簿),并设置工作表的放置位置,勾选"建立副本"复选框,如图 7-5 所示。

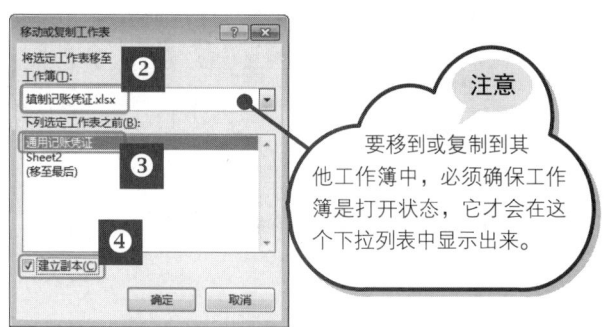

图 7-4

图 7-5

> **注意**
> 要移到或复制到其他工作簿中,必须确保工作簿是打开状态,它才会在这个下拉列表中显示出来。

❷ 单击"确定"按钮即可实现工作表跨工作簿复制,如图 7-6 所示。

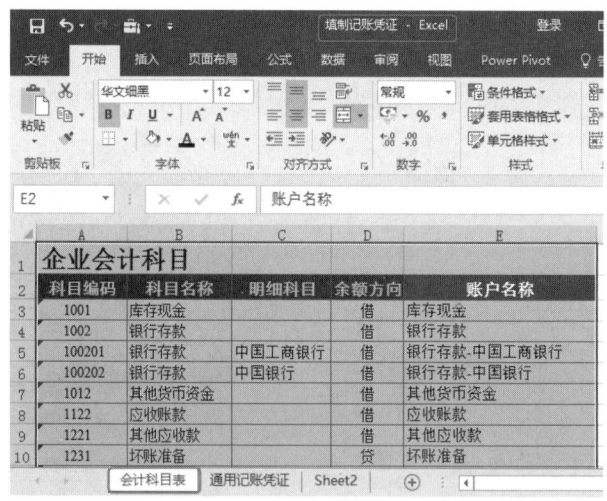

图 7-6

❸ 在"会计科目表"中选中"科目代码"列的单元格区域,在名称框中输入名称为"科目代码"(如图 7-7 所示),输入后按下 Enter 键定义成功。此操作是为了将这部分单元格区域定义为名称"科目代码",以后想引用这个单元格区域时,可以直接使用名称。

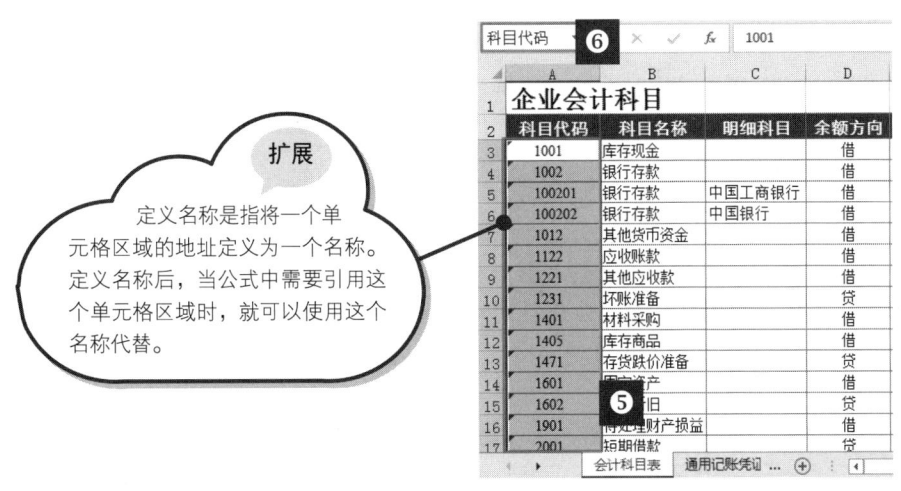

图 7-7

3. 在"记账凭证"表中建立公式

在"记账凭证"表中可以通过数据验证设置实现科目代码的选择输入,并且通过公式设置可以根据科目代码自动返回科目名称。

❶ 在"通用记账凭证"工作表中,在"数据"选项卡的"数据工具"组中单击"数据验证"按钮(如图 7-8 所示),打开"数据验证"对话框。在"允许"下拉列表中选择"序列",在"来源"设置框中设置"=科目代码",如图 7-9 所示。

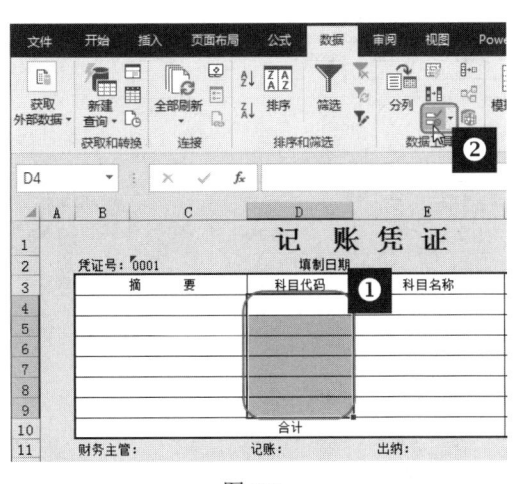

图 7-8

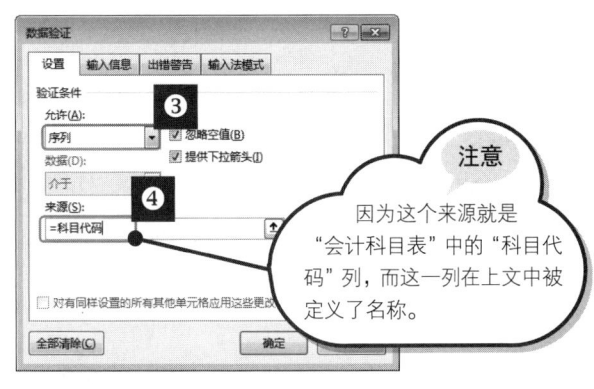

图 7-9

❷ 单击"确定"按钮,在"通用记账凭证"表格中可以看到,填制"科目代码"时可以通过序列

选择的方式输入，如图 7-10 所示。

❸ 设置根据科目代码自动返回科目名称的公式。选中 E4 单元格，在编辑栏中输入公式：

=IF(D4="","",VLOOKUP(D4,会计科目表!$A$3:$E$43,5,FALSE))

按 Enter 键，如图 7-11 所示。

❹ 选中 E4 单元格，鼠标指针指向该单元格右下角填充柄上，按住鼠标左键不放向下拖动，即可实现公式的向下复制（如图 7-12 所示）。由于当前 D 列单元格中未填入任意科目代码，因此返回空白；而当填入科目代码后，科目名称则会自动返回，如图 7-13 所示。

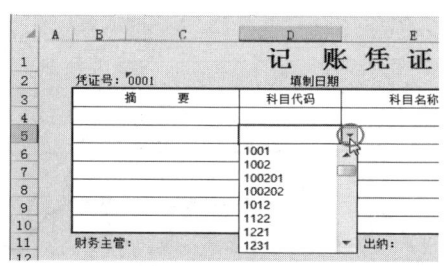

图 7-10

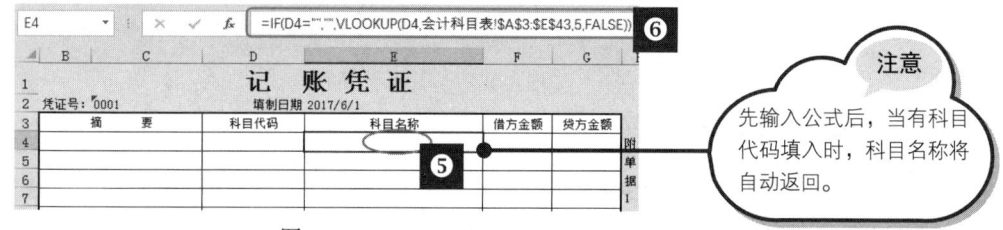

图 7-11

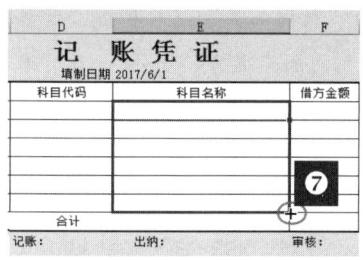

图 7-12

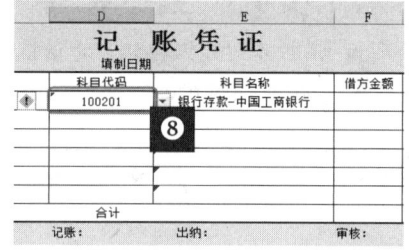

图 7-13

> 注意
> 先输入公式后，当有科目代码填入时，科目名称将自动返回。

公式解析

1. VLOOKUP 函数

VLOOKUP 函数基本语法参见 5.2 节例 17。

2. 本例公式

①当 D4 单元格为空时，返回空值；如果不是空值，则进入后面 VLOOKUP 部分的查询。

=IF(D4="","",VLOOKUP(D4,会计科目表!$A$3:$E$43,5,FALSE))

②在"会计科目表!$A$3:$E$43"的首列中查找与 D4 单元格相同的代码，然后返回对应在第 5 列上的值，即返回此代码对应的科目名称。

❺ 选中 F10 单元格,在"公式"选项卡的"函数库"组中单击"自动求和"按钮(如图 7-14 所示),然后重新拖动选取参数为 F4:F9 单元格区域(如图 7-14 所示)。按 Enter 键即可建立求和公式,如图 7-15 所示。

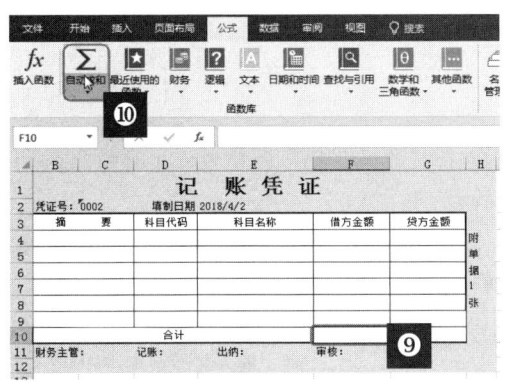

图 7-14　　　　　　　　　　图 7-15

❻ 将 F10 单元格的公式复制到 G10 单元格中即可快速建立 G10 单元格的求和公式,如图 7-16 所示。

图 7-16

经验之谈

如果预备打印出记账凭证来填制,则可以让金额按位填写,这样可以确保填写金额的正确性。这种格式的记账凭证也可以在 Excel 中制表完成,然后准备好打印机打印使用即可,如图 7-17 所示。

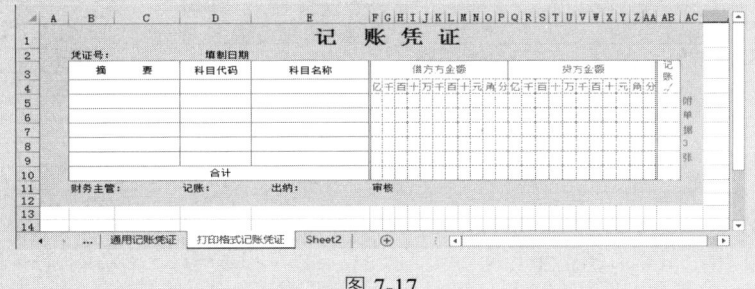

图 7-17

7.1.2 填制通用记账凭证

记账凭证表单建立完成后,可以根据各个原始凭证进行会计分录的填制。

例如,报销招待费金额为 1 045 元,原始凭证审核无误,现在要将此笔经费填制记账凭证。填制方法如下。

❶ 输入摘要和会计分录的借方(借记"销售费用"),在"科目代码"列中通过下拉列表选择科目代码为"6601",科目名称则可以自动返回,如图 7-18 所示。

❷ 输入摘要和会计分录的贷方(贷记"库存现金"),在"科目代码"列中通过下拉列表选择科目代码为"1001",科目名称则可以自动返回,如图 7-19 所示。

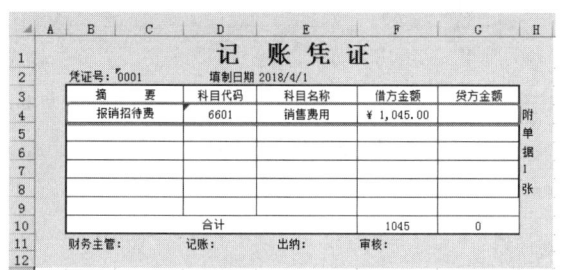

图 7-18   图 7-19

❸ 选中显示金额的单元格区域,在"开始"选项卡的"数字"组中单击数字格式下拉按钮,在下拉列表中选择"会计专用"(如图 7-20 所示),即可让借方金额与贷方金额均显示会计专用格式,如图 7-21 所示。

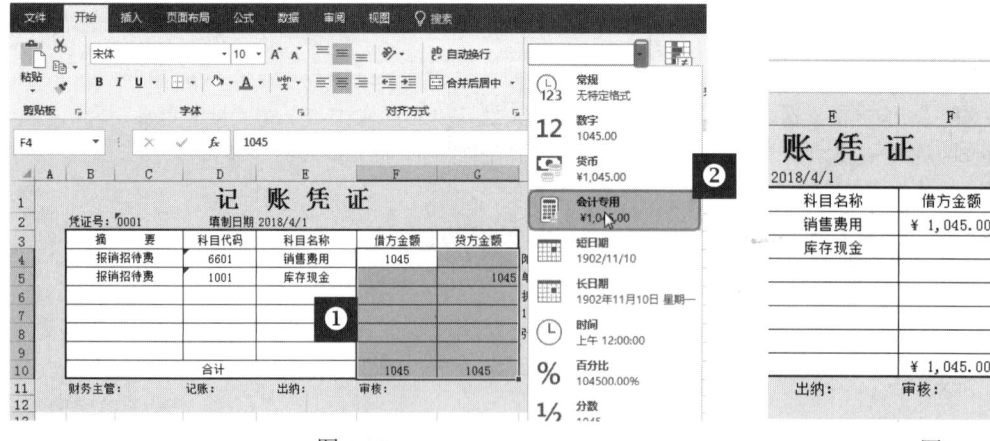

图 7-20   图 7-21

完成上述操作后，此项经济业务的记账凭证已填制完成。按相同的方法可依次填制其他凭证。例如，如图 7-22 所示，企业 2018 年 4 月 2 日签发了一张中国银行的现金支票，提取现金 65 000 元，作为企业的备用金，原始凭证已审核无误，可将记账凭证填制如下（借记"库存现金"，贷记"银行存款-中国工商银行"）。

图 7-22

7.2 记账凭证汇总

记账凭证填制完成后就可以登记有关账簿了，在 Excel 中可以通过自动化的方式来登记账簿，而原始数据则来源于记账凭证，因此在填制了单张记账凭证后，则需要将它们汇总到一个表格中，这就是记账凭证的汇总处理。

7.2.1 制作记账凭证汇总表

在填制通用记账凭证后，需要将各个记账凭证汇总到一张表中，从而得到本月的"记账凭证汇总表"。这张表格对整月的账务处理非常重要，如月末账务处理的明细账、总账、编制财务报表等，都要以此表作为原始数据进行统计计算。

❶ 在"填制记账凭证"工作簿中添加一张新工作表，并将新工作表重命名为"记账凭证汇总表"。建立如图 7-23 所示的列标识，然后对表格标题、列标识等进行格式设置，以让表格更加容易阅读。

❷ 按 7.1.1 小节相同的方法，运用"数据验证"功能，设置"科目代码"的可选择序列，如图 7-24 所示。

❸ 对表格中特定的单元格区域进行格式设置：设置"日期"列显示为需要的日期格式，如"08/04/01"格式，"凭证号"列为"文本"格式，"借方金额"与"贷方金额"列为"会计专用格式"，这些设置单元格格式的方法在前面都已经介绍过，此处不再赘述。

图 7-23 图 7-24

7.2.2 建立公式实现从"会计科目表"中返回基本信息

由于记账凭证汇总表中的众多信息都想从"会计科目表"中返回得到，因此需要对多个公式实现数据的自动查询与匹配。

❶ 设置根据科目代码自动返回账户名称的公式。选中 E3 单元格，在编辑栏中输入公式：
=IF(D3="","",VLOOKUP(D3,会计科目表!$A$3:$E$43,5,FALSE))
按 Enter 键，如图 7-25 所示（因为 D3 中无值，所以暂时为空）。

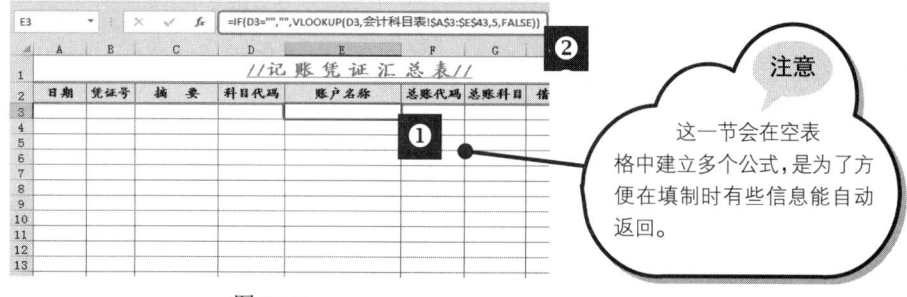

图 7-25

注意

这一节会在空表格中建立多个公式，是为了方便在填制时有些信息能自动返回。

公式解析

1. VLOOKUP 函数

VLOOKUP 函数基本语法参见 5.2 节例 17。

2. 本例公式

①当 D3 单元格为空时，返回空值；如果不是空值，则进入后面 VLOOKUP 部分的查询。

=IF(D3="","",VLOOKUP(D3,会计科目表!$A$3:$E$43,5,FALSE))

②在"会计科目表!$A$3:$E$43"的首列中查找与 D3 单元格相同的代码，然后返回对应在第 5 列上的值，即返回此代码对应的科目名称。

❷ 设置根据科目代码自动返回总账代码的公式。选中 F3 单元格，在编辑栏中输入公式：
=LEFT(D3,4)
按 Enter 键，如图 7-26 所示（因为 D3 中无值，所以暂时为空）。

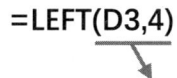

图 7-26

> **公式解析**
>
> **1. LEFT 函数**
> LEFT 函数用于从给定字符串的最左侧开始提取指定数目的字符。
>
> =LEFT（❶给定的文本字串符，❷指定要提取字符数量）
>
> **2. 本例公式**
>
> =LEFT(D3,4)
>
> 从 D3 单元格的最左侧提取，共提取 4 个字符。

❸ 设置根据科目代码自动返回总账科目的公式。选中 G3 单元格，在编辑栏中输入公式：
=IF(D3="","",VLOOKUP(D3,会计科目表!$A$3:$E$43,2,FALSE))
按 Enter 键，如图 7-27 所示（因为 D3 中无值，所以暂时为空）。

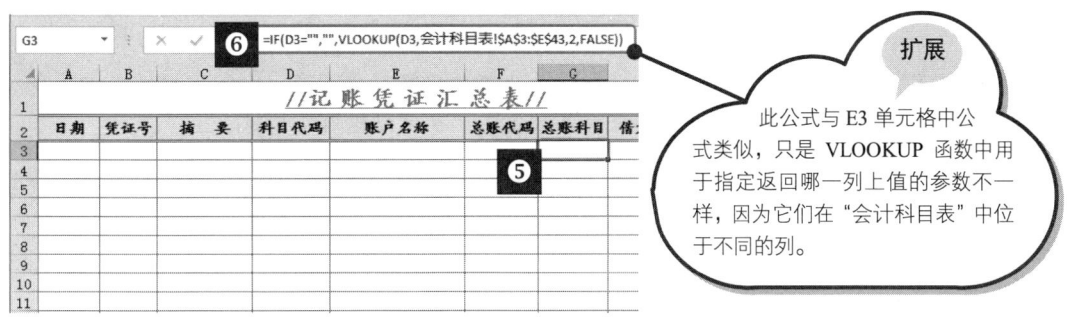

图 7-27

> **扩展**
> 此公式与 E3 单元格中公式类似，只是 VLOOKUP 函数中用于指定返回哪一列上值的参数不一样，因为它们在"会计科目表"中位于不同的列。

❹ 在工作表相应位置输入已记账的记账凭证信息，可以看到设置公式的单元格能自动返回相关信息，如图 7-28 所示画红框的为需要填制的部分。

图 7-28

❺ 为了方便登记账簿，对"日期""凭证号""摘要"需要重复记录，因此可以选中 A3:C3 单元格区域，按住 Ctrl 键不放，再拖动此单元格区域右下角的填充柄向下一行（如图 7-29 所示），即可实现内容的复制填充。

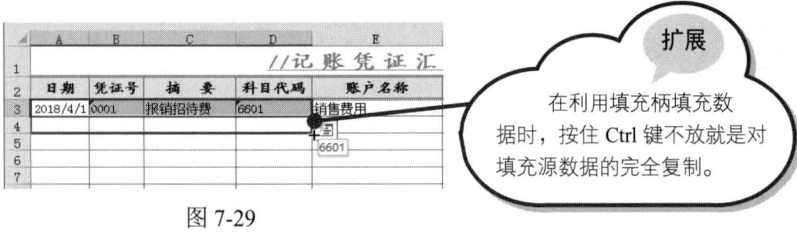

> **扩展**
>
> 在利用填充柄填充数据时，按住 Ctrl 键不放就是对填充源数据的完全复制。

图 7-29

❻ 输入贷方科目代码与贷方金额，如图 7-30 所示。

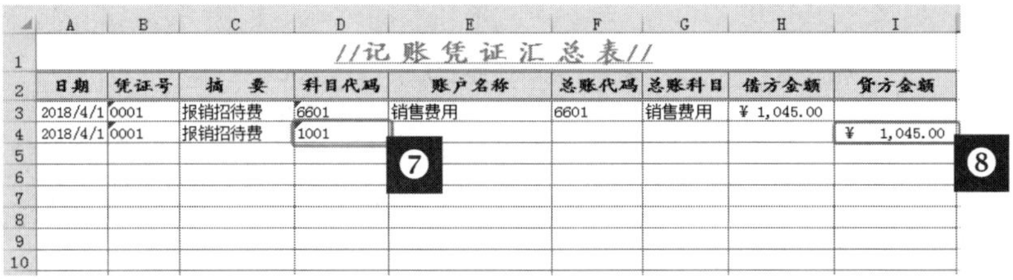

图 7-30

❼ 选中 E3:G3 单元格区域，鼠标指针指向此单元格区域右下角，向下拖动填充柄复制公式，如图 7-31 所示。拖动到的位置根据实际凭证的条数决定，也可以随用随复制。

图 7-31

❽ 按相同方法可建立下一条记账凭证，如图 7-32 所示画框区域为手工填写，其他区域为公式返回结果。

日期	凭证号	摘要	科目代码	账户名称	总账代码	总账科目	借方金额	贷方金额
2018/4/1	0001	报销招待费	6601	销售费用	6601	销售费用	¥1,045.00	
2018/4/1	0001	报销招待费	1001	库存现金	1001	库存现金		¥1,045.00
2018/4/2	0002	提取备用金	1001	库存现金	1001	库存现金	¥65,000.00	
2018/4/2	0002	提取备用金	100201	银行存款-中国工商银行	1002	银行存款		¥65,000.00

图 7-32

7.3 登记日记账

根据填制好的记账凭证可以登记现金日记账和银行存款日记账，并对发生额与余额进行计算。因为登记日记账都来源于记账凭证，因此可以将"记账凭证汇总表"导入到"日记账"工作簿中。

7.3.1 登记现金日记账

现金日记账是专门记录现金收付业务，它反映了现金的增减变化及其结果。它对应的科目是"库存现金"，因此当正确填制了记账凭证后，可以通过设置公式根据记账凭证自动登记本期的现金日记账。

1. 复制"记账凭证汇总表"到"日记账"工作簿中

要想实现现金日记账与银行存款日记账的自动填制，需要完全引用"记账凭证汇总表"中的数据。由于"记账凭证汇总表"创建在"填制记账凭证"工作簿中，因此首先要将"会计科目表"与"记账凭证汇总表"两张工作表移到"日记账"工作簿中。

❶ 打开 6.4 节创建的"日记账"工作簿，同时打开"填制记账凭证"工作簿。在"填制记账凭证"工作簿中选中"会计科目表"与"记账凭证汇总表"两张工作表，单击鼠标右键，在弹出的快捷菜单中选择"移动或复制"命令（如图 7-33 所示），打开"移动或复制工作表"对话框。

❷ 在"将选定工作表移至工作簿"下拉

图 7-33

列表中选择要复制到的工作簿（即当前的"日记账"工作簿），并设置在工作表中的放置位置，勾选"建立副本"复选框，如图 7-34 所示。

❸ 单击"确定"按钮，即可实现工作表的复制，如图 7-35 所示。

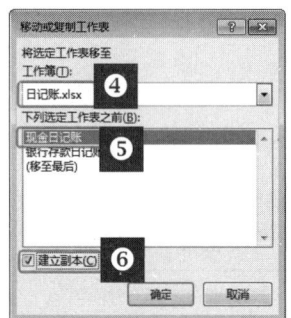

图 7-34

图 7-35

经验之谈

在复制工作表时不仅复制了工作表中的数据，还复制了工作表中的各个单元格的公式及公式的引用。如果复制的是其他工作簿中的工作表，系统会自动地将公式中的同工作簿中的引用更改为不同工作簿之间的引用，如果该工作簿中使用了名称，那么复制工作表的同时也将名称复制到了目标工作簿中。因此为了避免公式调用过于复杂，则可以将引用数据的表格也一并复制到当前工作簿中，例如本例除了复制记账凭证汇总表外，连同"会计科目表"一并复制，从而避免跨工作簿调用数据。

2. 建立公式确认"库存现金"与"银行现金"科目

在"记账凭证汇总表"可以利用公式自动确认"库存现金"与"银行现金"科目。有了标记后，在登记现金日记账与银行存款日期账时就可以再利用公式实现自动返回，从而实现现金日记账与银行存款日期账的自动填制。

❶ 切换到"现金日记账"工作表中，在工作表中输入期初日期和期初账面余额，如图 7-36 所示。

❷ 切换到"记账凭证汇总表"工作表中，在 J 列建立辅助列，选中 J3 单元格，输入公式：
=IF(E3="库存现金",ROW(),"")

按 Enter 键，判断 E3 单元格值是否为"现金"，如果是，则返回其行数；如果不是，则返回空值，如图 7-37 所示。

在 Excel 中进行会计记账 第 7 章

图 7-36

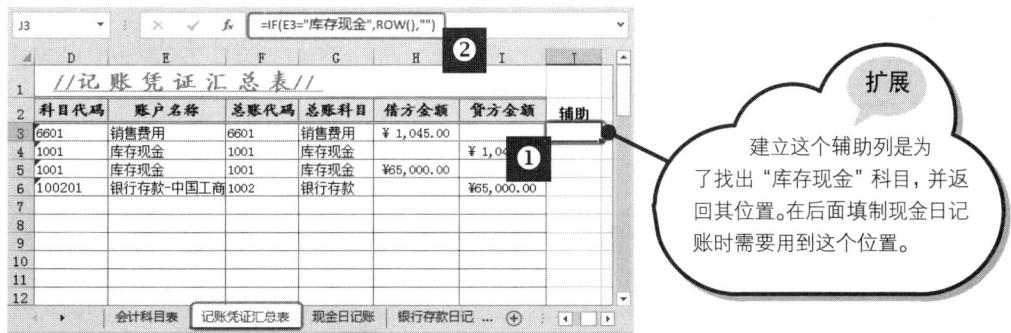

图 7-37

> **扩展**
> 建立这个辅助列是为了找出"库存现金"科目，并返回其位置。在后面填制现金日记账时需要用到这个位置。

公式解析

1. ROW 函数

ROW 函数用于返回引用的行号。

=ROW（需要返回其行号的单元格）

如果不设置任何参数，就是返回当前公式所在单元格的行号；如果有参数，就是返回指定的那个单元格地址的行号。

2. 本例公式

②当 E3 单元中的值是"库存现金"时，返回当前行的行号（即①步返回值）。

①返回公式所在单元格的这一行的行号。

❸ 选中 J3 单元格，鼠标指针指向右下角填充柄，按住鼠标左键向下拖动（如图 7-38 所示），释放鼠标后可以依次判断 E 列中的账户名称是否为"现金"，如果是，则返回其行数；如果不是，则返回空

值,如图 7-39 所示。

图 7-38

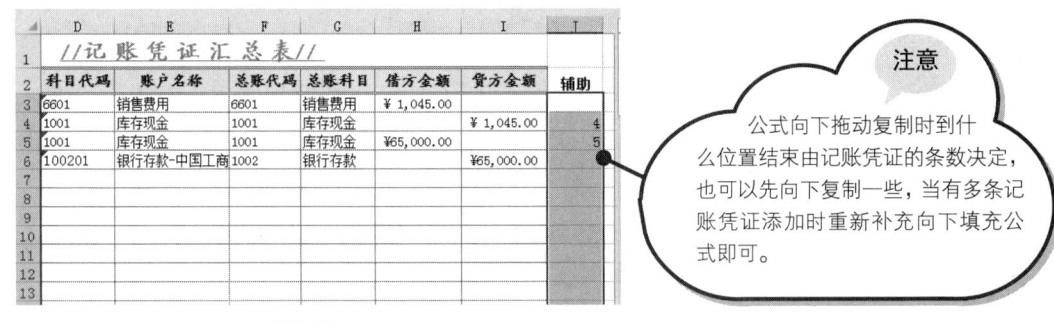

图 7-39

❹ 切换到"现金日记账"工作表中,选中 A4 单元格,输入公式:
=IFERROR(INDEX(记账凭证汇总表!A:A,SMALL(记账凭证汇总表!$J:$J,ROW($A1))),"")
按 Enter 键,返回满足科目是"库存现金"的第一条记账凭证的日期,如图 7-40 所示。

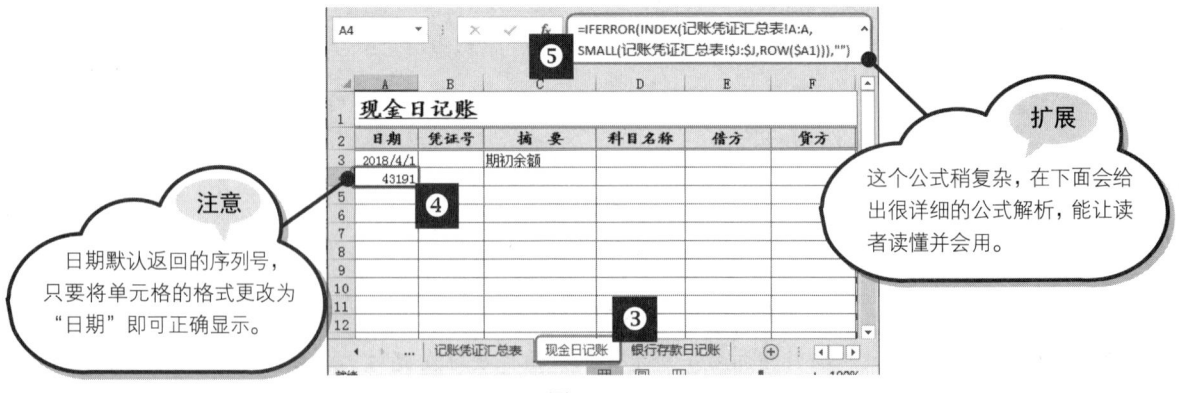

图 7-40

❺ 选中 A4 单元格，将公式复制到 C4 单元格，可依次返回凭证号与摘要，如图 7-41 所示。

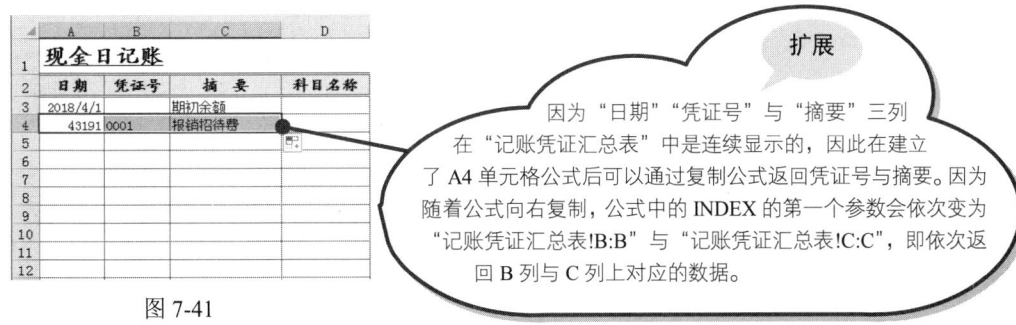

扩展

因为"日期""凭证号"与"摘要"三列在"记账凭证汇总表"中是连续显示的，因此在建立了 A4 单元格公式后可以通过复制公式返回凭证号与摘要。因为随着公式向右复制，公式中的 INDEX 的第一个参数会依次变为"记账凭证汇总表!B:B"与"记账凭证汇总表!C:C"，即依次返回 B 列与 C 列上对应的数据。

图 7-41

公式解析

1. IFERROR 函数
IFERROR 函数用于判断指定数据是否为错误值。

2. SMALL 函数
SMALL 函数用于返回某一数据集中的某个（可以指定）最小值。

=SMALL（❶查询某个最小值区域，❷指定返回第几个最小值）

3. INDEX 函数
INDEX 函数用于根据指定位置查询到该位置所对应的数据。

=INDEX (❶要查找的区域，❷指定行，❸指定列)

最终结果是❷与❸指定的行列交叉处上的值。　　可以使用其他函数返回值。

4. 本例公式

③使用 IFERROR 的目的是判断 J 列中是否还能找到需要提取的行，如果找的到，则继续执行 INDEX 部分；如果找不到了，就返回空值。因为比如当前只有两条"库存现金"记录，那么，当顺利提取两条，再向下复制公式让"ROW($A1)"变为"ROW($A3)"时，则 SMALL 就找不到了，找不到时它就会返回一个错误值"#NMM!"，这时外层的 IFERROR 函数判断结果是否为错误值，如果是，就返回空值。

=IFERROR(INDEX(记账凭证汇总表!A:A,SMALL(记账凭证汇总表!$J:$J,ROW($A1))),"")

②使用 INDEX 函数返回"记账凭证汇总表!A:A"列中前面①步返回值指定的行处的值 Z 即日期列的对应数据。　　①表示提取"记账凭证汇总表!$J:$J"这个区域中最小的一个值（因为"ROW($A1)"的返回值是 1），就是 J 列中第一个返回的行号，随着公式向下复制，会依次求取第二小的一个值、第三小的一值、……。

❻ 选中 D4 单元格，输入公式：
=IFERROR(INDEX(记账凭证汇总表!E:E,SMALL(记账凭证汇总表!$J:$J,ROW($A1))),"")

如图 7-42 所示。

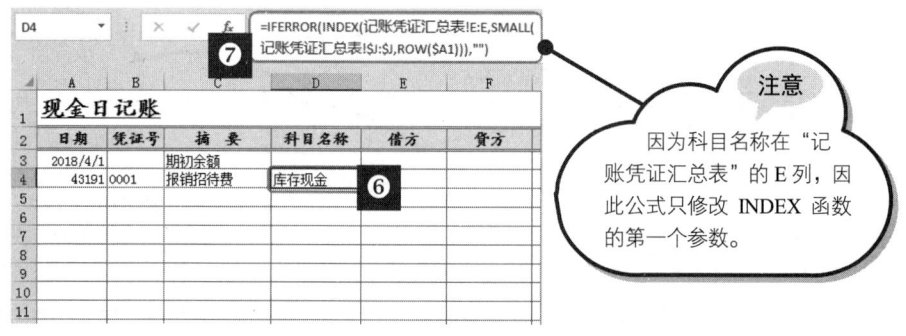

图 7-42

❼ 选中 E4 单元格，输入公式：
=IFERROR(INDEX(记账凭证汇总表!H:H,SMALL(记账凭证汇总表!$J:$J,ROW($A1))),"")
如图 7-43 所示。

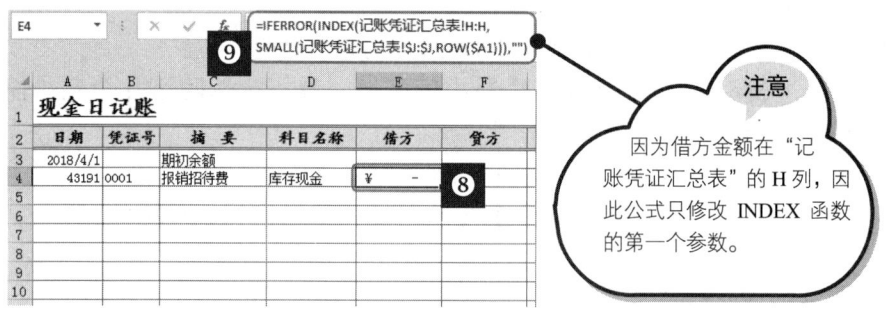

图 7-43

❽ 选中 F4 单元格，输入公式：
=IFERROR(INDEX(记账凭证汇总表!I:I,SMALL(记账凭证汇总表!$J:$J,ROW($A1))),"")
如图 7-44 所示。

图 7-44

在 Excel 中进行会计记账 第 7 章

经验之谈

D4、E4、F4 单元格中的公式与 C4 单元格中公式不同之处只在于 INDEX 的第一个参数，即指定要返回哪一列上的值。
如果要返回的数据在"记账凭证汇总表"中是连续显示的，可以采用向右复制公式的方法一次性返回数据，如果不是连续的，则需要先复制公式再局部修改参数。

❾ 选中 A4:F4 单元格区域，鼠标指针指向填充柄，按住鼠标左键不放向下拖动复制公式（如图 7-45 所示）。释放鼠标时即可一次性将"记账凭证汇总表"中关于现金的记账凭证统计到现金日记账中。

图 7-45

❿ 选中 A3 单元格，在"开始"选项卡的"剪贴板"组中单击"格式刷"按钮（如图 7-46 所示）。在返回的日期值上拖动刷取格式（如图 7-47 所示）恢复日期的显示，如图 7-48 所示。

图 7-46

图 7-47

图 7-48

3. 新增记账凭证时现金日记账自动记录

通过上面公式的建立，现金日记账就可以根据记账凭证自动返回。下面假设在"记账凭证汇总表"中添加了新的记账凭证，以此来验证现金日记账是否能自动返回。

❶ 在"记账凭证汇总表"中添加新的记账凭证,如图 7-49 所示中画框部分,首先"辅助"列中由于已建立了公式,因此可以根据 E 列中的账户名称自动判断是否满足条件,满足条件的返回行号,不满足的显示空值。

扩展
因为是库存现金项目,所以返回行号。

图 7-49

❷ 切换到"现金日记账"工作表中,可以看到自动添加了新的现金日记账,如图 7-50 所示。
❸ 选中 G4 单元格,输入公式"=G3+E4-F4",按 Enter 键计算出第一次现金收入或支出后的结存余额(如图 7-51 所示)。向下填充复制公式可依次计算每次现金收入或支出后的结存余额,如图 7-52 所示。

图 7-50

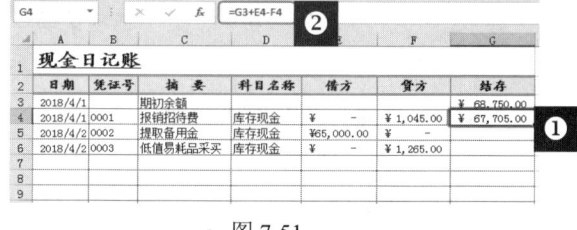

图 7-51

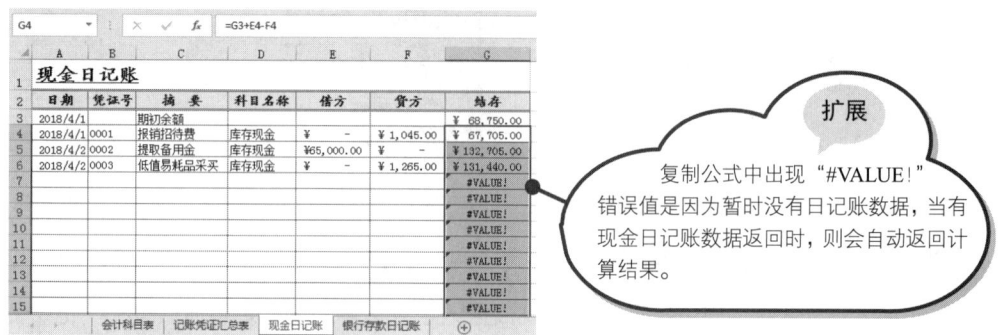

图 7-52

扩展
复制公式中出现"#VALUE!"错误值是因为暂时没有日记账数据,当有现金日记账数据返回时,则会自动返回计算结果。

7.3.2 登记银行存款日记账

银行存款日记账是用来记录银行存款收付业务,它对应的科目是"银行存款",因此当正确填制了记账凭证后,可以通过设置公式根据记账凭证自动登记本期的银行存款日记账。

通过对 7.3.1 小节中对登记现金日记账的学习,那么根据记账凭证自动登记本期的银行存款日记账则不难,使用的公式是基本相同的。如果已经理解了上一小节的公式,本节中只要稍许修改公式即可。

❶ 切换到"银行存款日记账"工作表中,在工作表中输入期初日期和期初结存余额,如图 7-53 所示。

图 7-53

❷ 切换到"记账凭证汇总表"工作表中,在 K 列建立辅助列,选中 K3 单元格,输入公式:
=IF(LEFT(E3,4)="银行存款",ROW(),"")

按 Enter 键,判断 E3 单元格值的前 4 个字是否是"银行存款",如果是,则返回其行号;如果不是,则返回空值,如图 7-54 所示。

❸ 选中 K3 单元格,鼠标指针指向右下角填充柄,按住鼠标左键向下拖动,释放鼠标后可以依次判断 E 列中的账户名称是否为"银行存款",如果是,则返回其行数;如果不是,则返回空值,如图 7-55 所示。

图 7-54

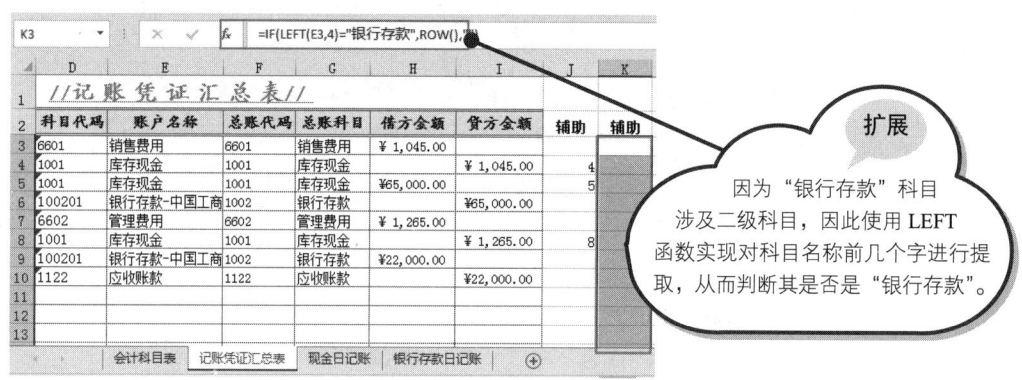

图 7-55

公式解析

1. LEFT 函数

LEFT 函数的基本语法参见 7.2.2 节。

2. 本例公式

① 从 E3 单元中字符串的最左侧开始提取,共提取 4 个字符,判断其是否是"银行存款"。

=IF(LEFT(E3,4)="银行存款",ROW(),"")

② 如果①结果为真,则返回公式所在行的行号;如果不为真,则返回空值。

❹ 切换到"银行存款日记账"工作表中，设置公式返回银行存款记录。公式的设置方法与上节相似。只要将用于查找判断的单元格区域从 J 列更换为 K 列，因为在登记银行存款日记账时，辅助列是"记录凭证汇总表"中的 K 列。

例如，A4 单元格公式为：
=IFERROR(INDEX(记账凭证汇总表!A:A,SMALL(记账凭证汇总表!$K:$K,ROW($A1))),"")

如图 7-56 所示。

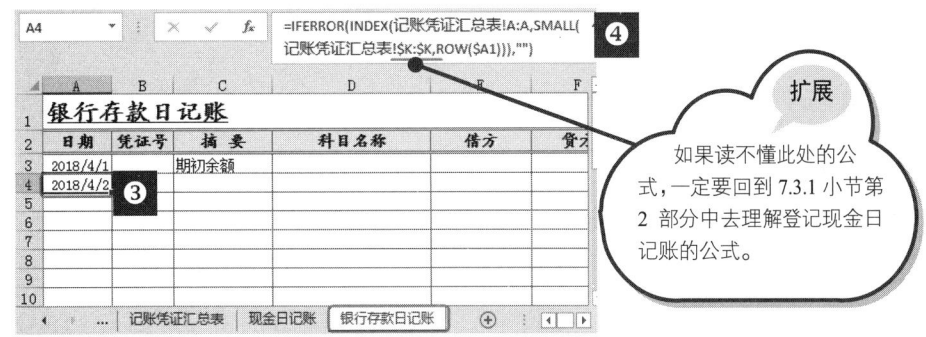

图 7-56

例如，D4 单元格公式为：
=IFERROR(INDEX(记账凭证汇总表!E:E,SMALL(记账凭证汇总表!$K:$K,ROW($A1))),"")

如图 7-57 所示。

图 7-57

❺ 选中 A4:F4 单元格区域，鼠标指针指向填充柄，按住鼠标左键不放向下拖动复制公式（如图 7-58 所示）。释放鼠标时即可一次性将"记账凭证汇总表"中关于银行存款的记账凭证填入到银行存款日记账中。

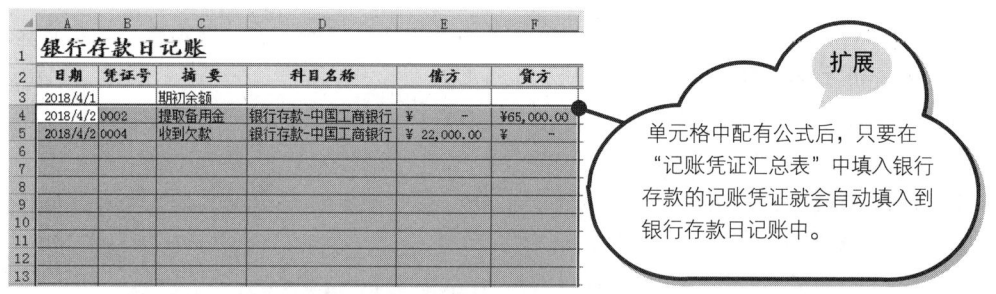

图 7-58

> **扩展**
> 单元格中配有公式后，只要在"记账凭证汇总表"中填入银行存款的记账凭证就会自动填入到银行存款日记账中。

❻ 选中 G4 单元格，输入公式：

=G3+E4-F4

按 Enter 键计算出第一次银行存款入账或出账后的结存余额，向下填充复制公式可依次计算每次银行存款入账或出账后的结存余额，如图 7-59 所示。

图 7-59

第 8 章

管理往来账款并记账

- 管理往来账款并记账
  - 8.1 应收账款的统计
    - 8.1.1 建立应收账款记录表
      - 1．规划应收账款记录表的框架
      - 2．设置公式计算未收金额、判断账款目前状态
    - 8.1.2 筛选查看已逾期账款与已冲销账款
      - 1．筛选查看已逾期的账款
      - 2．筛选并删除已冲销的账款
    - 8.1.3 应收账款的账务处理
      - 1．商业折扣情况下的账务处理
      - 2．现金折扣情况下的账务处理
  - 8.2 应收账款的分析
    - 8.2.1 计算各笔账款逾期未收金额
    - 8.2.2 分客户统计应收账款
      - 1．统计各客户在各个账龄区间的未收款
      - 2．建立图表直观比较各客户未收款
    - 8.2.3 应收账款的账龄分析
      - 1．统计各账龄下的应收账款
      - 2．计算各账龄下的应收账款所占比例
      - 3．应收账款账龄分析图
    - 8.2.4 坏账准备的账务处理
  - 8.3 应付账款管理
    - 8.3.1 建立应付账款记录表
    - 8.3.2 设置公式分析各项应付账款
    - 8.3.3 应付账款分析
      - 1．筛选查看账龄超过60天的账款记录
      - 2．汇总统计各供应商的应付账款合计
      - 3．建立应付账款分析图
    - 8.3.4 应付账款的账务处理
      - 1．填制记账凭证
      - 2．登记银行存款日记账

8.1 应收账款的统计

应收账款表示企业在销售过程中被购买单位所占用的资金。企业应及时收回应收账款以弥补企业在生产经营过程中的各种耗费,保证企业持续经营;对于被拖欠的应收账款应采取措施,组织催收;对于确实无法收回的应收账款,凡符合坏账条件的,应在取得有关证明并按规定程序报批后,作坏账损失处理。

对于企业产生的每笔应收账款可以建立 Excel 表格来统一管理,并利用函数或相关统计分析工具进行统计分析,从统计结果中获取相关信息,从而做出正确的财务决策。

8.1.1 建立应收账款记录表

应收账款是企业因出售商品或提供劳务给接受单位时应该收取的款项。企业日常运作中产生的每笔应收账款需要记录,在 Excel 中可以建立应收账款记录表管理应收账款,方便数据的计算,同时也便于后期对应收账款账龄的分析等。

1. 规划应收账款记录表的框架

应收账款记录表应该包括"公司名称""开票日期""应收金额""付款期""是否到期"等信息。

❶ 新建工作簿,并将其命名为"应收应付账款管理"。将 Sheet1 工作表重命名为"应收账款记录表",建立如图 8-1 所示的列标识,对表格进行格式设置以便于阅读。

图 8-1

❷ 在后面计算应收账款是否到期或计算账龄时都需要使用到当前日期，因此可选中 C2 单元格，输入公式：

=TODAY()

按 Enter 键返回当前日期，如图 8-2 所示。

❸ 对表格中特定的单元格区域进行格式设置："序号"列单元格区域设置为"文本"格式，以实现输入以 0 开头的编号；"日期"列设置为需要的日期格式，如"07/12/04"格式；显示金额的列可以设置为"会计专用格式"。显示金额的列可以设置为"会计专用格式"，这些设置单元格格式的方法在前面都已经介绍过，此处不再赘述。

图 8-2

❹ 按日期顺序将应收账款基本数据（包括公司名称、开票日期、应收金额、已收金额等）记录到表格中，这些数据都是要根据实际情况手工输入的。输入后表格如图 8-3 所示。

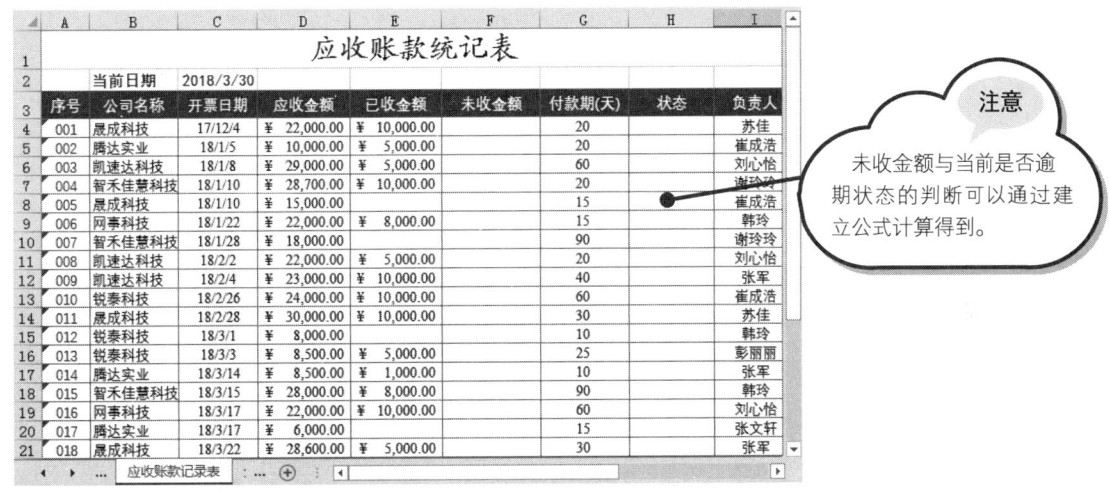

图 8-3

2. 设置公式计算未收金额、判断账款目前状态

未收金额根据当前应收金额与已收金额计算，账款的目前状态要使用函数进行计算。

❶ 选中 F4 单元格，输入公式：

=D4-E4

按 Enter 键，计算出第一条记录的未收金额。选中 F4 单元格，向下复制公式，快速计算出各条应收账款的未收金额，如图 8-4 所示。

❷ 选中 H4 单元格，输入公式：

```
=IF(D4=E4,"已冲销√",IF((C4+G4)<$C$2,"已逾期","未到结账期"))
```

按 Enter 键，判断出第一条应收账款的目前状态（如图 8-5 所示）。

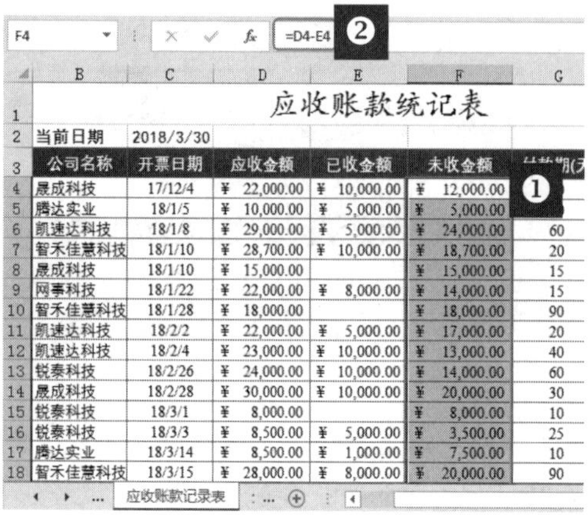

	B	C	D	E	F	G
1	应收账款统记表					
2	当前日期	2018/3/30				
3	公司名称	开票日期	应收金额	已收金额	未收金额	付款期(天
4	晨成科技	17/12/4	¥ 22,000.00	¥ 10,000.00	¥ 12,000.00	
5	腾达实业	18/1/5	¥ 10,000.00	¥ 5,000.00	¥ 5,000.00	
6	凯速达科技	18/1/8	¥ 29,000.00	¥ 5,000.00	¥ 24,000.00	60
7	智禾佳慧科技	18/1/10	¥ 28,700.00	¥ 10,000.00	¥ 18,700.00	20
8	晨成科技	18/1/10	¥ 15,000.00		¥ 15,000.00	15
9	网事科技	18/1/22	¥ 22,000.00	¥ 8,000.00	¥ 14,000.00	15
10	智禾佳慧科技	18/1/28	¥ 18,000.00		¥ 18,000.00	90
11	凯速达科技	18/2/2	¥ 22,000.00	¥ 5,000.00	¥ 17,000.00	20
12	凯速达科技	18/2/4	¥ 23,000.00	¥ 10,000.00	¥ 13,000.00	40
13	锐泰科技	18/2/26	¥ 24,000.00	¥ 10,000.00	¥ 14,000.00	60
14	晨成科技	18/2/28	¥ 30,000.00	¥ 10,000.00	¥ 20,000.00	30
15	锐泰科技	18/3/1	¥ 8,000.00		¥ 8,000.00	10
16	锐泰科技	18/3/3	¥ 8,500.00	¥ 5,000.00	¥ 3,500.00	25
17	腾达实业	18/3/14	¥ 8,500.00	¥ 1,000.00	¥ 7,500.00	10
18	智禾佳慧科技	18/3/15	¥ 28,000.00	¥ 8,000.00	¥ 20,000.00	90

图 8-4

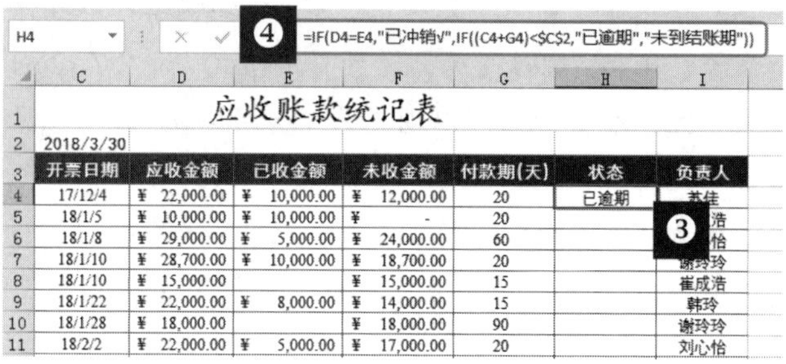

	C	D	E	F	G	H	I
1	应收账款统记表						
2	2018/3/30						
3	开票日期	应收金额	已收金额	未收金额	付款期(天)	状态	负责人
4	17/12/4	¥ 22,000.00	¥ 10,000.00	¥ 12,000.00	20	已逾期	苏佳
5	18/1/5	¥ 10,000.00	¥ 10,000.00	¥ -	20		浩
6	18/1/8	¥ 29,000.00	¥ 5,000.00	¥ 24,000.00	60		怡
7	18/1/10	¥ 28,700.00	¥ 10,000.00	¥ 18,700.00	20		谢玲玲
8	18/1/10	¥ 15,000.00		¥ 15,000.00	15		崔成浩
9	18/1/22	¥ 22,000.00	¥ 8,000.00	¥ 14,000.00	15		韩玲
10	18/1/28	¥ 18,000.00		¥ 18,000.00	90		谢玲玲
11	18/2/2	¥ 22,000.00	¥ 5,000.00	¥ 17,000.00	20		刘心怡

图 8-5

❸ 选中 H4 单元格，向下复制公式，快速判断出各条应收账款是否到期，如图 8-6 所示。

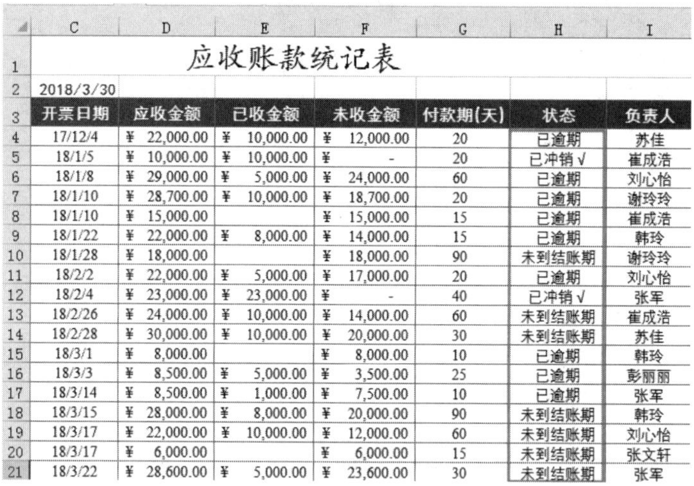

	C	D	E	F	G	H	I
1	应收账款统记表						
2	2018/3/30						
3	开票日期	应收金额	已收金额	未收金额	付款期(天)	状态	负责人
4	17/12/4	¥ 22,000.00	¥ 10,000.00	¥ 12,000.00	20	已逾期	苏佳
5	18/1/5	¥ 10,000.00	¥ 10,000.00	¥ -	20	已冲销√	崔成浩
6	18/1/8	¥ 29,000.00	¥ 5,000.00	¥ 24,000.00	60	已逾期	刘心怡
7	18/1/10	¥ 28,700.00	¥ 10,000.00	¥ 18,700.00	20	已逾期	谢玲玲
8	18/1/10	¥ 15,000.00		¥ 15,000.00	15	已逾期	崔成浩
9	18/1/22	¥ 22,000.00	¥ 8,000.00	¥ 14,000.00	15	已逾期	韩玲
10	18/1/28	¥ 18,000.00		¥ 18,000.00	90	未到结账期	谢玲玲
11	18/2/2	¥ 22,000.00	¥ 5,000.00	¥ 17,000.00	20	已逾期	刘心怡
12	18/2/4	¥ 23,000.00	¥ 23,000.00	¥ -	40	已冲销√	张军
13	18/2/26	¥ 24,000.00	¥ 10,000.00	¥ 14,000.00	60	未到结账期	崔成浩
14	18/2/28	¥ 30,000.00	¥ 10,000.00	¥ 20,000.00	30	未到结账期	苏佳
15	18/3/1	¥ 8,000.00		¥ 8,000.00	10	已逾期	韩玲
16	18/3/3	¥ 8,500.00	¥ 5,000.00	¥ 3,500.00	25	已逾期	彭丽丽
17	18/3/14	¥ 8,500.00	¥ 1,000.00	¥ 7,500.00	10	已逾期	张军
18	18/3/15	¥ 28,000.00	¥ 8,000.00	¥ 20,000.00	90	未到结账期	韩玲
19	18/3/17	¥ 22,000.00	¥ 10,000.00	¥ 12,000.00	60	未到结账期	刘心怡
20	18/3/17	¥ 6,000.00		¥ 6,000.00	15	未到结账期	张文轩
21	18/3/22	¥ 28,600.00	¥ 5,000.00	¥ 23,600.00	30	未到结账期	张军

图 8-6

公式解析

1. IF 函数

IF 函数的基本语法参见 5.2 节例 1。

2. 本例公式

①这是一个 IF 函数多层嵌套的公式，首先判断是否 "D4=E4"，如果是，则返回 "已冲销√"。

=IF(D4=E4,"已冲销√",IF((C4+G4)<$C$2,"已逾期","未到结账期"))

②如果不是，则进行二次判断，如果"(C4+G4)<$C$2"，则返回"已逾期"，否则返回"未到结账期"。

8.1.2 筛选查看已逾期账款与已冲销账款

如果账目条目很多，为方便对已逾期账款的查看，可以通过筛选功能筛选查看。对于已冲销的账款可以通过筛选并执行删除处理。

1. 筛选查看已逾期的账款

当账目条目很多时，通过筛选查看已逾期的账款以便于对当前逾期情况的掌握，进而采取处理措施。

❶ 选中包含列标识在内的所有数据区域，在"数据"选项卡的"排序和筛选"组中单击"筛选"按钮，此时列标识添加筛选按钮，如图 8-7 所示。

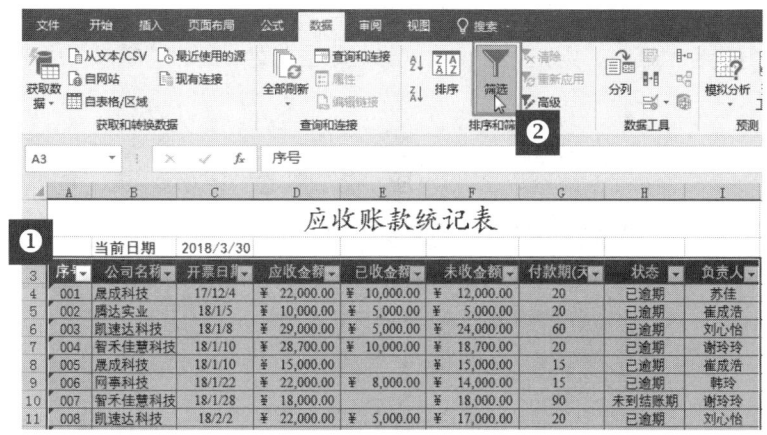

图 8-7

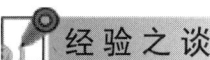

由于当前表格在第 2 行中设计了利用公式返回当前日期（这个日期在判断账款是否逾期时使用到），因此破坏了数据明细表的连续性，此时如果选中数据区域中的任意单元格，然后单击"筛选"按钮，并不能正确地为列标识添加自动筛选。这种情况中需要选中包含列标识在内的所有数据区域，再执行"筛选"命令。

❷ 此时单击"状态"字段的右侧筛选按钮,在展开的列表中只选中"已逾期"项,如图8-8所示。

❸ 单击"确定"按钮即可将已逾期的账款筛选出来,如图8-9所示。

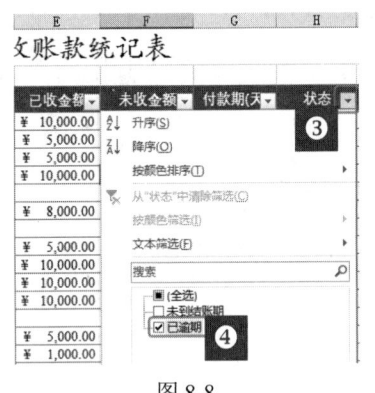

图8-8

	A	B	C	D	E	F	G	H
1				应收账款统记表				
2		当前日期	2018/3/30					
3	序号	公司名称	开票日期	应收金额	已收金额	未收金额	付款期(天)	状态
4	001	晟成科技	17/12/4	¥ 22,000.00	¥ 10,000.00	¥ 12,000.00	20	已逾期
5	002	腾达实业	18/1/5	¥ 10,000.00	¥ 5,000.00	¥ 5,000.00	20	已逾期
6	003	凯速达科技	18/1/8	¥ 29,000.00	¥ 5,000.00	¥ 24,000.00	60	已逾期
7	004	智禾佳慧科技	18/1/10	¥ 28,700.00	¥ 10,000.00	¥ 18,700.00	20	已逾期
8	005	晟成科技	18/1/10	¥ 15,000.00		¥ 15,000.00	15	已逾期
9	006	网事科技	18/1/22	¥ 22,000.00	¥ 8,000.00	¥ 14,000.00	15	已逾期
11	008	凯速达科技	18/2/2	¥ 22,000.00	¥ 5,000.00	¥ 17,000.00	20	已逾期
12	009	凯速达科技	18/2/4	¥ 23,000.00	¥ 10,000.00	¥ 13,000.00	40	已逾期
15	012	锐泰科技	18/3/1	¥ 8,000.00		¥ 8,000.00	10	已逾期
16	013	锐泰科技	18/3/3	¥ 8,500.00	¥ 5,000.00	¥ 3,500.00	25	已逾期
17	014	腾达实业	18/3/14	¥ 8,500.00	¥ 1,000.00	¥ 7,500.00	10	已逾期
22								

图8-9

2. 筛选并删除已冲销的账款

企业应收账款是不断发生变化的,每天发生销售业务都有可能产生新的应收账款,如果部分偿还款到账,则需要及时记录;如果全部偿还,则需要将记录删除。因此在判断应收账款当前状态时,在公式中设计了一个判断,即当"应收金额"等于"已收金额"时返回"已冲销"文字,此项设计是为了实现当账款全部偿还时,能及时地删除应收账款的记录。

当某项账款已经全部偿还时,则先正确填入"已收金额"列,此时"状态"栏中则会返回"已冲销√",如图8-10所示。

	A	B	C	D	E	F	G	H
1				应 收 账 款 记 录 表				
2		当前日期	2018/3/30					
3	序号	公司名称	开票日期	应收金额	已收金额	未收金额	付款期(天)	状态
4	001	晟成科技	17/12/4	¥ 22,000.00	¥ 10,000.00	¥ 12,000.00	20	已逾期
5	002	腾达实业	18/1/5	¥ 10,000.00	¥ 10,000.00	¥ -	20	已冲销√
6	003	凯速达科技	18/1/8	¥ 29,000.00	¥ 5,000.00	¥ 24,000.00	60	已逾期
7	004	智禾佳慧科技	18/1/10	¥ 28,700.00	¥ 10,000.00	¥ 18,700.00	20	已逾期
8	005	晟成科技	18/1/10	¥ 15,000.00		¥ 15,000.00	15	已逾期
9	006	网事科技	18/1/22	¥ 22,000.00	¥ 8,000.00	¥ 14,000.00	15	已逾期
10	007	智禾佳慧科技	18/1/28	¥ 18,000.00		¥ 18,000.00	90	未到结账期
11	008	凯速达科技	18/2/2	¥ 22,000.00	¥ 5,000.00	¥ 17,000.00	20	已逾期
12	009	凯速达科技	18/2/4	¥ 23,000.00	¥ 23,000.00	¥ -	40	已冲销√
13	010	锐泰科技	18/2/26	¥ 24,000.00	¥ 10,000.00	¥ 14,000.00	60	未到结账期
14	011	晟成科技	18/2/28	¥ 30,000.00	¥ 10,000.00	¥ 20,000.00	30	未到结账期
15	012	锐泰科技	18/3/1	¥ 8,000.00		¥ 8,000.00	10	已逾期
16	013	锐泰科技	18/3/3	¥ 8,500.00	¥ 5,000.00	¥ 3,500.00	25	已逾期
17	014	腾达实业	18/3/14	¥ 8,500.00	¥ 1,000.00	¥ 7,500.00	10	已逾期

图8-10

❶ 单击"状态"字段的右侧筛选按钮,在展开的列表中只选中"已冲销√"项,如图8-11所示。

图 8-11

❷ 单击"确定"按钮，即可将已冲销的账款筛选出来，如图 8-12 所示。

图 8-12

❸ 选中筛选出的已冲销记录行，在行标上单击鼠标右键，在弹出的快捷菜单中选择"删除行"命令（如图 8-13 所示），即可将已冲销的账款从工作表中删除。

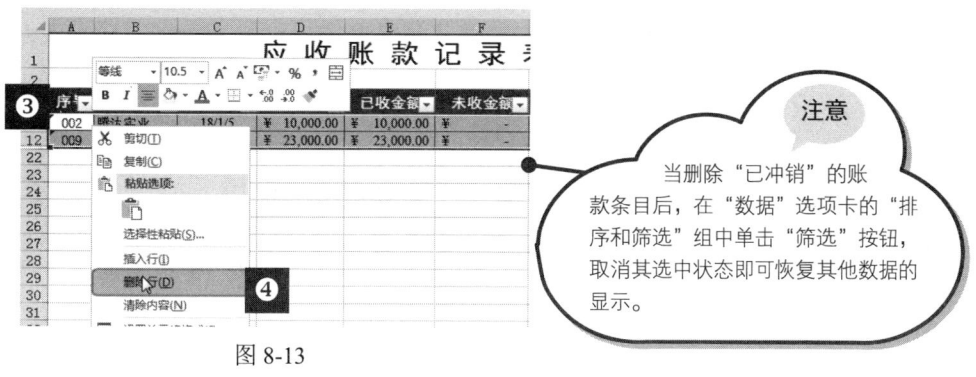

图 8-13

> **注意**
> 当删除"已冲销"的账款条目后，在"数据"选项卡的"排序和筛选"组中单击"筛选"按钮，取消其选中状态即可恢复其他数据的显示。

8.1.3 应收账款的账务处理

在处理应收账款的账务时，一般都是按实际交易金额进行入账的，如果存在商业折扣的情况，则需要扣减商业折扣。即实际入账金额应该是扣除商业折扣后的实际金额，商业

折扣不在买卖任何一方的账面反映。

1. 商业折扣情况下的账务处理

例如，2018 年 3 月 21 日一笔销售订单金额为 98 000 元，商业折扣为 8.5%，扣除商业折扣后的金额为 83 300 元。因此记账金额就为 83 300 元，3 月份已记账（借记“应收账款”、贷记“主营业务收入”）。2018 年 4 月 4 日收到部分货款 50 000 元，此时应进行如下账务处理。

❶ 打开在第 7 章建立的“日记账”工作簿，并将“填制记账凭证”工作簿中的“通用记账凭证”表格也复制到“日记账”工作簿中。

❷ 在“通用记账凭证”表格中输入该业务的记账凭证，借记“银行存款”、贷记“应收账款”，如图 8-14 所示。

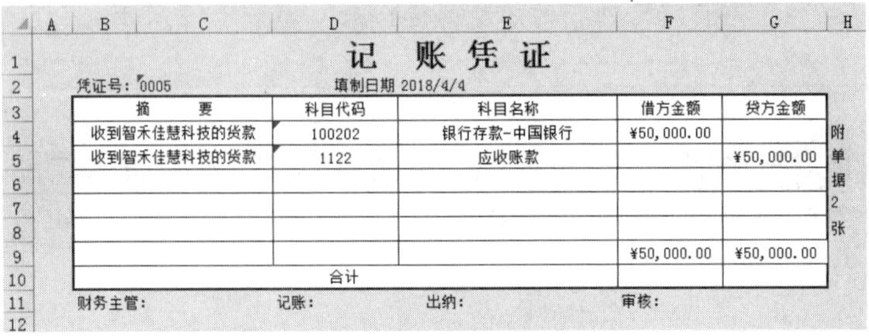

记 账 凭 证

凭证号：0005　　填制日期 2018/4/4

摘　要	科目代码	科目名称	借方金额	贷方金额
收到智禾佳慧科技的货款	100202	银行存款-中国银行	¥50,000.00	
收到智禾佳慧科技的货款	1122	应收账款		¥50,000.00
			¥50,000.00	¥50,000.00
		合计		

附单据 2 张

财务主管：　记账：　出纳：　审核：

图 8-14

❸ 切换到“记账凭证汇总表”中，填制日期、凭证号、摘要及金额，如图 8-15 所示。

❹ 在“科目代码”下拉列表中选择科目代码（如图 8-16 所示），选择后“账户名称”“总账代码”与“总账科目”则会自动返回，如图 8-17 所示。

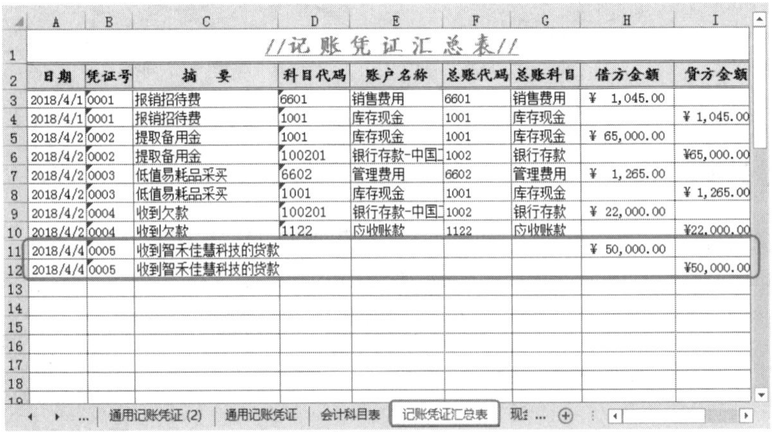

//记 账 凭 证 汇 总 表//

日期	凭证号	摘　要	科目代码	账户名称	总账代码	总账科目	借方金额	贷方金额
2018/4/1	0001	报销招待费	6601	销售费用	6601	销售费用	¥ 1,045.00	
2018/4/1	0001	报销招待费	1001	库存现金	1001	库存现金		¥ 1,045.00
2018/4/2	0002	提取备用金	1001	库存现金	1001	库存现金	¥ 65,000.00	
2018/4/2	0002	提取备用金	100201	银行存款-中国	1002	银行存款		¥65,000.00
2018/4/2	0003	低值易耗品采买	6602	管理费用	6602	管理费用	¥ 1,265.00	
2018/4/2	0003	低值易耗品采买	1001	库存现金	1001	库存现金		¥ 1,265.00
2018/4/2	0004	收到欠款	100201	银行存款-中国	1002	银行存款	¥ 22,000.00	
2018/4/2	0004	收到欠款	1122	应收账款	1122	应收账款		¥22,000.00
2018/4/4	0005	收到智禾佳慧科技的货款					¥ 50,000.00	
2018/4/4	0005	收到智禾佳慧科技的货款						¥50,000.00

图 8-15

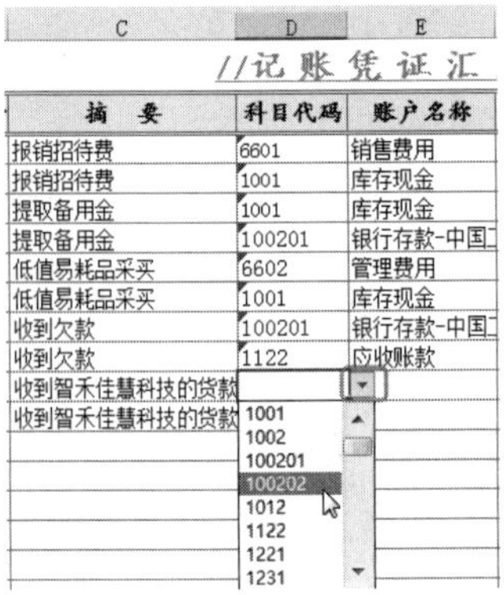

//记 账 凭 证 汇

摘　要	科目代码	账户名称
报销招待费	6601	销售费用
报销招待费	1001	库存现金
提取备用金	1001	库存现金
提取备用金	100201	银行存款-中国
低值易耗品采买	6602	管理费用
低值易耗品采买	1001	库存现金
收到欠款	100201	银行存款-中国
收到欠款	1122	应收账款
收到智禾佳慧科技的货款		
收到智禾佳慧科技的货款		

图 8-16

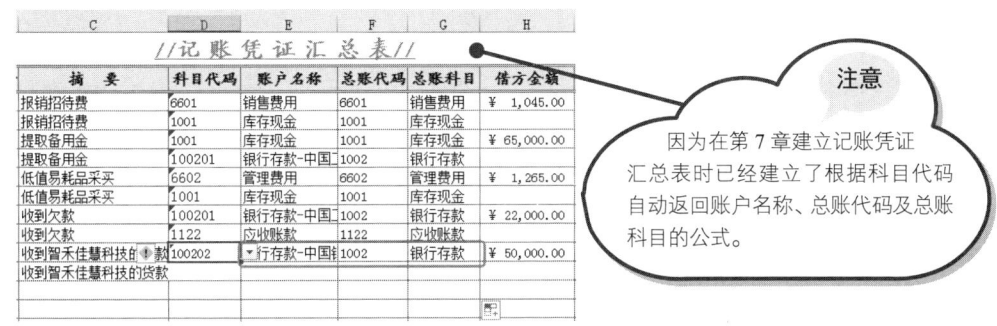

图 8-17

❺ 按相同方法选择贷方科目代码,自动返回"账户名称""总账代码"与"总账科目",如图 8-18 所示。

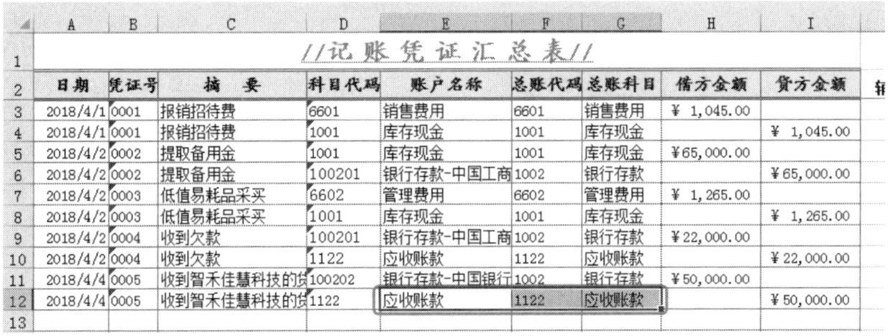

图 8-18

❻ 登记银行存款日记账。在第 7 章已经介绍过现金日记账与银行存款日记账的登记都来自于"记账凭证汇总表",并且在设计表格时都是通过设计公式,从而实现数据的自动填制。因此,只要正确地填制了"记账凭证汇总表",则银行存款日记账可以自动填制,如图 8-19 所示中画框记录则为自动填制的记录。

图 8-19

2．现金折扣情况下的账务处理

现金折扣是指为了鼓励客户尽早支付货款而采取的一种折扣政策，例如 10 天内付款给予 2%的折扣，20 天内付款给予 1%的折扣，超过此期限付款的不予折扣等。其表示方法常用 2/10、1/20、n/30 这种形式。

这种情况的账务处理一般是将未扣除现金折扣前的金额作为应收账款的入账金额，如果客户在折扣期内支付货款，此时才能确定现金折扣，财务处理时将现金折扣金额作为财务费用处理。

例如，2018 年 3 月 22 日一笔销售订单金额为 22 000 元（给对方的现金折扣为 10/10、5/20，表示付款期限在 10 天内，折扣为 10%；付款期限在 20 天内，折扣为 5%）。3 月份已记账（借记“应收账款”、贷记“主营业务收入”）。在 2018 年 4 月 5 日收到货款，由于此货款在第 20 日内收到，因此给对方 5%的现金折扣，给予的 1100 元折扣记作“财务费用”。收到此货款时进行如下账务处理。

❶ 在“通用记账凭证”表格中输入该业务的记账凭证，借记“银行存款”与“财务费用”、贷记“应收账款”，如图 8-20 所示。

记 账 凭 证

凭证号：0007　　填制日期 2018/4/5

摘　要	科目代码	科目名称	借方金额	贷方金额	
收到晟成科技的货款	100201	银行存款-中国工商银行	¥20,900.00		附
收到晟成科技的货款	6603	财务费用	¥ 1,100.00		单
收到晟成科技的货款	1122	应收账款		¥ 22,000.00	据
					2
					张
			¥22,000.00	¥22,000.00	
	合计				

财务主管：　　记账：　　出纳：　　审核：

图 8-20

❷ 切换到“记账凭证汇总表”中，按前面相同的方法填制记账凭证，如图 8-21 所示。

//记 账 凭 证 汇 总 表//

日期	凭证号	摘　要	科目代码	账户名称	总账代码	总账科目	借方金额	贷方金额
2018/4/1	0001	报销招待费	6601	销售费用	6601	销售费用	¥ 1,045.00	
2018/4/1	0001	报销招待费	1001	库存现金	1001	库存现金		¥ 1,045.00
2018/4/2	0002	提取备用金	1001	库存现金	1001	库存现金	¥65,000.00	
2018/4/2	0002	提取备用金	100201	银行存款-中国工商	1002	银行存款		¥65,000.00
2018/4/2	0003	低值易耗品采买	6602	管理费用	6602	管理费用	¥ 1,265.00	
2018/4/2	0003	低值易耗品采买	1001	库存现金	1001	库存现金		¥ 1,265.00
2018/4/2	0004	收到欠款	100201	银行存款-中国工商	1002	银行存款	¥22,000.00	
2018/4/2	0004	收到欠款	1122	应收账款	1122	应收账款		¥22,000.00
2018/4/4	0005	收到智禾佳慧科技的货	100202	银行存款-中国银行	1002	银行存款	¥50,000.00	
2018/4/4	0005	收到智禾佳慧科技的货	1122	应收账款	1122	应收账款		¥50,000.00
2018/4/4	0006	福利采买	6602	管理费用	6602	管理费用	¥ 2,200.00	
2018/4/4	0006	福利采买	1001	库存现金	1001	库存现金		¥ 2,200.00
2018/4/5	0007	收到晟成科技的货款	100202	银行存款-中国银行	1002	银行存款	¥20,900.00	
2018/4/5	0007	收到晟成科技的货款	6603	财务费用	6603	财务费用	¥ 1,100.00	
2018/4/5	0007	收到晟成科技的货款	1122	应收账款	1122	应收账款		¥22,000.00

通用记账凭证 (2)　通用记账凭证　会计科目表　记账凭证汇总表　现 ...

图 8-21

❸ 正确地填制了记账凭证汇总表后，则银行存款日记账可以自动填制，如图 8-22 所示中画框记录则为自动填制的记录。

图 8-22

8.2 应收账款的分析

对应收账款分析包括对逾期未收金额计算、分客户统计应收账款等，从而得到一些统计报表。

8.2.1 计算各笔账款逾期未收金额

对各笔应收账款的逾期未收金额进行统计（分时段统计），是进行账龄分析的基础。可以利用公式进行计算。

❶ 在"应收账款记录表"的右侧建立账龄分段标识（因为各个账龄段的未收金额的计算源数据来源于"应收账款记录表"，因此将统计表建立在此处便于对数据的引用），如图 8-23 所示。

图 8-23

❷ 选中 J4 单元格，在编辑栏中输入公式：

```
=IF(AND($C$2-(C4+G4)>0,$C$2-(C4+G4)<=30),D4-E4,0)
```

按 Enter 键，判断第一条应收账款记录是否到期，如果到期，是否在“0-30”区间，如果是，则返回未收金额，否则返回 0 值，如图 8-24 所示。

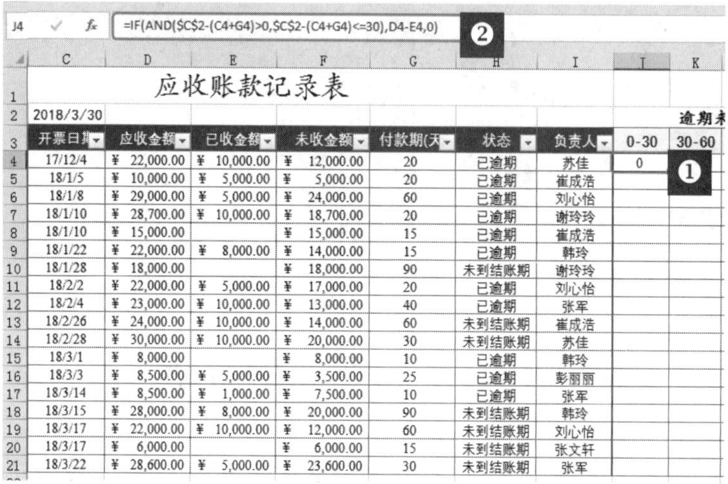

J4 =IF(AND($C$2-(C4+G4)>0,$C$2-(C4+G4)<=30),D4-E4,0) ❷

应收账款记录表

2018/3/30 逾期未

	C 开票日期	D 应收金额	E 已收金额	F 未收金额	G 付款期(天)	H 状态	I 负责人	J 0-30	K 30-60
4	17/12/4	¥ 22,000.00	¥ 10,000.00	¥ 12,000.00	20	已逾期	苏佳	0 ❶	
5	18/1/5	¥ 10,000.00	¥ 5,000.00	¥ 5,000.00	20	已逾期	崔成浩		
6	18/1/8	¥ 29,000.00	¥ 5,000.00	¥ 24,000.00	60	已逾期	刘心怡		
7	18/1/10	¥ 28,700.00	¥ 10,000.00	¥ 18,700.00	20	已逾期	谢玲玲		
8	18/1/10	¥ 15,000.00		¥ 15,000.00	15	已逾期	崔成浩		
9	18/1/22	¥ 22,000.00	¥ 8,000.00	¥ 14,000.00	15	已逾期	韩玲		
10	18/1/28	¥ 18,000.00		¥ 18,000.00	90	未到结账期	谢玲玲		
11	18/2/2	¥ 22,000.00	¥ 5,000.00	¥ 17,000.00	20	已逾期	刘心怡		
12	18/2/4	¥ 23,000.00	¥ 10,000.00	¥ 13,000.00	40	已逾期	张军		
13	18/2/26	¥ 24,000.00	¥ 10,000.00	¥ 14,000.00	60	未到结账期	崔成浩		
14	18/2/28	¥ 30,000.00	¥ 10,000.00	¥ 20,000.00	30	未到结账期	苏佳		
15	18/3/1	¥ 8,000.00		¥ 8,000.00	10	已逾期	韩玲		
16	18/3/3	¥ 8,500.00	¥ 5,000.00	¥ 3,500.00	25	已逾期	彭丽丽		
17	18/3/14	¥ 8,500.00	¥ 1,000.00	¥ 7,500.00	10	已逾期	张军		
18	18/3/15	¥ 28,000.00	¥ 8,000.00	¥ 20,000.00	90	未到结账期	韩玲		
19	18/3/17	¥ 22,000.00	¥ 10,000.00	¥ 12,000.00	60	未到结账期	刘心怡		
20	18/3/17	¥ 6,000.00		¥ 6,000.00	15	未到结账期	张文轩		
21	18/3/22	¥ 28,600.00	¥ 5,000.00	¥ 23,600.00	30	未到结账期	张军		

图 8-24

公式解析

1. AND 函数

AND 函数基本语法参见 5.2 节例 2。

条件 1，是条件值或表达式。　　条件 2，是条件值或表达式。

=AND(B2>60,C2>60)

当这两个参数都为“真”时，AND 函数返回结果 TRUE，否则返回 FALSE。

2. 本例公式

①“C4+G4”求取的是开票日期与付款期的和，即到期日期，用 C2 单元格为当前日期与到期日期求差值得到的是逾期天数。

=IF(AND($C$2-(C4+G4)>0,$C$2-(C4+G4)<=30),D4-E4,0)

②这一部分是 AND 函数判断“$C$2-(C4+G4)>0”、“$C$2-(C4+G4)<=30”这两个条件是否同时满足，当同时满足时，返回“D4-E4”的值，否则返回 0。

❸ 选中 K4 单元格，在编辑栏中输入公式：
=IF(AND($C$2-(C4+G4)>30,$C$2-(C4+G4)<=60),D4-E4,0)

按 Enter 键，判断第一条应收账款记录是否到期，如果到期，是否在"30-60"区间，如果是，则返回未收金额，否则返回 0 值，如图 8-25 所示。

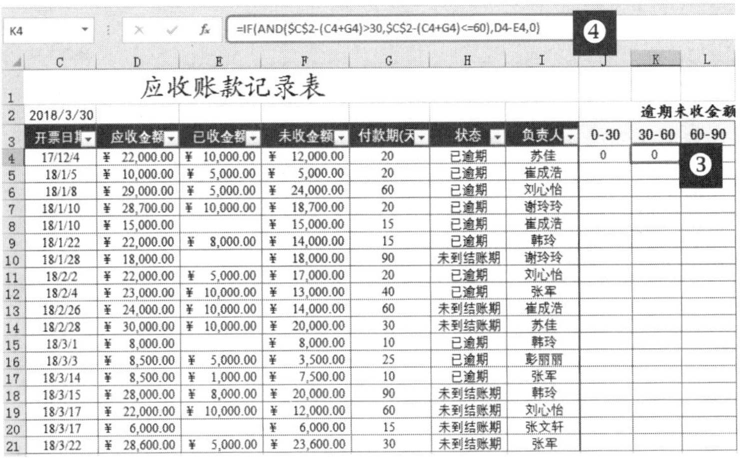

图8-25

❹ 选中 L4 单元格，在编辑栏中输入公式：
=IF(AND($C$2-(C4+G4)>60,$C$2-(C4+G4)<=90),D4-E4,0)

按 Enter 键，判断第一条应收账款记录是否到期，如果到期，是否在"60-90"区间，如果是，则返回未收金额，否则返回 0 值，如图 8-26 所示。

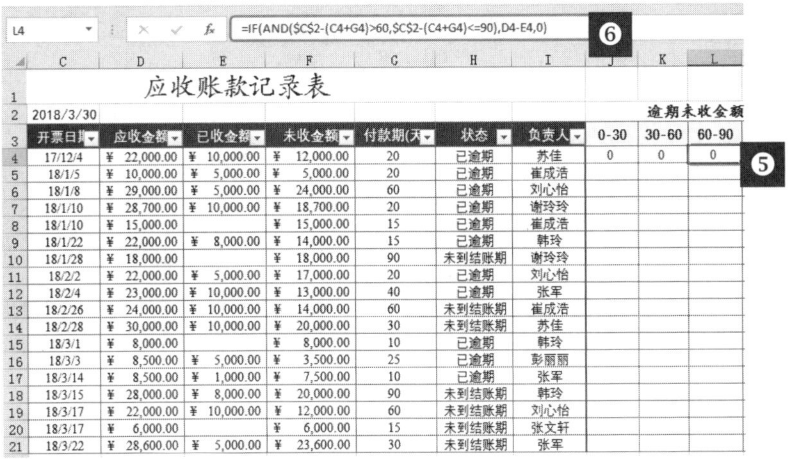

图8-26

❺ 选中 M4 单元格，在编辑栏中输入公式：
=IF($C$2-(C4+G4)>90,D4-E4,0)

按 Enter 键，判断第一条应收账款记录是否到期，如果到期，是否在“90 天以上”区间，如果是，则返回未收金额，否则返回 0 值，如图 8-27 所示。

M4 =IF($C$2-(C4+G4)>90,D4-E4,0)

应收账款记录表

2018/3/30							逾期未收金额			
开票日期	应收金额	已收金额	未收金额	付款期(天)	状态	负责人	0-30	30-60	60-90	90天以上
17/12/4	¥ 22,000.00	¥ 10,000.00	¥ 12,000.00	20	已逾期	苏佳	0	0	0	12000
18/1/5	¥ 10,000.00	¥ 5,000.00	¥ 5,000.00	20	已逾期	崔成浩				
18/1/8	¥ 29,000.00	¥ 5,000.00	¥ 24,000.00	60	已逾期	刘心怡				
18/1/10	¥ 28,700.00	¥ 10,000.00	¥ 18,700.00	20	已逾期	谢玲玲				
18/1/10	¥ 15,000.00		¥ 15,000.00	15	已逾期	崔成浩				
18/1/22	¥ 22,000.00	¥ 8,000.00	¥ 14,000.00	15	已逾期	韩玲				
18/1/28	¥ 18,000.00		¥ 18,000.00	90	未到结账期	谢玲玲				
18/2/2	¥ 22,000.00	¥ 5,000.00	¥ 17,000.00	20	已逾期	刘心怡				
18/2/4	¥ 23,000.00	¥ 10,000.00	¥ 13,000.00	40	已逾期	张军				
18/2/26	¥ 24,000.00	¥ 10,000.00	¥ 14,000.00	60	未到结账期	崔成浩				
18/2/28	¥ 30,000.00	¥ 10,000.00	¥ 20,000.00	30	未到结账期	苏佳				
18/3/1	¥ 8,000.00		¥ 8,000.00	10	已逾期	韩玲				
18/3/3	¥ 8,500.00	¥ 5,000.00	¥ 3,500.00	25	已逾期	彭丽丽				
18/3/14	¥ 8,500.00	¥ 1,000.00	¥ 7,500.00	10	已逾期	张军				
18/3/15	¥ 28,000.00	¥ 8,000.00	¥ 20,000.00	90	未到结账期	韩玲				
18/3/17	¥ 22,000.00	¥ 10,000.00	¥ 12,000.00	60	未到结账期	刘心怡				
18/3/17	¥ 6,000.00		¥ 6,000.00	15	未到结账期	张文轩				
18/3/22	¥ 28,600.00	¥ 5,000.00	¥ 23,600.00	30	未到结账期	张军				

图 8-27

❻ 选中 J4:M4 单元格区域，将光标定位到该单元格区域右下角，当出现黑色十字形时，按住鼠标左键向下拖动。拖动到目标位置后，释放鼠标即可快速返回各条应收账款所在的账龄区间，如图 8-28 所示。

应收账款记录表

2018/3/30							逾期未收金额			
开票日期	应收金额	已收金额	未收金额	付款期(天)	状态	负责人	0-30	30-60	60-90	90天以上
17/12/4	¥ 22,000.00	¥ 10,000.00	¥ 12,000.00	20	已逾期	苏佳	0	0	0	12000
18/1/5	¥ 10,000.00	¥ 5,000.00	¥ 5,000.00	20	已逾期	崔成浩	0	0	5000	0
18/1/8	¥ 29,000.00	¥ 5,000.00	¥ 24,000.00	60	已逾期	刘心怡	24000	0	0	0
18/1/10	¥ 28,700.00	¥ 10,000.00	¥ 18,700.00	20	已逾期	谢玲玲	0	18700	0	0
18/1/10	¥ 15,000.00		¥ 15,000.00	15	已逾期	崔成浩	0	0	15000	0
18/1/22	¥ 22,000.00	¥ 8,000.00	¥ 14,000.00	15	已逾期	韩玲	0	14000	0	0
18/1/28	¥ 18,000.00		¥ 18,000.00	90	未到结账期	谢玲玲	0	0	0	0
18/2/2	¥ 22,000.00	¥ 5,000.00	¥ 17,000.00	20	已逾期	刘心怡	0	17000	0	0
18/2/4	¥ 23,000.00	¥ 10,000.00	¥ 13,000.00	40	已逾期	张军	13000	0	0	0
18/2/26	¥ 24,000.00	¥ 10,000.00	¥ 14,000.00	60	未到结账期	崔成浩	0	0	0	0
18/2/28	¥ 30,000.00	¥ 10,000.00	¥ 20,000.00	30	未到结账期	苏佳	0	0	0	0
18/3/1	¥ 8,000.00		¥ 8,000.00	10	已逾期	韩玲	8000	0	0	0
18/3/3	¥ 8,500.00	¥ 5,000.00	¥ 3,500.00	25	已逾期	彭丽丽	3500	0	0	0
18/3/14	¥ 8,500.00	¥ 1,000.00	¥ 7,500.00	10	已逾期	张军	7500	0	0	0
18/3/15	¥ 28,000.00	¥ 8,000.00	¥ 20,000.00	90	未到结账期	韩玲	0	0	0	0
18/3/17	¥ 22,000.00	¥ 10,000.00	¥ 12,000.00	60	未到结账期	刘心怡	0	0	0	0
18/3/17	¥ 6,000.00		¥ 6,000.00	15	未到结账期	张文轩	0	0	0	0
18/3/22	¥ 28,600.00	¥ 5,000.00	¥ 23,600.00	30	未到结账期	张军	0	0	0	0

图 8-28

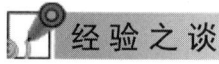

经验之谈

上面几个单元格的公式都是使用 IF 与 AND 函数的组合对不同逾期天数区间进行判断，理解起来并不难，可以查看步骤②中的公式解析进行理解。

8.2.2 分客户统计应收账款

统计出各客户信用期内及各个账龄区间的未收金额,可以让财务人员清楚地了解哪些客户是企业的重点债务对象。

1. 统计各客户在各个账龄区间的未收款

统计各客户在各个账龄区间的未收款主要可以使用 SUMIF 函数进行按条件求和运算。

❶ 插入新工作表,将工作表标签重命名为"分客户分析逾期未收金额"。输入各项列标识(按账龄区间显示)、公司名称并对表格进行格式设置,如图 8-29 所示。

图 8-29

❷ 选中 B2 单元格,在编辑栏中输入公式:
=SUMIF(应收账款记录表!$B$4:$B$25,$A2,应收账款记录表!J$4:J$25)

按 Enter 键,计算出"凯速达科技"在"0-30"天账龄期的金额,如图 8-30 所示。

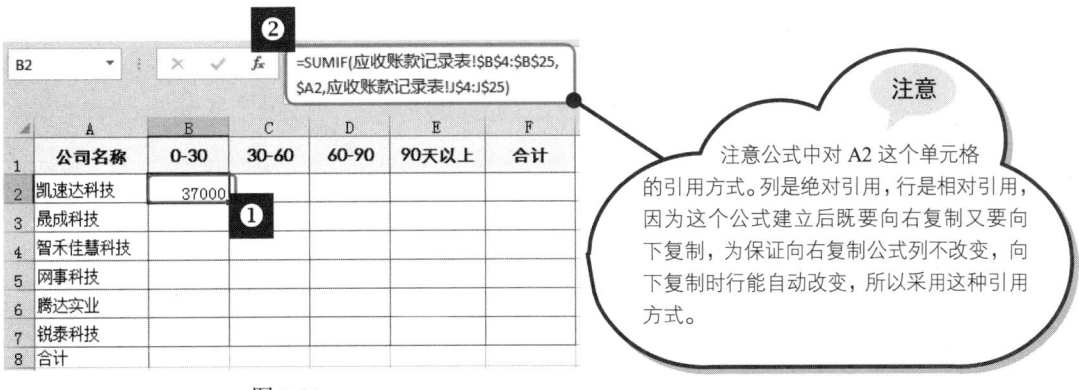

注意公式中对 A2 这个单元格的引用方式。列是绝对引用,行是相对引用,因为这个公式建立后既要向右复制又要向下复制,为保证向右复制公式列不改变,向下复制时行能自动改变,所以采用这种引用方式。

图 8-30

> **公式解析**
>
> **1. SUMIF 函数**
> SUMIF 函数的基本语法参见 5.2 节例 3。
>
> **2. 本例公式**
> =SUMIF(应收账款记录表!$B$4:$B$25,$A2,应收账款记录表!J$4:J$25)
>
> 公式表示先判断"应收账款记录表!$B$4:$B$25"中哪些单元格为 A2 指定的公司名称,然后将对应于"应收账款记录表!J$4:J$25"上的值求和。

❸ 选中 B2 单元格,将光标定位到该单元格区域右下角,当出现黑色十字形时,按住鼠标左键向右拖动,释放鼠标即可快速统计出各账龄区间的金额,如图 8-31 所示。

❹ 选中 B2:E2 单元格区域,将光标定位到该单元格区域右下角,当出现黑色十字形时,按住鼠标左键向下拖动,释放鼠标即可快速统计出各客户信用期内及各个账龄区间的金额,如图 8-32 所示.

图 8-31

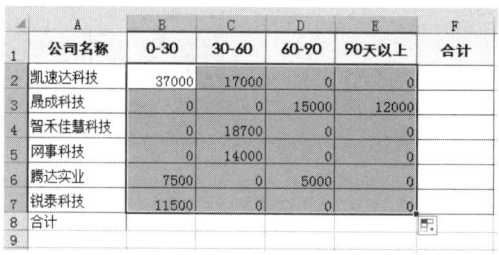

图 8-32

> **经 验 之 谈**

由于在"应收账款记录表"中,"0-30""30-60""60-90""90 天以上"几列是连续显示的,所以在设置了 C3 单元格的公式后,可以利用复制公式的方法快速完成其他单元格公式的设置,然后再向下复制公式则又批量求出了各个公司在各个账龄期间的总额。

在实现这种既向右复制公式又向下复制公式的操作,对于单元格引用方式的设置是极为重要的,即要使用混合引用的方式。

➥ "应收账款记录表!$B$4:$B$25":无论公式向右复制还是向下复制,此区域为条件判断的区域,所以始终不变。

➥ $A2:公式向右复制时,列不能变,即这一行中始终判断 A2 单元格;而公式向下复制时,则要依次判断 A3、A4、……,因此对列采用绝对引用,对行采用相对引用。

> "应收账款记录表!J$4:J$25": 公式向右复制时,用于求值的区域要依次改变列为 K、L、M,所以对列要使用相对引用。

❺ 选中 F2 单元格,在"公式"选项卡的"函数库"组中单击"自动求和"按钮,此时函数根据当前选中单元格左右的数据默认参与运算的单元格区域,如图 8-33 所示。

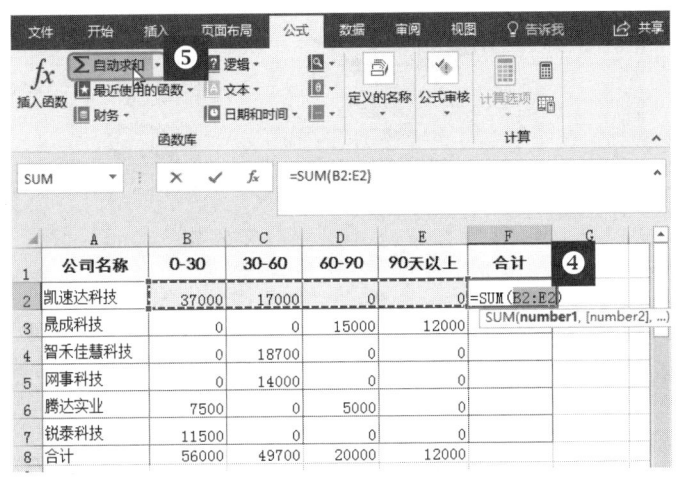

图 8-33

❻ 按 Enter 键即可得到求和结果,如图 8-34 所示。

❼ 选中 F2 单元格,拖动填充柄向下复制公式得到批量结果,如图 8-35 所示。

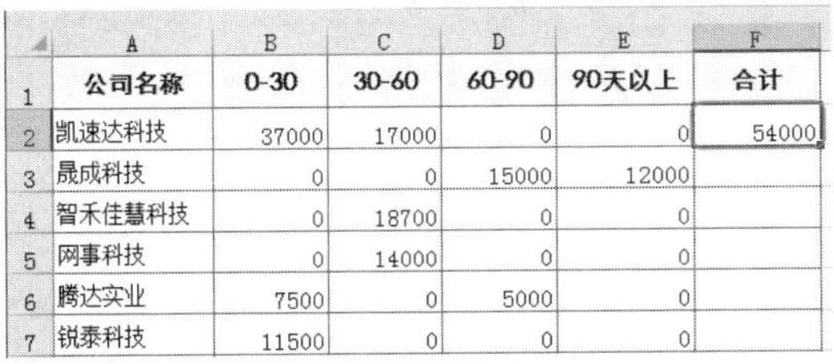

图 8-34 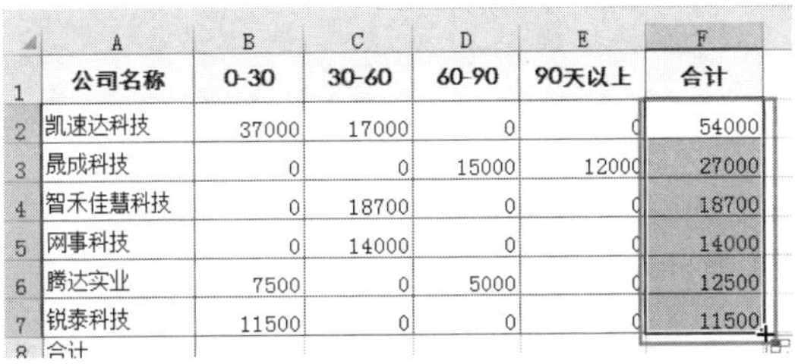   图 8-35

2. 建立图表直观比较各客户未收款

在完成了上面统计表的建立后,可以建立图表来直观显示出各个账龄区间的金额。

❶ 选中 F2:F7 单元格区域,在"数据"选项卡的"排序"组中单击"降序"按钮(如图 8-36 所示),弹出"排序提醒"对话框,保持默认选项(如图 8-37 所示),单击"确定"按钮即可将账款降序排序。

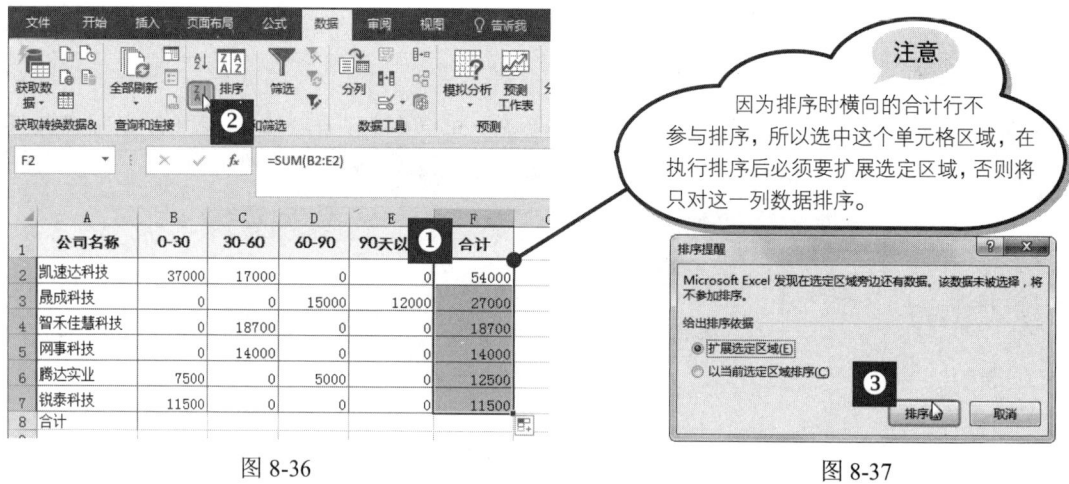

图 8-36　　　　　　　　　　图 8-37

❷ 选中 A2:A7、F2:F7 单元格区域，单击"插入"选项卡，在"图表"组中单击"饼图"按钮，在下拉菜单中选择一种图表，这里选择"二维饼图"（如图 8-38 所示），单击即可创建图表，如图 8-39 所示。

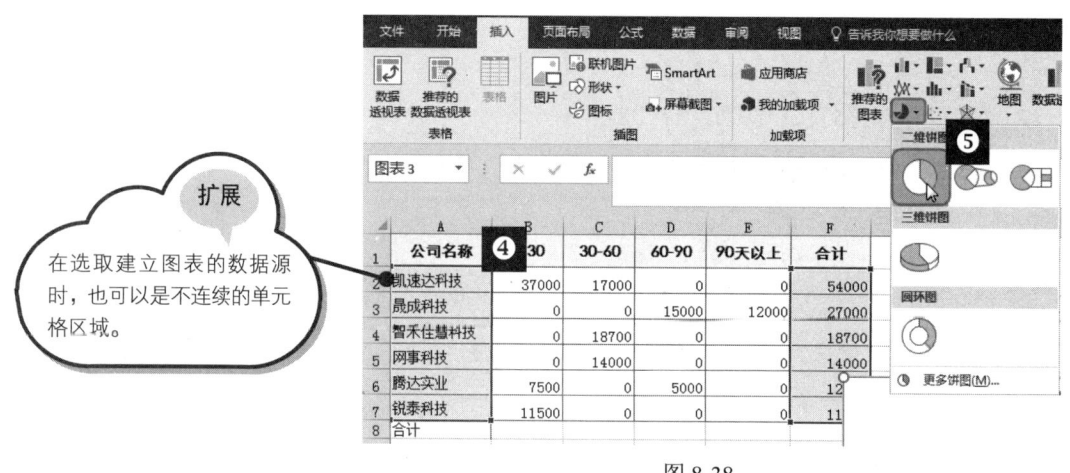

图 8-38

❸ 选中图表，在"图表工具-设计"选项卡的"图表样式"组中可选择图表样式（单击右侧 按钮，可以选择更多的样式），这里选中"样式 3"即可预览，单击即可应用，如图 8-40 所示。

❹ 选中图表，在"图表工具-设计"选项卡的"图表样式"组中单击"更改颜色"下拉按钮，在下拉列表中选中"颜色 5"，如图 8-41 所示。

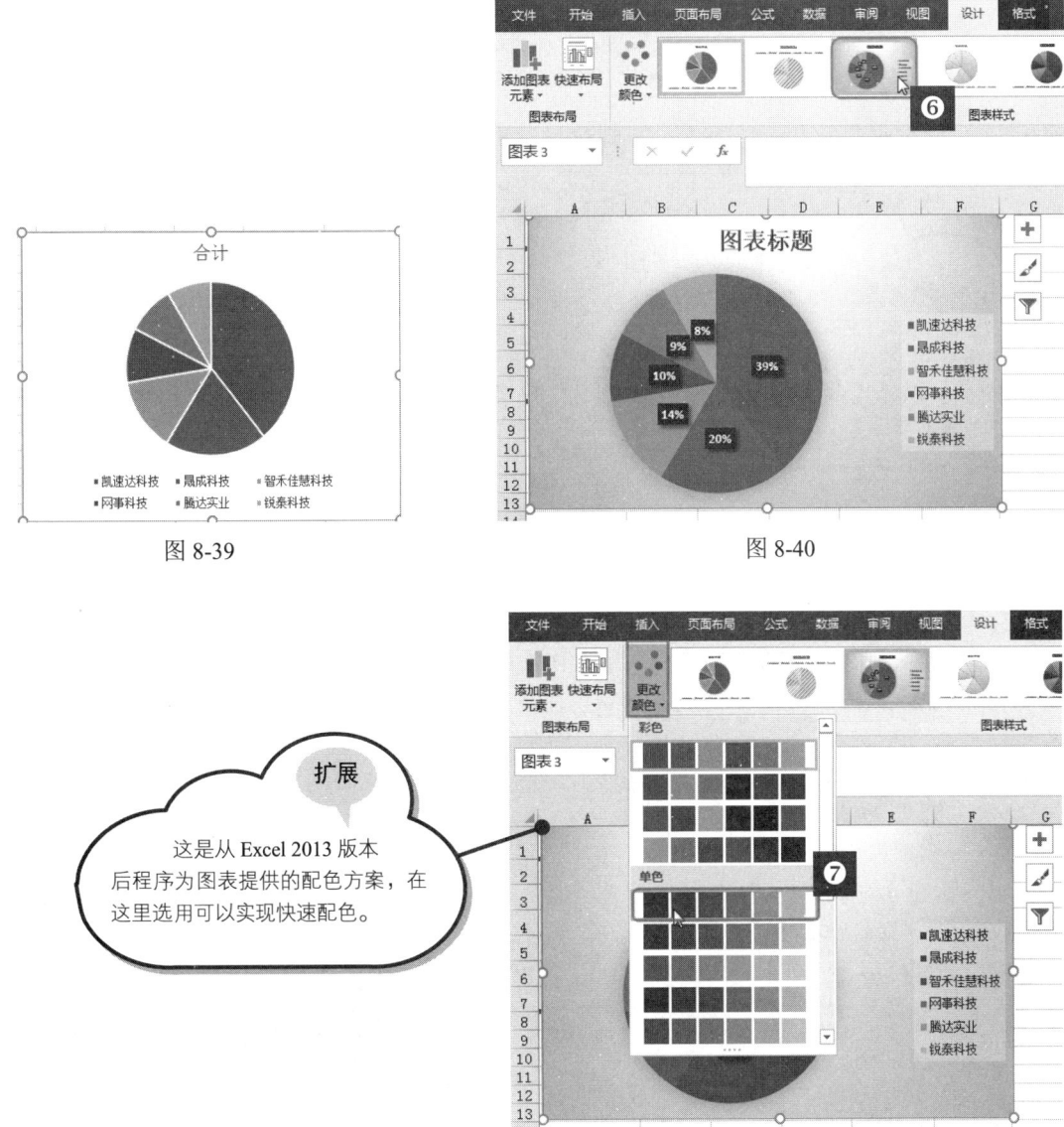

图 8-39　　　　　　　　　　　图 8-40

扩展

这是从 Excel 2013 版本后程序为图表提供的配色方案，在这里选用可以实现快速配色。

图 8-41

❺ 选中图表中最大的那个扇面，在"图表工具-格式"选项卡的"形状样式"组中单击"形状轮廓"下拉按钮，在打开的下拉列表中先选择"白色"主题色，再指向"粗细"，在子菜单中单击"2.25 磅"，如图 8-42 所示。

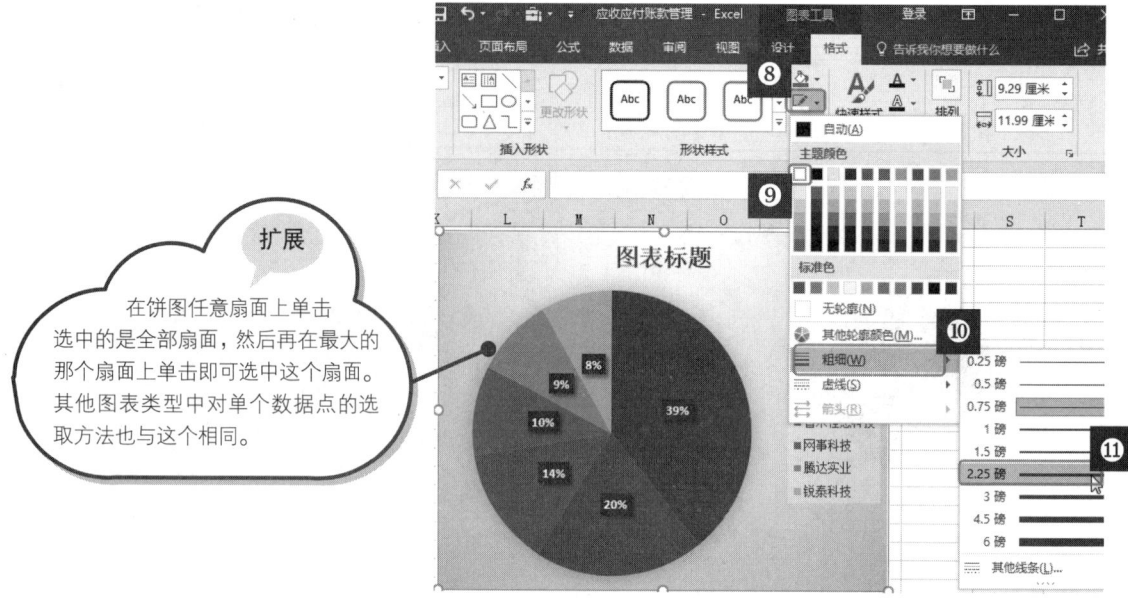

图 8-42

> **扩展**
> 在饼图任意扇面上单击选中的是全部扇面,然后再在最大的那个扇面上单击即可选中这个扇面。其他图表类型中对单个数据点的选取方法也与这个相同。

❻ 设置完成后,可以看到最大的扇面显示白色轮廓线,如图 8-43 所示。

❼ 按相同的方法将第二大扇面也设置为白色轮廓线,然后在图表标题框中输入图表名称。图表效果如图 8-44 所示。

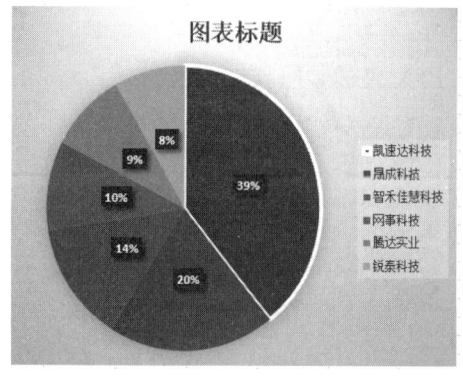

图 8-43

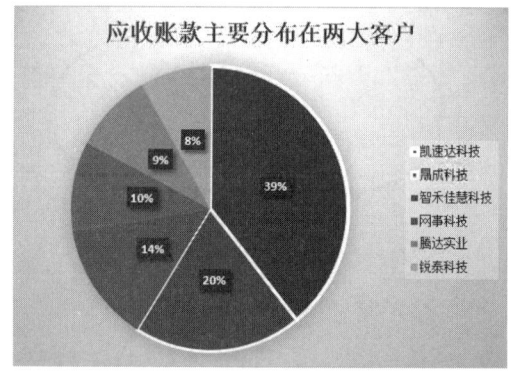

图 8-44

经验之谈

图表标题是用来阐明重要信息的,是必不可少的重要元素。而图表标题文字并不是随意输入的,主要有两方面要求:一是图表标题要设置的足够鲜明;二是一定要把图表想表达的信息写入标题,因为通常标题明确的图表，能够更快速地引导阅读者理解图表意思，读懂分析目的。可以使用例如"会员数量持续增加""A、B两种产品库存不足""新包装销量明显提升"等类似直达主题的标题。

8.2.3 应收账款的账龄分析

账龄分析是有效管理应收账款的基础，是确定应收账款管理重点的依据。对应收账款进行账龄分析，可以真实地反映出企业实际的资金流动情况，从而也能对难度较大的应收账款早做准备，同时对逾期较长的款项采取相应的催收措施。

1. 统计各账龄下的应收账款

在分客户统计了各个账龄段的应收账款后，可以对各个账龄段的账款进行合计统计，从而为提取坏账做准备。

❶ 在"分客户分析逾期未收金额"表格中，对各个账龄下的账款进行求和统计。选中B8单元格，在"数据"选项卡的"函数库"组中单击"自动求和"按钮，此时函数根据当前选中的单元格区域的数据进行求和运算，如图8-45所示。

❷ 按Enter键即可得到求和结果，此时拖动B8单元格右下角的填充柄向右填充得到批量结果，如图8-46所示。

图 8-45　　　　　　　　　　图 8-46

❸ 单击工作表下方 ⊕ 按钮，添加一张新工作表，并重命名为"应收账款账龄分析表，如图8-47所示。

❹ 单击"分客户分析逾期未收金额"工作表标签，切换到此表，选中B1:F1区域并复制，如图8-48所示。

图 8-47　　　　　　　　　图 8-48

❺ 切换回"应收账款账龄分析表",选中放置数据的起始单元格,在右键快捷菜单中选择"转置"命令(如图 8-49 所示),可将复制来的数据纵向转置,如图 8-50 所示。

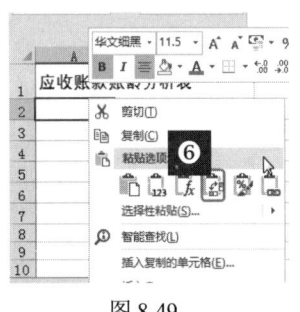

图 8-49　　　　　　　　　图 8-50

> **注意**
> 这里是介绍数据转置粘贴的方法,如果数据较少,也可以直接手工输入。

❻ 切换到"分客户分析逾期未收金额"工作表,复制 B8:F8 单元格区域数据,如图 8-51 所示。

❼ 切换回"应收账款账龄分析表",选中 B3 单元格并单击鼠标右键,在弹出的快捷菜单中选择"选择性粘贴"命令(如图 8-52 所示),打开"选择性粘贴"对话框。

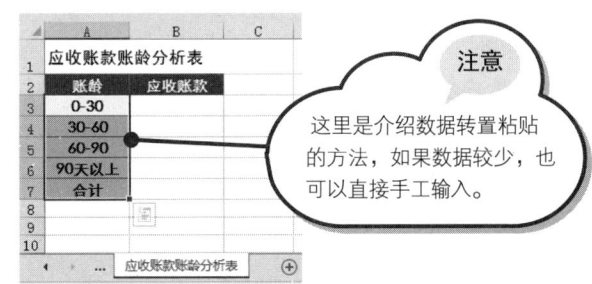

图 8-51　　　　　　　　　图 8-52

❽ 选中"数值"与"转置"两个选项,如图 8-53 所示,单击"确定"按钮,即可将复制来的数据以数值形式粘贴,如图 8-54 所示。

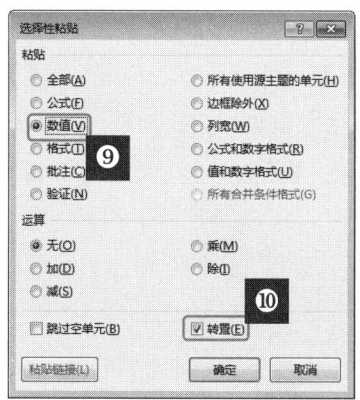

图 8-53

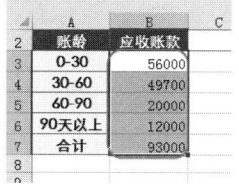

图 8-54

2. 计算各账龄下的应收账款所占比例

计算出各个账龄段的应收账款后，可以对它们占总应收账款的比例进行计算。

❶ 在"应收账款账龄分析表"中新建列标识"占比"，选中 C3 单元格输入公式：
=B3/$B$7

按 Enter 键返回计算结果，如图 8-55 所示。

❷ 选中 C3 单元格，通过拖动右下角的填充柄向下复制公式得到批量结果。保持数据选中状态，在"开始"选项卡的"数字"组中单击"数字格式"右侧下拉按钮，在下拉菜单中单击"百分比"选项（如图 8-56 所示），此时即可将数字格式转换为百分比，如图 8-57 所示。

图 8-55

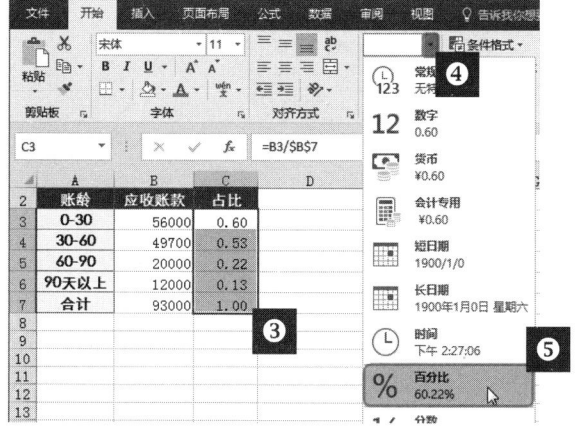

图 8-56

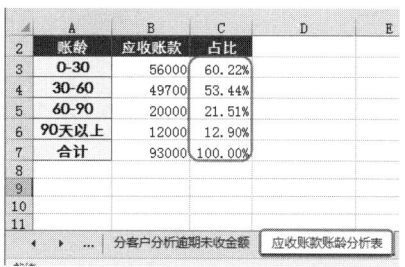

图 8-57

3. 应收账款账龄分析图

通过建立图表可以更加直观地对各账龄段的应收款进行比较。

❶ 选中 A2:B6 单元格区域，单击"插入"选项卡，在"图表"组中单击"插入柱形图或条形图"按钮，在下拉菜单中选择"簇状柱形图"（如图 8-58 所示），单击即可创建图表，如图 8-59 所示。

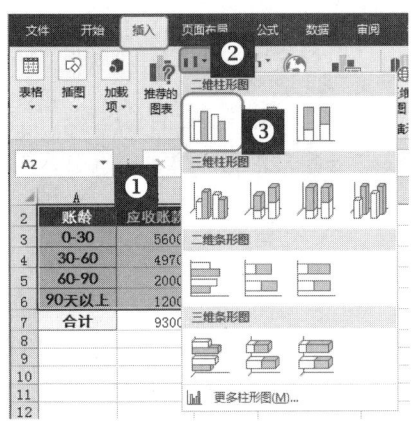
图 8-58

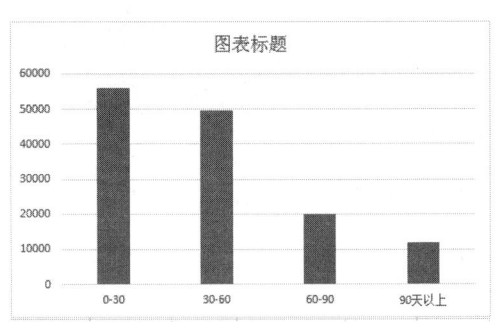
图 8-59

❷ 选中图表，在"图表工具-设计"选项卡的"图表样式"组中单击右侧按钮，在下拉列表中选择图表样式，鼠标指向时即可预览，单击即可应用，如图 8-60 所示。

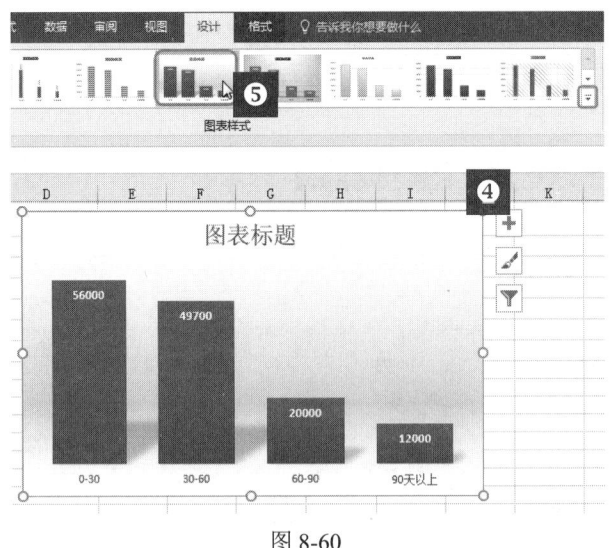
图 8-60

❸ 重命名图表标题。选中图表区，在"图表工具-格式"选项卡的"形状样式"组中单击"形状轮廓"下拉按钮，在下拉列表中选中一种轮廓色，并设置轮廓的粗细为"1.5 磅"，如图 8-61 所示。

管理往来账款并记账 第8章

❹ 重命名图表标题，图表效果如图 8-62 所示。

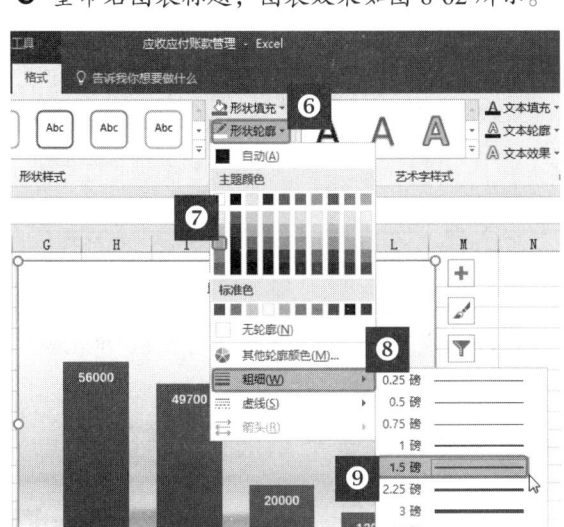

图 8-61

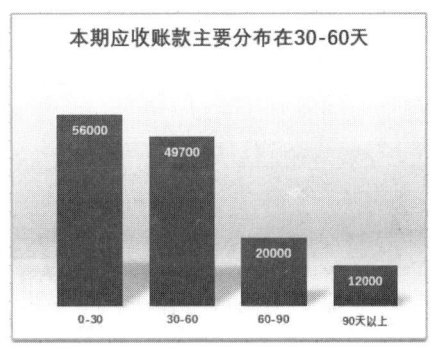

图 8-62

 经验之谈

在图表中无论进行轮廓线条的设置（如上面对图表区边框线条的设置）还是填充颜色的设置等，它们的操作方法都是一样的，都是分别在"图表工具-设计"选项卡"形状样式"组中的"形状填充"与"形状轮廓"功能按钮下设置。但要想效果应用于哪个对象，一定要在设计前准确选中目标对象，选中哪个对象，操作结果就应用于它。

8.2.4 坏账准备的账务处理

商业信用的高度发展是市场经济的重要特征之一。商业信用的发展在为企业带来销售收入增加的同时，不可避免地导致坏账的发生。坏账是指企业无法收回或收回的可能性极小的应收款项。坏账的确认标准是有证据表明债务单位的偿还能力已经发生困难，或有迹象表明应收款项的可收回数小于其账面余额。

坏账准备是指企业的应收款项（含应收账款、其他应收款等）计提的，是备抵账户。企业对坏账损失的核算，采用备抵法。在备抵法下，企业每期末要估计坏账损失，设置"坏账准备"会计科目，提取坏账准备金，借记"管理费用"科目，贷记"坏账准备"科目。

企业应当定期或者至少每年年度终了，对应收款项进行全面检查，预计各项应收款项可能发生的坏

|237|

账，对于没有把握收回的应收款项，应当计提坏账准备。

估计坏账损失主要有余额百分比法、账龄分析法、销货百分比法几种，其中账龄分析法是根据应收账款账龄的长短来估计坏账损失的方法。通常而言，应收账款的账龄越长，发生坏账的可能性越大。为此，将企业的应收账款按账龄长短进行分组，分别确定不同的计提百分比估算坏账损失，使坏账损失的计算结果更符合客观情况。

例如下面以前面所统计的账款的账龄作为本期数据范例来进行坏账准备的账务处理。

❶ 在"应收账款账龄分析表"表格中，建立"估计损失比例"和"损失金额"列标识，然后输入不同账龄下的估计损失比例，如图 8-63 所示。

❷ 计算损失金额。选中 E3 单元格，输入公式"=B3*D3"，然后向下复制公式到 E6 单元格中，计算出各个账龄段估算的损失金额，如图 8-64 所示。

图 8-63

图 8-64

❸ 选中 E7 单元格，使用求和公式计算出估计出的总损失金额，如图 8-65 所示。

❹ 打开"日记账"工作簿，在"通用记账凭证"表格中输入该业务的记账凭证，借记"管理费用"，贷记"坏账准备"，如图 8-66 所示。

图 8-65

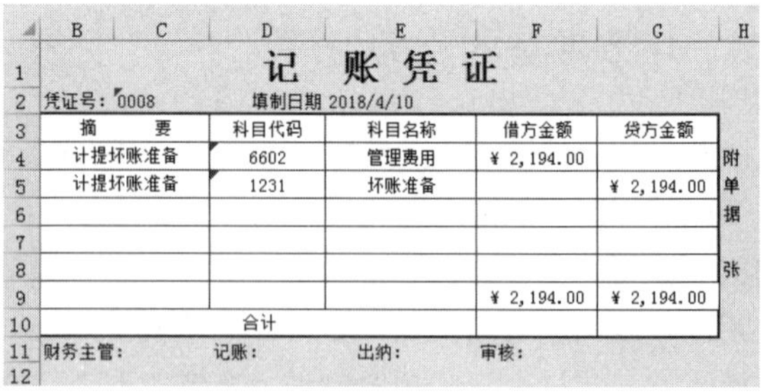

图 8-66

❺ 切换到"记账凭证汇总表"中，填制记账凭证（"账户名称""总账代码""总账科目"是由公式自动返回的），如图 8-67 所示。

图 8-67

8.3 应付账款管理

应付账款通常是指因购买材料、商品或接受劳务供应等而发生的债务，这是买卖双方在购销活动中由于取得物资与支付贷款在时间上不一致而产生的负债。企业要避免财务危机、维护企业信誉，就一定要加强对应付账款的管理。

8.3.1 建立应付账款记录表

各项应付账款的产生日期、金额、已付款、结账期等基本信息需要手工填入表格中，然后可以设置公式返回到期日期、逾期天数、已逾期金额。

❶ 插入新工作表，将工作表重命名为"应付账款记录表"。输入应付账款统计表的各项列标识，包括用于显示基本信息的标识与用于统计计算的标识。再对工作表进行文字格式、边框、对齐方式等设置，如图 8-68 所示。

❷ 对表格选项进行单元格格式设置。设置"序号"列单元格区域为"文本"格式，以实现输入以 0 开头的编号；设置"交易日期""到期日期"列显示为"18/1/5"形式的日期格式；设置显示金额的单元格区域为货币格式。

图 8-68

> 扩展
> 应付账款记录表的表格结构与应收账款记录表相似。因此也可以复制应收账款记录表,然后做局部修改。

❸ 按日期顺序将应付账款基本数据(包括公司名称、交易日期、应付金额、已付金额、付款期等)记录到表格中,如图 8-69 所示。

图 8-69

8.3.2 设置公式分析各项应付账款

应付账款记录表中的到期日期、逾期天数、已逾期金额等数据需要通过公式计算得到。

❶ 选中 F4 单元格,在编辑栏中输入公式:

=D4-E4

按 Enter 键即可根据应付金额与已付金额计算出应付余额,如图 8-70 所示。

❷ 选中 F4 单元格,拖动右下角的填充柄向下复制公式,可以得到每条应付账款的应付余额,如图 8-71 所示。

图 8-70

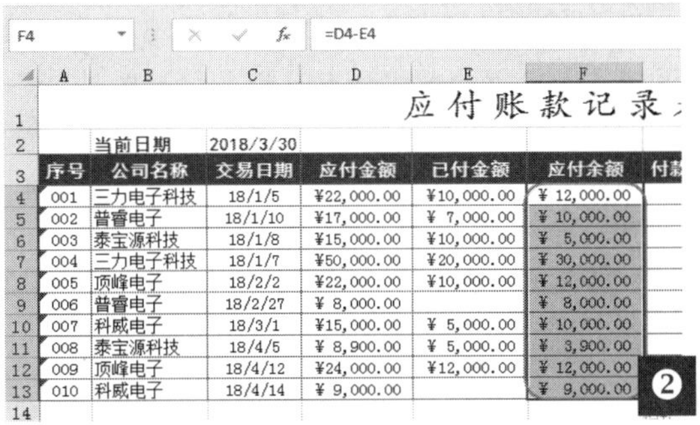

图 8-71

❸ 选中 H4 单元格,在编辑栏中输入公式:
=C4+G4

按 Enter 键即可根据交易日期与付款期返回其到期日期,如图 8-72 所示。

❹ 选中 I4 单元格,在编辑栏中输入公式:
=IF($C$2-H4>0,$C$2-H4,"")

按 Enter 键即可首先判断该项应付账款是否逾期,如果逾期,则计算出其逾期天数,如图 8-73 所示。

图 8-72

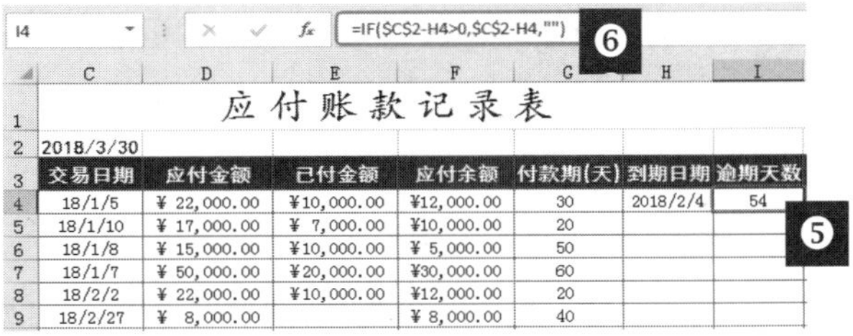

图 8-73

❺ 选中 J4 单元格,在编辑栏中输入公式:
=IF(D4="","",IF(($C$2-H4)<0,0,D4-E4))

按 Enter 键即可判断 J 列显示的是否为"未到结账期",如果是,则返回 0 值;如果不是,则根据应付金额与已付金额计算出已逾期金额,如图 8-74 所示。

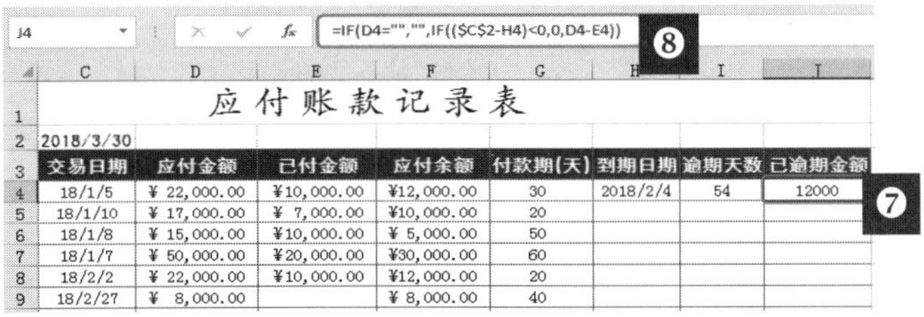

图 8-74

❻ 选中 H4:J4 单元格区域,拖动右下角的填充柄向下复制公式(如图 8-75 所示)。释放鼠标即可快速返回各条应付账款的到期日期、逾期天数、已逾期余额,如图 8-76 所示。

图 8-75　　　　　　　　　　　　　　图 8-76

8.3.3 应付账款分析

根据建立完成的应付账款记录表,可以对各往来单位的应付账款进行汇总统计分析,以直观查看账龄过长的应付账款以及金额过大的应付账款,以及时采取应对措施。

1. 筛选查看账龄超过 50 天的账款记录

如果账款条目众多,通过筛选查看可以快速找到目标数据。

❶ 选中包含列标识在内的数据区域,在"数据"选项卡的"排序和筛选"组中单击"筛选"按钮,此时所有列标识添加筛选按钮,如图 8-77 所示。

图 8-77

❷ 单击"逾期天数"右侧的筛选按钮,在打开的下拉面板中选择"数字筛选"→"大于"命令(如图 8-78 所示),弹出"自定义自动筛选方式"对话框,在"大于"右侧文本框中输入"50",如图 8-79 所示。

扩展
活用这里其他的筛选项可以进行更多有目的的筛选。

图 8-78　　　　　　　　　　　图 8-79

❸ 单击"确定"按钮,即可将账龄超过 50 天的记录筛选出来,如图 8-80 所示。

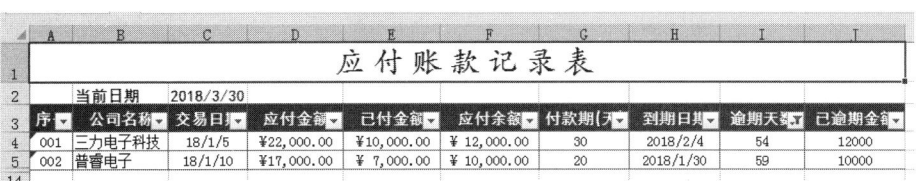

图 8-80

2. 汇总统计各供应商的应付账款合计

通过建立数据透视表可以实现快速地对各供应商的应付账款进行汇总统计。

❶ 选中包含列标识在内的数据区域,在"插入"选项卡的"表格"组中单击"数据透视表"按钮(如图 8-81 所示),此时弹出"创建数据透视表"对话框,其中的数据源即为选中的区域,如图 8-82 所示。

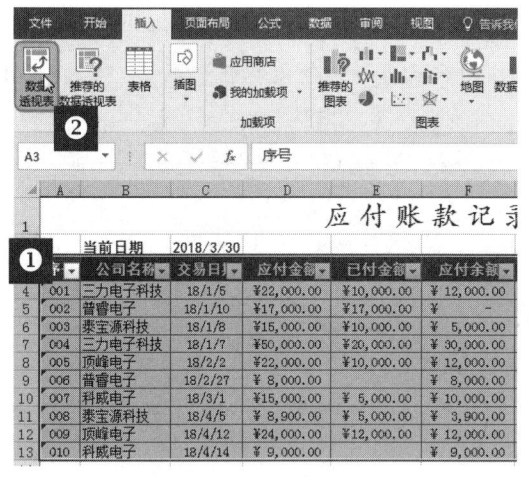

图 8-81

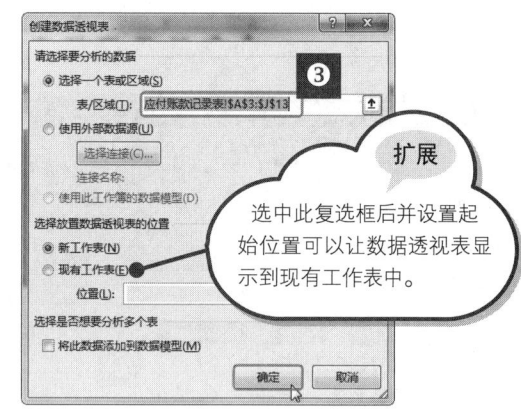

图 8-82

❷ 单击"确定"按钮即可创建数据透视表，如图 8-83 所示。

❸ 在右侧单击"公司名称"，默认添加到"行"区域，接着单击"已逾期金额"选项，默认添加到"值"区域，此时即可得到按供应商进行账款统计的结果，如图 8-84 所示。

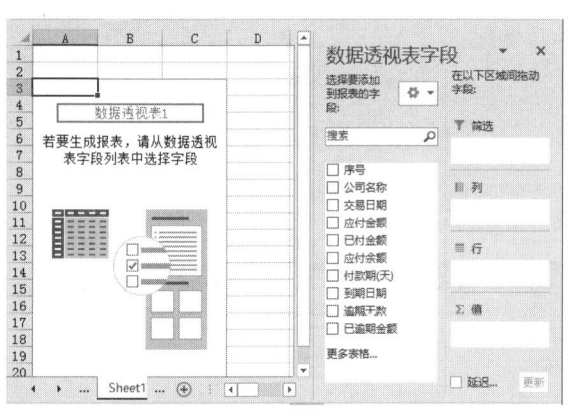

图 8-83

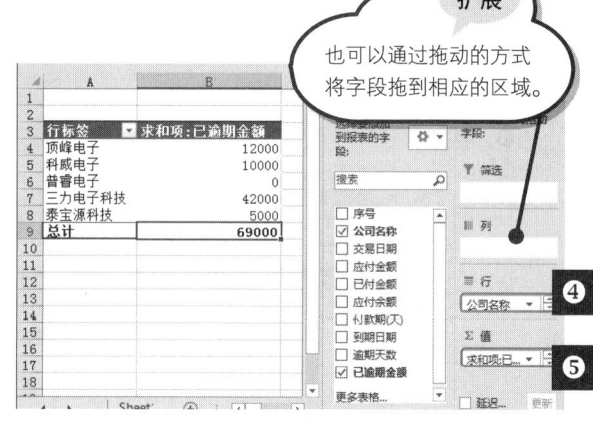

图 8-84

3. 建立应付账款分析图

对应付账款进行了汇总统计后，可以建立应付账款分析图表，直观查看各供应商的应付账款分布情况。

❶ 选中数据透视表的任意单元格，在"数据透视表-分析"选项卡的"工具"组中单击"数据透视图"按钮（如图 8-85 所示），即可创建数据透视图，如图 8-86 所示。

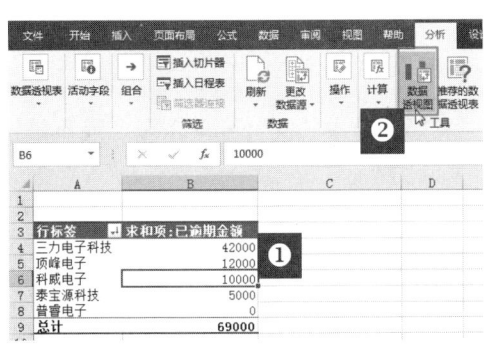

图 8-85

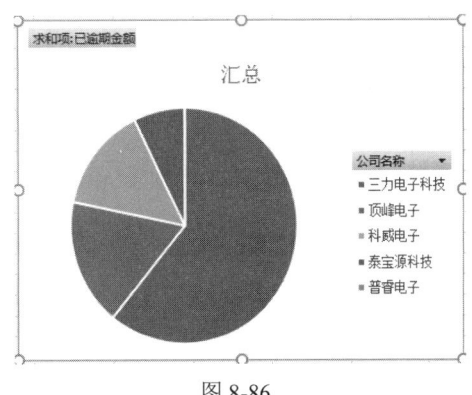

图 8-86

❷ 选中图表，单击"图表元素"按钮，打开下拉菜单，单击"数据标签"右侧按钮，在子菜单中单击"更多选项"（如图 8-87 所示），打开"设置数据标签格式"窗格。

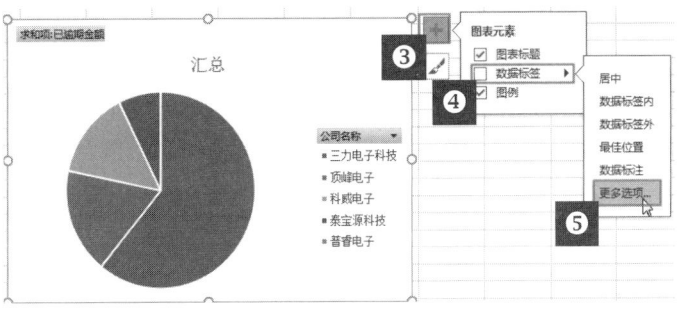

图 8-87

❸ 在"标签包括"栏下选中要显示标签前的复选框，这里选中"百分比"和"类别名称"，如图 8-88 所示。

❹ 执行上述操作后图表中显示出两种数据标签，如图 8-89 所示。

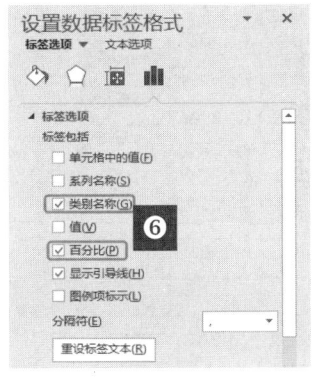

图 8-88

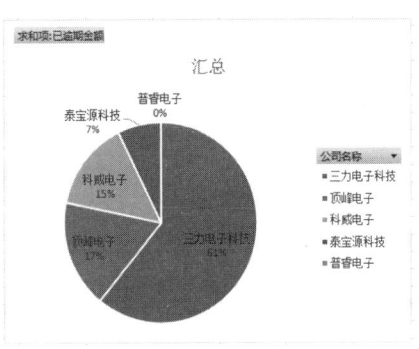

图 8-89

8.3.4 应付账款的账务处理

在进行应付账款账务处理时,应根据发票账单中的应付金额入账,而不是按到期日的应付金额入账。

1. 填制记账凭证

例如,公司在 2018 年 3 月 22 日采购某企业的货品价值 10 000 元,尚未支付(3 月已记账,借记"材料采购"、贷记"应付账款"),2018 年 4 月 12 日已支付了该笔应付账款。该项经济业务的账务处理如下。

❶ 打开"日记账"工作簿,在"通用记账凭证"表格中输入该业务的记账凭证,借记"应付账款",贷记"银行存款",如图 8-90 所示。

图 8-90

❷ 切换到"记账凭证汇总表"中,填制记账凭证(注意,"账户名称""总账代码""总账科目"是由公式自动返回的),如图 8-91 所示。

图 8-91

2. 登记银行存款日记账

正确地填制了"记账凭证汇总表"后，切换到"银行存款日记账"表格中，可以看到银行存款日记账已自动填制（因为在 7.3 节中已在"银行存款日记账"表单中建立可自动返回"记账凭证汇总表"中银行存款科目的公式），如图 8-92 所示中画框记录则为自动填制的记录。

日期	凭证号	摘要	科目名称	借方	贷方	结存
		期初余额				¥227,890.00
2018/4/1						
2018/4/2	0002	提取备用金	银行存款-中国工商银	¥ -	¥65,000.00	¥162,890.00
2018/4/2	0004	收到欠款	银行存款-中国工商银	¥22,000.00	¥ -	¥184,890.00
2018/4/4	0005	收到智禾佳慧科技的货	银行存款-中国银行	¥50,000.00	¥ -	¥234,890.00
2018/4/5	0007	收到晟成科技的货款	银行存款-中国银行	¥20,900.00	¥ -	¥255,790.00
2018/4/12	0009	支付科威电子的货款	银行存款-中国银行	¥ -	¥10,000.00	¥245,790.00

图 8-92

第 9 章

管理分析进销存数据并记账

- 管理分析进销存数据并记账
  - 9.1 采购管理
    - 9.1.1 建立产品基本信息表
    - 9.1.2 采购入库明细表
    - 9.1.3 采购数据透视分析
    - 9.1.4 采购业务的账务处理
      1. 贷款已付，物资验收入库的账务处理
      2. 贷款未付，物资验收入库的账务处理
  - 9.2 销售管理
    - 9.2.1 创建销售明细表
    - 9.2.2 销售数据分析
      1. 按产品汇总销售金额
      2. 按客户汇总销售金额
      3. 各产品销售金额图表对比
      4. 销售员业绩统计
    - 9.2.3 销售业务的账务处理
      1. 确认收入时的账务处理
      2. 结转销售成本时的账务处理
  - 9.3 库存管理
    - 9.3.1 建立库存汇总表
    - 9.3.2 设置公式计算本期入库、销售与库存
    - 9.3.3 任意产品库存量查询
    - 9.3.4 库存量控制

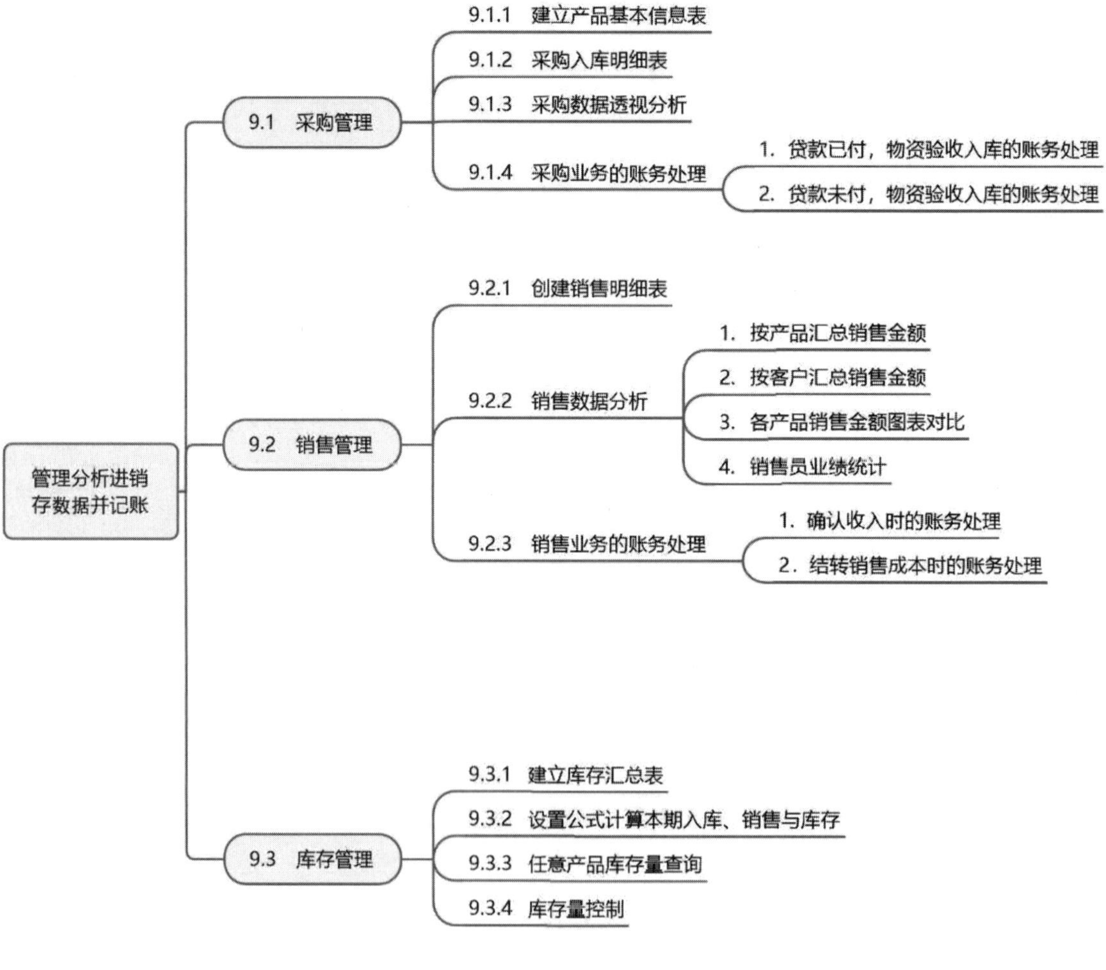

9.1 采购管理

采购管理指对企业的采购计划进行制定和管理,以采购单为源头,对从供应商确认订单、发货、到货、检验、入库等采购订单流转的各个环节进行准确的跟踪,实现全过程管理,以便于为企业提供及时准确的采购计划和执行路线。

9.1.1 建立产品基本信息表

产品信息表中显示的是企业当前入库或销售的所有商品的列表,当增加新产品或减少老产品时,都需要在此表格中增加或删除。将这些数据按编号一条条记录到 Excel 报表中,则可以很方便地对后面入库记录表与销售记录表进行统计。

❶ 新建工作簿,并将其命名为"企业进销存管理"。在 Sheet1 工作表标签上双击鼠标,将其重命名为"产品信息表"。

❷ 设置好标题、列标识等,产品的基本信息要包括商品的编号、名称、入库单价、销售单价等。建立好如图 9-1 所示的商品列表。

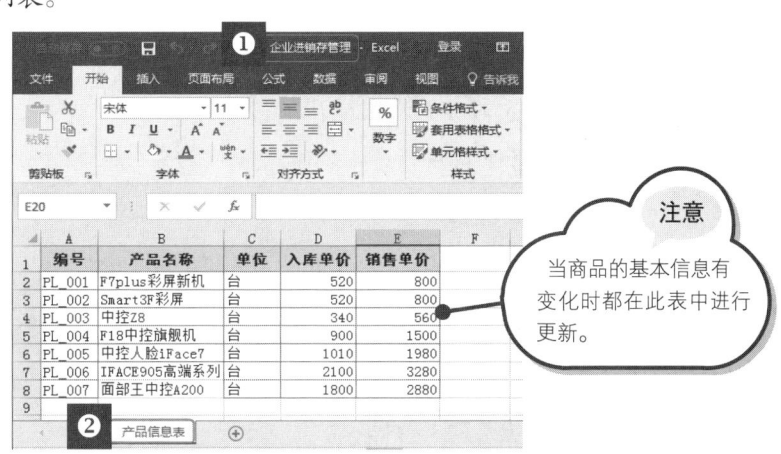

图 9-1

9.1.2 采购入库明细表

采购记录表中手工输入的信息包括采购日期、编号、采购数量、相关负责人等,对于产品的基本信息,可以从"产品信息表"中利用公式获取。

❶ 新建工作表，在 Sheet2 工作表标签上双击鼠标，将其重命名为"采购记录表"。
❷ 输入表格的列标识，并设置单元格的字体、边框、底纹以及对齐方式，效果如图 9-2 所示。

图 9-2

❸ 在 A2 与 B2 单元格中分别输入产品的采购时间和产品编号。选中 C2 单元格，在编辑栏中输入公式：
=VLOOKUP($B2,产品信息表!$A:$E,COLUMN(B2),FALSE)
按 Enter 键，返回该编号下对应的产品名称，如图 9-3 所示。

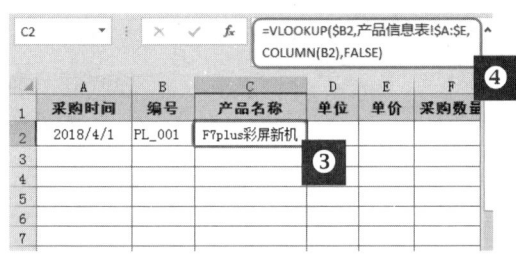

图 9-3

> **公式解析**
>
> **1. VLOOKUP 函数**
> VLOOKUP 函数基本语法参见 5.2 节例 17。
> **2. COLUMN 函数**
> COLUMN 函数用于返回引用单元格的列号。
>
> = COLUMN（需要返回其列号的单元格）
>
> 如果不设置任何参数，就是返回当前公式所在单元格的列号；如果有参数，就是返回指定的那个单元格地址的列号。

3. 本例公式

①查找对象。

②COLUMN(B2)用于返回 B 列的列号，结果为 1，随着公式的复制，则会依次返回 2、3、4、……

=VLOOKUP($B2,产品信息表!$A:$E,COLUMN(B2),FALSE)

③在"产品信息表!$A:$E"的首列中查找与 B2 单元格相同的编号，返回哪一列上的值由"COLUMN()"的返回值决定，因为公式建立后需要向右复制，所以使用"COLUMN()"来返回此参数，如果不需要复制公式，可以直接使用常数来指定。
建立第一个公式后既要向右复制又要向下复制，所以把查找对象设置成"$B2"这个混合引用方式。
向右复制时列不变，向下复制时行能自动变动。

❹ 选中 C2 单元格，拖动右下角的填充柄到 E2 单元格，即可一次性返回该产品的其他相关基本信息，如图 9-4 所示。

❺ 选中 G2 单元格，在编辑栏中输入公式：
=F2*E2
按 Enter 键返回产品金额（产品数量未填写，返回 0 值），如图 9-5 所示。

图 9-4

❻ 当填写了采购数量时，金额会根据已返回的单价自动计算，如图 9-6 所示。

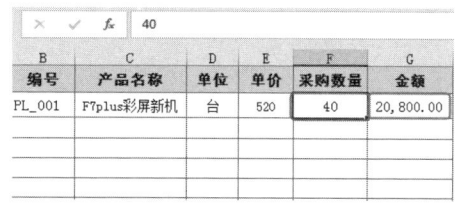

图 9-5　　　　　　　　　　　图 9-6

❼ 按照产品采购时间和编号依次填写其他产品信息，对于能够用公式返回的，可以选择公式填充的方法。如图 9-7 所示，选中 C2:E2 单元格区域向下拖动填充柄可复制其他产品的相关信息；如图 9-8 所示，选中 G2 单元格向下拖动填充柄可得到其他产品的金额。

9.1.3　采购数据透视分析

根据建立完成的采购统计表，可以分字段统计金额，如按产品进行汇总，以直观查看产品的采购分布，或按供应商进行汇总，都能实现统计。

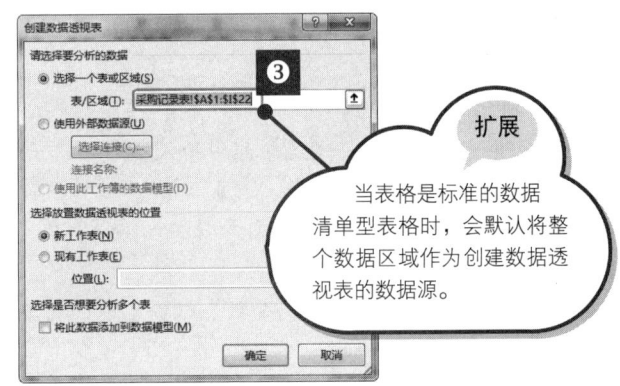

图 9-7

图 9-8

> **扩展**
> 也可以选择先复制批量公式,然后每输入一条产品采购信息,建立公式的单元格都会返回相应的数据。

❶ 选中"采购记录表"工作表中任意单元格,在"插入"选项卡的"表格"组中单击"数据透视表"按钮(如图 9-9 所示),弹出"创建数据透视表"对话框,保持默认选项,如图 9-10 所示。

图 9-9

图 9-10

> **扩展**
> 当表格是标准的数据清单型表格时,会默认将整个数据区域作为创建数据透视表的数据源。

❷ 单击"确定"按钮即可创建数据透视表,如图 9-11 所示。

图 9-11

❸ 在右侧单击"产品名称",默认添加到"行"区域,接着单击"金额"选项,默认添加到"值"区域(如果默认添加区域不正确,可选中字段并拖动到目标位置),此时即可按产品名称汇总金额,如图 9-12 所示。

图 9-12

❹ 在"数据透视表工具-设计"选项卡的"数据透视表样式"组中单击 按钮(如图 9-13 所示),展开图表样式列表,在列表中可选择一种样式(如图 9-14 所示)。应用效果如图 9-15 所示。

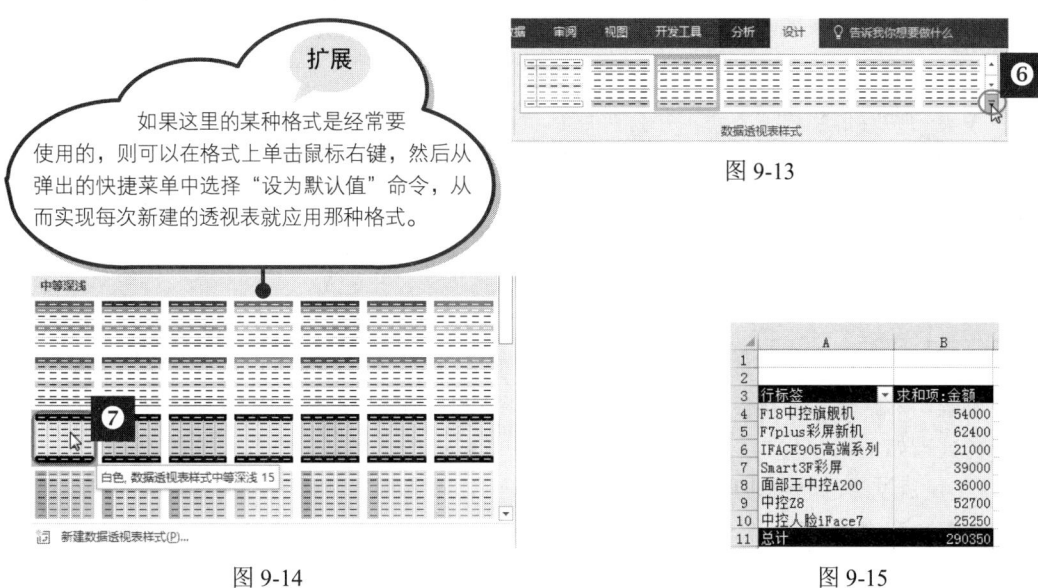

图 9-14　　　　　　　　　　　　　图 9-15

❺ 如果设置"供应商"为行标签字段,即可建立新的数据分析关系,此时统计的是各个供应商提供产品的合计金额,如图 9-16 所示。

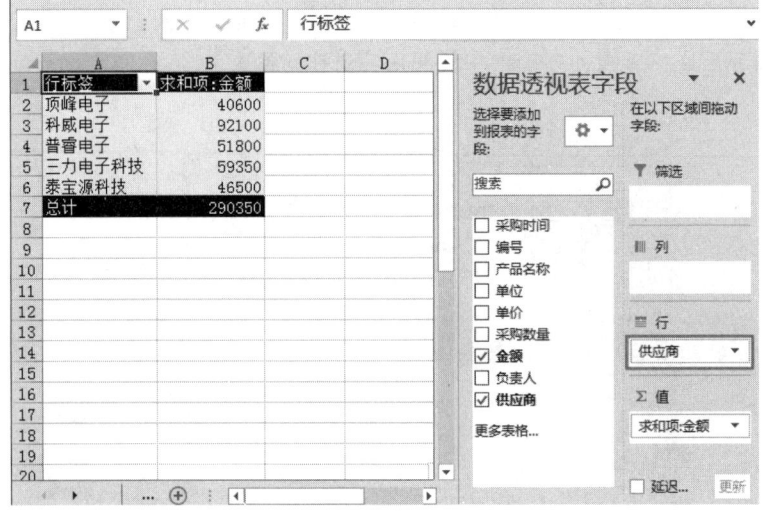

图 9-16

9.1.4 采购业务的账务处理

企业采购物资或产品时，由于结算方式不同，货品入库和货款的支付在时间上不一定完全同步，相应地其账务处理也有所不同。

采购业务发生时，按照应支付的款项金额，借记"材料采购""在途物资"等科目，按照发票上注明的增值税额，借记"应交税费-应交增值税（进项税额）"科目。如果已经结算了货款，贷记"银行存款"或"库存现金"科目；如果货款尚未支付，贷记"应付账款"科目。当物资验收入库时，借记"原材料""库存商品"等科目，贷记"材料采购""在途物资"等科目。

1. 货款已付，物资验收入库的账务处理

例如，企业在 2018 年 4 月 16 日采购 "F7plus 彩屏新机" 共计 26 000 元，取得增值税率为 12% 的采购专用发票，货款已由银行存款（中国工商银行）支付，在 2018 年 4 月 16 日收到商品并验收。该项业务的账务处理如下。

（1）支付货款时的账务处理

打开在第 8 章中的"日记账"工作簿，通过填制通用记账凭证，继续向"记账凭证汇总表"中添加项目。

❶ 在"通用记账凭证"表格中输入该业务的记账凭证，借记"材料采购""应交税费-应交增值税-进项税额"科目；贷记"银行存款"科目，如图 9-17 所示。

❷ 切换到"记账凭证汇总表"中，填制日期、凭证号、摘要及金额，如图 9-18 所示。

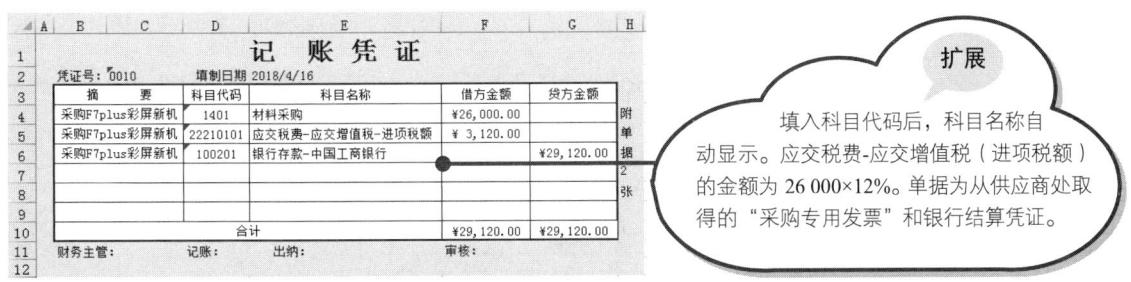

图 9-17

图 9-18

❸ 在"科目代码"下拉列表中选择科目代码（如图 9-19 所示），选择后"账户名称""总账代码"与"总账科目"则会自动返回，如图 9-20 所示。

图 9-19

❹ 按相同方法选择其他科目代码，自动返回"账户名称""总账代码"与"总账科目"，如图 9-21 所示。

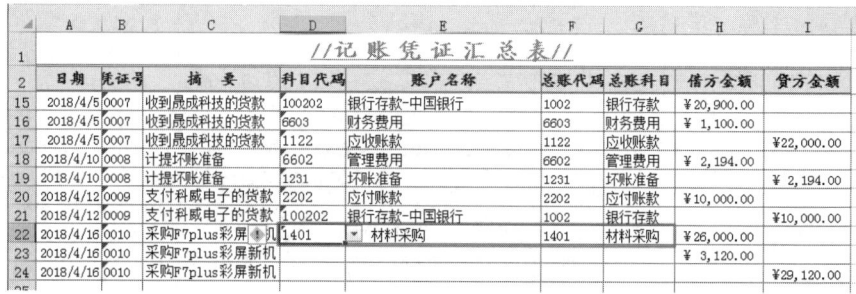

	A	B	C	D	E	F	G	H	I
1	//记账凭证汇总表//								
2	日期	凭证号	摘　要	科目代码	账户名称	总账代码	总账科目	借方金额	贷方金额
15	2018/4/5	0007	收到晟成科技的货款	100202	银行存款-中国银行	1002	银行存款	¥20,900.00	
16	2018/4/5	0007	收到晟成科技的货款	6603	财务费用	6603	财务费用	¥ 1,100.00	
17	2018/4/5	0007	收到晟成科技的货款	1122	应收账款	1122	应收账款		¥22,000.00
18	2018/4/10	0008	计提坏账准备	6602	管理费用	6602	管理费用	¥ 2,194.00	
19	2018/4/10	0008	计提坏账准备	1231	坏账准备	1231	坏账准备		¥ 2,194.00
20	2018/4/12	0009	支付科威电子的货款	2202	应付账款	2202	应付账款	¥10,000.00	
21	2018/4/12	0009	支付科威电子的货款	100202	银行存款-中国银行	1002	银行存款		¥10,000.00
22	2018/4/16	0010	采购F7plus彩屏机	1401	材料采购	1401	材料采购	¥26,000.00	
23	2018/4/16	0010	采购F7plus彩屏新机					¥ 3,120.00	
24	2018/4/16	0010	采购F7plus彩屏新机						¥29,120.00

图 9-20

	C	D	E	F	G	H
1	//记账凭证汇总表//					
2	摘　要	科目代码	账户名称	总账代码	总账科目	借方金额
9	收到欠款	100201	银行存款-中国工商银行	1002	银行存款	¥22,000.00
10	收到欠款	1122	应收账款	1122	应收账款	
11	收到智禾佳慧科技的货	100202	银行存款-中国银行	1002	银行存款	¥50,000.00
12	收到智禾佳慧科技的货	1122	应收账款	1122	应收账款	
13	福利采买	6602	管理费用	6602	管理费用	¥ 2,200.00
14	福利采买	1001	库存现金	1001	库存现金	
15	收到晟成科技的货款	100202	银行存款-中国银行	1002	银行存款	¥20,900.00
16	收到晟成科技的货款	6603	财务费用	6603	财务费用	¥ 1,100.00
17	收到晟成科技的货款	1122	应收账款	1122	应收账款	
18	计提坏账准备	6602	管理费用	6602	管理费用	¥ 2,194.00
19	计提坏账准备	1231	坏账准备	1231	坏账准备	
20	支付科威电子的货款	2202	应付账款	2202	应付账款	¥10,000.00
21	支付科威电子的货款	100202	银行存款-中国银行	1002	银行存款	
22	采购F7plus彩屏新机	1401	材料采购	1401	材料采购	¥26,000.00
23	采购F7plus彩屏新机	22210101	应交税费-应交增值税-进项税额	2221	应交税费	¥ 3,120.00
24	采购F7plus彩屏新机	100201	银行存款-中国工商银行	1002	银行存款	
25						
26						
27						

图 9-21

❺ 登记银行存款日记账。在“日记账”工作簿中，通过设定公式实现了银行存款日记账与现金日记账能够随着“记账凭证汇总表”中的填制而自动返回，因此在正确填制了“记账凭证汇总表”后，切换到“银行存款日记账”工作表中可以看到自动填制的记录，如图 9-22 所示。

	A	B	C	D	E	F	G
1	银行存款日记账						
2	日期	凭证号	摘　要	科目名称	借方	贷方	结存
3	2018/4/1		期初余额				¥227,890.00
4	2018/4/2	0002	提取备用金	银行存款-中国工商银	¥　　-	¥65,000.00	¥162,890.00
5	2018/4/2	0004	收到欠款	银行存款-中国工商银	¥ 22,000.00	¥　　-	¥184,890.00
6	2018/4/4	0005	收到智禾佳慧科技的	银行存款-中国银行	¥ 50,000.00	¥　　-	¥234,890.00
7	2018/4/5	0007	收到晟成科技的货款	银行存款-中国银行	¥ 20,900.00	¥　　-	¥255,790.00
8	2018/4/12	0009	支付科威电子的货款	银行存款-中国银行	¥　　-	¥10,000.00	¥245,790.00
9	2018/4/16	0010	采购F7plus彩屏新机	银行存款-中国工商银	¥　　-	¥29,120.00	¥216,670.00
10							#VALUE!
11							#VALUE!
12							#VALUE!
13							#VALUE!

... | 记账凭证汇总表 | 现金日记账 | 银行存款日记账

图 9-22

（2）验收入库时的账务处理

❶ 在“通用记账凭证”表格中输入该业务的记账凭证，借记“库存商品”、贷记“材料采购”科目，如图 9-23 所示。

记　账　凭　证					
凭证号：0011	填制日期 2018/4/16				
摘　　要	科目代码	科目名称	借方金额	贷方金额	
物资入库	1405	库存商品	¥26,000.00		附
物资入库	1401	材料采购		¥26,000.00	单
					据
					2
					张
合计			¥26,000.00	¥26,000.00	
财务主管：	记账：	出纳：	审核：		

图 9-23

❷ 切换到“记账凭证汇总表”中，填制日期、凭证号、摘要及金额，如图 9-24 所示。（“科目代码”从下拉列表中选择，“账户名称”“总账代码”“总账科目”可自动返回。）

日期	凭证号	摘　要	科目代码	账户名称	总账代码	总账科目	借方金额	贷方金额
2018/4/2	0004	收到欠款	100201	银行存款-中国工商银行	1002	银行存款	¥22,000.00	
2018/4/2	0004	收到欠款	1122	应收账款	1122	应收账款		¥22,000.00
2018/4/4	0005	收到智禾佳慧科技的	100202	银行存款-中国银行	1002	银行存款	¥50,000.00	
2018/4/4	0005	收到智禾佳慧科技的	1122	应收账款	1122	应收账款		¥50,000.00
2018/4/4	0006	福利采买	6602	管理费用	6602	管理费用	¥ 2,200.00	
2018/4/4	0006	福利采买	1001	库存现金	1001	库存现金		¥ 2,200.00
2018/4/5	0007	收到晟成科技的货款	100202	银行存款-中国银行	1002	银行存款	¥20,900.00	
2018/4/5	0007	收到晟成科技的货款	6603	财务费用	6603	财务费用	¥ 1,100.00	
2018/4/5	0007	收到晟成科技的货款	1122	应收账款	1122	应收账款		¥22,000.00
2018/4/10	0008	计提坏账准备	6602	管理费用	6602	管理费用	¥ 2,194.00	
2018/4/10	0008	计提坏账准备	1231	坏账准备	1231	坏账准备		¥ 2,194.00
2018/4/12	0009	支付科威电子的货	2202	应付账款	2202	应付账款	¥10,000.00	
2018/4/12	0009	支付科威电子的货	100202	银行存款-中国银行	1002	银行存款		¥10,000.00
2018/4/16	0010	采购F7plus彩屏新	1401	材料采购	1401	材料采购	¥26,000.00	
2018/4/16	0010	采购F7plus彩屏新	22210101	应交税费-应交增值税-进项税额	2221	应交税费	¥ 3,120.00	
2018/4/16	0010	采购F7plus彩屏新	100201	银行存款-中国工商银行	1002	银行存款		¥29,120.00
2018/4/16	0011	物资入库	1405	库存商品	1405	库存商品	¥26,000.00	
2018/4/16	0011	物资入库	1401	材料采购	1401	材料采购		¥26,000.00

图 9-24

2．货款未付，物资验收入库的账务处理

例如，2018 年 4 月 16 日收到采购的“IFACE905 高端系列””，共计 10 500 元，该物资已验收入库，但货款尚未支付。该业务的账务处理如下。

（1）收到物资时的账务处理

❶ 在“通用记账凭证”表格中输入该业务的记账凭证，借记“材料采购”、贷记“应付账款”科目，

如图 9-25 所示。

记 账 凭 证

凭证号：0012　　填制日期 2018/4/16

摘　　要	科目代码	科目名称	借方金额	贷方金额
采购IFACE905高端系列	1401	材料采购	¥10,500.00	
采购IFACE905高端系列	2202	应付账款		¥10,500.00
合计			¥10,500.00	¥10,500.00

附单据 2 张

财务主管：　　记账：　　出纳：　　审核：

图 9-25

❷ 切换到“记账凭证汇总表”中，填制日期、凭证号、摘要及金额，如图 9-26 所示。（“科目代码”从下拉列表中选择，“账户名称”“总账代码”“总账科目”可自动返回。）

//记账凭证汇总表//

日期	凭证号	摘　要	科目代码	账户名称	总账代码	总账科目	借方金额	贷方金额
2018/4/2	0004	收到欠款	100201	银行存款-中国工商银行	1002	银行存款	¥22,000.00	
2018/4/2	0004	收到欠款	1122	应收账款	1122	应收账款		¥22,000.00
2018/4/4	0005	收到智禾佳慧科技的	100202	银行存款-中国银行	1002	银行存款	¥50,000.00	
2018/4/4	0005	收到智禾佳慧科技的	1122	应收账款	1122	应收账款		¥50,000.00
2018/4/4	0006	福利采买	6602	管理费用	6602	管理费用	¥ 2,200.00	
2018/4/4	0006	福利采买	1001	库存现金	1001	库存现金		¥ 2,200.00
2018/4/5	0007	收到晟成科技的货款	100202	银行存款-中国银行	1002	银行存款	¥20,900.00	
2018/4/5	0007	收到晟成科技的货款	6603	财务费用	6603	财务费用	¥ 1,100.00	
2018/4/5	0007	收到晟成科技的货款	1122	应收账款	1122	应收账款		¥22,000.00
2018/4/10	0008	计提坏账准备	6602	管理费用	6602	管理费用	¥ 2,194.00	
2018/4/10	0008	计提坏账准备	1231	坏账准备	1231	坏账准备		¥ 2,194.00
2018/4/12	0009	支付科威电子的货	2202	应付账款	2202	应付账款	¥10,000.00	
2018/4/12	0009	支付科威电子的货	100202	银行存款-中国银行	1002	银行存款		¥10,000.00
2018/4/16	0010	采购F7plus彩屏新	1401	材料采购	1401	材料采购	¥26,000.00	
2018/4/16	0010	采购F7plus彩屏新	22210101	应交税费-应交增值税-进项税额	2221	应交税费	¥ 3,120.00	
2018/4/16	0010	采购F7plus彩屏新	100201	银行存款-中国工商银行	1002	银行存款		¥29,120.00
2018/4/16	0011	物资入库	1405	库存商品	1405	库存商品	¥26,000.00	
2018/4/16	0011	物资入库	1401	材料采购	1401	材料采购		¥26,000.00
2018/4/16	0012	采购IFACE905高端	1401	材料采购	1401	材料采购	¥10,500.00	
2018/4/16	0012	采购IFACE905高端	2202	应付账款	2202	应付账款		¥10,500.00

会计科目表　记账凭证汇总表　现金日记账　银行存款日记账

图 9-26

（2）验收入库时的账务处理

❶ 在“记账凭证”表格中输入该业务的记账凭证，借记“库存商品”、贷记“材料采购”科目，如图 9-27 所示。

❷ 切换到“记账凭证汇总表”中，填制日期、凭证号、摘要及金额，如图 9-28 所示。（“科目代码”从下拉列表中选择，“账户名称”“总账代码”“总账科目”可自动返回。）

管理分析进销存数据并记账 第9章

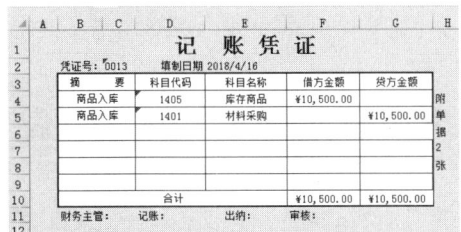

图 9-27

图 9-28

9.2 销 售 管 理

销售管理是指通过销售报价、销售订单、销售发货、客户管理、价格管理等方面的管理分析，实现对销售全过程进行有效的控制和跟踪，从而使企业的领导和相关部门及时掌握销售情况，准确地做出生产计划及其他计划安排。对于财务人员来说，其中最重要的一个环节就是对产品销售数据统计与分析并进行账务处理。

9.2.1 创建销售明细表

分散的销售单据无法进行数据的统计与分析，因此需要将一段时期分散的销售单据创建为销售记录汇总表，即将这些分散数据汇总录入到一张表格中。有了这样的数据表才能使用 Excel 中的多种分析工具实现计算、统计与分析。

"销售记录表"的创建方法与 9.1.2 节中创建"采购入库明细表"的方法相似。

❶ 新建工作表,并重命名为"销售记录表"。输入表格标题、列标识,对表格字体、对齐方式、底纹和边框进行设置,如图9-29所示。

图 9-29

❷ 设置好格式后,录入销售时间、编号、产品名称、单位、销售单价、销售数量、销售金额、经办人、收货方等几项信息。选中C2单元格,在编辑栏中输入公式:
=VLOOKUP($B2,产品信息表!$A$1:$E$15,COLUMN(B1),FALSE)
按Enter键,返回该编号对应的产品名称,如图9-30所示。

❸ 选中C2单元格,向右拖动填充柄到D2单元格,返回产品的单位,如图9-31所示。

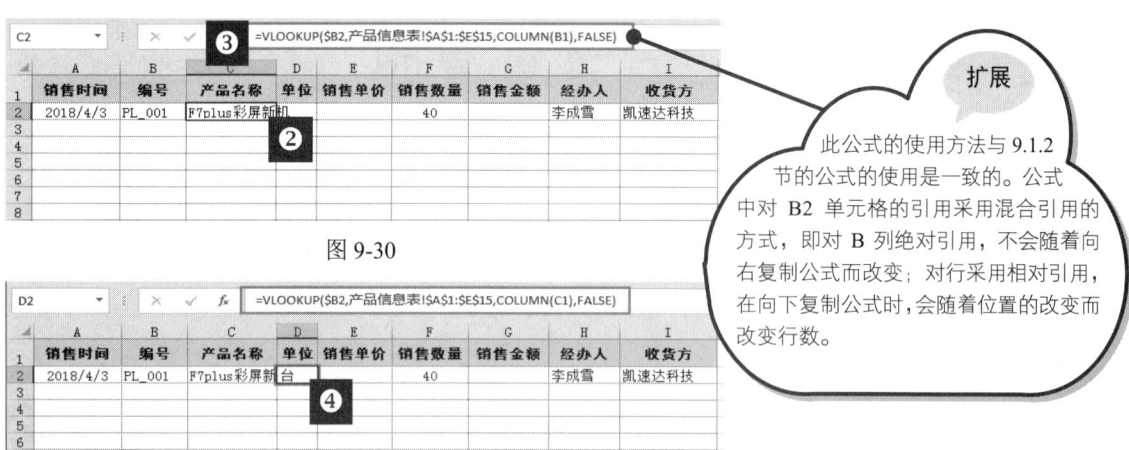

图 9-30

图 9-31

扩展

此公式的使用方法与9.1.2节的公式的使用是一致的。公式中对 B2 单元格的引用采用混合引用的方式,即对 B 列绝对引用,不会随着向右复制公式而改变;对行采用相对引用,在向下复制公式时,会随着位置的改变而改变行数。

❹ 选中E2单元格,在编辑栏中输入公式:
=VLOOKUP($B2,产品信息表!$A$1:$E$15,5,FALSE)

按 Enter 键，返回该编号对应的销售单价，如图 9-32 所示。

❺ 选中 C2:E2 单元格区域向下拖动填充柄可复制其他产品的相关信息，如图 9-33 所示。

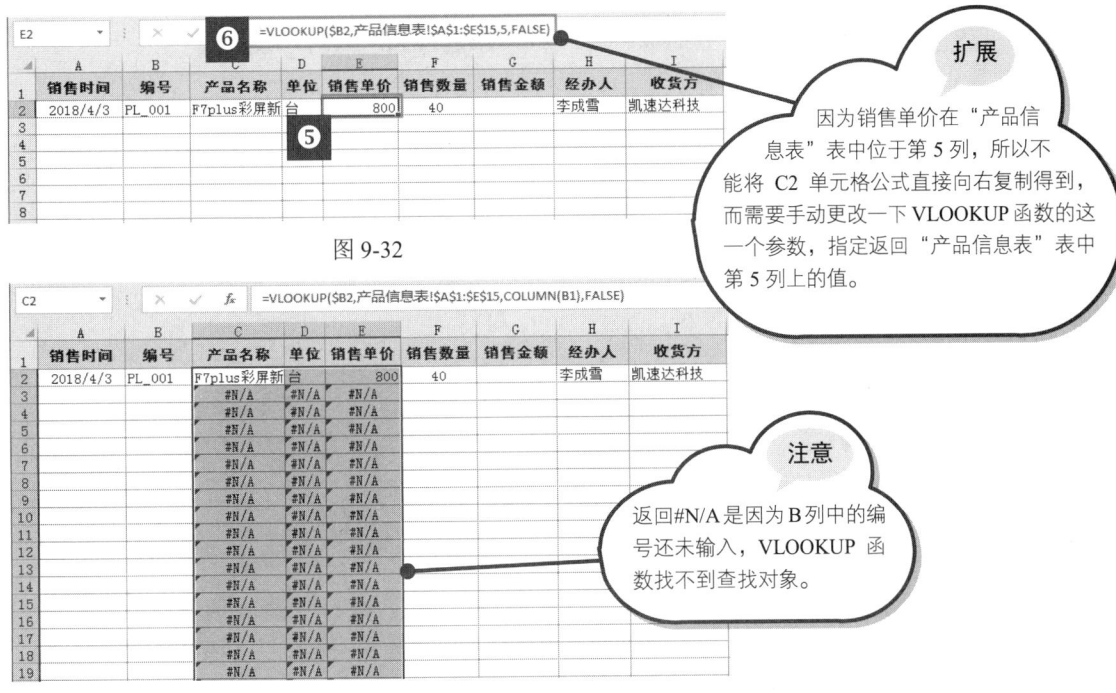

图 9-32

图 9-33

扩展

因为销售单价在"产品信息表"表中位于第 5 列，所以不能将 C2 单元格公式直接向右复制得到，而需要手动更改一下 VLOOKUP 函数的这一个参数，指定返回"产品信息表"表中第 5 列上的值。

注意

返回#N/A 是因为 B 列中的编号还未输入，VLOOKUP 函数找不到查找对象。

❻ 选中 G2 单元格，在编辑栏中输入公式：
=E2*F2
按 Enter 键返回产品金额并向下填充得到批量结果，如图 9-34 所示。

图 9-34

❼ 按照实际销售单据，填入销售时间、产品编号、销售数量、经办人、收货方，上面设置过公式的单元格则自动返回相关信息，如图9-35所示。

	A	B	C	D	E	F	G	H	I
1	销售时间	编号	产品名称	单位	销售单价	销售数量	销售金额	经办人	收货方
2	2018/4/3	PL_001	F7plus彩屏新	台	800	40	32000.00	李成雪	凯速达科技
3	2018/4/3	PL_003	中控Z8	台	560	20	11200.00	苏运成	晟成科技
4	2018/4/3	PL_001	F7plus彩屏新	台	800	12	9600.00	周洋	智禾佳慧科技
5	2018/4/3	PL_005	中控人脸1Fac	台	1980	5	9900.00	张景源	锐泰科技
6	2018/4/3	PL_002	Smart3F彩屏	台	800	5	4000.00	张景源	锐泰科技
7	2018/4/3	PL_005	中控人脸1Fac	台	1980	5	9900.00	张景源	腾达实业
8	2018/4/4	PL_004	F18中控旗舰机	台	1500	8	12000.00	何艳红	凯速达科技
9	2018/4/4	PL_003	中控Z8	台	560	50	28000.00	何艳红	腾达实业
10	2018/4/4	PL_005	中控人脸1Fac	台	1980	2	3960.00	张景源	锐泰科技
11	2018/4/4	PL_007	面部王中控A2(	台	2880	5	14400.00	张景源	腾达实业
12	2018/4/4	PL_004	F18中控旗舰机	台	1500	5	7500.00	苏运成	晟成科技
13	2018/4/4	PL_005	中控人脸1Fac	台	1980	5	9900.00	周洋	智禾佳慧科技
14	2018/4/4	PL_003	中控Z8	台	560	20	11200.00	何艳红	凯速达科技
15	2018/4/5	PL_002	Smart3F彩屏	台	800	10	8000.00	周洋	智禾佳慧科技
16	2018/4/5	PL_007	面部王中控A2(	台	2880	5	14400.00	周洋	智禾佳慧科技
17	2018/4/5	PL_003	中控Z8	台	560	50	28000.00	何平	晟成科技
18	2018/4/5	PL_002	F7plus彩屏新	台	800	10	8000.00	周洋	智禾佳慧科技
19	2018/4/5	PL_001	F7plus彩屏新	台	800	5	4000.00	周洋	智禾佳慧科技
20	2018/4/6	PL_002	Smart3F彩屏	台	800	8	6400.00	苏运成	晟成科技
21	2018/4/6	PL_004	F18中控旗舰机	台	1500	12	18000.00	周洋	智禾佳慧科技
22	2018/4/6	PL_006	IFACE905高端	台	3280	2	6560.00	张景源	锐泰科技

图 9-35

9.2.2 销售数据分析

销售记录表建立完成后，也可以通过数据透视工具统计各类别商品的销售金额，以及对销售员业绩进行统计等，这些数据将为后期的销售决策起到参考辅助作用。

1. 按产品汇总销售金额

要实现按产品汇总销售金额，则可以通过建立数据透视表来实现快速统计。

❶ 选中"销售记录表"工作表中任意单元格，在"插入"选项卡的"表格"组中单击"数据透视表"按钮（如图9-36所示），此时弹出"创建数据透视表"对话框，默认分析的数据为所有可见数据，如图9-37所示。

图 9-36

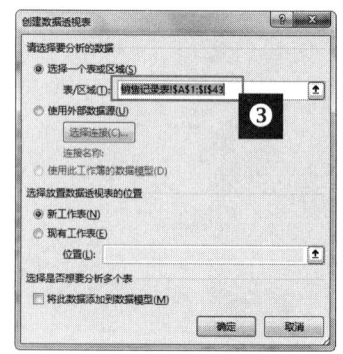

图 9-37

❷ 单击"确定"按钮即可创建数据透视表，在工作表标签上将数据透视表重命名为"按产品汇总销售金额"，如图9-38所示。

❸ 在右侧单击"产品名称"，默认添加到"行"区域，接着单击"销售金额"选项，默认添加到"值"区域（如果默认添加到的区域不正确，可选中字段并拖动到目标位置），此时即可按产品名称汇总销售金额，如图9-39所示。

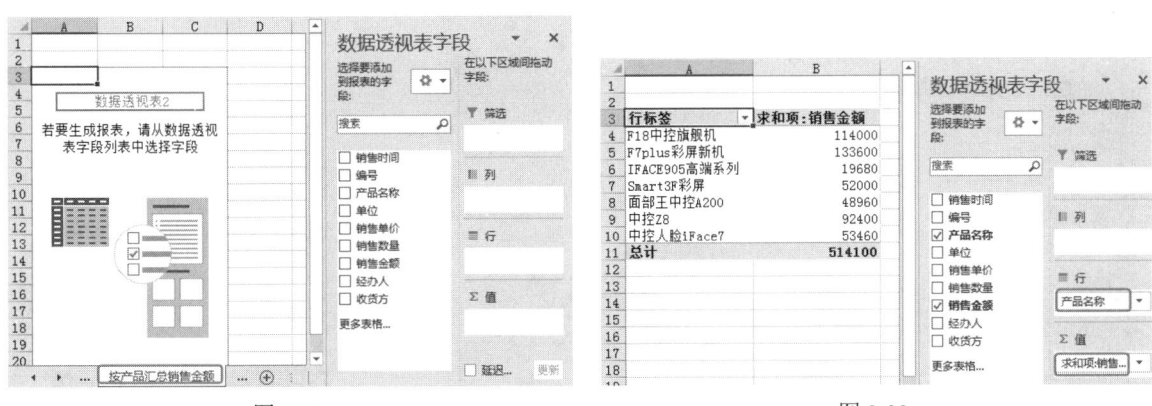

图 9-38　　　　　　　　　　　　图 9-39

❹ 在"数据透视表工具-设计"选项卡的"数据透视表样式"组中单击 按钮，展开图表样式列表，在列表中可选择一种样式（如图9-40所示），应用样式后效果如图9-41所示。

❺ 给金额数据设置会计专用格式，再为报表添加标题，如图9-42所示。

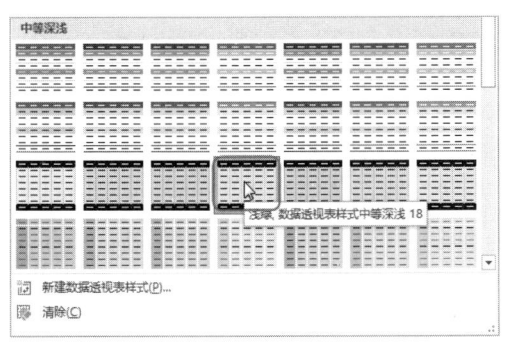 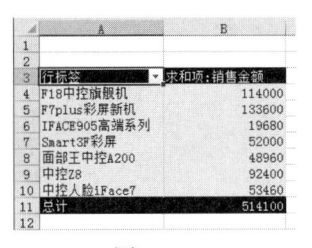 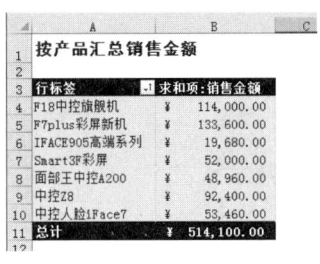

图 9-40　　　　　　　　图 9-41　　　　　　　　图 9-42

2．按客户汇总销售金额

按客户汇总销售金额也可以利用数据透视表快速统计。

❶ 按照9.2.1节创建数据透视表的方法再创建一个数据透视表，在工作表标签上双击，将其重命名为"按客户汇总销售金额"。

❷ 在右侧单击"收货方",默认添加到"行"区域,接着单击"销售金额"选项,默认添加到"值"区域(如果默认添加到的区域不正确,可选中字段并拖动到目标位置),此时即可按客户汇总销售金额,如图 9-43 所示。

❸ 可以按与上一小节相同的方法为数据透视表应用样式,然后为数据透视表添加标题形成完整报表,如图 9-44 所示。

图 9-43

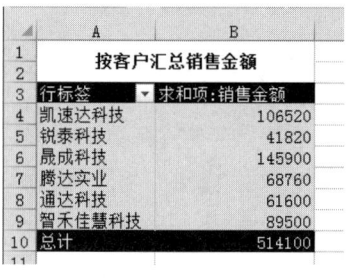

图 9-44

3. 各产品销售金额图表对比

在完成了上面数据透视表的建立后,还可以建立数据透视图分析产品销售额占比。

❶ 切换回"按产品汇总销售金额"工作表,选中数据透视表的任意单元格,在"数据透视表工具-分析"选项卡"工具"选项组中单击"数据透视图"按钮(如图 9-45 所示),打开"插入图表"对话框。

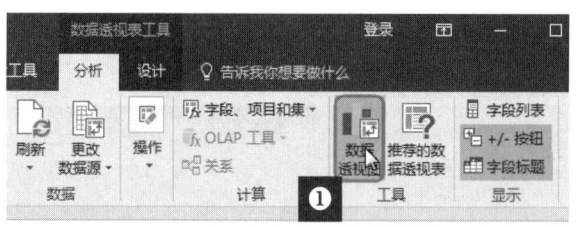

图 9-45

❷ 选择合适的图表类型,如"饼图"(如图 9-46 所示),单击"确定"按钮,即可在工作表中插入初始饼图,如图 9-47 所示。

❸ 选中图表,单击右上角弹出的 + 按钮,在展开的"图表元素"列表框中单击"数据标签"右侧的 ▶ 按钮,接着单击"更多选项"(如图 9-48 所示),打开"设置数据标签格式"窗格。

❹ 在"标签包括"区域撤选其他项,勾选"类别名称""百分比"复选框,在"标签位置"区域选中"数据标签外"单选按钮(如图 9-49 所示),可为数据添加百分比数据标签,如图 9-50 所示。

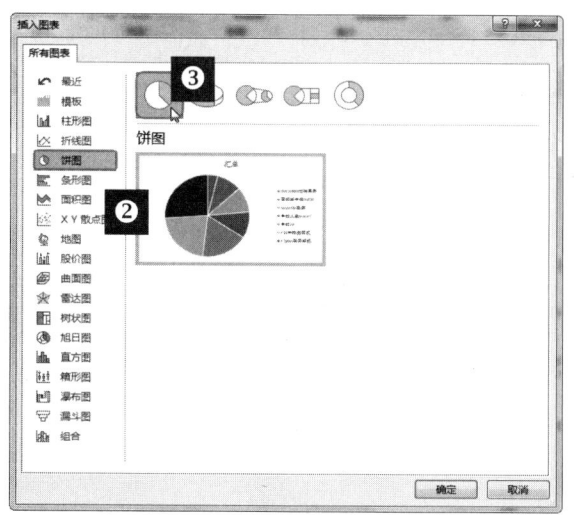

图 9-46

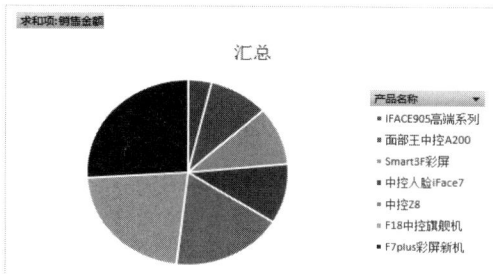

图 9-47

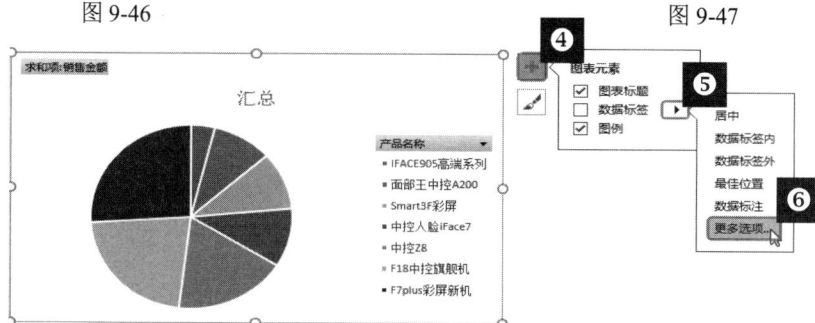

图 9-48

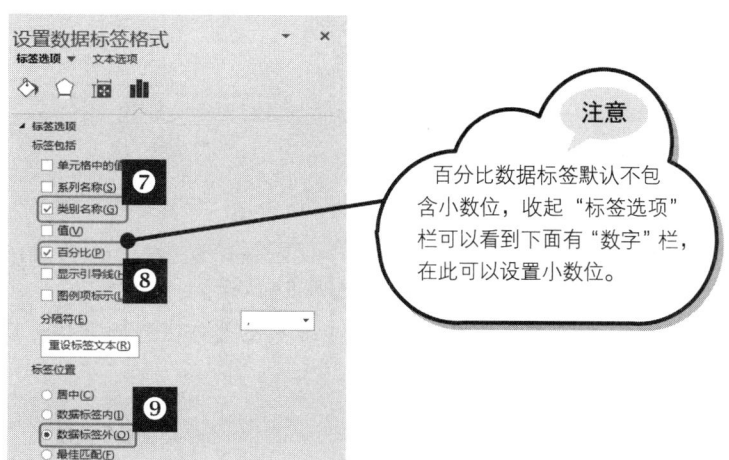

图 9-49

> **注意**
> 百分比数据标签默认不包含小数位，收起"标签选项"栏可以看到下面有"数字"栏，在此可以设置小数位。

❺ 为图表添加匹配的名称，达到如图9-51所示的效果。

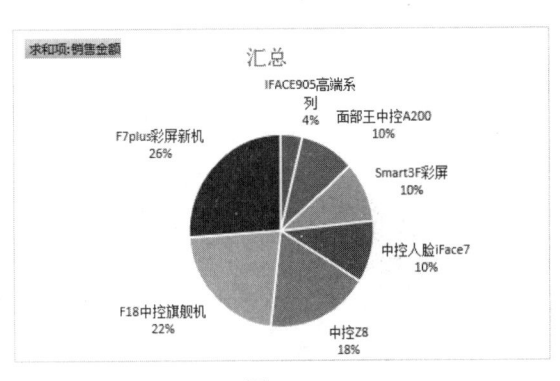

图 9-50

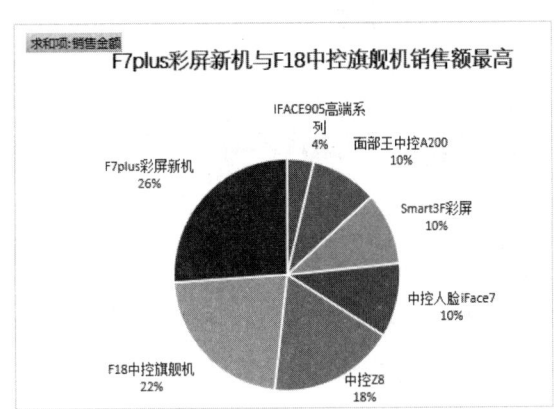

图 9-51

4．销售员业绩统计

一位销售员会对应多条销售记录，因此在期末都需要对销售员的业绩进行汇总统计并进行销售奖金或提成的核算。

❶ 新建工作表，并重命名为"员工销售业绩统计"。输入表格标题、列标识，对表格字体、对齐方式、底纹和边框进行设置，输入销售员姓名，如图9-52所示。

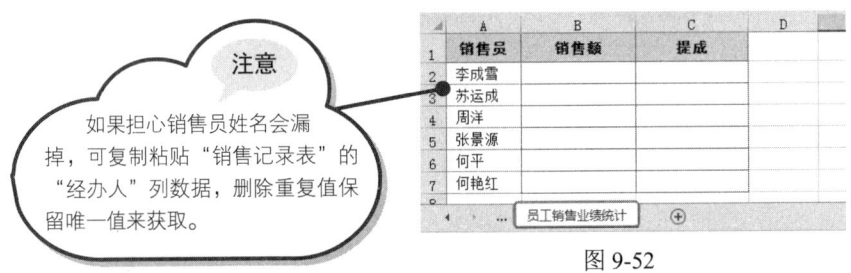

图 9-52

❷ 选中B2单元格，在编辑栏中输入公式：
=SUMIF(销售记录表!$H$2:$H$43,A2,销售记录表!$G$2:$G$43)
按Enter键可返回"李成雪"的销售业绩，如图9-53所示。

❸ 将光标定位于B2单元格右下角填充柄向下填充公式可得到所有销售员的销售额，如图9-54所示。

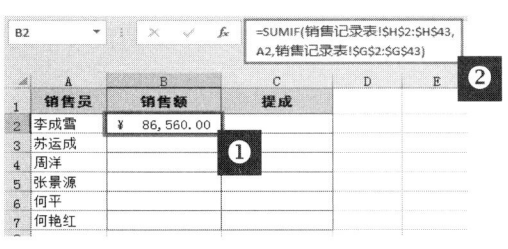

图 9-53

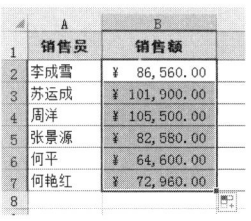

图 9-54

公式解析

1. SUMIF 函数

SUMIF 函数的基本语法参见 5.2 节例 3。

2. 本例公式

=SUMIF(销售记录表!$H$2:$H$43,A2,销售记录表!$G$2:$G$43)

公式表示先判断销售记录表的 H2:H43 单元格区域中哪些单元格是 A2 单元格中指定的销售员，将所有满足条件记录找到，然后将对应于 G2:G43 单元格区域上的值求和。

❹ 在统计出各位销售员的总销售额后，可以根据不同销售额计算出其提成金额。此处约定采取浮动式提成比例，小于 50 000 元的，提成比例为 2%；50 000~100 000 元的，提成比例为 4%；大于 100 000 元的，提成比例为 8%，则可以配合 IF 函数来统计。选中 C2 单元格，在编辑栏中输入公式：

=IF(B2<50000,B2*0.02,IF(B2<=100000,B2*0.04,B2*0.08))

按 Enter 键计算出第一位销售员的提成，如图 9-55 所示。

❺ 将光标定位于 C2 单元格右下角填充柄向下填充公式可得到所有销售员的销售提成，如图 9-56 所示。

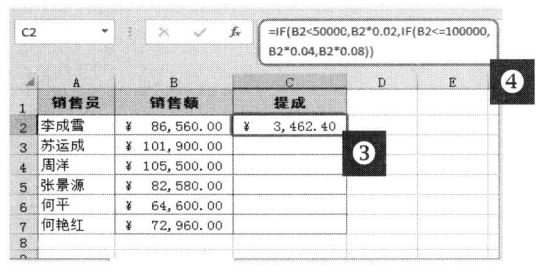

图 9-55

图 9-56

9.2.3 销售业务的账务处理

销售商品时应及时确认收入，并结转相关的销售成本。

例如，2018 年 4 月 17 日销售“F7plus 彩屏新机”共计 40 000 元，使用的增值税率为 12%。该项业务的账务处理如下。

1．确认收入时的账务处理

确认收入实现时，按照应收取的款项金额，借记“应收账款”科目，贷记“主营业务收入”科目，按照发票上注明的增值税额，借记“应交税费-应交增值税（销项税额）”科目。

❶ 在“通用记账凭证”表格中输入该业务的记账凭证，借记“应收账款”科目；贷记“主营业务收入”“应交税费-应交增值税-销项税额”科目，如图 9-57 所示。

记　账　凭　证

凭证号：0014　　填制日期 2018/4/17

摘　　要	科目代码	科目名称	借方金额	贷方金额
销售F7plus彩屏新机	1122	应收账款	¥40,000.00	
销售F7plus彩屏新机	6001	主营业务收入		¥35,200.00
销售F7plus彩屏新机	22210102	应交税费-应交增值税-销项税额		¥ 4,800.00
合计			¥40,000.00	¥40,000.00

附单据2张

财务主管：　记账：　出纳：　审核：

图 9-57

❷ 切换到“记账凭证汇总表”中，填制日期、凭证号、摘要及金额，如图 9-58 所示。（“科目代码”从下拉列表中选择，“账户名称”“总账代码”“总账科目”可自动返回。）

//记账凭证汇总表//

	日期	凭证号	摘　要	科目代码	账户名称	总账代码	总账科目	借方金额	贷方金额
12	2018/4/4	0005	收到智禾佳慧科技的	1122	应收账款	1122	应收账款		¥50,000.00
13	2018/4/4	0006	福利采买	6602	管理费用	6602	管理费用	¥ 2,200.00	
14	2018/4/4	0006	福利采买	1001	库存现金	1001	库存现金		¥ 2,200.00
15	2018/4/5	0007	收到晟成科技的货款	100202	银行存款-中国银行	1002	银行存款	¥20,900.00	
16	2018/4/5	0007	收到晟成科技的货款	6603	财务费用	6603	财务费用	¥ 1,100.00	
17	2018/4/5	0007	收到晟成科技的货款	1122	应收账款	1122	应收账款		¥22,000.00
18	2018/4/10	0008	计提坏账准备	6602	管理费用	6602	管理费用	¥ 2,194.00	
19	2018/4/10	0008	计提坏账准备	1231	坏账准备	1231	坏账准备		¥ 2,194.00
20	2018/4/12	0009	支付科威电子的货	2202	应付账款	2202	应付账款	¥10,000.00	
21	2018/4/12	0009	支付科威电子的货	100202	银行存款-中国银行	1002	银行存款		¥10,000.00
22	2018/4/16	0010	采购F7plus彩屏新	1401	材料采购	1401	材料采购	¥26,000.00	
23	2018/4/16	0010	采购F7plus彩屏新	22210101	应交税费-应交增值税-进项税额	2221	应交税费	¥ 3,120.00	
24	2018/4/16	0010	采购F7plus彩屏新	100201	银行存款-中国工商银行	1002	银行存款		¥29,120.00
25	2018/4/16	0011	物资入库	1405	库存商品	1405	库存商品	¥26,000.00	
26	2018/4/16	0011	物资入库	1401	材料采购	1401	材料采购		¥26,000.00
27	2018/4/16	0012	采购IFACE905高端	1401	材料采购	1401	材料采购	¥10,500.00	
28	2018/4/16	0012	采购IFACE905高端	2202	应付账款	2202	应付账款		¥10,500.00
29	2018/4/16	0013	商品入库	1405	库存商品	1405	库存商品	¥10,500.00	
30	2018/4/16	0013	商品入库	1401	材料采购	1401	材料采购		¥10,500.00
31	2018/4/17	0014	销售F7plus彩屏新	1122	应收账款	1122	应收账款	¥40,000.00	
32	2018/4/17	0014	销售F7plus彩屏新	6601	销售费用	6601	销售费用		¥35,200.00
33	2018/4/17	0014	销售F7plus彩屏新	22210102	应交税费-应交增值税-销项税额	2221	应缴税费		¥ 4,800.00

会计科目表　记账凭证汇总表　现金日记账　银行存款日记账

图 9-58

2．结转销售成本时的账务处理

结转销售成本时，按照商品的成本，借记“主营业务成本”，贷记“库存商品”科目。对于该项业务，假设结转成本 22 000 元。

❶ 在“通用记账凭证”表格中输入该业务的记账凭证，借记“主营业务成本”科目；贷记“库存商品”科目，如图 9-59 所示。

记 账 凭 证

凭证号：0015　　填制日期 2018/4/17

摘　要	科目代码	科目名称	借方金额	贷方金额
结转销售成本	6401	主营业务成本	¥22,000.00	
结转销售成本	1405	库存商品		¥22,000.00
合计			¥22,000.00	¥22,000.00

附单据 2 张

财务主管：　记账：　出纳：　审核：

图 9-59

❷ 切换到“记账凭证汇总表”中，填制日期、凭证号、摘要及金额，如图 9-60 所示。（“科目代码”从下拉列表中选择，“账户名称”“总账代码”“总账科目”可自动返回。）

//记 账 凭 证 汇 总 表//

日期	凭证号	摘　要	科目代码	账户名称	总账代码	总账科目	借方金额	贷方金额
2018/4/5	0007	收到晟成科技的货款	100202	银行存款-中国银行	1002	银行存款	¥20,900.00	
2018/4/5	0007	收到晟成科技的货款	6603	财务费用	6603	财务费用	¥ 1,100.00	
2018/4/5	0007	收到晟成科技的货款	1122	应收账款	1122	应收账款		¥22,000.00
2018/4/10	0008	计提坏账准备	6602	管理费用	6602	管理费用	¥ 2,194.00	
2018/4/10	0008	计提坏账准备	1231	坏账准备	1231	坏账准备		¥ 2,194.00
2018/4/12	0009	支付科威电子的货	2202	应付账款	2202	应付账款	¥10,000.00	
2018/4/12	0009	支付科威电子的货	100202	银行存款-中国银行	1002	银行存款		¥10,000.00
2018/4/16	0010	采购F7plus彩屏新	1401	材料采购	1401	材料采购	¥26,000.00	
2018/4/16	0010	采购F7plus彩屏新	22210101	应交税费-应交增值税-进项税额	2221	应交税费	¥ 3,120.00	
2018/4/16	0010	采购F7plus彩屏新	100201	银行存款-中国工商银行	1002	银行存款		¥29,120.00
2018/4/16	0011	物资入库	1405	库存商品	1405	库存商品	¥26,000.00	
2018/4/16	0011	物资入库	1401	材料采购	1401	材料采购		¥26,000.00
2018/4/16	0012	采购IFACE905高端	1401	材料采购	1401	材料采购	¥10,500.00	
2018/4/16	0012	采购IFACE905高端	2202	应付账款	2202	应付账款		¥10,500.00
2018/4/16	0013	商品入库	1405	库存商品	1405	库存商品	¥10,500.00	
2018/4/16	0013	商品入库	1401	材料采购	1401	材料采购		¥10,500.00
2018/4/17	0014	销售F7plus彩屏新	1122	应收账款	1122	应收账款	¥40,000.00	
2018/4/17	0014	销售F7plus彩屏新	6601	销售费用	6601	销售费用		¥35,200.00
2018/4/17	0014	销售F7plus彩屏新	22210102	应交税费-应交增值税-销项税额	2221	应交税费		¥ 4,800.00
2018/4/17	0015	结转销售成本	6401	主营业务成本	6401	主营业务成	¥22,000.00	
2018/4/17	0015	结转销售成本	1405	库存商品	1405	库存商品		¥22,000.00

通用记账凭证 (6)　会计科目表　记账凭证汇总表　现金日记账　银行存款日记账

图 9-60

9.3 库存管理

库存管理主要是在一段时间内对产品的入库数量、单价、销售数量、单价以及本期库存量进行统计。库存管理能够使企业更好地掌握产品销售动态，为产品补给提供数据。

9.3.1 建立库存汇总表

汇总库存主要要记录产品的基本信息，还要记录本期入库、本期销售、本期库存的数据，其中各自需要记录产品的数量、单价和金额。

❶ 新建工作表，并重命名为"库存统计表"，编辑库存汇总表的框架，并输入相关产品的基本信息，达到如图 9-61 所示的效果。

图 9-61

❷ 手工输入产品的基本信息和上期库存数据，如图 9-62 所示。

图 9-62

9.3.2 设置公式计算本期入库、销售与库存

使用 SUMIF 函数计算可以从"采购记录表"与"销售记录表"中汇总计算出本期入库、销售等数据。

❶ 选中 D3 单元格，在编辑栏中输入公式：
=SUMIF(采购记录表!$B:$B,A3,采购记录表!$F:$F)
按 Enter 键返回该编号产品的入库数量，如图 9-63 所示。

❷ 选中 D3 单元格，拖动右下角填充柄向下填充公式，即可得到所有产品的本期入库数量，如图 9-64 所示。

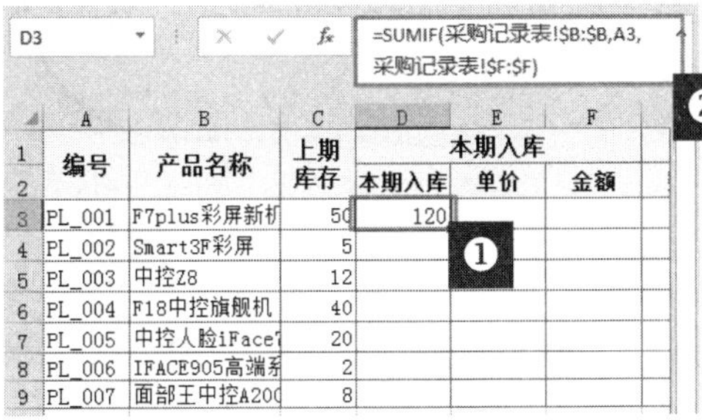

图 9-63

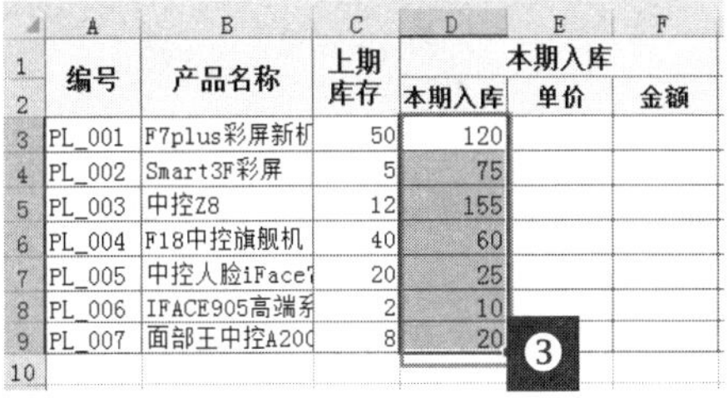

图 9-64

公式解析

1. SUMIF 函数

SUMIF 函数的基本语法参见 5.2 节例 3。

= SUMIF(❶用于条件判断的区域，❷求和条件，❸用于求和的单元格区域)

第 2 参数是求和条件，可以是数字、文本、单元格引用或表达式等。如果是文本，必须使用双引号。

2. 本例公式

=SUMIF(采购记录表!$B:$B,A3,采购记录表!$F:$F)

公式表示先判断采购记录表 B 列单元格区域中哪些单元格是 A3 单元格中指定的产品名称，将所有满足条件的记录找到，然后将对应于 F 列上的值求和。

❸ 选中 E3 单元格，在编辑栏中输入公式：
=VLOOKUP($A3,产品信息表!$A$1:$E$15,4,FALSE)
按 Enter 键返回该编号产品的入库单价，如图 9-65 所示。

扩展

VLOOKUP 函数的公式在本章前面已有使用，并做了解析。这个公式最重要的是第一个参数$A3 的指定，因为这个公式要向下批量复制，对行的引用需要改变，所以需要使用相对引用方式。

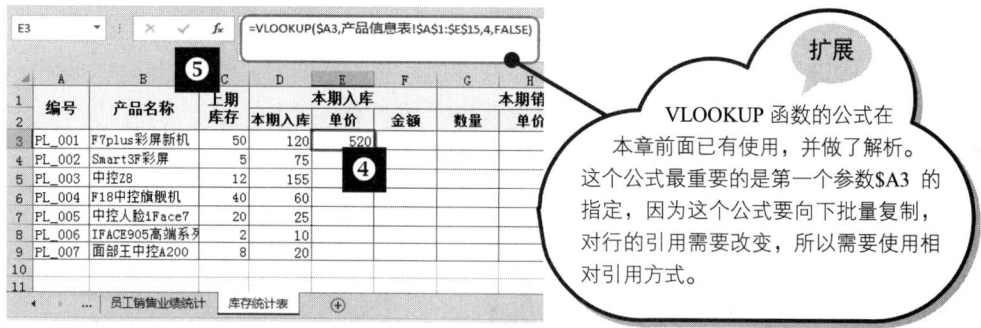

图 9-65

❹ 选中 F3 单元格，在编辑栏中输入公式：

```
=D3*E3
```

按 Enter 键返回该编号产品的入库金额，如图 9-66 所示。

图 9-66

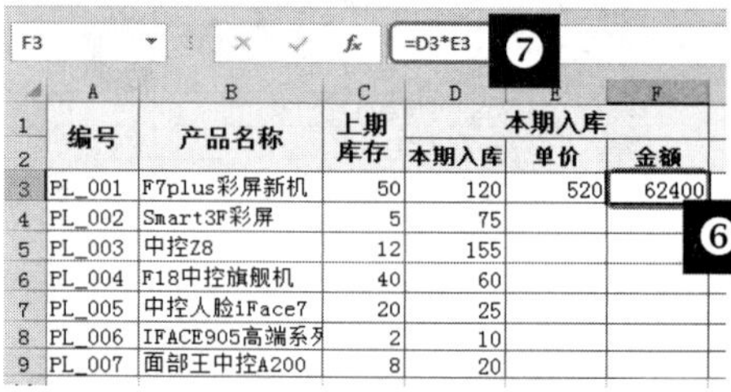

❺ 选中 G3 单元格，在编辑栏中输入公式：

```
=SUMIF(销售记录表!$B:$B,A3,销售记录表!$F:$F)
```

按 Enter 键返回该编号产品的入库数量，如图 9-67 所示。

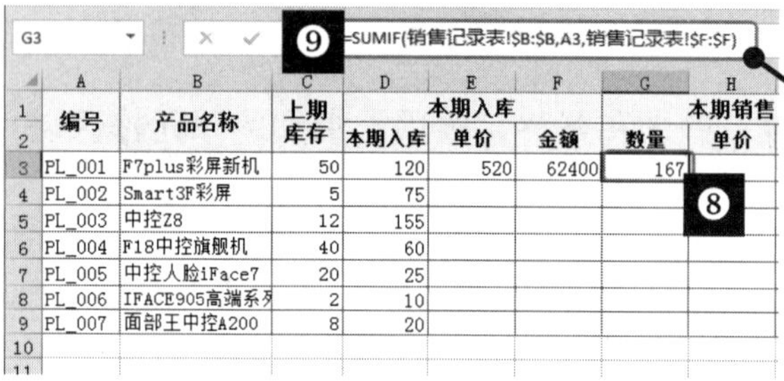

扩展

这个公式与步骤❶中使用的返回本期入库产品数量的公式含义相同。只是前者是从“采购记录表”中统计，后者是从“销售记录表”中统计。

图 9-67

❻ 选中 H3 单元格，在编辑栏中输入公式：

```
=VLOOKUP($A3,产品信息表!$A$1:$E$15,5,FALSE)
```

按 Enter 键返回该编号产品的销售单价，如图 9-68 所示。

扩展

此公式使用与步骤❸中返回本期入库产品单价的公式含义相同。前者返回“产品信息表”中第 4 列上的值，后者返回“产品信息表”中第 5 列上的值。

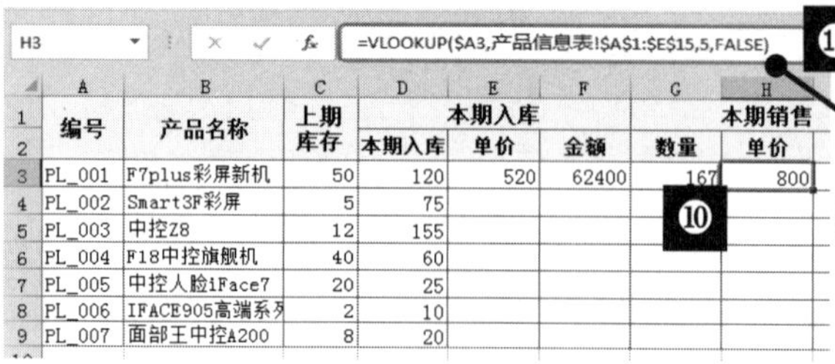

图 9-68

❼ 选中 I3 单元格，在编辑栏中输入公式：

```
=G3*H3
```

按 Enter 键返回该编号产品的销售金额，如图 9-69 所示。

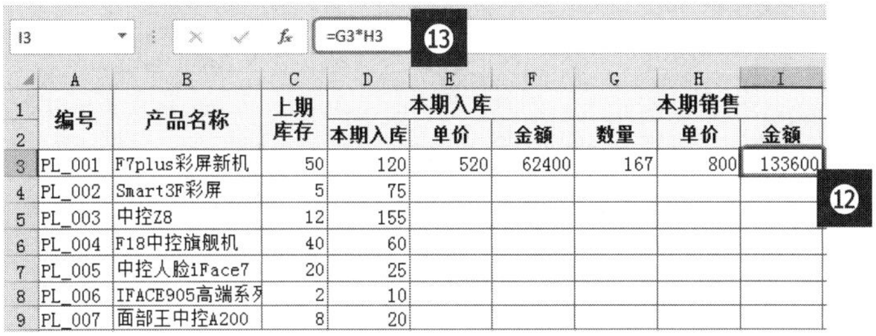

编号	产品名称	上期库存	本期入库			本期销售		
			本期入库	单价	金额	数量	单价	金额
PL_001	F7plus彩屏新机	50	120	520	62400	167	800	133600
PL_002	Smart3F彩屏	5	75					
PL_003	中控Z8	12	155					
PL_004	F18中控旗舰机	40	60					
PL_005	中控人脸iFace7	20	25					
PL_006	IFACE905高端系歹	2	10					
PL_007	面部王中控A200	8	20					

图 9-69

❽ 选中 J3 单元格，在编辑栏中输入公式：

```
=C3+D3-G3
```

按 Enter 键返回该编号下产品的本期数量，如图 9-70 所示。

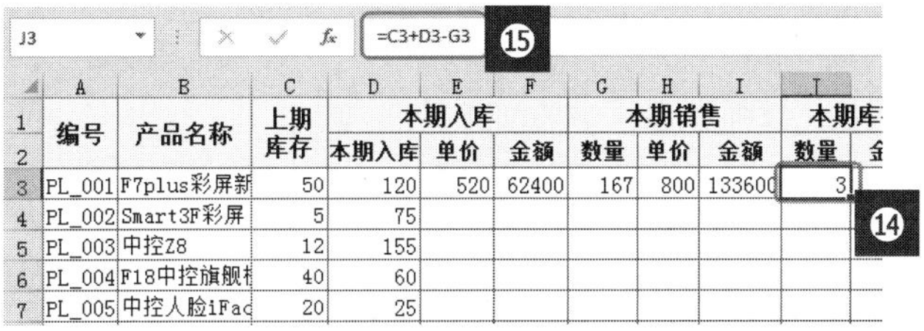

编号	产品名称	上期库存	本期入库			本期销售			本期库	
			本期入库	单价	金额	数量	单价	金额	数量	金
PL_001	F7plus彩屏新	50	120	520	62400	167	800	133600	3	
PL_002	Smart3F彩屏	5	75							
PL_003	中控Z8	12	155							
PL_004	F18中控旗舰机	40	60							
PL_005	中控人脸iFac	20	25							

图 9-70

❾ 选中 K3 单元格，在编辑栏中输入公式：

```
=J3*E3
```

按 Enter 键返回该编号产品的本期库存金额，如图 9-71 所示。

产品名称	上期库存	本期入库			本期销售			本期库存	
		本期入库	单价	金额	数量	单价	金额	数量	金额
F7plus彩屏新	50	120	520	62400	167	800	133600	3	1560
Smart3F彩屏	5	75							
中控Z8	12	155							
F18中控旗舰机	40	60							
中控人脸iFac	20	25							
IFACE905高端	2	10							
面部王中控A2	8	20							

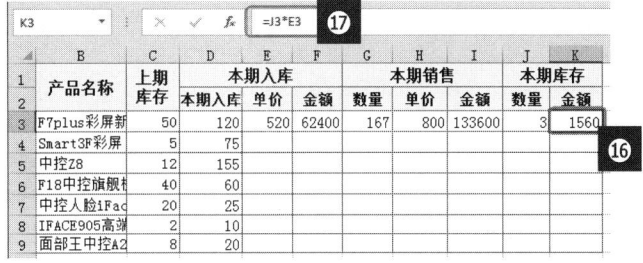

图 9-71

❿ 选中 E3:K3 单元格区域，拖动右下角填充柄向下填充公式，即可得到所有产品的库存统计数据，如图 9-72 所示。

图 9-72

9.3.3 任意产品库存量查询

编制库存量查询表能够帮助用户快速地查询产品库存信息。

❶ 新建一张工作表，并重命名为"产品库存量查询"，在新建工作表中创建如图 9-73 所示的表格框架，并设置表格的格式，美化表格。

❷ 选中 C2 单元格，在"数据"选项卡的"数据工具"组中单击"数字验证"按钮，打开"数据验证"对话框。

❸ 在"允许"下拉列表中选择"序列"（如图 9-74 所示），单击"来源"框右侧 按钮，切换到"产品信息表"工作表中选择"编号"列的单元格区域，如图 9-75 所示。

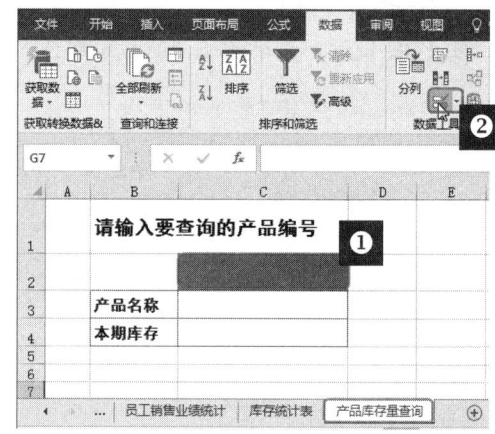

图 9-73

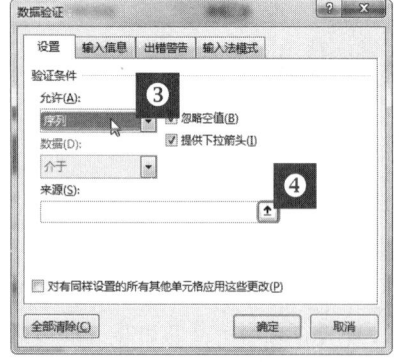

图 9-74

图 9-75

❹ 单击 按钮，返回"数据验证"对话框可以看到来源数据（如图9-76所示），单击"输入信息"标签，在"输入信息"文本框中输入提醒信息，如图9-77所示。

图 9-76

图 9-77

❺ 单击"确定"按钮，完成数据验证的设置，返回"产品库存量查询"工作表中，选中C2单元格，可看到提示信息（如图 9-78 所示）。单击右侧的下拉按钮即可实现在下拉菜单中选择产品的编号，如图 9-79 所示。

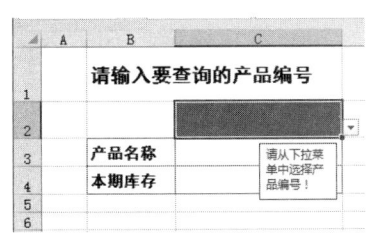
图 9-78

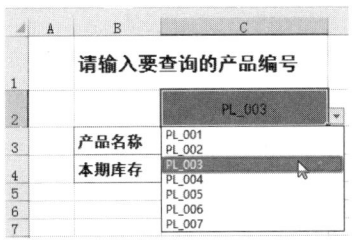
图 9-79

❻ 选中 C3 单元格，在编辑栏中输入公式：
=VLOOKUP($C$2,产品信息表!A:D,2,FALSE)
按 Enter 键，返回与 C2 单元格产品编号对应的产品名称，如图 9-80 所示。

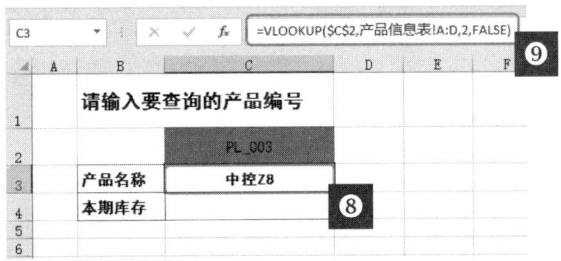
图 9-80

> **公式解析**
>
> =VLOOKUP($C$2,产品信息表!A:D,2,FALSE)
>
> "产品信息表!A:D"区域的第 2 列为产品名称列,因此使用 VLOOKUP 函数找 C2 单元格中的编号后返回"产品信息表!A:D"区域第 2 列上的值表示返回产品名称。

❼ 选中 C4 单元格,在编辑栏中输入公式:
=VLOOKUP($C$2,库存统计表!A:M,10,FALSE)
按 Enter 键,返回与 C2 单元格产品编号对应的本期库存值,如图 9-81 所示。

❽ 选中 C2 单元格,选择输入其他产品编号,公式自动重新计算,返回对应的库存量,如图 9-82 所示。

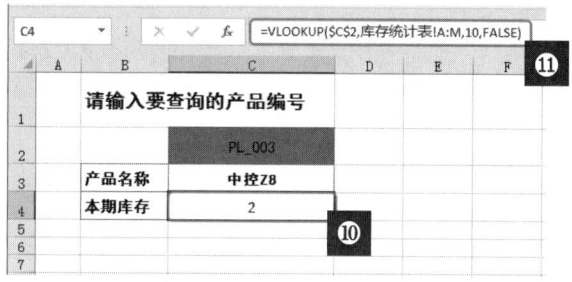

图 9-81

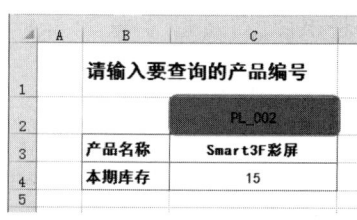

图 9-82

> **公式解析**
>
> =VLOOKUP($C$2,库存统计表!A:M,10,FALSE)
>
> "库存统计表!A:M"区域的第 10 列为本期库存数据。因此使用 VLOOKUP 函数找到 C2 单元格中的编号后返回"库存统计表!A:M"区域第 10 列上的值表示返回本期库存数据。

9.3.4 库存量控制

给定一个安全库存量,当产品的库存量低于安全库存量时,会特殊显示,提醒采购人员及时补充库存。

在"库存统计表"工作表中,当产品的本期库存量小于 10 时特殊显示。

❶ 切换回“库存统计表”，选中目标单元格区域，在“开始”选项卡的“样式”组中单击“条件格式”按钮，在弹出的下拉菜单中把鼠标移到“突出显示单元格规则”，在打开的子菜单中选择“小于”命令（如图 9-83 所示），打开“小于”对话框。

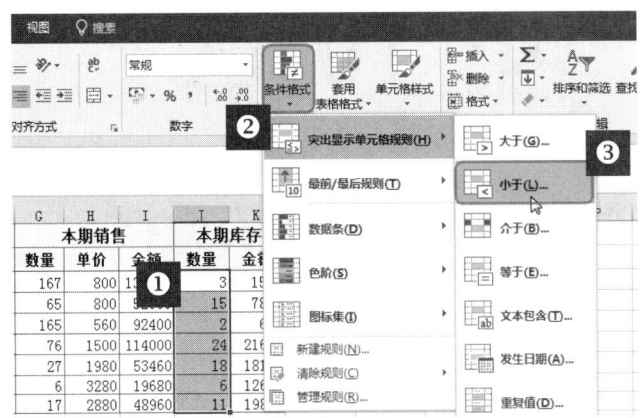

图 9-83

❷ 设置单元格值小于“10”，显示为“绿填充色深绿色文本”，如图 9-84 所示。

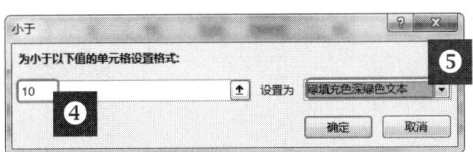

图 9-84

❸ 单击“确定”按钮回到工作表中，可以看到所有小于 10 的单元格都显示为绿色，即表示库存不足，如图 9-85 所示。

产品名称	上期库存	本期入库			本期销售			本期库存	
		本期入库	单价	金额	数量	单价	金额	数量	金额
F7plus彩屏新机	50	120	520	62400	167	800	133600	3	1560
Smart3F彩屏	5	75	520	39000	65	800	52000	15	7800
中控Z8	12	155	340	52700	165	560	92400	2	680
F18中控旗舰机	40	60	900	54000	76	1500	114000	24	21600
中控人脸iFace7	20	25	1010	25250	27	1980	53460	18	18180
IFACE905高端系列	2	10	2100	21000	6	3280	19680	6	12600
面部王中控A200	8	20	1800	36000	17	2880	48960	11	19800

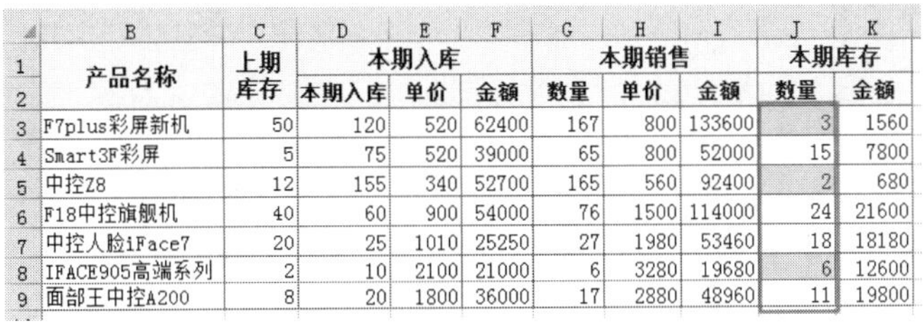

图 9-85

第 10 章

管理分析员工工资数据并记账

- 管理分析员工工资数据并记账
  - 10.1 创建员工工资管理表格
    - 10.1.1 创建员工基本工资表
    - 10.1.2 员工绩效奖金计算表
    - 10.1.3 个人所得税计算
    - 10.1.4 考勤扣款及满勤奖统计表
    - 10.1.5 员工月度工资核算
      1. 计算应发工资
      2. 计算实发工资
  - 10.2 多角度分析工资数据
    - 10.2.1 查询销售精英员工
    - 10.2.2 突出显示小于平均工资的记录
    - 10.2.3 按部门统计工资额
    - 10.2.4 部门平均薪酬比较图表
  - 10.3 生成员工工资条
    - 10.3.1 生成工资条
    - 10.3.2 打印输出工资条
  - 10.4 发放工资的账务处理
    1. 计提员工工资
    2. 代扣保险费
    3. 代扣个人所得税
    4. 交纳个人所得税

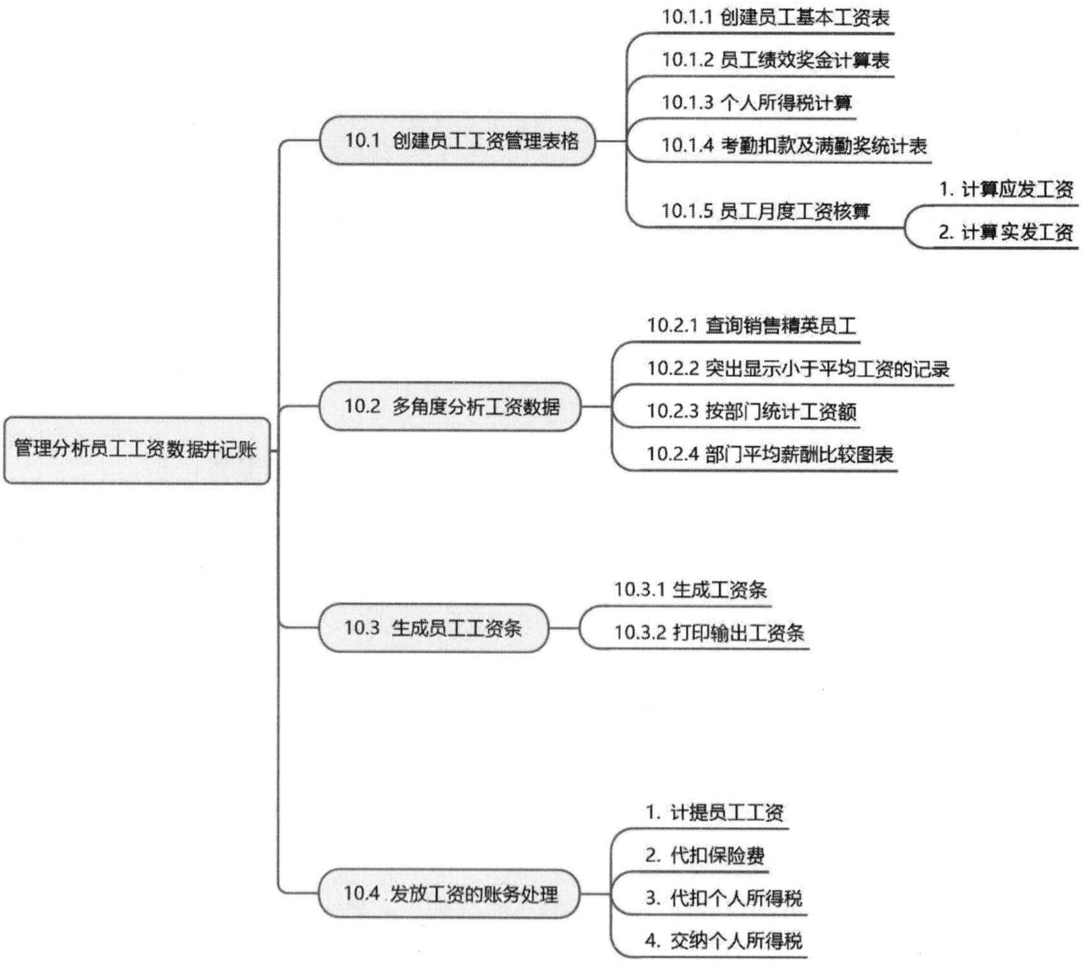

10.1 创建员工工资管理表格

工资管理是保障企业运转的基础,是财务部门的一项重要工作,因此建立一个既方便又好用的工资管理系统是非常有必要的。

员工在领工资时可以发现工资明细项目中包含多项明细核算,如基本工资、工龄工资、各项补贴、加班工资、考勤扣款、个人所得税等),这些数据都需要创建表格来管理,然后在月末将其汇总到工资表中,从而得出最终的应发工资。

10.1.1 创建员工基本工资表

基本工资管理表是最基础的工资管理类表格,它主要记录员工的基本工资、岗位工资、工龄津贴等,所以其他表格的列标识的建立以基本工资管理表为准。

❶ 创建工作簿,并将其命名为"员工工资管理"。在Sheet1工作表标签上双击鼠标,将其重命名为"基本工资表",如图10-1所示。

> **注意**
> 前5列数据为员工的基本信息数据,应该与员工档案表中的数据一致。

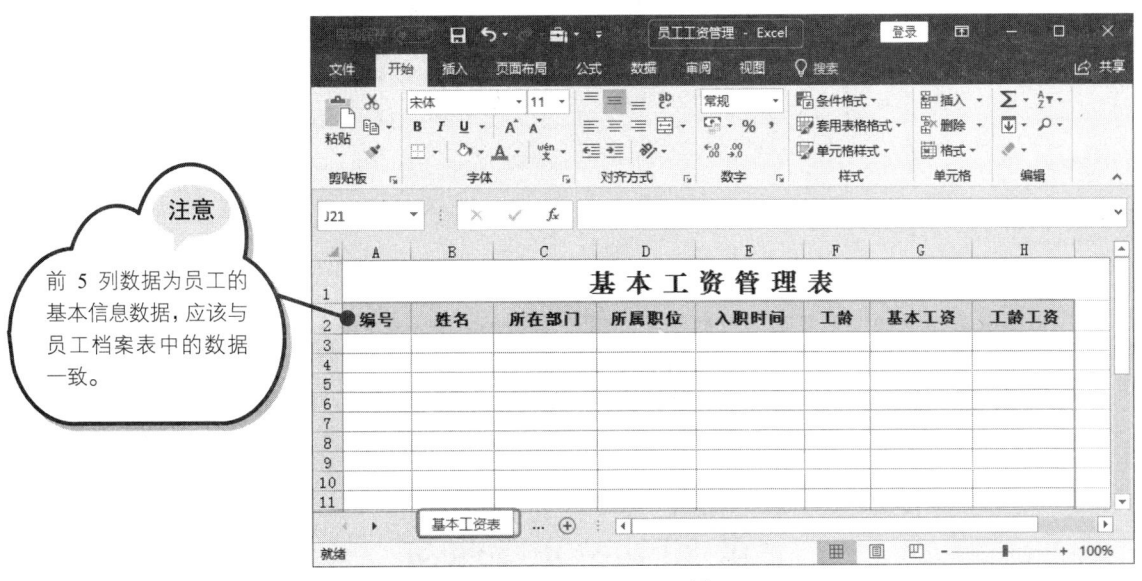

图 10-1

❷ 手动输入员工编号、姓名、所在部门与所属职位。选中F3单元格,在编辑栏中输入公式:
=YEAR(TODAY())-YEAR(E3)

按Enter键,计算出工龄,如图10-2所示。

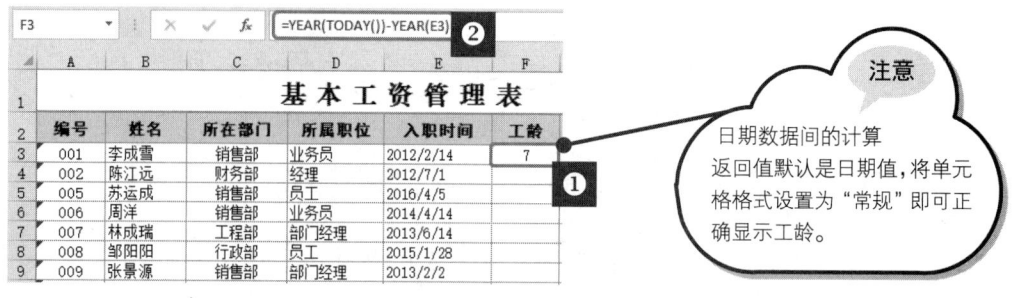

图 10-2

❸ 将光标定位于 F3 单元格右下角，向下拖动填充柄复制公式得到所有员工的工龄，如图 10-3 所示。

图 10-3

公式解析

1. YEAR 函数

YEAR 函数表示返回给定日期对应的年份。

$$=\text{YEAR}（日期值）$$

2. 本例公式

①提取当前日期的年份。

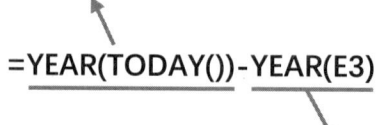

②提取 E3 单元格日期的年份，二者差值即为工龄。

❹ 输入员工基本工资信息。选中 H3 单元格，在编辑栏中输入公式：

```
=IF(F3<=2,0,(F3-2)*100)
```

按 Enter 键返回第一位员工的工龄工资，如图 10-4 所示。

❺ 将光标定位于 H3 单元格右下角，向下拖动填充柄复制公式得到所有员工的工龄工资，如图 10-5 所示。

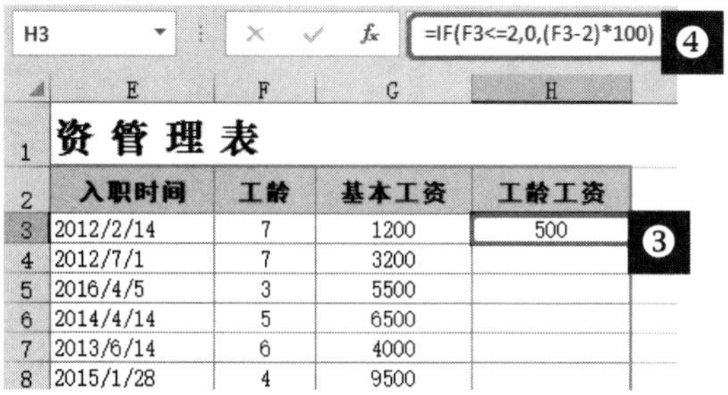

图 10-4

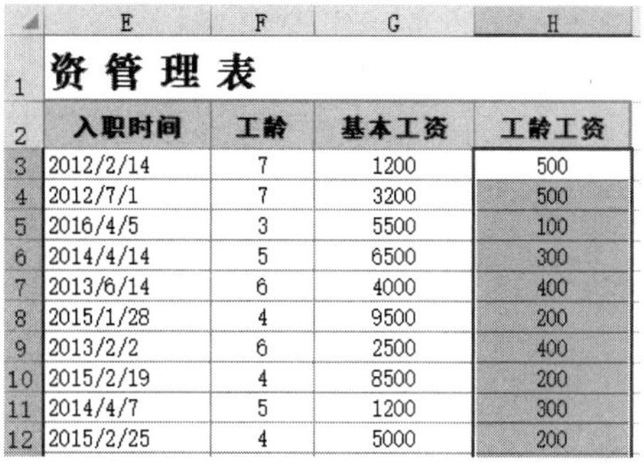

图 10-5

公式解析

1. IF 函数

IF 函数的基本语法参见 5.2 节例 1。

2. 本例公式

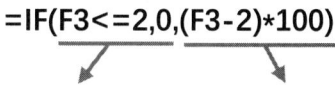

① 判断工龄是否在两年之内，如果工龄在两年之内，则返回 0。

② 超过两年的工龄以每年 100 元逐年递增。

10.1.2 员工绩效奖金计算表

销售员根据销售额会有销售提成，根据公司性质及销售产品不同，提成规定也是多种多样的。例如，固定提成，无论销售额是多少，提成比例是不变的；浮动提成，到达一定销售额度，总提成比例是变化的。本例主要介绍浮动式提成的计算方法。

❶ 新建工作表并重命名为"员工绩效奖金计算表"，输入标题、列标识以及销售员姓名和销售业绩，如图 10-6 所示。

❷ 输入员工的销售业绩（员工的销售业绩数据源来自于第 9 章的销售记录表）。选中 E3 单元格，在编辑栏中输入公式：

```
=IF(D3<=20000,D3*0.03,IF(D3<=50000,D3*0.05,D3*0.08))
```

按 Enter 键返回第一位销售员的提成金额，如图 10-7 所示。

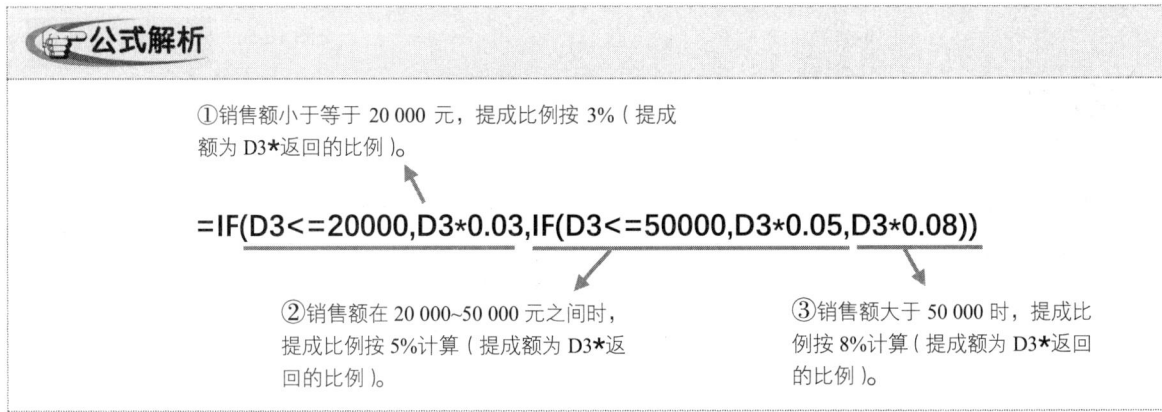

图 10-6   图 10-7

公式解析

①销售额小于等于 20 000 元，提成比例按 3%（提成额为 D3*返回的比例）。

=IF(D3<=20000,D3*0.03,IF(D3<=50000,D3*0.05,D3*0.08))

②销售额在 20 000~50 000 元之间时，提成比例按 5%计算（提成额为 D3*返回的比例）。

③销售额大于 50 000 时，提成比例按 8%计算（提成额为 D3*返回的比例）。

❸ 将光标定位于 E3 单元格右下角，向下拖动填充柄复制公式得到所有销售员的绩效奖金，如图 10-8 所示。

图 10-8

10.1.3 个人所得税计算

由于个人所得税的计算牵涉税率的计算、速算扣除数等,因此可以另建一张表格来进行计算。在进行工资核算时则可以将此表计算出的个人所得税额匹配到工资核算表中去。

用 IF 函数配合其他函数计算个人所得税。相关规则如下:
- 起征点为 5 000 元。
- 税率及速算扣除数如表 10-1 所示。

表 10-1

应纳税所得额(元)	税率(%)	速算扣除数(元)
不超过 3000	3	0
3001～12000	10	210
12001～25000	20	1410
25001～35000	25	2660
35001～55000	30	4410
55001～80000	35	7160
超过 80001	45	15160

❶ 创建"所得税计算表",输入基本数据与用于求解的几项标识,并对表格进行格式设置,如图 10-9 所示。

图 10-9

❷ 选中 E3 单元格，在编辑栏中输入公式：=员工月度工资表!J3（对员工月度考勤表的"应发工资"列 J3 单元格采用粘贴链接，因为此表还未建立，所以暂时返回 0），如图 10-10 所示。

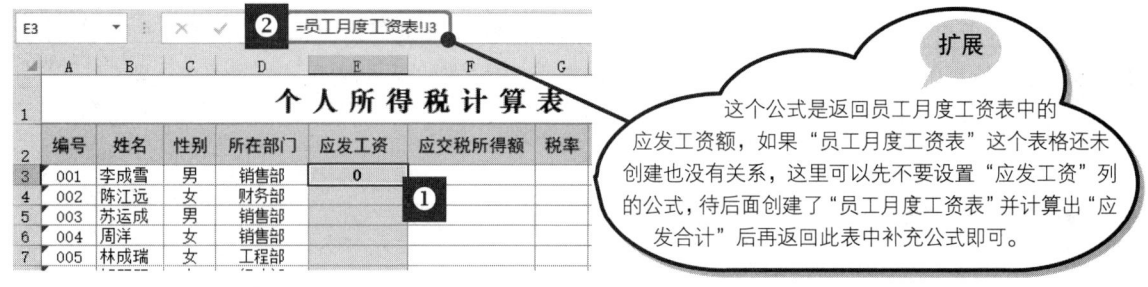

图 10-10

> **扩展**
> 这个公式是返回员工月度工资表中的应发工资额，如果"员工月度工资表"这个表格还未创建也没有关系，这里可以先不要设置"应发工资"列的公式，待后面创建了"员工月度工资表"并计算出"应发合计"后再返回此表中补充公式即可。

❸ 选中 F3 单元格，在编辑栏中输入公式：
=IF(E3>5000,E3-5000,0)

按 Enter 键得出第一位员工的"应交税所得额"，如图 10-11 所示（先建立公式）。

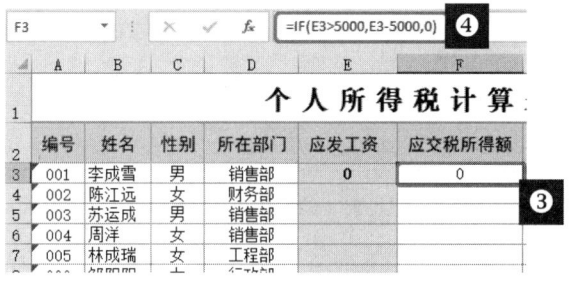

图 10-11

❹ 选中 G3 单元格，在编辑栏中输入公式：
=IF(F3<=3000,0.03,IF(F3<=12000,0.1,IF(F3<=25000,0.2,IF(F3<=35000,0.25,IF(F3<=55000,0.3,IF(F3<=80000,0.35,0.45))))))

按 Enter 键根据"应交税所得额"得出第一位员工的"税率"，如图 10-12 所示。

图 10-12

公式解析

=IF(F3<=3000,0.03,IF(F3<=12000,0.1,IF(F3<=25000,0.2,IF(F3<=35000,0.25,IF(F3<=55000,0.3,IF(F3<=80000,0.35,0.45))))))

这是一个 IF 函数多层嵌套的例子（最多允许 7 层嵌套），利用多层嵌套实现多条件的判断。不同的工资区间对应的税率各不相同，在上面的表格中已经列出了，这里通过对数值的判断实现返回对应的税率。

❺ 选中 H3 单元格，在编辑栏中输入公式：

```
=VLOOKUP(G3,{0.03,0;0.1,210;0.2,1410;0.25,2660;0.3,4410;0.35,7160;0.45,15160},2,)
```

按 Enter 键根据“税率”得出第一位员工的“速算扣除数”，如图 10-13 所示。

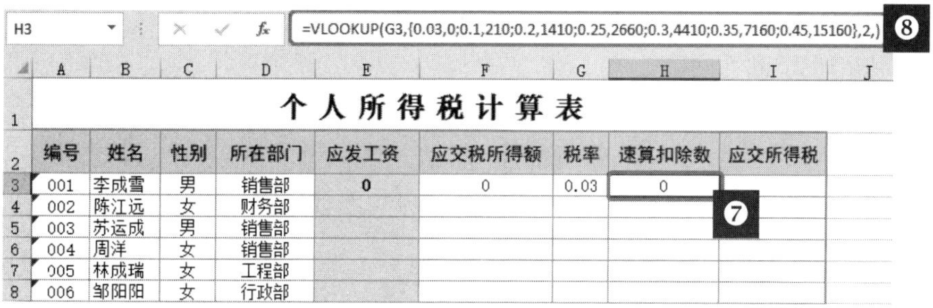

个人所得税计算表								
编号	姓名	性别	所在部门	应发工资	应交税所得额	税率	速算扣除数	应交所得税
001	李成雪	男	销售部	0	0	0.03	0	
002	陈江远	女	财务部					
003	苏运成	男	销售部					
004	周洋	女	销售部					
005	林成瑞	女	工程部					
006	邹阳阳	女	行政部					

图 10-13

公式解析

1. VLOOKUP 函数

VLOOKUP 函数基本语法参见 5.2 节例 17。

2. 本例公式

①查询对象。

②例如，当 G3 单元格中的值为 0.25 时，对应输出 2660。

=VLOOKUP(G3,{0.03,0;0.1,210;0.2,1410;0.25,2660;0.3,4410;0.35,7160;0.45,15160},2,)

③每一个分号间隔的两个值相当于数组的两列，在首列中查找值，然后返回第二列上的值。

❻ 选中 I3 单元格，在编辑栏中输入公式：

```
=F3*G3-H3
```

按 Enter 键计算得出第一位员工的“应交所得税”，如图 10-14 所示。

I3　=F3*G3-H3　⑩

	A	B	C	D	E	F	G	H	I
1	个人所得税计算表								
2	编号	姓名	性别	所在部门	应发工资	应交税所得额	税率	速算扣除数	应交所得税
3	001	李成雪	男	销售部	0	0	0.03	0	0
4	002	陈江远	女	财务部					
5	003	苏运成	男	销售部					
6	004	周洋	女	销售部					
7	005	林成瑞	女	工程部					

⑨

图 10-14

❼ 选中 E3:I3 单元格区域，将光标定位到右下角的填充柄上，按住鼠标向下拖动复制公式，即可批量建立公式，如图 10-15 所示。

	A	B	C	D	E	F	G	H	I
1	个人所得税计算表								
2	编号	姓名	性别	所在部门	应发工资	应交税所得额	税率	速算扣除数	应交所得税
3	001	李成雪	男	销售部	0	0	0.03	0	0
4	002	陈江远	女	财务部	0	0	0.03	0	0
5	003	苏运成	男	销售部	0	0	0.03	0	0
6	004	周洋	女	销售部	0	0	0.03	0	0
7	005	林成瑞	女	工程部	0	0	0.03	0	0
8	006	邹阳阳	女	行政部	0	0	0.03	0	0
9	007	张景源	女	销售部	0	0	0.03	0	0
10	008	苏敏	女	财务部	0	0	0.03	0	0
11	009	何平	女	销售部	0	0	0.03	0	0
12	010	何艳红	女	销售部	0	0	0.03	0	0
13	011	胡平	女	行政部	0	0	0.03	0	0
14	012	何浩成	女	销售部	0	0	0.03	0	0
15	013	李苏	男	工程部	0	0	0.03	0	0
16	014	余一燕	女	销售部	0	0	0.03	0	0
17	015	刘杰	男	工程部	0	0	0.03	0	0
18	016	刘成杰	女	销售部	0	0	0.03	0	0

提示

当前表格中返回的值都是 0，这是因为“应发工资”列中当前值为 0，只要后面建立了“员工月度工资表”并计算出了“应发工资”项，这些值就都可以自动计算。

图 10-15

10.1.4　考勤扣款及满勤奖统计表

考勤统计表包括各项出勤记录，以及通过公式统计出“满勤奖”与因迟到、请假而统计出的“应扣合计”。其中，“满勤奖”要计入工资的应发部分，“应扣合计”要计入工资的应扣部分。所以月末时可以从人事部分获取此表并复制到当前工作簿中来备用，如图 10-16 所示。

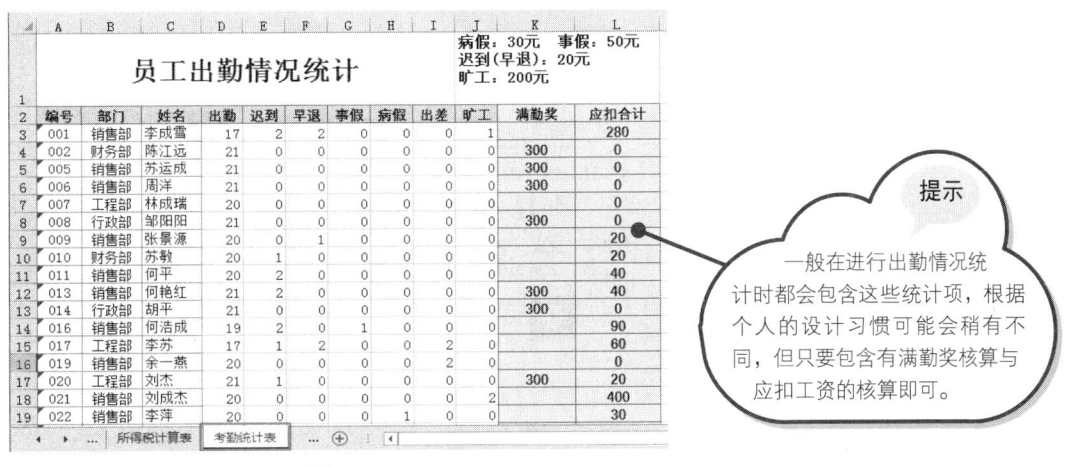

图 10-16

10.1.5 员工月度工资核算

工资表中数据包含应发工资和应扣工资两部分，应发工资合计减去应扣工资合计即得到实发工资金额。当准备好一些工资核算的相关表格后，则可以进行工资的核算了。

1. 计算应发工资

应发工资包括"基本工资""工龄工资""绩效奖金""满勤奖金"几项。

❶ 创建"员工月度工资表"，建立好相关列标识后，输入员工编号、姓名、所属部门几项基本信息（这几项数据可以从"基本工资表"中复制得到），如图 10-17 所示。

图 10-17

❷ 选中 D3 单元格，在编辑栏中输入公式：
=VLOOKUP(A3,基本工资表!$A$2:$H$23,7,FALSE)
按 Enter 键，即可从"基本工资表"中返回第一位员工的基本工资，如图 10-18 所示。

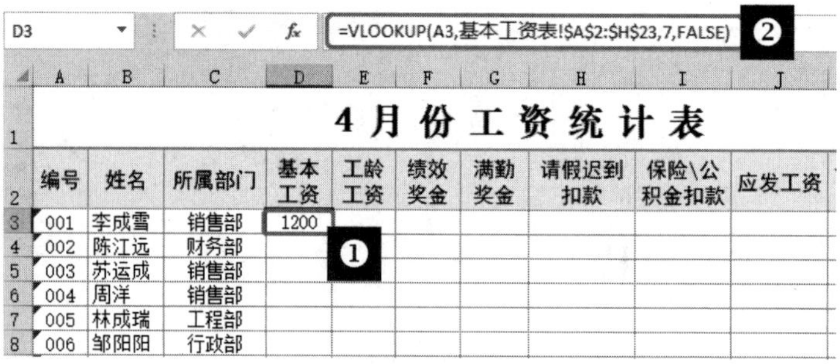

图 10-18

公式解析

=VLOOKUP(A3,基本工资表!$A$2:$H$23,7,FALSE)

在"基本工资表!$A$2:$H$23"的首列中查找与 A3 单元格相同的编号，然后返回对应在第 7 列上的值，即返回的是指定员工的基本工资。

❸ 选中 E3 单元格，在编辑栏中输入公式：
=VLOOKUP(A3,基本工资表!$A$2:$H$23,8,FALSE)
按 Enter 键，即可从"基本工资表"中返回第一位员工的工龄工资，如图 10-19 所示。

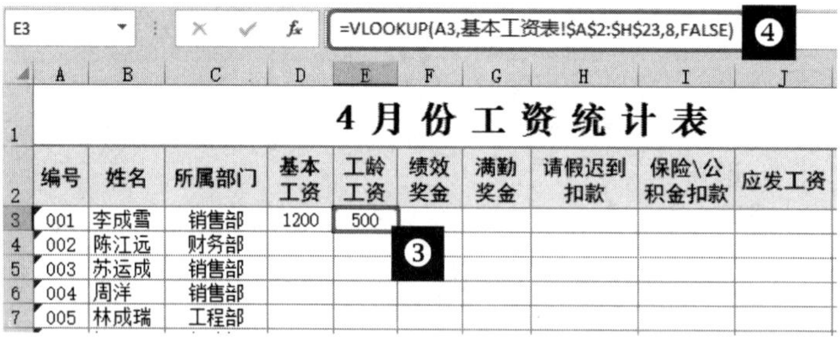

图 10-19

❹ 选中 F3 单元格，在编辑栏中输入公式：
=IFERROR(VLOOKUP(A3,员工绩效奖金计算表!$A$2:$E$14,5,FALSE),"")
按 Enter 键，即可从"员工绩效奖金计算表"中返回第一位员工的提成或奖金，如图 10-20 所示。

管理分析员工工资数据并记账
第 10 章

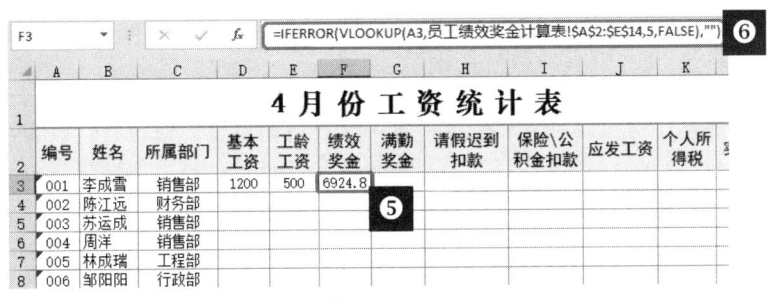

图 10-20

🅿️ 公式解析

1. IFERROR 函数

IFERROR 函数是在当公式计算结果为错误时，则返回指定的值；否则，返回公式的结果。使用 IFERROR 函数可以捕获和处理公式中的错误。

2. 本例公式

②用于判断 VLOOKUP 是否返回了错误值，如果返回错误，则最终显示为空值。

=IFERROR(VLOOKUP(A3,员工绩效奖金计算表!$A$2:$E$14,5,FALSE),"")

①在"员工绩效奖金计算表!$A$2:$E$14"的首列中查找与 A3 相同的编号，找到后返回对应在该区域第 5 列上的值。

❺ 选中 G3 单元格，在编辑栏中输入公式：
=VLOOKUP(A3,考勤统计表!$A$2:$L$23,11,FALSE)

按 Enter 键，即可从"考勤统计表"中返回第一位员工的满勤奖金，如图 10-21 所示。

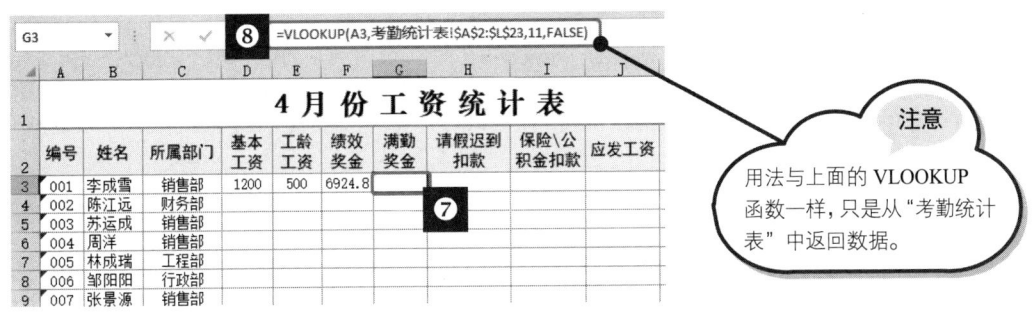

注意：用法与上面的 VLOOKUP 函数一样，只是从"考勤统计表"中返回数据。

图 10-21

| 289 |

❻ 选中 H3 单元格，在编辑栏中输入公式：
=VLOOKUP(A3,考勤统计表!$A$2:$L$23,12,FALSE)

按 Enter 键，即可从"考勤统计表"中返回第一位员工的请假迟到扣款，如图 10-22 所示。

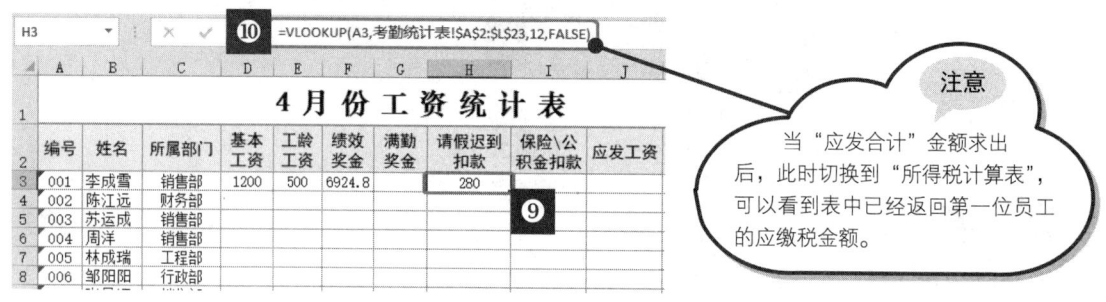

图 10-22

注意：当"应发合计"金额求出后，此时切换到"所得税计算表"，可以看到表中已经返回第一位员工的应缴税金额。

公式解析

=VLOOKUP(A3,考勤统计表!$A$2:$L$23,12,FALSE)

在"考勤统计表!$A$2:$L$23"的首列中查找与 A3 中相同的编号，找到后返回对应在该区域第 12 列上的值。

❼ 选中 I3 单元格，在编辑栏中输入公式：
=IF(E3=0,0,(D3+E3)*0.08+(D3+E3)*0.02+(D3+E3)*0.1)

按 Enter 键计算出第一位职员的保险及公积金扣款，如图 10-23 所示。

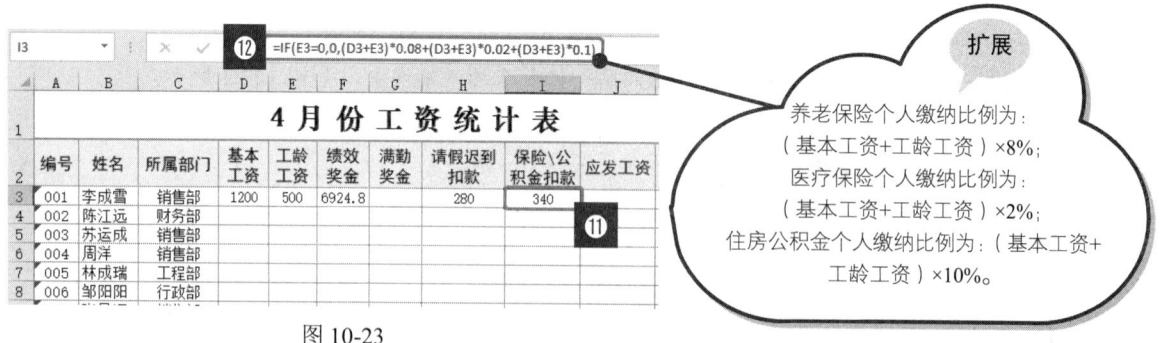

图 10-23

扩展：养老保险个人缴纳比例为：（基本工资+工龄工资）×8%；医疗保险个人缴纳比例为：（基本工资+工龄工资）×2%；住房公积金个人缴纳比例为：（基本工资+工龄工资）×10%。

❽ 选中 J3 单元格，在编辑栏中输入公式：
=SUM(D3:G3)-SUM(H3:I3)

按 Enter 键，即可计算出员工的应发工资合计值，如图 10-24 所示。

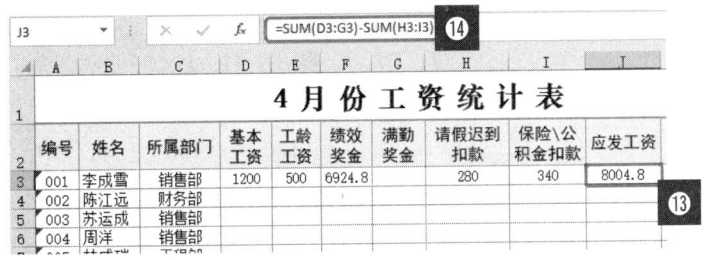

图 10-24

2. 计算实发工资

已知应发工资，并从"所得税计算表"中返回个人所得税后，将应发工资减去个人所得税，即得到该员工的实发工资。

❶ 选中 K3 单元格，在编辑栏中输入公式：

=VLOOKUP(A3,所得税计算表!$A$2:$I$23,9,FALSE)

按 Enter 键从"所得税计算表"中返回第一位员工的个人所得税，如图 10-25 所示。

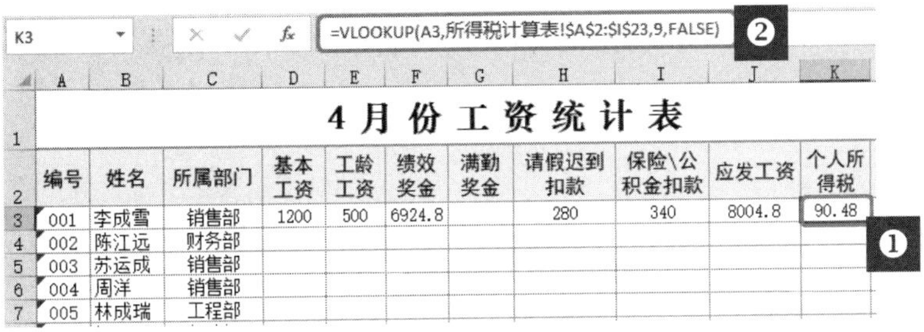

图 10-25

❷ 选中 L3 单元格，在编辑栏中输入公式：

=J3-K3

按 Enter 键计算得出第一位员工的实发工资，如图 10-26 所示。

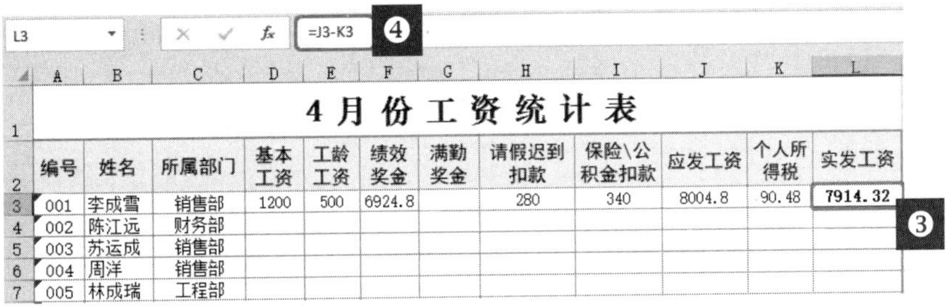

图 10-26

❸ 利用填充功能即可求出每一位员工的工资明细，如图 10-27 所示。

	A	B	C	D	E	F	G	H	I	J	K	L
1	4月份工资统计表											
2	编号	姓名	所属部门	基本工资	工龄工资	绩效奖金	满勤奖金	请假迟到扣款	保险\公积金扣款	应发工资	个人所得税	实发工资
3	001	李成雪	销售部	1200	500	6924.8		280	340	8004.8	90.48	7914.32
4	002	陈江远	财务部	3200	500		300	0	740	3260	0	3260
5	003	苏运成	销售部	5500	100		300	0	1120	4780	0	4780
6	004	周洋	销售部	6500	300		300	0	1360	5740	22.2	5717.8
7	005	林成瑞	工程部	4000	400	8152		0	880	11672	457.2	11214.8
8	006	邹阳阳	行政部	9500	200	8440	300	0	1940	16500	940	15560
9	007	张景源	销售部	2500	400			20	580	2300	0	2300
10	008	苏敏	财务部	8500	200			20	1740	6940	58.2	6881.8
11	009	何平	销售部	1200	300	6606.4		40	300	7766.4	82.992	7683.408
12	010	何艳红	销售部	5000	200		300	40	1040	4420	0	4420
13	011	胡平	行政部	2800	400	5168	300	0	640	8028	92.8	7935.2
14	012	何浩成	销售部	4500	200			90	940	3670	0	3670
15	013	李苏	工程部	2600	400	5836.8		60	600	8176.8	107.68	8069.12
16	014	余一燕	销售部	1200	100			0	260	1040	0	1040
17	015	刘杰	工程部	2200	200		300	20	480	2200	0	2200
18	016	刘成杰	销售部	1200	100	1600		400	260	2240	0	2240
19	017	李萍	销售部	2500	100			30	520	2050	0	2050

图 10-27

经验之谈

此时切换到“所得税计算表”，可以看到完整的个人所得税计算表，也就是说工作表中建立公式的单元格都进行自动计算了，如图 10-28 所示。

	A	B	C	D	E	F	G	H	I
1	个人所得税计算表								
2	编号	姓名	性别	所在部门	应发工资	应交税所得额	税率	速算扣除数	应交所得税
3	001	李成雪	男	销售部	8004.8	3004.8	0.1	210	90.48
4	002	陈江远	女	财务部	3260	0	0.03	0	0
5	003	苏运成	男	销售部	4780	0	0.03	0	0
6	004	周洋	女	销售部	5740	740	0.03	0	22.2
7	005	林成瑞	女	工程部	11672	6672	0.1	210	457.2
8	006	邹阳阳	女	行政部	16500	11500	0.1	210	940
9	007	张景源	女	销售部	2300	0	0.03	0	0
10	008	苏敏	女	财务部	6940	1940	0.03	0	58.2
11	009	何平	女	销售部	7766.4	2766.4	0.03	0	82.992
12	010	何艳红	女	销售部	4420	0	0.03	0	0
13	011	胡平	女	行政部	8028	3028	0.1	210	92.8
14	012	何浩成	女	销售部	3670	0	0.03	0	0
15	013	李苏	男	工程部	8176.8	3176.8	0.1	210	107.68
16	014	余一燕	女	销售部	1040	0	0.03	0	0
17	015	刘杰	男	工程部	2200	0	0.03	0	0
18	016	刘成杰	女	销售部	2240	0	0.03	0	0
19	017	李萍	男	销售部	2050	0	0.03	0	0
20	018	彭丽	女	财务部	2140	0	0.03	0	0
21	019	杨海洋	女	工程部	3565	0	0.03	0	0
22	020	肖沼阳	女	销售部	1420	0	0.03	0	0
23	021	胡光霞	女	行政部	5251	251	0.03	0	7.53
24									

… | 员工绩效奖金计算表 | 所得税计算表 | 考勤统计表 | 员工月度工资表 |

图 10-28

10.2 多角度分析工资数据

员工月度工资表创建完成后,可以利用 Excel 2016 中的筛选、分类汇总、数据透视表等工具来对工资数据进行统计分析。了解工资的分布特点,为企业制定更有效的薪资制度提供建议。

10.2.1 查询销售精英员工

建立起"员工绩效奖金计算表"后,可以通过筛选功能查看销售精英员工。

❶ 在"员工绩效奖金计算表"中选中数据区域的任意单元格,在"数据"选项卡的"排序和筛选"组中单击"筛选"按钮,此时所有列标识添加筛选按钮,如图 10-29 所示。

> 注意
> 对于标准的数据明细表,执行筛选时定位表格中任意单元格即可,不必选中所有数据区域。

图 10-29

❷ 单击"绩效奖金"右侧下拉按钮,在展开的下拉菜单中单击"数字筛选",在打开的子菜单中选择"大于"命令(如图 10-30 所示),弹出"自定义自动筛选方式"对话框,在"大于"右侧文本框中输入"5000",如图 10-31 所示。

图 10-30

图 10-31

❸ 单击"确定"按钮,即可将绩效奖金超过 5 000 元的记录筛选出来,如图 10-32 所示。

图 10-32

10.2.2 突出显示小于平均工资的记录

工资统计表制作完成后,由于数据众多,想要查看低于平均工资的记录是不太容易的,此时可以通过设置条件格式,将满足条件的记录特殊标识出来。

❶ 切换回"员工月度工资表",选中"实发工资"列数据区域,在"开始"选项卡的"样式"组中单击"条件格式"按钮,在弹出的下拉菜单中把鼠标移到"最前/最后规则",在打开的子菜单中选择"低于平均值"命令(如图 10-33 所示),打开"低于平均值"对话框。

❷ 在"低于平均值"对话框的"设置为"右侧下拉列表框中重置满足条件的单元格格式,如图 10-34 所示。

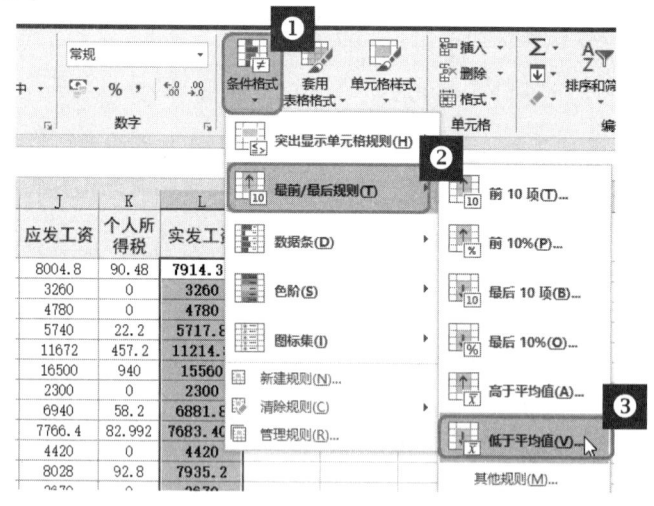

图 10-33

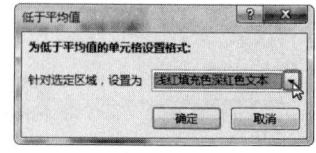

图 10-34

❸ 单击"确定"按钮回到工作表中,可以看到所有低于平均值的单元格都显示为红色,如图 10-35 所示。

管理分析员工工资数据并记账
第 10 章

	A	B	C	D	E	F	G	H	I	J	K	L
1						4月份工资统计表						
2	编号	姓名	所属部门	基本工资	工龄工资	绩效奖金	满勤奖金	请假迟到扣款	保险\公积金扣款	应发工资	个人所得税	实发工资
3	001	李成雪	销售部	1200	500	6924.8		280	340	8004.8	90.48	7914.32
4	002	陈江远	财务部	3200	500		300	0	740	3260	0	3260
5	003	苏运成	销售部	5500	100		300	0	1120	4780	0	4780
6	004	周洋	销售部	6500	300		300	0	1360	5740	22.2	5717.8
7	005	林成瑞	工程部	4000	400	8152		0	880	11672	457.2	11214.8
8	006	邹阳阳	行政部	9500	200		8440	0	1940	16500	940	15560
9	007	张景源	销售部	2500	400			20	580	2300	0	2300
10	008	苏敏	财务部	8500	200			20	1740	6940	58.2	6881.8
11	009	何平	销售部	1200	300	6606.4		40	300	7766.4	82.992	7683.408
12	010	何艳红	销售部	5000	200		300	40	1040	4420	0	4420
13	011	胡平	行政部	2800	400	5168	300	0	640	8028	92.8	7935.2
14	012	何浩成	销售部	4500	200			90	940	3670	0	3670
15	013	李苏	工程部	2600	400	5836.8		60	600	8176.8	107.68	8069.12
16	014	余一燕	销售部	1200	100			0	260	1040	0	1040
17	015	刘杰	销售部	2200	300			20	480	2200	0	2200
18	016	刘成杰	销售部	1200	100	1600		400	260	2240	0	2240
19	017	李萍	销售部	2500	100			30	520	2050	0	2050
20	018	彭丽	财务部	2200	100			0	460	2140	0	2140
21	019	杨海洋	工程部	2200	100	1345		0	480	3565	0	3565
22	020	肖沼阳	销售部	1200	200			0	280	1420	0	1420
23	021	胡光霞	行政部	3500	200	2031	300	40	740	5251	7.53	5243.47

扩展

由此可见,条件格式不仅具有比较功能,还具有简单的计算功能,是非常有效的数据分析功能。

图 10-35

10.2.3 按部门统计工资额

按部门汇总统计工资额可以通过建立数据透视表实现快速统计。

❶ 选中"员工月度工资表"工作表中任意单元格,在"插入"选项卡的"表格"组中单击"数据透视表"按钮(如图 10-36 所示),此时弹出"创建数据透视表"对话框,默认分析的数据为所有可见数据,如图 10-37 所示。

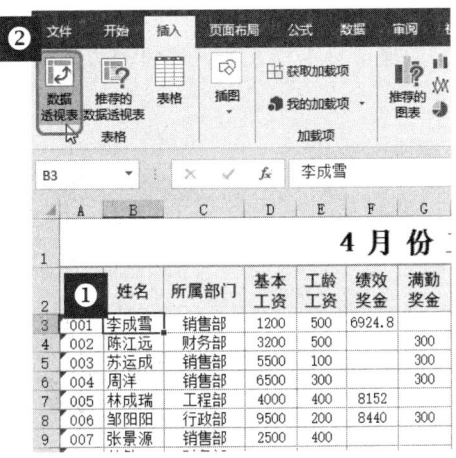

图 10-36

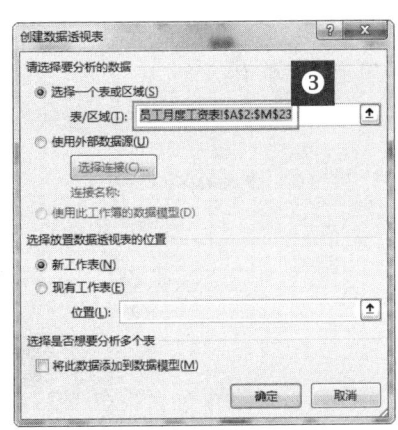

图 10-37

| 295 |

❷ 单击"确定"按钮即可创建数据透视表，在工作表标签上双击重命名工作表。在右侧单击"所属部门"，默认添加到"行"区域，接着单击"实发工资"选项，默认添加到"值"区域（如果默认添加区域不正确，可选中字段并拖动到目标位置），此时即可按部门统计工资额，如图10-38所示。

图 10-38

10.2.4　部门平均薪酬比较图表

在创建上述数据透视表添加字段时，默认值汇总方式为"求和"，当前例中要求用图表比较部门平均薪酬，则需要先统计出各部门的平均薪酬。因此可以将上面建立的数据透视表的值汇总方式更改为"平均值"。

❶ 选中"按部门统计工资额"工作表，同时按住 Ctrl 键与鼠标左键不放向右拖动复制该表（如图10-39所示显示 图标），得到"按部门统计工资额（2）"，重命名工作表为"部门平均薪酬比较图表"，如图10-40所示。

图 10-39

图 10-40

❷ 右击"求和项：实发工资"字段，在快捷菜单中选择"值字段设置"命令（如图 10-41 所示），弹出"值字段设置"对话框。

❸ 在"值汇总方式"标签下"计算类型"列表框中单击"平均值"选项，接着在"自定义名称"文本框中输入"平均工资"，如图 10-42 所示。

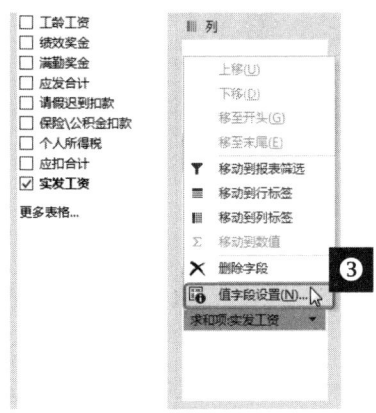

图 10-41

图 10-42

❹ 单击"确定"按钮，即可将数据汇总更改为"平均值"，即计算出部门平均工资，如图 10-43 所示。

❺ 此时选中"平均工资"字段任意数据单元格，在"数据"选项卡的"排序和筛选"组中单击"升序"按钮，即可将平均工资进行排序，如图 10-44 所示。

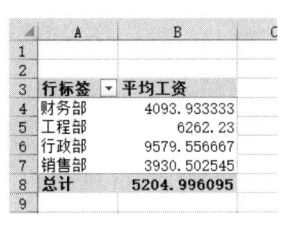

图 10-43

图 10-44

❻ 选中数据透视表的任意单元格，在"数据透视表工具-分析"选项卡的"工具"组中单击"数据透视图"（如图 10-45 所示），打开"插入图表"对话框。

❼ 选择合适的图表类型，这里选择"簇状柱形图"（如图10-46所示），单击"确定"按钮即可在工作表中插入图表，如图10-47所示。

图 10-45　　　　　　　　　　　　　　图 10-46

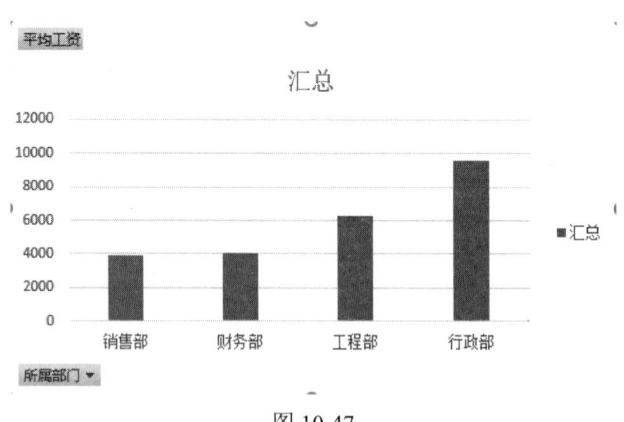

图 10-47

❽ 选中图表，单击"图表元素"按钮，在展开的列表中取消选中"网格线"的"主要纵坐标轴"复选框，如图10-48所示。

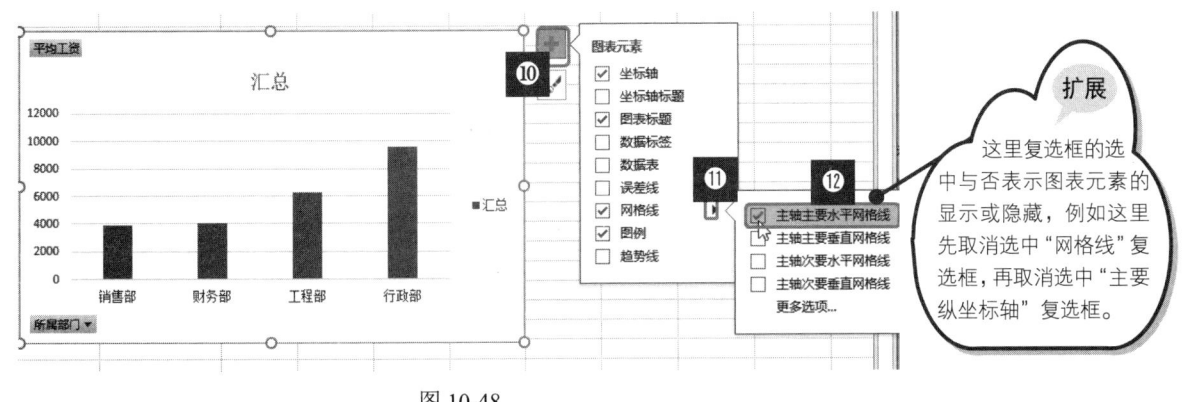

图 10-48

❾ 重新输入直观的图表标题，为需要特殊显示的分类重新设置填充颜色（如"销售部"分类），达到如图 10-49 所示的效果。

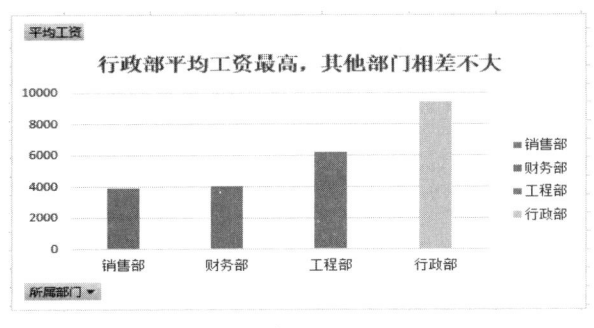

图 10-49

10.3 生成员工工资条

工资表做好以后，一方面用作存档，另一方面还需要打印工资条发给员工。工资条是员工领取工资的一个详单，便于员工详细地了解本月应发工资明细与应扣工资明细。

10.3.1 生成工资条

工资条的数据主要引用的是"员工月度工资表"的数据，通过建立公式可快速生成员工工资条。当生成了第一位员工的工资条后，则可以利用填充的办法来快速生成每位员工的工资条。

❶ 在"员工月度工资表"工作表中，选中从第 3 行开始的数据区域，在名称框中定义其名称为"工

资表"(如图 10-50 所示),按 Enter 键即可完成名称的定义。

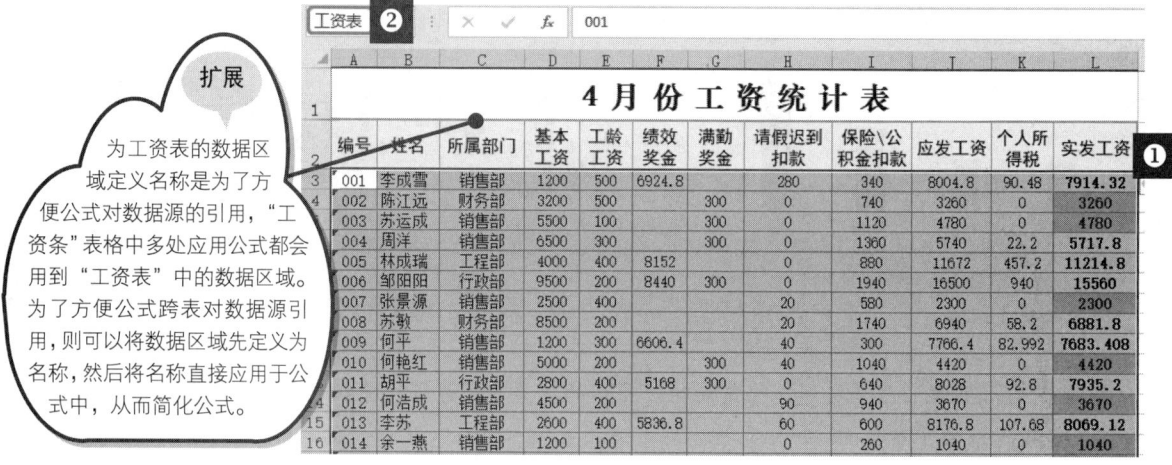

扩展

为工资表的数据区域定义名称是为了方便公式对数据源的引用,"工资条"表格中多处应用公式都会用到"工资表"中的数据区域。为了方便公式跨表对数据源引用,则可以将数据区域先定义为名称,然后将名称直接应用于公式中,从而简化公式。

图 10-50

❷ 新建工作表并重命名为"工资条",在 A3 单元格中输入第一位员工的编号。选中 B3 单元格,在编辑栏中输入公式:

=VLOOKUP($A3,工资表,COLUMN(B1))

按 Enter 键,即可返回第一位员工的姓名(姓名在"工资表"单元格区域的第 2 列),如图 10-51 所示。

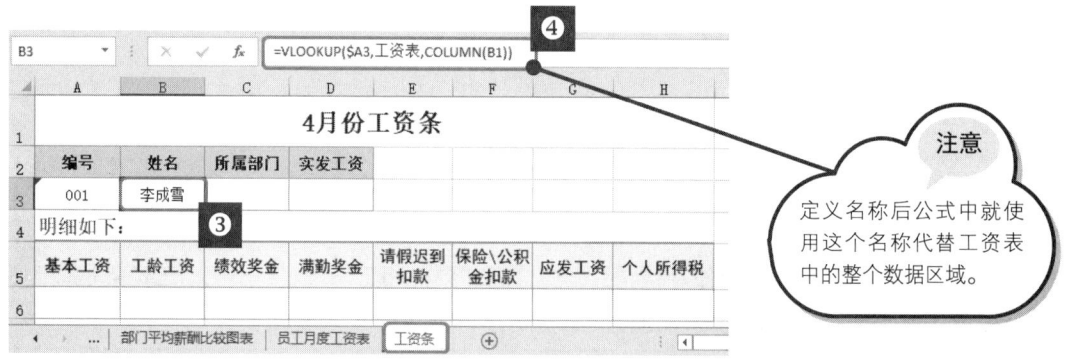

注意

定义名称后公式中就使用这个名称代替工资表中的整个数据区域。

图 10-51

公式解析

=VLOOKUP($A3,工资表,COLUMN(B1))

在"工资表"(前面定义的名称)的首列中查找与 A3 中相同的编号,找到后返回对应在该区域第 2 列上的值。

❸ 选中 C3 单元格，在编辑栏中输入公式：
=VLOOKUP($A3,工资表,COLUMN(C1))

按 Enter 键，即可返回第一位员工的所属部门（所属部门在"工资表"单元格区域的第 3 列），如图 10-52 所示。

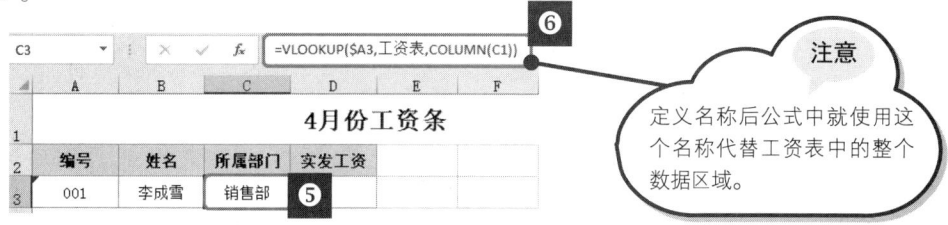

图 10-52

❹ 选中 D3 单元格，在编辑栏中输入公式：
=VLOOKUP($A3,工资表,COLUMN(L1))

按 Enter 键，即可返回第一位员工的实发工资（实发工资在"工资表"单元格区域的第 12 列），如图 10-53 所示。

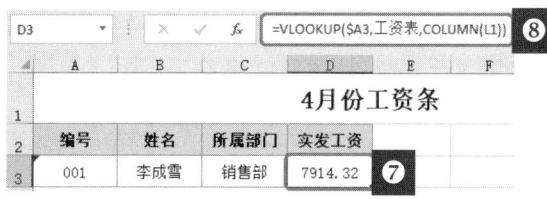

图 10-53

❺ 选中 A6 单元格，在编辑栏中输入公式：
=VLOOKUP($A3,工资表,COLUMN(D1))

按 Enter 键，即可返回第一位员工基本工资，如图 10-54 所示。

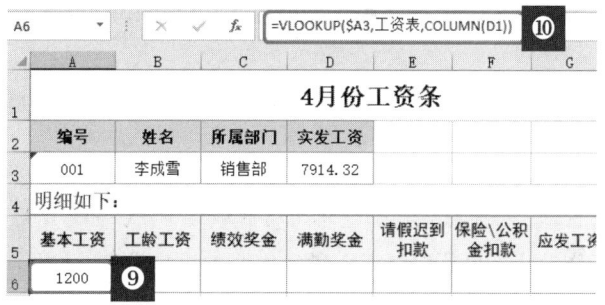

图 10-54

❻ 选中A6单元格,将光标定位到该单元格右下角,出现黑色十字形时按住鼠标左键向右拖动至H6单元格,释放鼠标即可一次性返回第一位员工的工资明细,如图10-55所示。

	A	B	C	D	E	F	G	H
1	4月份工资条							
2	编号	姓名	所属部门	实发工资				
3	001	李成雪	销售部	7914.32				
4	明细如下:							
5	基本工资	工龄工资	绩效奖金	满勤奖金	请假迟到扣款	保险\公积金扣款	应发工资	个人所得税
6	1200	500	6924.8		280	340	8004.8	90.48

图 10-55

公式解析

1. VLOOKUP 函数

VLOOKUP函数在表格或数值数组的首列查找指定的数值,并返回表格或数组中指定列所对应位置的数值。

2. COLUMN 函数

COLUMN函数表示返回指定单元格引用的列号。

=COLUMN(可选)

表示返回其列号的单元格或单元格区域。

3. 本例公式

①在"工资表"单元格区域的首列中查找与A3中相同的编号。

=VLOOKUP($A3,工资表,COLUMN(D1))

②用于返回D1列的列号,结果为4,随着公式的复制,则会依次返回5、6、7…

❼ 选中A2:H7单元格区域,将光标定位到该单元格区域右下角,当其变为黑色十字形时(如图10-56所示),按住鼠标左键向下拖动,释放鼠标即可得到每位员工的工资条,如图10-57所示(拖动什么位置释放鼠标要根据当前员工的人数来决定,即通过填充得到所有员工的工资条后释放鼠标)。

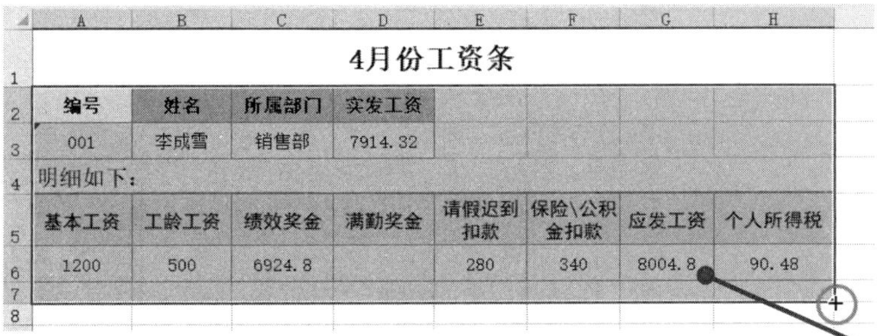

图 10-56

图 10-57

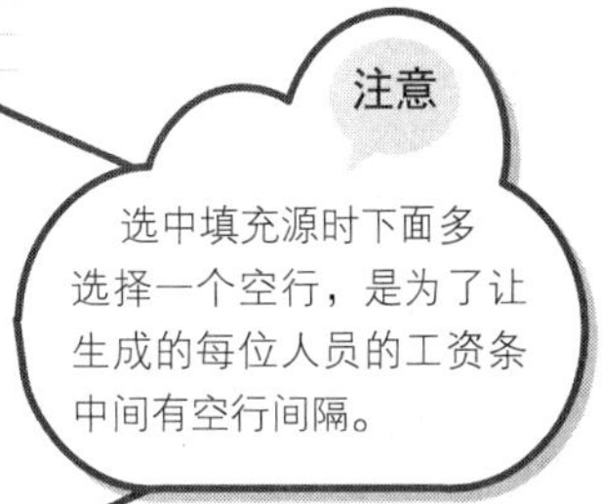

> **注意**
> 选中填充源时下面多选择一个空行，是为了让生成的每位人员的工资条中间有空行间隔。

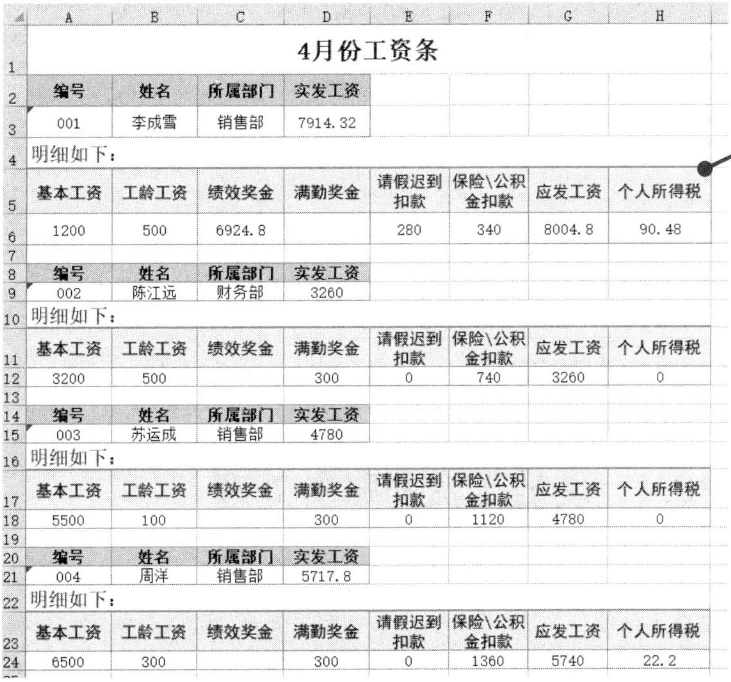

10.3.2 打印输出工资条

完成工资条的建立后，一般都需要进行打印输出。用户可以在打印预览界面预览工资条的打印效果。

单击"文件"选项卡，在左侧窗格中单击"打印"选项，可以看到打印预览的效果（部分未显示），如图 10-58 所示。设置打印份数并单击"打印"按钮即可。

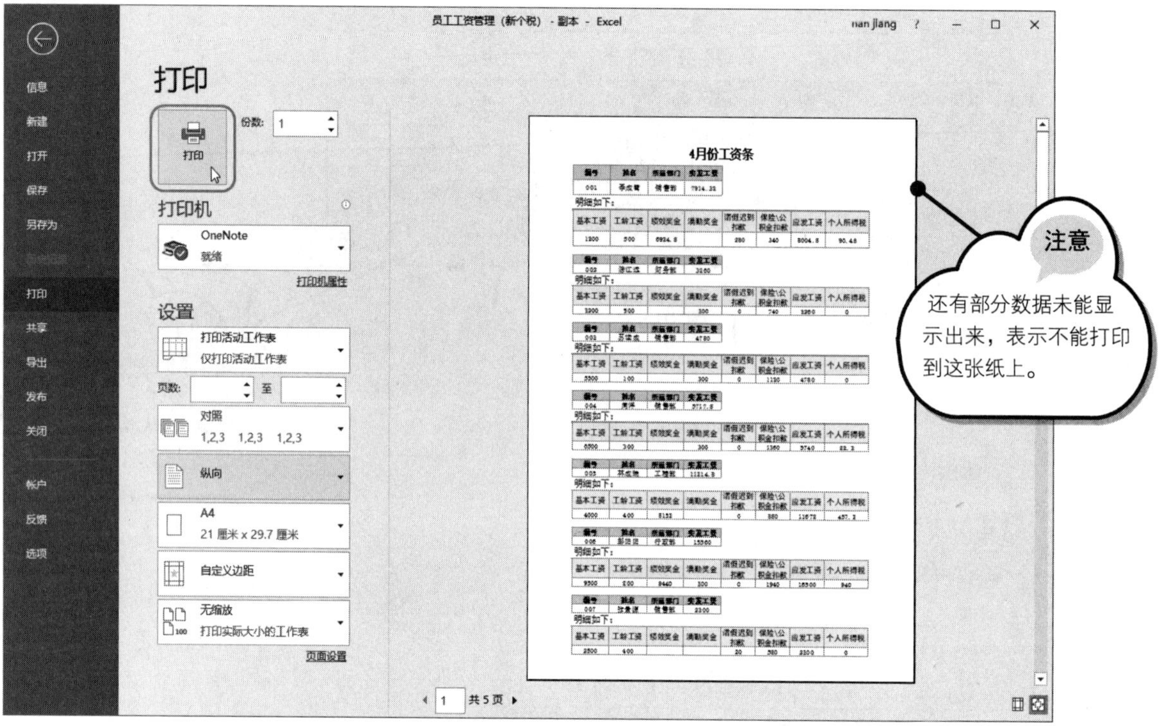

图 10-58

10.4 发放工资的账务处理

会计准则中设置了"应付职工薪酬"科目,该科目下设置"员工工资""员工福利费""保险费""代扣个人所得税"等明细科目。由"员工月度工资表"中的统计得知,企业4月份的工资为 109 304.92 元,保险扣费为 15 700 元,代扣个人所得税为 1 859.1 元。

1. 计提员工工资

4月份的工资额为 109 304.92 元,借记"管理费用"科目,贷记"应付职工薪酬-员工工资"科目,该账务的处理如下。

❶ 打开在第9章中的"日记账"工作簿,通过填制通用记账凭证,继续向"记账凭证汇总表"中添加项目。

❷ 在"通用记账凭证"表格中输入该业务的记账凭证,借记"管理费用"科目;贷记"应付职工薪酬-员工工资"科目,如图 10-59 所示。

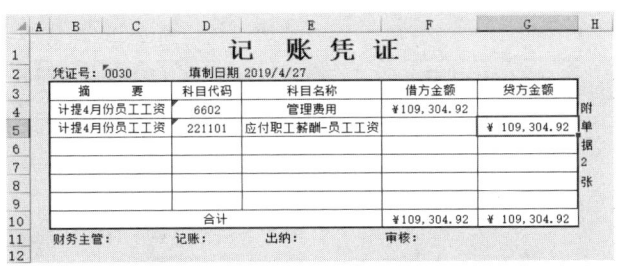

图 10-59

❸ 切换到"记账凭证汇总表"中，填制日期、凭证号、摘要及金额，如图 10-60 所示。("科目代码"从下拉列表中选择，"账户名称""总账代码""总账科目"可自动返回。)

	A	B	C	D	E	F	G	H	I
1					//记账凭证汇总表//				
2	日期	凭证号	摘 要	科目代码	账户名称	总账代码	总账科目	借方金额	贷方金额
57	2019/4/22	0025	预借差旅费	1221	其他应收款	1221	其他应收款	¥ 1,000.00	
58	2019/4/22	0025	预借差旅费	1001	库存现金	1001	库存现金		¥ 1,000.00
59	2019/4/23	0026	支付运输费	6601	销售费用	6601	销售费用	¥ 1,020.00	
60	2019/4/23	0026	支付运输费	1001	库存现金	1001	库存现金		¥ 1,020.00
61	2019/4/23	0027	支付水电费	6602	管理费用	6602	管理费用	¥ 680.00	
62	2019/4/23	0027	支付水电费	1001	库存现金	1001	库存现金		¥ 680.00
63	2019/4/26	0028	销售IFACE905高端	6001	主营业务收入	6001	主营业务收入	¥ 132,000.00	
64	2019/4/26	0028	销售IFACE905高端	6001	主营业务收入	6001	主营业务收入		¥ 120,000.00
65	2019/4/26	0028	销售IFACE905高端	22210102	应缴税费-应交增值税-销项税额	2221	应缴税费		¥ 12,000.00
66	2019/4/26	0028	结转销售成本	6401	主营业务成本	6401	主营业务成本	¥ 65,000.00	
67	2019/4/26	0029	结转销售成本	1405	库存商品	1405	库存商品		¥ 65,000.00
68	2019/4/27	0030	计提4月份员工工资	6602	管理费用	6602	管理费用	¥ 109,304.92	
69	2019/4/27	0030	计提4月份员工工资	221101	应付职工薪酬-员工工资	2211	应付职工薪酬		¥ 109,304.92

图 10-60

2. 代扣保险费

企业 4 月份员工应交的保险费为 15 700 元，这部分费用从员工工资中扣除。借记"应付职工薪酬-保险费"科目，贷记"其他应收款"科目。该账务的处理如下。

❶ 在"通用记账凭证"表格中输入该业务的记账凭证，借记"应付职工薪酬-保险费"科目；贷记"其他应收款"科目，如图 10-61 所示。

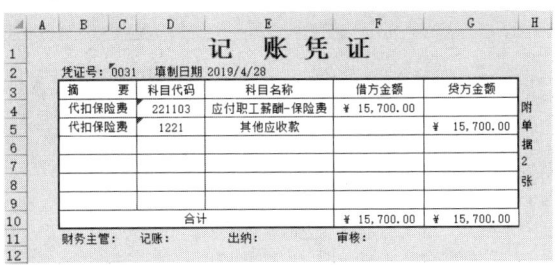

图 10-61

❷ 切换到"记账凭证汇总表"中，填制日期、凭证号、摘要及金额，如图 10-62 所示。("科目代码"从下拉列表中选择，"账户名称""总账代码""总账科目"可自动返回。)

图 10-62

3. 代扣个人所得税

企业 4 月份代扣个人所得税的金额是 1 859.1 元。借记"应付职工薪酬-代扣个人所得税"科目，贷记"应交税费-应交个所得税"科目。该账务的处理如下。

❶ 在"通用记账凭证"表格中输入该业务的记账凭证，借记"应付职工薪酬-代扣个人所得税"科目；贷记"应缴税费-应交个人所得税"科目，如图 10-63 所示。

图 10-63

❷ 切换到"记账凭证汇总表"中，填制日期、凭证号、摘要及金额，如图 10-64 所示。（"科目代码"从下拉列表中选择，"账户名称""总账代码""总账科目"可自动返回。）

图 10-64

4．交纳个人所得税

企业代员工交纳个人所得税也需要进行账务处理，例如 4 月份代交的个人所得税金额是 1 859.1 元。借记"应缴税费-应交个人所得税"科目，贷记"银行存款"科目。该账务的处理如下。

❶ 在"通用记账凭证"表格中输入该业务的记账凭证，借记"应缴税费-应交个人所得税"科目；贷记"银行存款"科目，如图 10-65 所示。

图 10-65

❷ 切换到"记账凭证汇总表"中，填制日期、凭证号、摘要及金额，如图 10-66 所示。（"科目代码"从下拉列表中选择，"账户名称""总账代码""总账科目"可自动返回。）

图 10-66

第 11 章

管理固定资产数据并计提折旧

- 管理固定资产数据并计提折旧
  - 11.1 建立固定资产清单
    - 11.1.1 创建固定资产清单表
    - 11.1.2 固定资产的新增与减少
      - 1. 增加固定资产
      - 2. 删除已报废的固定资产
  - 11.2 固定资产查询
    - 11.2.1 查询报废的固定资产
    - 11.2.2 查询出特定使用年限的固定资产
    - 11.2.3 查询出指定日期后新增的固定资产
  - 11.3 固定资产折旧计提
    - 11.3.1 创建固定资产折旧表
    - 11.3.2 直线折旧法计提折旧
      - 1. SLN函数
      - 2. 直线折旧法计算折旧额
    - 11.3.3 年数总和法计提折旧
      - 1. SYD函数
      - 2. 年数总和法计算折旧额
    - 11.3.4 双倍余额递减法计提折旧
      - 1. DDB函数
      - 2. 双倍余额递减法计提折旧额
  - 11.4 固定资产折旧的账务处理

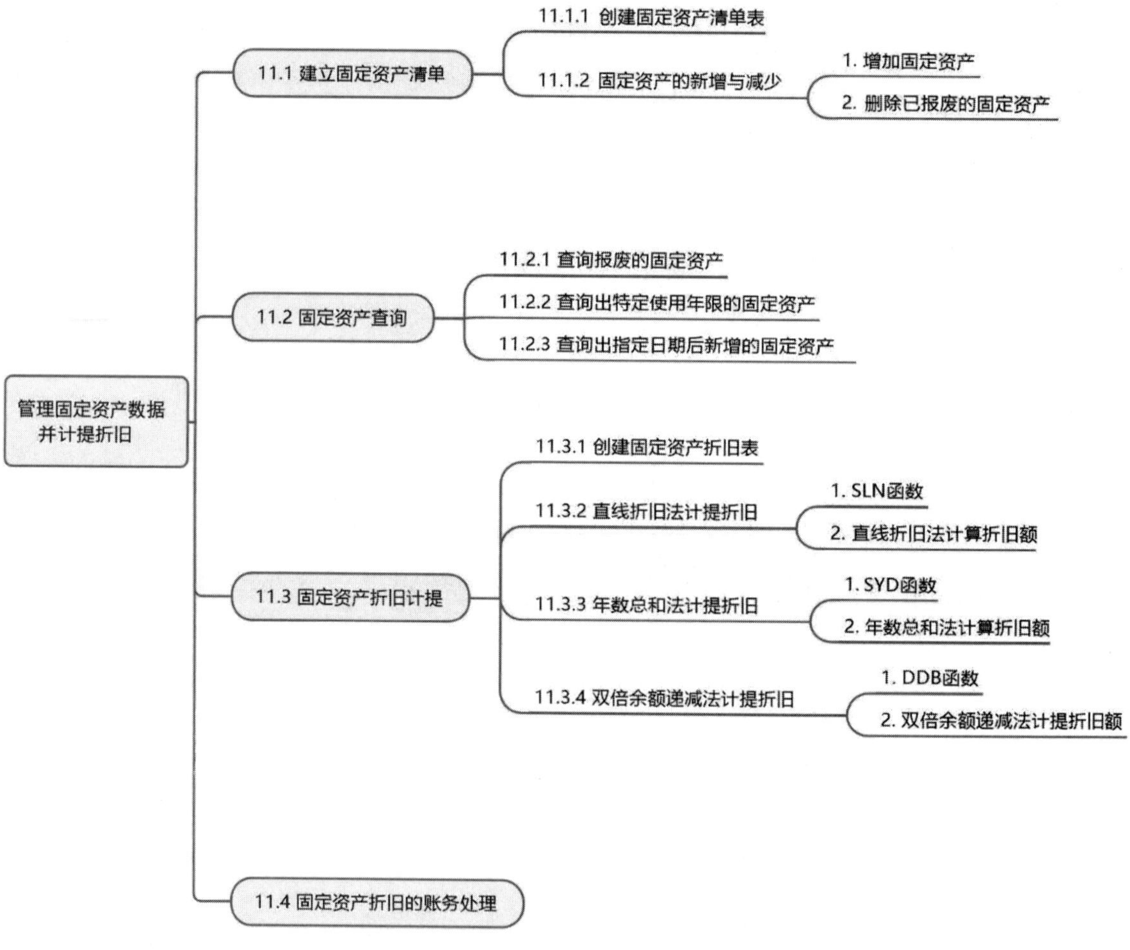

11.1 建立固定资产清单

固定资产是指企业为生产产品、提供劳务、出租或者经营管理而持有的、使用时间超过 12 个月的，价值达到一定标准的非货币性资产，包括房屋、建筑物、机器、机械、运输工具以及其他与生产经营活动有关的设备、器具、工具等。

固定资产是企业的劳动手段，也是企业赖以生产经营的主要资产，所以对于财务人员来说，有必要对企业的固定资产进行管理，对于资产报废、新增都应该有明细记录，以供企业对公司的固定资产进行估值判断。

11.1.1 创建固定资产清单表

在进行固定资产折旧计提、分析前，首先需要将企业固定资产的初始数据记录到工作簿中，建立一个管理固定资产的数据库。有了这一数据库，后期无论固定资产的增加、减少还是调拨等都可以在数据库中统一管理。

❶ 创建工作簿，并将其命名为"固定资产管理"。在 Sheet1 工作表标签上双击鼠标，将其重命名为"固定资产清单"。建立如图 11-1 所示的列标识，统计项目大致包括"所属部门""资产名称""规格型号""新增日期""使用状况""原值"等，并对表格进行基本的格式设置。

图 11-1

❷ 选中 H1 单元格，在编辑栏输入公式：
=TODAY()
按 Enter 键得到当前日期，如图 11-2 所示。

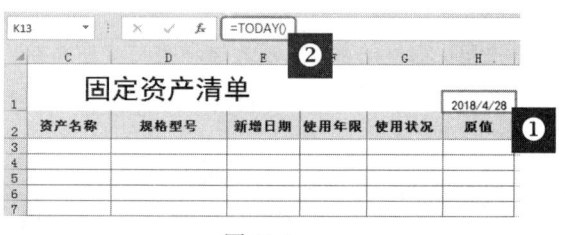

图 11-2

❸ 将固定资产按照编号记录到表格中，这些数据都是要根据实际情况手工输入的。输入后表格如图 11-3 所示。

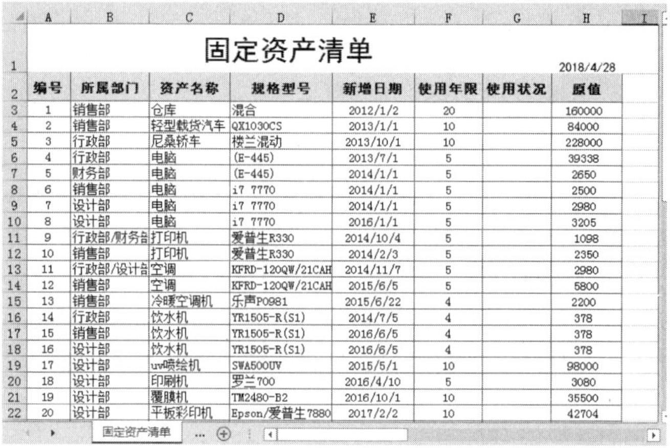

图 11-3

❹ 选中 G3 单元格，在编辑栏中输入公式：
=IF((DAYS360(E3,$H$1))/360<=F3,"正常使用","报废")
按 Enter 键，返回该项固定资产的使用状况，如图 11-4 所示。

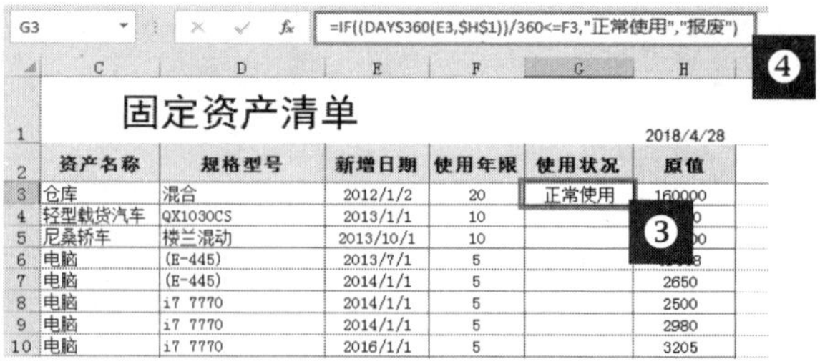

图 11-4

❺ 选中 G3 单元格，向下复制公式，快速返回每项固定资产的使用状况，如图 11-5 所示。

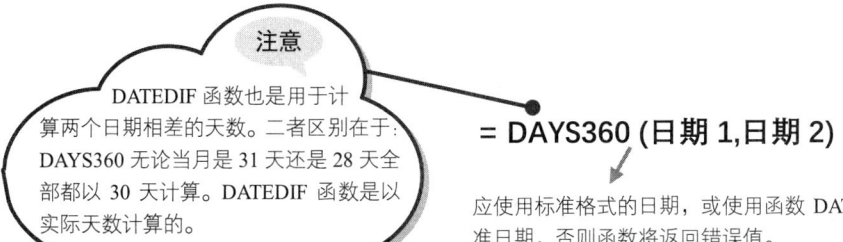

图 11-5

> **公式解析**
>
> **1. DAYS360 函数**
>
> DAYS360 函数按照一年 360 天的算法（每个月以 30 天计算），返回两日期间相差的天数，此函数在一些会计计算中将会用到。
>
> > **注意**
> > DATEDIF 函数也是用于计算两个日期相差的天数。二者区别在于：DAYS360 无论当月是 31 天还是 28 天全部都以 30 天计算。DATEDIF 函数是以实际天数计算的。
>
> = DAYS360 (日期1, 日期2)
>
> 应使用标准格式的日期，或使用函数 DATE 函数来构建标准日期，否则函数将返回错误值。
>
> **2. 本例公式**
>
> ①以一年 360 天的算法计算 E3 单元格日期与 H1 单元格日期的差值。

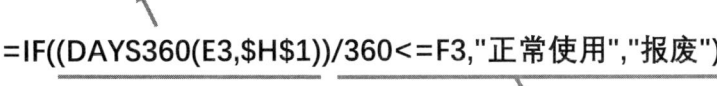

=IF((DAYS360(E3,$H$1))/360<=F3,"正常使用","报废")

② 用①步结果除以 360 转换为年份，当这个年份小于等于 F3 单元格中年份时，返回"正常使用"文字，否则返回"报废"文字。

11.1.2 固定资产的新增与减少

假设在统计固定资产数据的过程中,有些固定资产达到一定的使用上限,即会处于"报废"状态,此时可以通过筛选功能将其筛选出来并一次性删除;假设有资产新增,此时也需要通过固定资产增加单来加以补充。

1. 增加固定资产

如图 11-6 所示为一份简略资产增加明细表,现在可以将明细表提供的明细信息补充到固定资产清单表中。

图 11-6

将"固定资产增加单"中的信息填入到"固定资产清单"中,如图 11-7 所示。

图 11-7

2. 删除已报废的固定资产

如果到达一定的期限,就会有固定资产进入"报废"状态。"报废"状态的固定资产可以筛选出来,然后进行删除。

❶ 选中数据区域的任意单元格,在"数据"选项卡的"排序和筛选"组中单击"筛选"按钮,此时所有列标识添加筛选按钮,如图 11-8 所示。

❷ 单击"使用状况"右侧下拉按钮,在展开的下拉菜单中取消选中"正常使用"复选框,如图 11-9 所示。

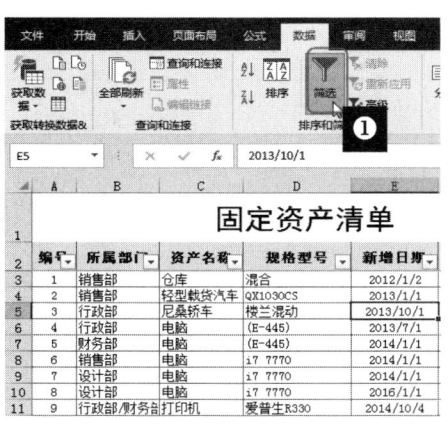

图 11-8

图 11-9

❸ 单击"确定"按钮,即可将报废产品筛选出来,如图 11-10 所示。

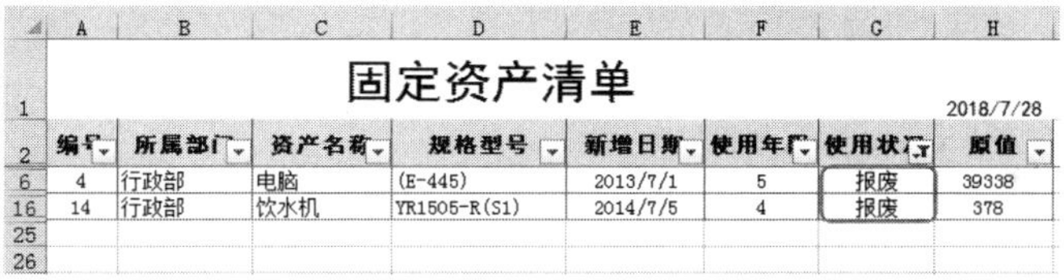

图 11-10

❹ 可以根据实际情况需要核实报废情况。当确认报废时,则在行标上单击鼠标右键,在打开的快捷菜单中选择"删除行"命令(如图 11-11 所示)即可。

图 11-11

注意

删除了报废的固定资产后,在"数据"选项卡的"排序和筛选"组中单击"筛选"按钮取消其选中状态,即可恢复原数据。

11.2　固定资产查询

企业固定资产信息过多时，可以使用条件格式、筛选等方法对不同固定资产信息进行有目标的查询。

11.2.1　查询报废的固定资产

给表格设置条件格式，当随着时间的推移有新的固定资产使用状况变为"报废"时，则会自动以特殊的格式显示出来。

❶ 选中"使用状况"列，在"开始"选项卡的"样式"组中单击"条件格式"按钮，在弹出的下拉菜单中选择"等于"命令（如图11-12所示），打开"等于"对话框。

图 11-12

❷ 在"为等于以下值的单元格设置格式"文本框中输入"报废"，显示为"浅红填充色深红色文本"，如图11-13所示。

❸ 单击"确定"按钮回到工作表中，可以看到所有"报废"单元格都显示为浅红填充色深红色文本，如图11-14所示。

管理固定资产数据并计提折旧 第11章

图 11-14

图 11-13

❹ 随着时间推移会有更多的资产进入"报废"状态，如图 11-15 所示。

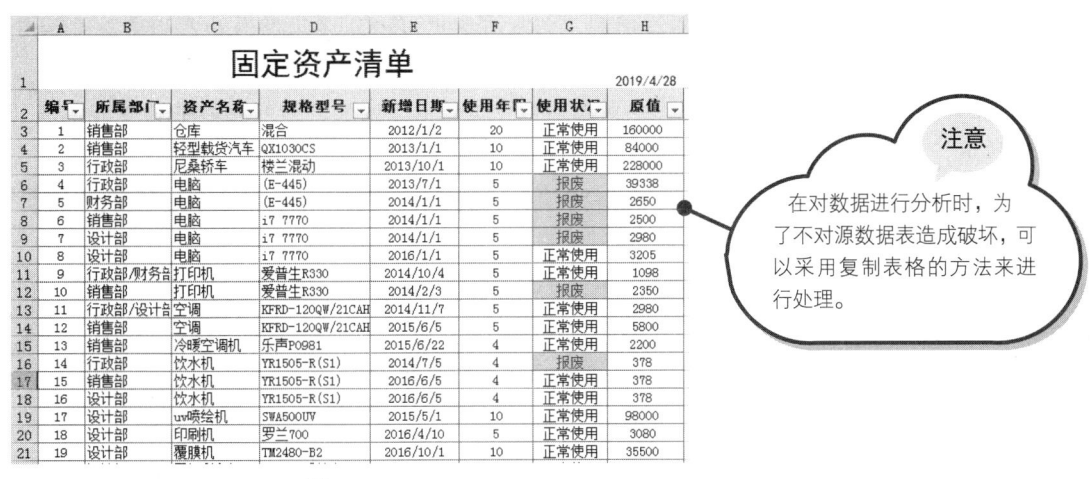

图 11-15

注意

在对数据进行分析时，为了不对源数据表造成破坏，可以采用复制表格的方法来进行处理。

11.2.2 查询出特定使用年限的固定资产

使用高级筛选可以根据选定的单元格条件进行筛选，将筛选结果显示到其他位置上，这样可以保证源数据不被破坏。

例如下面要查询出特定使用年限的固定资产。

❶ 在工作表右侧输入查询标识及要求的查询条件，如图 11-16 所示。
❷ 在"数据"选项卡的"排序和筛选"组中单击"高级"按钮，如图 11-17 所示。

|315|

图 11-16　　　　　　　　　　　　　　图 11-17

❸ 打开"高级筛选"对话框，此时"列表区域"默认选中的是整个数据区域，选中"将筛选结果复制到其他位置"单选按钮，如图 11-18 所示。

❹ 单击"条件区域"右侧 按钮，回到工作表中选中 J3:K4 单元格作为筛选条件，如图 11-19 所示。

❺ 将光标定位到"复制到"框中，按照相同的方法设置"复制到"的起始单元格位置为 J5，如图 11-20 所示。

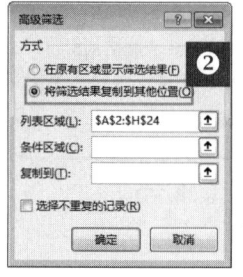 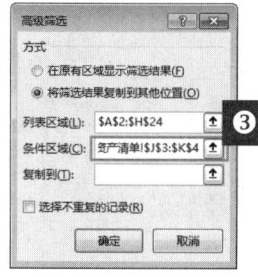 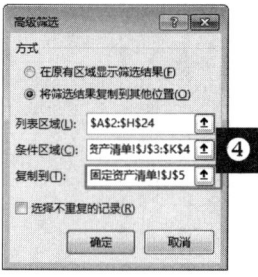

图 11-18　　　　　　　　图 11-19　　　　　　　　图 11-20

❻ 单击"确定"按钮，即可筛选出使用年限在 10 年的固定资产记录，如图 11-21 所示。

图 11-21

11.2.3 查询出指定日期后新增的固定资产

要查询出指定日期后新增的固定资产，同样可以使用高级筛选功能来实现。

❶ 在工作表右侧输入查询标识与要求的查询条件，如图 11-22 所示。

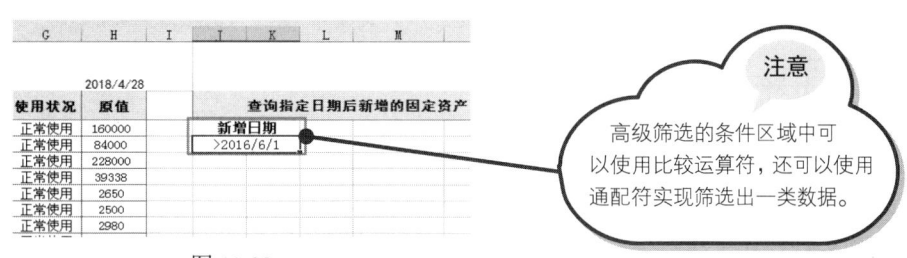

图 11-22

> **注意**
> 高级筛选的条件区域中可以使用比较运算符，还可以使用通配符实现筛选出一类数据。

❷ 在"数据"选项卡的"排序和筛选"组中单击"高级"按钮，如图 11-23 所示。

❸ 打开"高级筛选"对话框，此时"列表区域"默认选中的是整个数据区域，选中"将筛选结果复制到其他位置"单选按钮，按与上一小节相同的方法设置条件区域与复制到区域，如图 11-24 所示。

图 11-23

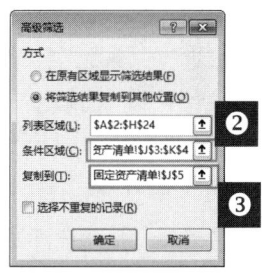

图 11-24

❹ 单击"确定"按钮，即可筛选出满足条件的数据记录，如图 11-25 所示。

查询指定日期后新增的固定资产							
新增日期 >2016/6/1							
编号	所属部门	资产名称	规格型号	新增日期	使用年限	使用状况	原值
15	销售部	饮水机	YR1505-R(S1)	2016/6/5	4	正常使用	378
16	设计部	饮水机	YR1505-R(S1)	2016/6/5	4	正常使用	378
19	设计部	覆膜机	TM2480-B2	2016/10/1	10	正常使用	35500
20	设计部	平板彩印	Epson/爱普生78	2017/2/2	10	正常使用	42704
21	设计部	亚克力喷普兰特A3UV		2017/10/1	10	正常使用	13920
22	行政部	空气加湿	YZ-DS252C	2018/2/28	6	正常使用	799

图 11-25

11.3　固定资产折旧计提

折旧是固定资产使用过程中因逐渐耗损而转移到产品或劳务中的价值。企业的固定资产都需要计算折旧，折旧的金额大小一定程度上影响到产品的价格和企业的利润。因此企业应当对所有的固定资产计提折旧，一般是按月计提折旧，当月增加的固定资产不计提折旧；当月减少的固定资产仍然计提当月折旧，从下月开始不再计提；提前报废的固定资产也不再补提折旧。

11.3.1　创建固定资产折旧表

为了正确计算每一项固定资产的折旧额，需要建立固定资产折旧表，计算每一项固定资产的预计净残值和已使用月数，从而计算出每项固定资产每月的折旧额。

❶ 在"固定资产清单"工作表标签上单击鼠标右键，在弹出的快捷菜单中选择"移动或复制"命令（如图11-26所示），打开"移动或复制工作表"对话框，选中"建立副本"复选框，如图11-27所示。

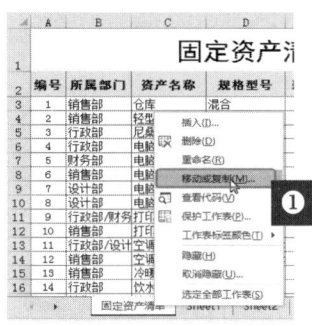

图11-26

图11-27

> 注意
> 取消选中"建立副本"复选框就是移动工作表，而不是复制。

❷ 单击"确定"按钮即可复制工作表，选中不需要的几列，如B、D、G列三列，并在列标上单击鼠标右键，在弹出的快捷菜单中选择"删除"命令（如图11-28所示）即可删除不需要的列。

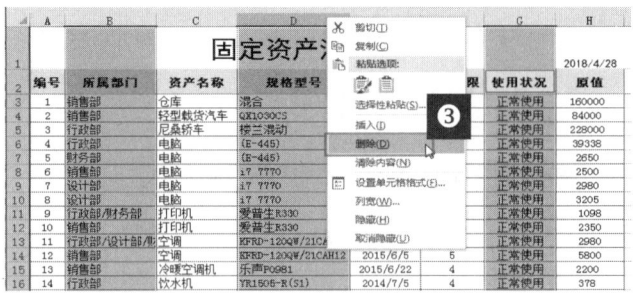

图11-28

❸ 删除后将工作表重命名为“固定资产折旧”，如图 11-29 所示。

❹ 在“固定资产折旧”表中添加上需要的列标识，如图 11-30 所示。

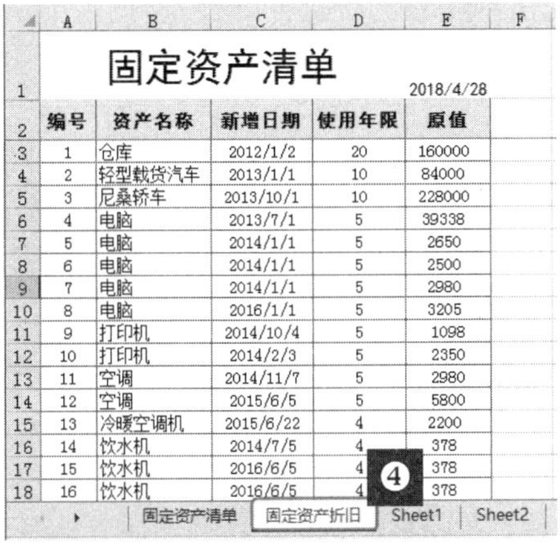

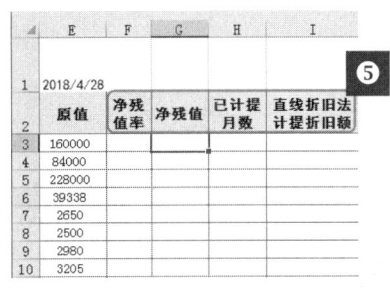

	A	B	C	D	E	F
1	固定资产清单				2018/4/28	
2	编号	资产名称	新增日期	使用年限	原值	
3	1	仓库	2012/1/2	20	160000	
4	2	轻型载货汽车	2013/1/1	10	84000	
5	3	尼桑轿车	2013/10/1	10	228000	
6	4	电脑	2013/7/1	5	39338	
7	5	电脑	2014/1/1	5	2650	
8	6	电脑	2014/1/1	5	2500	
9	7	电脑	2014/1/1	5	2980	
10	8	电脑	2016/1/1	5	3205	
11	9	打印机	2014/10/4	5	1098	
12	10	打印机	2014/2/3	5	2350	
13	11	空调	2014/11/7	5	2980	
14	12	空调	2015/6/5	5	5800	
15	13	冷暖空调机	2015/6/22	4	2200	
16	14	饮水机	2014/7/5	4	378	
17	15	饮水机	2016/6/5	4	378	
18	16	饮水机	2016/6/5	4	378	

图 11-29

	E	F	G	H	I
1	2018/4/28				
2	原值	净残值率	净残值	已计提月数	直线折旧法计提折旧额
3	160000				
4	84000				
5	228000				
6	39338				
7	2650				
8	2500				
9	2980				
10	3205				

图 11-30

❺ 输入资产净残值率。选中 G3 单元格，在编辑栏中输入公式：

```
=E3*F3
```

按 Enter 键返回第一条资产的净残值，如图 11-31 所示。

❻ 选中 H3 单元格，在编辑栏中输入公式：

```
=INT(DAYS360(C3,$E$1)/30)
```

按 Enter 键返回第一条资产的“已计提月数”，如图 11-32 所示。

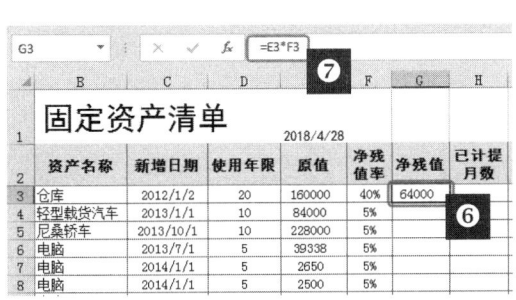

	B	C	D	E	F	G	H
1	固定资产清单			2018/4/28			
2	资产名称	新增日期	使用年限	原值	净残值率	净残值	已计提月数
3	仓库	2012/1/2	20	160000	40%	64000	
4	轻型载货汽车	2013/1/1	10	84000	5%		
5	尼桑轿车	2013/10/1	10	228000	5%		
6	电脑	2013/7/1	5	39338	5%		
7	电脑	2014/1/1	5	2650	5%		
8	电脑	2014/1/1	5	2500	5%		

图 11-31

	B	C	D	E	F	G	H	I
1	固定资产清单			2018/4/28				
2	资产名称	新增日期	使用年限	原值	净残值率	净残值	已计提月数	直线折旧法计提折旧额
3	仓库	2012/1/2	20	160000	40%	64000	75	
4	轻型载货汽车	2013/1/1	10	84000	5%			
5	尼桑轿车	2013/10/1	10	228000	5%			
6	电脑	2013/7/1	5	39338	5%			
7	电脑	2014/1/1	5	2650	5%			
8	电脑	2014/1/1	5	2500	5%			
9	电脑	2014/1/1	5	2980	5%			
10	电脑	2016/1/1	5	3205	5%			

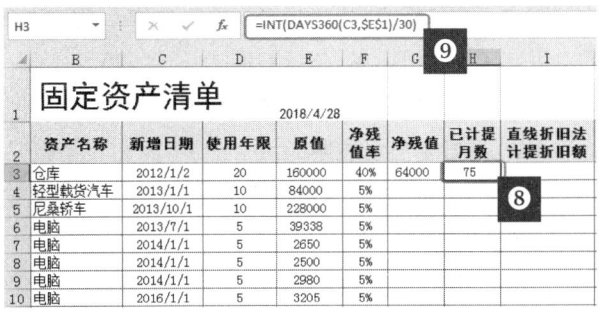

图 11-32

公式解析

1. DAYS360 函数

DAYS360 函数的基本语法参见 11.1.1 节。

2. INT 函数

INT 函数用于将指定数值向下取整为最接近的整数。

3. 本例公式

①以一年 360 天的算法计算 C3 单元格日期与 E1 单元格日期的差值。

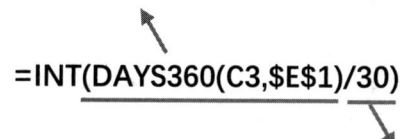

=INT(DAYS360(C3,$E$1)/30)

②用①步结果除以 30 转换为月份数。

11.3.2 直线折旧法计提折旧

直线折旧法计提折旧又称为平均年限法，是指将固定资产按预计使用年限平均计算折旧均衡地分摊到各期的一种方法。采用这种方法计算的每期（年、月）折旧额都是相等的。

1. SLN 函数

在 Excel 中有专门用于计算折旧额的函数，SLN 函数就是用于计算某项资产在一个期间中的线性折旧值。

直线折旧法是在不考虑减值准备的情况下，其计算公式如下：

固定资产年折旧率=（1–预计净残值率）/预计使用寿命（年）

固定资产月折旧率=年折旧率/12

固定资产月折旧额=固定资产原值×月折旧率

（1）函数含义及说明

SLN 函数用于计算某项资产在一个期间中的线性折旧值。

（2）语法及说明

`SLN(cost,salvage,life)`

- cost：表示资产原值。
- salvage：表示资产在折旧期末的价值，即称为资产残值。
- life：表示折旧期限，即称为资产的使用寿命。

2. 直线折旧法计算折旧额

要使用直线折旧法计算折旧额，可按如下操作设置公式。

❶ 选中 I3 单元格，在编辑栏中输入公式：
=SLN(E3,G3,D3*12)
按 Enter 键返回第一项固定资产按"直线折旧法"计算得到的折旧额，如图 11-33 所示。

❷ 选中 G3:I3 单元格区域，拖动填充柄复制公式得到批量结果，即计算出了每一项固定资产的折旧额，如图 11-34 所示。

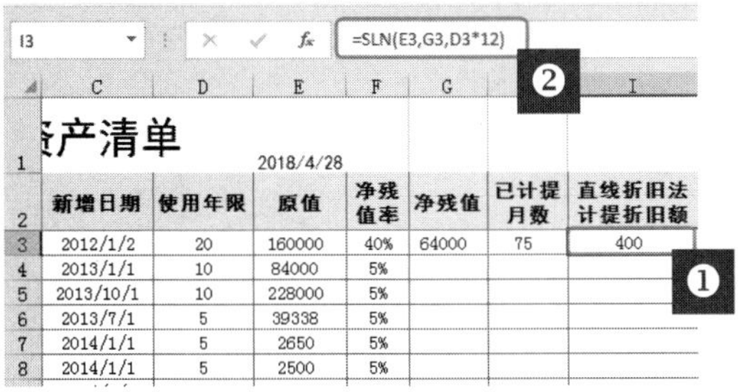

图 11-33

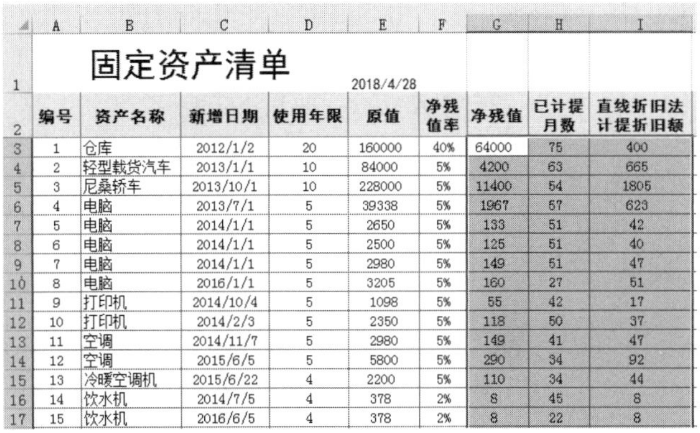

图 11-34

11.3.3 年数总和法计提折旧

年数总和法又称总和年限法、折旧年限积数法、年数比率法、级数递减法，是固定资产加速折旧法的一种。它是将固定资产的原值减去残值后的净额乘以一个逐年递减的分数计算确定固定资产折旧额的一种方法。

1. SYD 函数

SYD 函数是用于返回某项资产按年数总和法计算的指定期间的折旧值。

逐年递减分数的分子代表固定资产尚可使用的年数，分母代表使用年数的逐年数字之总和，假定使用年限为 n 年，分母即为 $1+2+3+\cdots+n=n(n+1)\div 2$，相关计算公式如下：

年折旧率=尚可使用年数/年数总和×100%

年折旧额=（固定资产原值－预计净残值）×年折旧率

月折旧率=年折旧率/12

月折旧额=（固定资产原值－预计净残值）×月折旧率

年数总和法主要用于以下两个方面的固定资产：

- 由于技术进步，产品更新换代较快的；
- 常年处于强震动、高腐蚀状态的。

（1）函数含义及说明

SYD 函数按年数总和法计算某项固定资产指定期间的折旧值。

（2）语法及说明

SYD(cost,salvage,life,per)

- cost：表示资产原值。
- salvage：表示资产在折旧期末的价值，即资产残值。
- life：表示折旧期限，即资产的使用寿命。
- per：表示期间，单位要与 life 相同。

如图 11-35 所示为使用年数总和法计算某项固定资产每年的折旧，可以看到折旧额是逐年递减的。

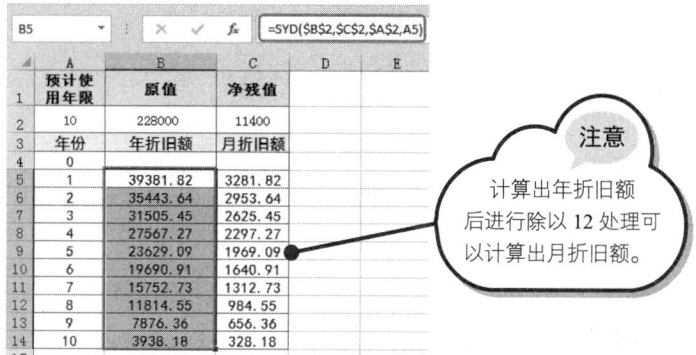

图 11-35

2. 年数总和法计算折旧额

要使用年数总和法计算折旧额，可按如下操作设置公式。

❶ 选中 J3 单元格，在编辑栏中输入公式：

=SYD(E3,G3,D3*12,H3)

按 Enter 键返回第一条按"年数总和法"计算得到的折旧额，如图 11-36 所示。

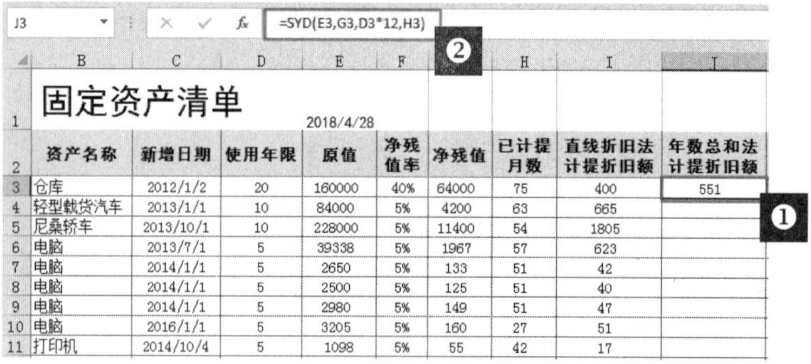

图 11-36

❷ 选中J3单元格，拖动填充柄复制公式得到批量结果，如图11-37所示。

资产名称	新增日期	使用年限	原值	净残值率	净残值	已计提月数	直线折旧法计提折旧额	年数总和法计提折旧额
仓库	2012/1/2	20	160000	40%	64000	75	400	551
轻型载货汽车	2013/1/1	10	84000	5%	4200	63	665	638
尼桑轿车	2013/10/1	10	228000	5%	11400	54	1805	1999
电脑	2013/7/1	5	39338	5%	1967	57	623	82
电脑	2014/1/1	5	2650	5%	133	51	42	14
电脑	2014/1/1	5	2500	5%	125	51	40	13
电脑	2014/1/1	5	2980	5%	149	51	47	15
电脑	2016/1/1	5	3205	5%	160	27	51	57
打印机	2014/10/4	5	1098	5%	55	42	17	11
打印机	2014/2/3	5	2350	5%	118	50	37	13
空调	2014/11/7	5	2980	5%	149	41	47	31
空调	2015/6/5	5	5800	5%	290	34	92	81
冷暖空调机	2015/6/22	4	2200	5%	110	34	44	27
饮水机	2014/7/5	4	378	2%	8	45	8	1
饮水机	2015/6/5	4	378	2%	8	22	8	9
饮水机	2016/6/5	4	378	2%	8	22	8	9

图 11-37

11.3.4 双倍余额递减法计提折旧

双倍余额递减法是一种加速计提固定资产折旧的方法。双倍余额递减法是在不考虑固定资产残值的情况下，根据每期期初固定资产账面余额和双倍的直线法折旧率计算固定资产折旧的一种方法。

1. DDB 函数

DDB 函数用于采用双倍余额递减法计算一笔资产在给定期间内的折旧值。

双倍余额递减法的相关计算公式如下：

年折旧率=2/预计使用年限×100%

年折旧额=该年年初固定资产账面净值×年折旧率

月折旧额=年折旧额/12

由于采用双倍余额递减法在确定固定资产折旧率时，不考虑固定资产的净残值因素，因此在连续计算各年折旧额时，如果发现使用双倍余额递减法计算的折旧额小于采用直线法计算的折旧额时，就应改用直线法计提折旧。

（1）函数含义及说明

DDB 函数是采用双倍余额递减法计算一笔资产在给定期间内的折旧值。

（2）语法及说明

DDB(cost,salvage,life,period,factor)

➤ cost：表示资产原值。

- salvage：表示资产在折旧期末的价值，也称为资产残值。
- life：表示折旧期限，也称作资产的使用寿命。
- period：表示需要计算折旧值的期间。period 必须使用与 life 相同的单位。
- factor：表示余额递减速率。若省略，则假设为 2。

如图 11-38 所示为使用双倍余额递减法计算某项固定资产每年的折旧，可以看到折旧额是加速计提的。为了方便操作，采用双倍余额递减法计提折旧的固定资产，应当在固定折旧年限到期以前两年内，将固定资产账面净值扣除预计净残值后的余额平均摊销。所以公式中使用了 IF 函数进行年数的判断，即当使用年限进入到倒数第 2 年时就不再计提折旧了。

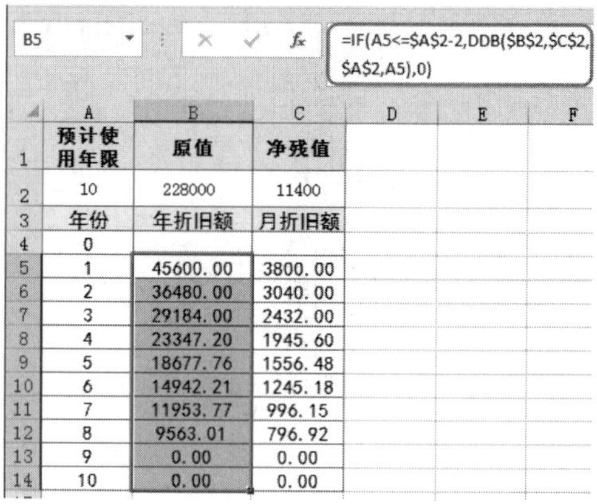

图 11-38

2．双倍余额递减法计提折旧额

要使用双倍余额法计算折旧额，可按如下操作设置公式。

❶ 选中 K3 单元格，在编辑栏中输入公式：
=DDB(E3,G3,D3*12,H3)
按 Enter 键返回第一条按"余额递减法"计算得到的折旧额，如图 11-39 所示。

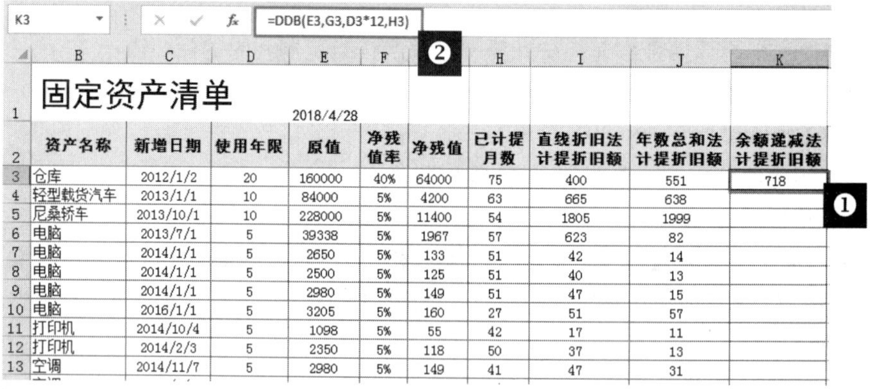

图 11-39

❷ 选中 K3 单元格，拖动填充柄复制公式得到批量结果，如图 11-40 所示。

图 11-40

11.4 固定资产折旧的账务处理

企业对固定资产计提的累计折旧，可通过"累计折旧"科目进行核算。

"累计折旧"科目应当按照固定资产的类别或项目进行明细核算，企业按月计提固定资产折旧，借记"制造费用""销售费用""管理费用""其他业务支出"等科目，贷记"累计折旧"。"累计折旧"科目期末贷方金额反映企业固定资产累计折旧额。

假设企业采用直线法计提折旧，根据前面在"固定资产折旧"表中计算出的各项固定资产的折旧额，通过求和运算，计算出本月总折旧金额为 5433 元。该账务的处理如下。

❶ 打开在第 8 章中的"日记账"工作簿，通过填制通用记账凭证，继续向"记账凭证汇总表"中添加项目。

❷ 在"通用记账凭证"表格中输入该业务的记账凭证，借记"管理费用"科目；贷记"累计折旧"科目，如图 11-41 所示。

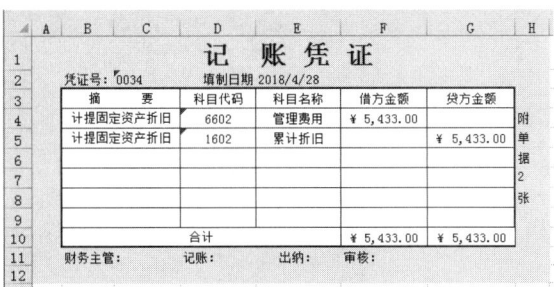

图 11-41

❸ 切换到"记账凭证汇总表"中，填制日期、凭证号、摘要及金额（"科目代码"从下拉列表中选择，"账户名称""总账代码""总账科目"可自动返回），如图11-42所示。

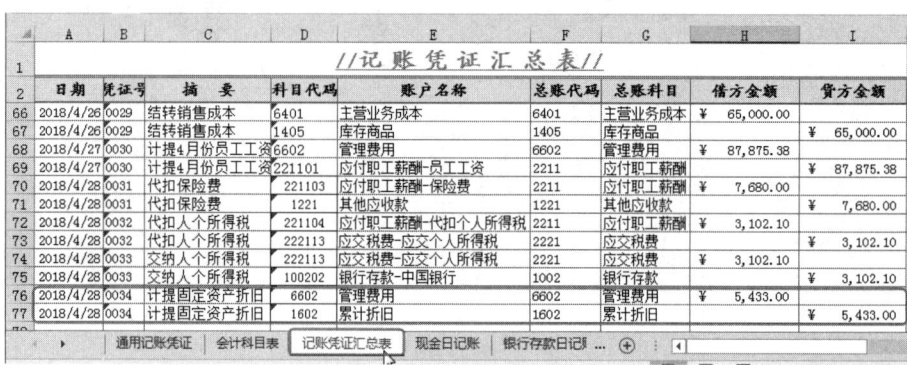

图 11-42

第 12 章

月末账务处理并建立财务总账表

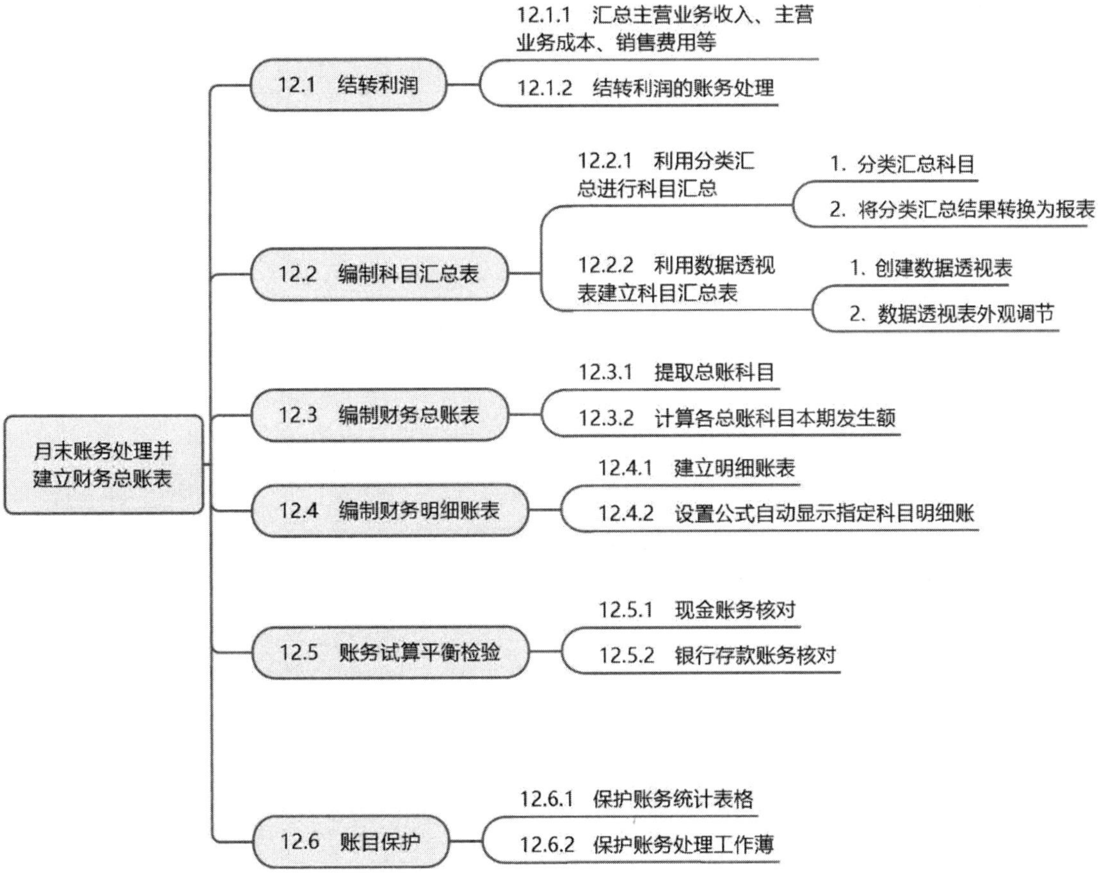
月末账务处理并建立财务总账表
12.1 结转利润
12.1.1 汇总主营业务收入、主营业务成本、销售费用等
12.1.2 结转利润的账务处理
12.2 编制科目汇总表
12.2.1 利用分类汇总进行科目汇总
1. 分类汇总科目
2. 将分类汇总结果转换为报表
12.2.2 利用数据透视表建立科目汇总表
1. 创建数据透视表
2. 数据透视表外观调节
12.3 编制财务总账表
12.3.1 提取总账科目
12.3.2 计算各总账科目本期发生额
12.4 编制财务明细账表
12.4.1 建立明细账表
12.4.2 设置公式自动显示指定科目明细账
12.5 账务试算平衡检验
12.5.1 现金账务核对
12.5.2 银行存款账务核对
12.6 账目保护
12.6.1 保护账务统计表格
12.6.2 保护账务处理工作薄

12.1 结转利润

在每月的月末，会计人员要对本月发生的账务进行汇总，并结转企业当前实现的利润。通过"本年利润"科目核算，结转后"本年利润"科目贷方余额为当期实现的净利润，借方余额为当期发生的净亏损。

在年度末，需要将年收入和支出相抵后结转的本年实现的净利润（即各期净利润的总额）转入"利润分配"科目。

企业期末（可以是年末或月末，本章中以月末举例）结转利润时，应将各"主营业务收入""其他业务收入""营业外收入"等科目的金额转入"本年利润"科目，借记"主营业务收入""其他业务收入""营业外收入"等科目，贷记"本年利润"科目。然后将"主营业务成本""营业税金及附加""其他业务支出""销售费用""管理费用""财务费用""营业外支出""应交税费"等科目的金额转入"本年利润"科目，借记"本年利润"科目，贷记"主营业务成本""营业税金及附加""其他业务支出""销售费用""管理费用""财务费用""营业外支出""应交税费"等科目。

12.1.1 汇总主营业务收入、主营业务成本、销售费用等

利用 Excel 中的分类汇总功能可以快速实现对本期利润的结转，具体账务处理如下。

❶ 复制第 11 章中的工作簿。打开工作簿，选中"记账凭证汇总表"工作表（假设本月的日记账已填制完成），按住 Ctrl 键不放向右拖动（如图 12-1 所示）即可复制该工作表，如图 12-2 所示。

图 12-1

	A	B	C	D	E	F	G
1	//记 账 凭 证 汇 总 表//						
2	日期	凭证号	摘　要	科目代码	账户名称	总账代码	总账科目
3	2018/4/1	0001	报销招待费	6601	销售费用	6601	销售费用
4	2018/4/1	0001	报销招待费	1001	库存现金	1001	库存现金
5	2018/4/2	0002	提取备用金	1001	库存现金	1001	库存现金
6	2018/4/2	0002	提取备用金	100201	银行存款-中国工商银行	1002	银行存款
7	2018/4/2	0003	低值易耗品采	6602	管理费用	6602	管理费用
8	2018/4/2	0003	低值易耗品采	1001	库存现金	1001	库存现金
9	2018/4/2	0004	收到欠款	100201	银行存款-中国工商银行	1002	银行存款
10	2018/4/2	0004	收到欠款	1122	应收账款	1122	应收账款
11	2018/4/4	0005	收到智禾佳慧	100202	银行存款-中国银行	1002	银行存款
12	2018/4/4	0005	收到智禾佳慧	1122	应收账款	1122	应收账款
13	2018/4/4	0006	福利采买	6602	管理费用	6602	管理费用
14	2018/4/4	0006	福利采买	1001	库存现金	1001	库存现金

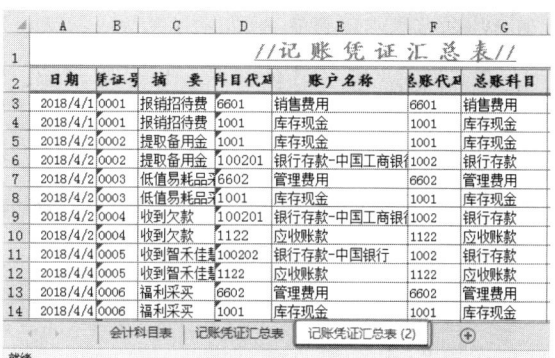

图 12-2

❷ 切换到“记账凭证汇总表（2）”工作表，选中“总账代码”列中任意一个单元格，在“数据”选项卡“排序和筛选”组中单击“升序”按钮（如图 12-3 所示），此时“总账代码”列数据按升序进行排列，如图 12-4 所示。

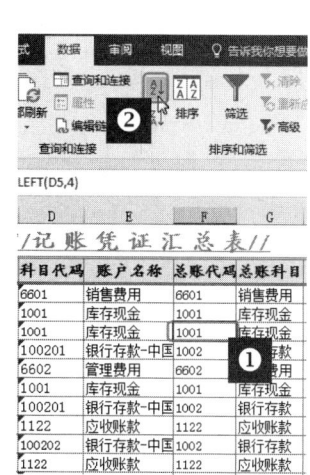

图 12-3

	A	B	C	D	E	F	G	H
1	//记 账 凭 证 汇 总 表//							
2	日期	凭证号	摘　要	科目代码	账户名称	总账代码	总账科目	借方金额
3	2018/4/1	0001	报销招待费	1001	库存现金	1001	库存现金	
4	2018/4/2	0002	提取备用金	1001	库存现金	1001	库存现金	¥ 65,000.00
5	2018/4/2	0003	低值易耗品采买	1001	库存现金	1001	库存现金	
6	2018/4/4	0006	福利采买	1001	库存现金	1001	库存现金	
7	2018/4/22	0025	预借差旅费	1001	库存现金	1001	库存现金	
8	2018/4/23	0026	支付运输费	1001	库存现金	1001	库存现金	
9	2018/4/23	0027	支付水电费	1001	库存现金	1001	库存现金	
10	2018/4/2	0002	提取备用金	100201	银行存款-中国	1002	银行存款	
11	2018/4/2	0004	收到欠款	100201	银行存款-中国	1002	银行存款	¥ 22,000.00
12	2018/4/4	0005	收到智禾佳慧科技的	100202	银行存款-中国	1002	银行存款	¥ 50,000.00
13	2018/4/5	0007	收到晟成科技的货款	100202	银行存款-中国	1002	银行存款	¥ 20,900.00
14	2018/4/12	0009	支付科威电子的货款	100202	银行存款-中国	1002	银行存款	
15	2018/4/16	0010	采购F7plus彩屏新	100201	银行存款-中国	1002	银行存款	
16	2018/4/18	0018	收到晟成科技的货款	100202	银行存款-中国	1002	银行存款	¥ 26,000.00
17	2018/4/21	0022	销售F18中控旗舰机	100202	银行存款-中国	1002	银行存款	##########
18	2018/4/21	0023	发放3月份工资	100201	银行存款-中国	1002	银行存款	
19	2018/4/22	0024	支付银行手续费	100202	银行存款-中国	1002	银行存款	
20	2018/4/28	0033	交纳人个所得税	100202	银行存款-中国	1002	银行存款	
21	2018/4/2	0004	收到欠款	1122	应收账款	1122	应收账款	
22	2018/4/4	0005	收到智禾佳慧科技的	1122	应收账款	1122	应收账款	
23	2018/4/5	0007	收到晟成科技的货款	1122	应收账款	1122	应收账款	

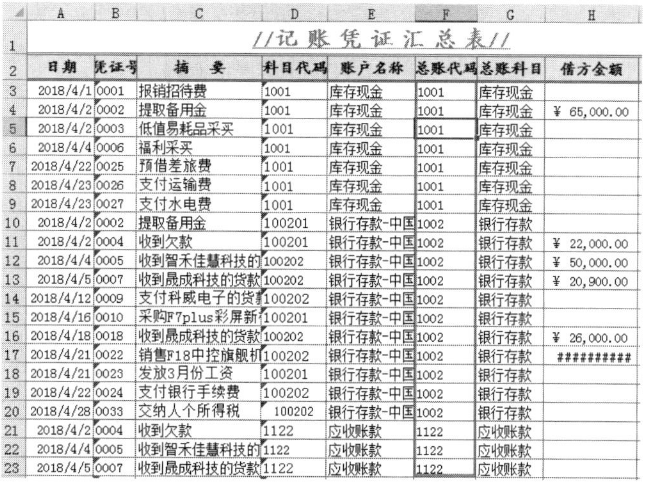

图 12-4

❸ 在“数据”选项卡的“分级显示”组中单击“分类汇总”按钮（如图 12-5 所示），弹出“分类汇总”对话框。

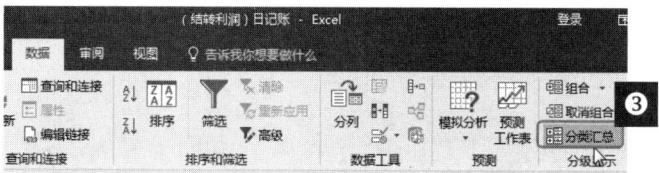

图 12-5

❹ 在"分类字段"下拉列表中选择"总账科目",在"汇总方式"下拉列表中选择"求和",在"选定汇总项"下拉列表框中勾选"借方金额"和"贷方金额"复选框,如图12-6所示。

❺ 单击"确定"按钮,即可按总账科目进行分类汇总,如图12-7所示。

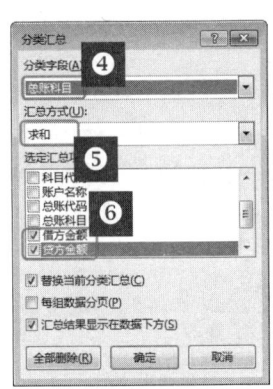

图 12-6

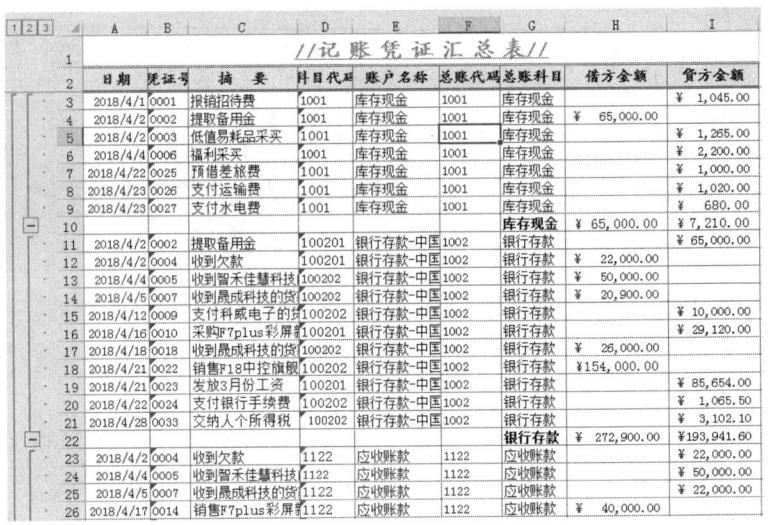

图 12-7

❻ 单击左上角数字按钮中的②按钮时可将各项明细隐藏起来,达到如图12-8所示的效果。

图 12-8

12.1.2 结转利润的账务处理

在完成本月记账凭证汇总表的创建并按12.1.1小节的方法汇总出主营业务收入、主营业务成本等后,则可以进行本月结转利润的账务处理。

（1）将统计出的“主营业务收入”科目的金额（463 376 元）转入“本年利润”科目。

❶ 切换到“通用记账凭证”表格中输入该业务的记账凭证，借记“主营业务收入”科目；贷记“本年利润”科目，如图 12-9 所示。

❷ 切换到“记账凭证汇总表”中，将审核无误的记账凭证登记到“记账凭证汇总表”中。填制日期、凭证号、摘要及金额，如图 12-10 所示。（“科目代码”从下拉列表中选择，“账户名称”“总账代码”“总账科目”可自动返回。）

记　账　凭　证

凭证号：0035　　填制日期 2018/4/30

摘　　要	科目代码	科目名称	借方金额	贷方金额
结转利润	6001	主营业务收入	¥463,376.00	
结转利润	4103	本年利润		¥ 463,376.00
合计			¥463,376.00	¥ 463,376.00

附单据2张

财务主管：　记账：　出纳：　审核：

图 12-9

//记账凭证汇总表//

	日期	凭证号	摘　要	科目代码	账户名称	总账代码	总账科目	借方金额	贷方金额
61	2018/4/23	0027	支付水电费	6602	管理费用	6602	管理费用	¥ 680.00	
62	2018/4/23	0027	支付水电费	1001	库存现金	1001	库存现金		¥ 680.00
63	2018/4/26	0028	销售IFACE905	1122	应收账款	1122	应收账款	¥132,000.00	
64	2018/4/26	0028	销售IFACE905	6001	主营业务收入	6001	主营业务收入		¥120,000.00
65	2018/4/26	0028	销售IFACE905	22210102	应交税费-应交	2221	应交税费		¥ 12,000.00
66	2018/4/26	0029	结转销售成本	6401	主营业务成本	6401	主营业务成本	¥ 65,000.00	
67	2018/4/26	0029	结转销售成本	1405	库存商品	1405	库存商品		¥ 65,000.00
68	2018/4/27	0030	计提4月份员工	6602	管理费用	6602	管理费用	¥ 87,875.38	
69	2018/4/27	0030	计提4月份员工	221101	应付职工薪酬-	2211	应付职工薪酬		¥ 87,875.38
70	2018/4/28	0031	代扣保险费	221103	应付职工薪酬-	2211	应付职工薪酬	¥ 7,680.00	
71	2018/4/28	0031	代扣保险费	1221	其他应收款	1221	其他应收款		¥ 7,680.00
72	2018/4/28	0032	代扣人个所得	221104	应付职工薪酬-	2211	应付职工薪酬	¥ 3,102.10	
73	2018/4/28	0032	代扣人个所得	222113	应交税费-应交	2221	应交税费		¥ 3,102.10
74	2018/4/28	0033	交纳人个所得	222113	应交税费-应交	2221	应交税费	¥ 3,102.10	
75	2018/4/28	0033	交纳人个所得	100202	银行存款-中国	1002	银行存款		¥ 3,102.10
76	2018/4/28	0034	计提固定资产	6602	管理费用	6602	管理费用	¥ 5,433.00	
77	2018/4/28	0034	计提固定资产	1602	累计折旧	1602	累计折旧		¥ 5,433.00
78	2018/4/30	0035	结转利润	6001	主营业务收入	6001	主营业务收入	¥463,376.00	
79	2018/4/30	0035	结转利润	4103	本年利润	4103	本年利润		¥463,376.00
80									
81									

图 12-10

（2）将“主营业务成本”“销售费用”“管理费用”“财务费用”等科目的金额转入“本年利润”。

❶ 从分类汇总统计表中的统计结果得出，“主营业务成本”科目的金额为 208 200 元，“销售费用”科目的金额为 2 065 元、“管理费用”科目的金额为 99 647.38 元，“财务费用”科目的金额为 2 165.5 元。因此切换到“通用记账凭证”表格中输入该业务的记账凭证，借记“本年利润”科目（金额为“主营业务成本”+“销售费用”+“管理费用”+“财务费用”）；贷记“主营业务成本”“销售费用”“管理费用”“财务费用”科目，如图 12-11 所示。

记　账　凭　证

凭证号：0036　　填制日期 2018/4/30

摘　　要	科目代码	科目名称	借方金额	贷方金额
结转利润	4103	本年利润	¥312,077.88	
结转利润	6401	主营业务成本		¥ 208,200.00
结转利润	6601	销售费用		¥ 2,065.00
结转利润	6602	管理费用		¥ 99,647.38
结转利润	6603	财务费用		¥ 2,165.50
合计			¥312,077.88	¥ 312,077.88

附单据2张

财务主管：　记账：　出纳：　审核：

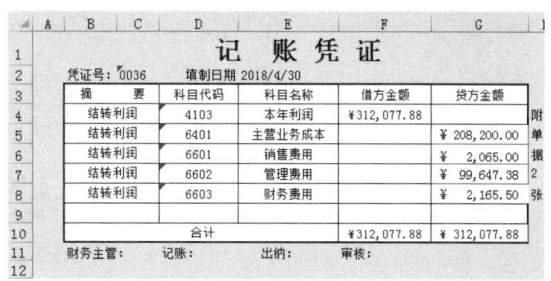

图 12-11

❷ 切换到"记账凭证汇总表"中,将审核无误的记账凭证登记到"记账凭证汇总表"中。填制日期、凭证号、摘要及金额,如图 12-12 所示。("科目代码"从下拉列表中选择,"账户名称""总账代码""总账科目"可自动返回。)

图 12-12

(3)提取所得税(假设所得税税率为 17%)并进行账务处理。

❶ 切换到"记账凭证汇总表 (2)"中,在任意空白单元格中输入公式:

=(I75-H80-H83-H90-H93)*17%

按下 Enter 键,即可返回所得税的计算结果,如图 12-13 所示。

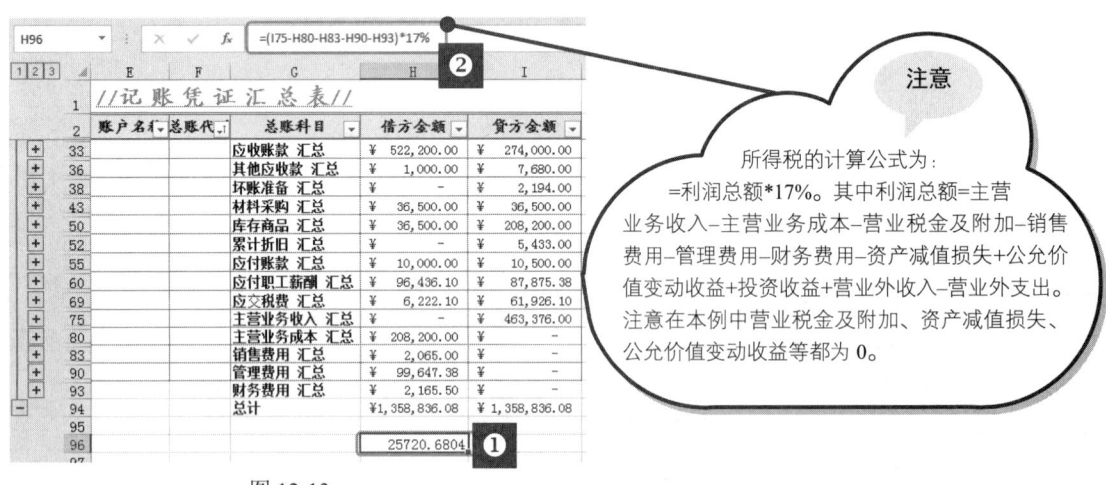

注意

所得税的计算公式为:
=利润总额*17%。其中利润总额=主营业务收入−主营业务成本−营业税金及附加−销售费用−管理费用−财务费用−资产减值损失+公允价值变动收益+投资收益+营业外收入−营业外支出。注意在本例中营业税金及附加、资产减值损失、公允价值变动收益等都为 0。

图 12-13

❷ 切换到"通用记账凭证"表格中输入该业务的记账凭证,借记"所得税费用"科目;贷记"应

交税费-应交所得税”科目，如图 12-14 所示。

	A	B	C	D	E	F	G	H
1		记　账　凭　证						
2		凭证号：0037　填制日期 2018/4/30						
3		摘　要		科目代码	科目名称	借方金额	贷方金额	
4		提取所得税		6801	所得税费用	¥25,720.68		附
5		提取所得税		222106	应交税费-应交所得税		¥ 25,720.68	单
6								据
7								2
8								张
9								
10		合计				¥25,720.68	¥ 25,720.68	
11		财务主管：		记账：	出纳：	审核：		
12								

图 12-14

❸ 切换到“记账凭证汇总表”中，将审核无误的记账凭证登记到“记账凭证汇总表”中。填制日期、凭证号、摘要及金额，如图 12-15 所示。（“科目代码”从下拉列表中选择，“账户名称”“总账代码”“总账科目”可自动返回。）

	A	B	C	D	E	F	G	H	I
1	//记 账 凭 证 汇 总 表//								
2	日期	凭证号	摘　要	科目代码	账户名称	总账代码	总账科目	借方金额	贷方金额
68	2018/4/27	0030	计提4月份员	6602	管理费用	6602	管理费用	¥ 87,875.38	
69	2018/4/27	0030	计提4月份员	221101	应付职工薪酬-员工工资	2211	应付职工薪酬		¥ 87,875.38
70	2018/4/28	0031	代扣保险费	221103	应付职工薪酬-保险费	2211	应付职工薪酬	¥ 7,680.00	
71	2018/4/28	0031	代扣保险费	1221	其他应收款	1221	其他应收款		¥ 7,680.00
72	2018/4/28	0032	代扣人个所	221104	应付职工薪酬-代扣个人	2211	应付职工薪酬	¥ 3,102.10	
73	2018/4/28	0032	代扣人个所	222113	应交税费-应交个人所得	2221	应交税费		¥ 3,102.10
74	2018/4/28	0033	交纳人个所	222113	应交税费-应交个人所得	2221	应交税费	¥ 3,102.10	
75	2018/4/28	0033	交纳人个所	100202	银行存款-中国银行	1002	银行存款		¥ 3,102.10
76	2018/4/28	0034	计提固定资	6602	管理费用	6602	管理费用	¥ 5,433.00	
77	2018/4/28	0034	计提固定资	1602	累计折旧	1602	累计折旧		¥ 5,433.00
78	2018/4/30	0035	结转利润	6001	主营业务收入	6001	主营业务收入	¥463,376.00	
79	2018/4/30	0035	结转利润	4103	本年利润	4103	本年利润		¥ 463,376.00
80	2018/4/30	0036	结转利润	4103	本年利润	4103	本年利润	¥312,077.88	
81	2018/4/30	0036	结转利润	6401	主营业务成本	6401	主营业务成本		¥ 208,200.00
82	2018/4/30	0036	结转利润	6601	销售费用	6601	销售费用		¥ 2,065.00
83	2018/4/30	0036	结转利润	6602	管理费用	6602	管理费用		¥ 99,647.38
84	2018/4/30	0036	结转利润	6603	财务费用	6603	财务费用		¥ 2,165.50
85	2018/4/30	0037	提取所得税	6801	所得税费用	6801	所得税费用	¥ 25,720.68	
86	2018/4/30	0037	提取所得税	222106	应交税费-应交所得税	2221	应交税费		¥ 25,720.68
87									

图 12-15

12.2　编制科目汇总表

记账凭证中账目数据按其反映会计对象具体内容的不同而分类，具体分为：

➘　资产类科目（第一位数字为 1）

按资产的流动性分为反映流动资产的科目和反映非流动资产的科目。反映流动资产的科目有“现金”“原材料”“库存商品”“应收账款”等科目；反映非流动资产的科目有“长期股权投资”“固定资产”“无形资产"。

- 负债类科目（第一位数字为2）

按负债的偿还期限分为反映流动负债的科目和反映长期负债的科目。反映流动负债的科目有"短期借款""应付账款""应交税金"等科目；反映长期负债的科目有"长期借款""应付债券""长期应付款"等科目。

- 所有者权益类科目（第一位数字为4）

按权益的形成和性质可分为反映资本的科目和反映留存收益的科目。反映资本的科目有"实收资本"和"资本公积"科目；反映留存收益的科目有"盈余公积""本年利润""利润分配"等科目。

- 损益类科目（第一位数字为6）

反映企业在生产经营过程中取得的各项收入和发生的各项费用的科目。收入类科目，如"主营业务收入""其他业务收入"；费用类科目，如"管理费用""财务费用""营业费用""所得税"等科目。

编制科目汇总表就是将本期记账凭证中账目数据按照科目进行汇总，然后以表单的形式表现出来。

12.2.1 利用分类汇总进行科目汇总

科目汇总表是根据记账凭证信息生成的，利用分类汇总功能可以轻松实现科目的汇总统计。

1. 分类汇总科目

要进行科目汇总首先需要根据科目代码生成科目分类，然后启用分类汇总功能即可建立科目汇总表。

❶ 复制"记账凭证汇总表"工作表，得到的是"记账凭证汇总表（3）"工作表（因为前面已经复制"记账凭证汇总表"工作表，用于结转利润数据的统计）。在复制得到的"记账凭证汇总表（3）"工作表标签上单击，重新输入工作表的名称"科目汇总表"，如图12-16所示。

❷ 选中F列至I列单元格区域的数据，按Ctrl+C组合键复制，再按Ctrl+V组合键进行粘贴，单击"粘贴选项"按钮，在下拉列表中单击"值"按钮（如图12-17所示），从而将这一部分数据转为值。

图12-16

月末账务处理并建立财务总账表
第 12 章

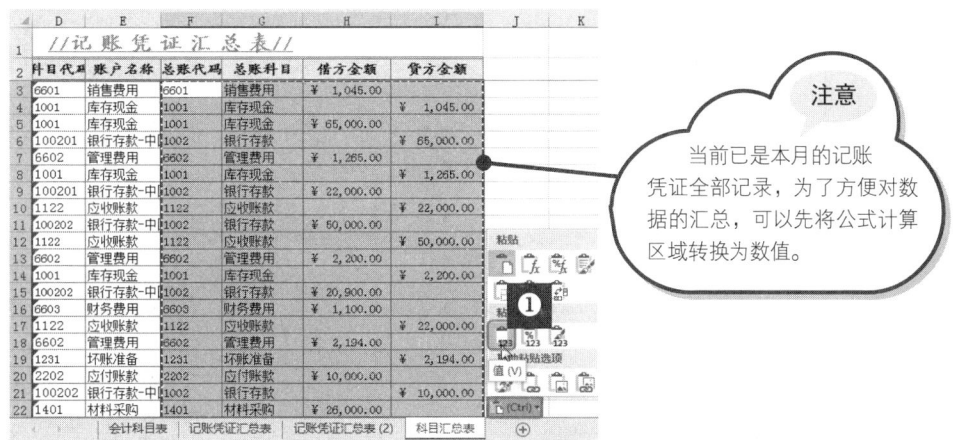

图 12-17

> **注意**
> 当前已是本月的记账凭证全部记录，为了方便对数据的汇总，可以先将公式计算区域转换为数值。

❸ 选中 A:E 列，单击鼠标右键，在弹出的快捷菜单中选择"删除"命令（如图 12-18 所示），接着选中 A 列，在右击弹出的快捷菜单中选择"插入"命令（如图 12-19 所示）插入新列，重新输入列标识，如图 12-20 所示。

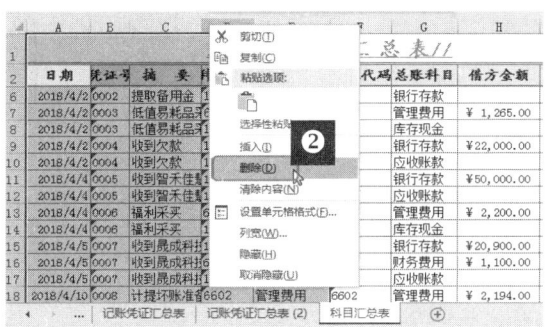

图 12-18

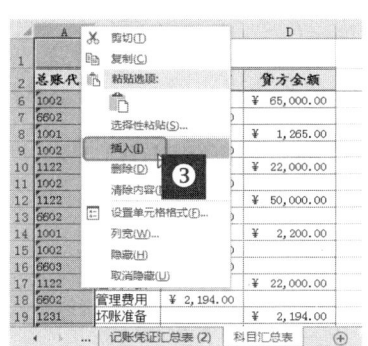

图 12-19

图 12-20

❹ 选中 A3 单元格，在编辑栏中输入公式：

```
=IF(LEFT(B3,1)="1","资产类",IF(LEFT(B3,1)="2","负债类",IF(LEFT(B3,1)="4","所有者权益类",IF(LEFT(B3,1)="6","损益类"))))
```

按 Enter 键，即可根据总账代码返回其对应的科目类别（如图 12-21 所示），拖动填充柄向下复制即可得到批量结果，如图 12-22 所示。

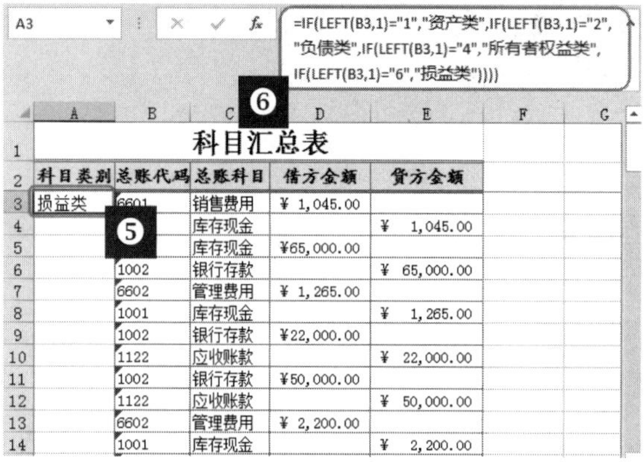

	A	B	C	D	E
1	科目汇总表				
2	科目类别	总账代码	总账科目	借方金额	贷方金额
3	损益类	6601	销售费用	¥ 1,045.00	
4			库存现金		¥ 1,045.00
5			库存现金	¥65,000.00	
6		1002	银行存款		¥ 65,000.00
7		6602	管理费用	¥ 1,265.00	
8		1001	库存现金		¥ 1,265.00
9		1002	银行存款	¥22,000.00	
10		1122	应收账款		¥ 22,000.00
11		1002	银行存款	¥50,000.00	
12		1122	应收账款		¥ 50,000.00
13		6602	管理费用	¥ 2,200.00	
14		1001	库存现金		¥ 2,200.00

图 12-21

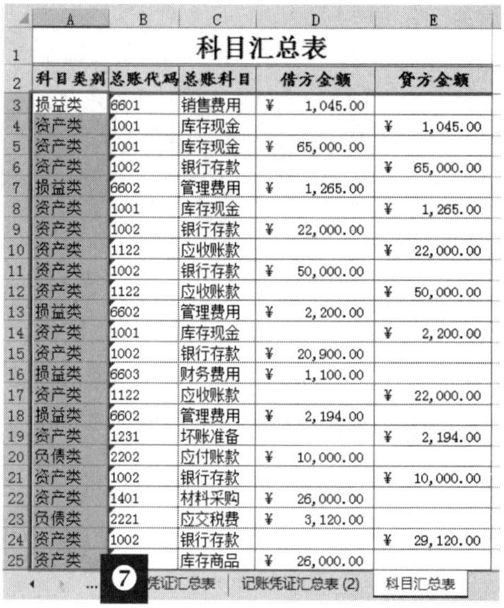

	A	B	C	D	E
1	科目汇总表				
2	科目类别	总账代码	总账科目	借方金额	贷方金额
3	损益类	6601	销售费用	¥ 1,045.00	
4	资产类	1001	库存现金		¥ 1,045.00
5	资产类	1001	库存现金	¥ 65,000.00	
6	资产类	1002	银行存款		¥ 65,000.00
7	损益类	6602	管理费用	¥ 1,265.00	
8	资产类	1001	库存现金		¥ 1,265.00
9	资产类	1002	银行存款	¥ 22,000.00	
10	资产类	1122	应收账款		¥ 22,000.00
11	资产类	1002	银行存款	¥ 50,000.00	
12	资产类	1122	应收账款		¥ 50,000.00
13	损益类	6602	管理费用	¥ 2,200.00	
14	资产类	1001	库存现金		¥ 2,200.00
15	资产类	1002	银行存款	¥ 20,900.00	
16	损益类	6603	财务费用	¥ 1,100.00	
17	资产类	1122	应收账款		¥ 22,000.00
18	损益类	6602	管理费用	¥ 2,194.00	
19	资产类	1231	坏账准备		¥ 2,194.00
20	负债类	2202	应付账款	¥ 10,000.00	
21	资产类	1002	银行存款		¥ 10,000.00
22	资产类	1401	材料采购	¥ 26,000.00	
23	负债类	2221	应交税费	¥ 3,120.00	
24	资产类	1002	银行存款		¥ 29,120.00
25	资产类		库存商品	¥ 26,000.00	

图 12-22

公式解析

1. LEFT 函数

LEFT 函数的基本语法参见 7.2.2 节。

2. 本例公式

从 B3 单元格的最左侧开始提取一个字符，如果是“1”，则返回“资产类”文字。后面依次类推。

=IF(LEFT(B3,1)="1","资产类",IF(LEFT(B3,1)="2","负债类",IF(LEFT(B3,1)="4","所有者权益类",IF(LEFT(B3,1)="6","损益类"))))

❺ 选中“总账代码”列中任意一个单元格，在“数据”选项卡“排序和筛选”组中单击“升序”按钮，该列数据即可实现按升序排列，如图 12-23 所示。

❻ 在"数据"选项卡的"分级显示"组中单击"分类汇总"按钮（如图12-24所示），弹出"分类汇总"对话框。

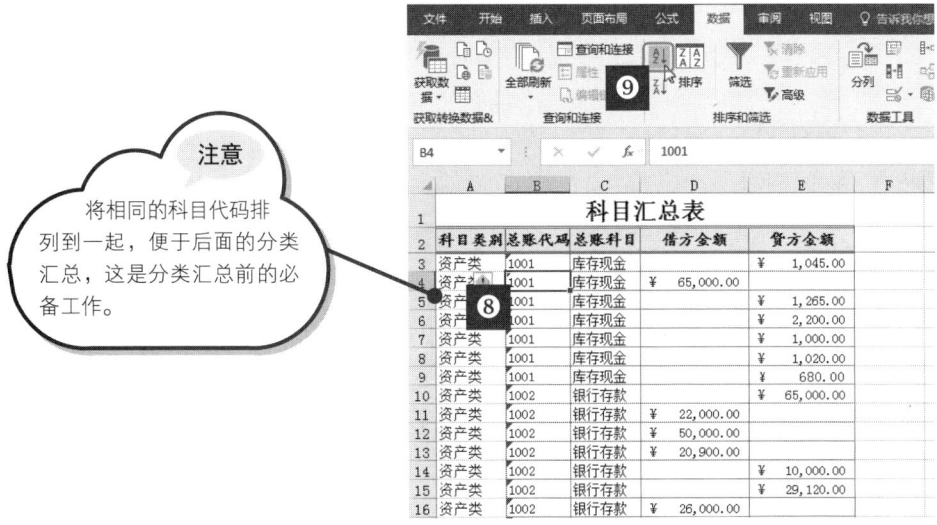

图 12-23

图 12-24

❼ 在"分类字段"下拉列表中选中"科目类别"，在"汇总方式"下拉列表中选中"求和"，在"选定汇总项"下拉列表框中勾选"借方金额"和"贷方金额"复选框，如图12-25所示。单击"确定"按钮按"科目类别"进行汇总，如图12-26所示。

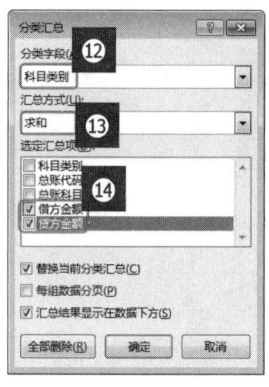

图 12-25

图 12-26

❽ 再次打开"分类汇总"对话框，在对话框"分类字段"下拉列表中选中"总账科目"，在下方取消选中"替换当前分类汇总"复选框（如图 12-27 所示），单击"确定"按钮实现数据的二次分类汇总，如图 12-28 所示。

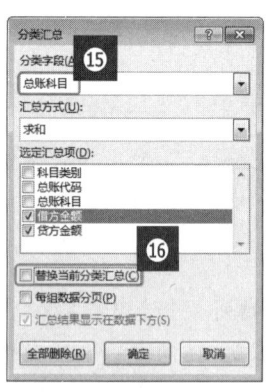

图 12-27

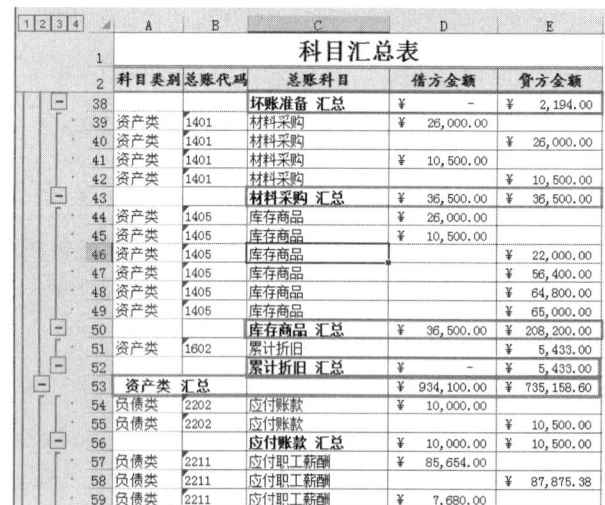

图 12-28

❾ 单击左上角数字按钮中的 3 按钮，随即工作表中只显示前三级数据，如图 12-29 所示。通过此

数据即可得到科目汇总的统计结果。

	A	B	C	D	E
1	科目汇总表				
2	科目类别	总账代码	总账科目	借方金额	贷方金额
10			库存现金 汇总	¥ 65,000.00	¥ 7,210.00
22			银行存款 汇总	¥ 272,900.00	¥ 193,941.60
33			应收账款 汇总	¥ 522,200.00	¥ 274,000.00
36			其他应收款 汇总	¥ 1,000.00	¥ 7,680.00
38			坏账准备 汇总	¥ -	¥ 2,194.00
43			材料采购 汇总	¥ 36,500.00	¥ 36,500.00
50			库存商品 汇总	¥ 36,500.00	¥ 208,200.00
52			累计折旧 汇总	¥ -	¥ 5,433.00
53	资产类 汇总			¥ 934,100.00	¥ 735,158.60
56			应付账款 汇总	¥ 10,000.00	¥ 10,500.00
61			应付职工薪酬 汇总	¥ 96,436.10	¥ 87,875.38
71			应交税费 汇总	¥ 6,222.10	¥ 87,646.78
72	负债类 汇总			¥ 112,658.20	¥ 186,022.16
75			本年利润 汇总	¥ 312,077.88	¥ 463,376.00
76	所有者权益类 汇总			¥ 312,077.88	¥ 463,376.00
83			主营业务收入 汇总	¥ 463,376.00	¥ 463,376.00
89			主营业务成本 汇总	¥ 208,200.00	¥ 208,200.00
93			销售费用 汇总	¥ 2,065.00	¥ 2,065.00
101			管理费用 汇总	¥ 99,647.38	¥ 99,647.38
105			财务费用 汇总	¥ 2,165.50	¥ 2,165.50
107			所得税费用 汇总	¥ 25,720.68	¥ -
108	损益类 汇总			¥ 801,174.56	¥ 775,453.88
109	总计			¥2,160,010.64	¥2,160,010.64

图 12-29

经验之谈

数据分类汇总是对数据进行分组分级显示，通过此功能可以将汇总结果中的一些数据隐藏起来，当需要查看隐藏的数据时再将其显示出来。

例如，在表格的 C 列中选中“库存现金 汇总”，然后单击数字按钮 3 下与“库存现金 汇总”对应的 + 按钮（如图 12-30 所示）即可将对应的明细数据显示出来，同时 + 变成了 - 按钮，如图 12-31 所示。如果想再次隐藏数据，则单击 - 按钮即可。

	A	B	C	D	E
1	科目汇总表				
2	科目类别	总账代码	总账科目	借方金额	贷方金额
10			库存现金 汇总	¥ 65,000.00	¥ 7,210.00
22			银行存款 汇总	¥ 272,900.00	¥ 193,941.60
33			应收账款 汇总	¥ 522,200.00	¥ 274,000.00
36			其他应收款 汇总	¥ 1,000.00	¥ 7,680.00
38			坏账准备 汇总	¥ -	¥ 2,194.00
43			材料采购 汇总	¥ 36,500.00	¥ 36,500.00
50			库存商品 汇总	¥ 36,500.00	¥ 208,200.00
52			累计折旧 汇总	¥ -	¥ 5,433.00
53	资产类 汇总			¥ 934,100.00	¥ 735,158.60
56			应付账款 汇总	¥ 10,000.00	¥ 10,500.00
61			应付职工薪酬 汇总	¥ 96,436.10	¥ 87,875.38
71			应交税费 汇总	¥ 6,222.10	¥ 87,646.78
72	负债类 汇总			¥ 112,658.20	¥ 186,022.16
75			本年利润 汇总	¥ 312,077.88	¥ 463,376.00
76	所有者权益类 汇总			¥ 312,077.88	¥ 463,376.00

图 12-30

	A	B	C	D	E
1	科目汇总表				
2	科目类别	总账代码	总账科目	借方金额	贷方金额
3	资产类	1001	库存现金		¥ 1,045.00
4	资产类	1001	库存现金	¥ 65,000.00	
5	资产类	1001	库存现金		¥ 1,265.00
6	资产类	1001	库存现金		¥ 2,200.00
7	资产类	1001	库存现金		¥ 1,000.00
8	资产类	1001	库存现金		¥ 1,020.00
9	资产类	1001	库存现金		¥ 680.00
10			库存现金 汇总	¥ 65,000.00	¥ 7,210.00
22			银行存款 汇总	¥ 272,900.00	¥ 193,941.60
33			应收账款 汇总	¥ 522,200.00	¥ 274,000.00
36			其他应收款 汇总	¥ 1,000.00	¥ 7,680.00
38			坏账准备 汇总	¥ -	¥ 2,194.00
43			材料采购 汇总	¥ 36,500.00	¥ 36,500.00
50			库存商品 汇总	¥ 36,500.00	¥ 208,200.00
52			累计折旧 汇总	¥ -	¥ 5,433.00
53	资产类 汇总			¥ 934,100.00	¥ 735,158.60
56			应付账款 汇总	¥ 10,000.00	¥ 10,500.00
61			应付职工薪酬 汇总	¥ 96,436.10	¥ 87,875.38
71			应交税费 汇总	¥ 6,222.10	¥ 87,646.78
72	负债类 汇总			¥ 112,658.20	¥ 186,022.16

图 12-31

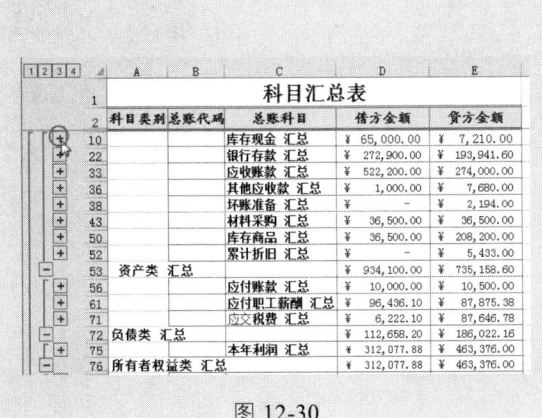

2. 将分类汇总结果转换为报表

因为"科目汇总表"中的统计结果是分类汇总的结果，因此可以将分类汇总的结果转化为报表，以更加方便使用。

❶ 定位在"科目汇总表"中，按F5键，打开"定位"对话框，单击"定位条件"按钮，打开"定位条件"对话框，选中"可见单元格"单选按钮，如图12-32所示。

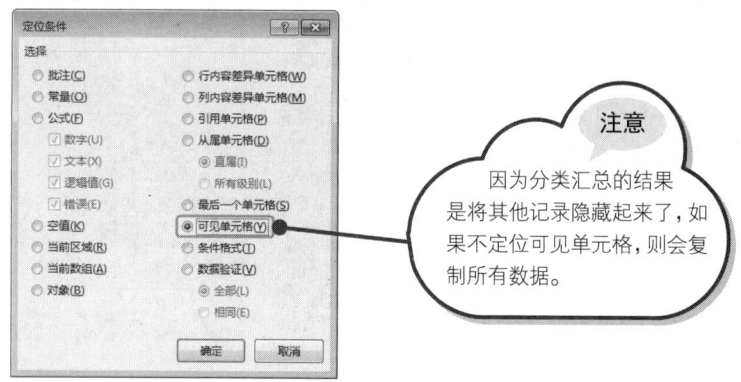

注意：因为分类汇总的结果是将其他记录隐藏起来了，如果不定位可见单元格，则会复制所有数据。

图12-32

❷ 单击"确定"按钮即可选中工作表中所有可见单元格，按Ctrl+C组合键复制，如图12-33所示。

❸ 选择要粘贴到的位置后（新建的工作表Sheet4 A1单元格），在"开始"选项卡的"粘贴板"组中单击"粘贴"按钮，在下拉列表中单击"值"（如图12-34所示），即可将分类汇总结果转换为报表，如图12-35所示。

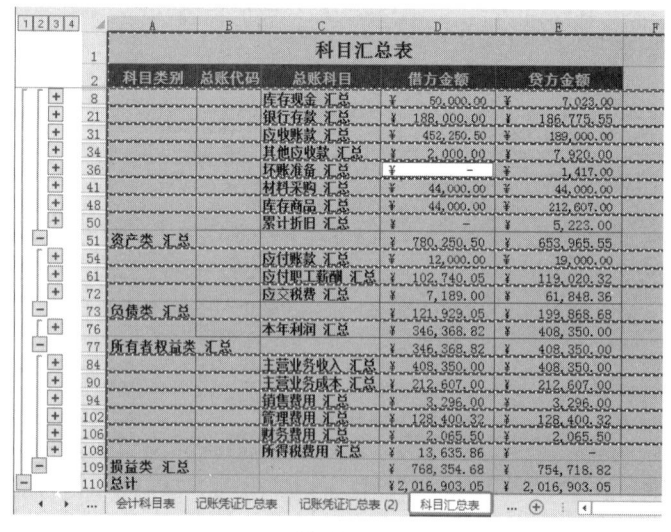

图12-33

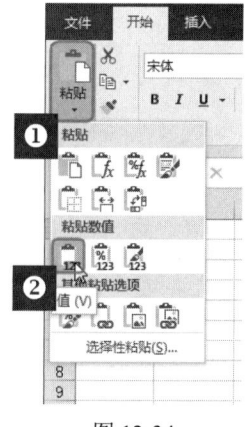

图12-34

❹ 以更加便于阅读为目的对数据表格进行格式调整，并将新工作表重命名为"科目汇总表"，如图 12-36 所示。

图 12-35 　　　　　　　　　　　　　　图 12-36

❺ 选中显示金额的单元格区域，在"开始"选项卡的"数字"组中单击格式设置的下拉按钮，在下拉列表中单击"会计专用"（如图 12-37 所示），即可更改所有金额数据的显示方式，如图 12-38 所示。

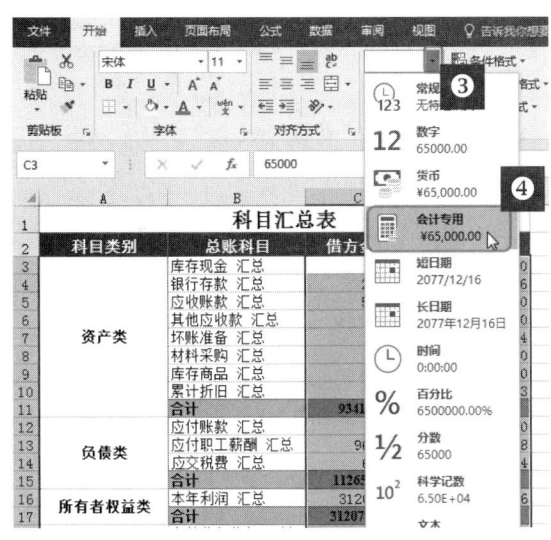

图 12-37

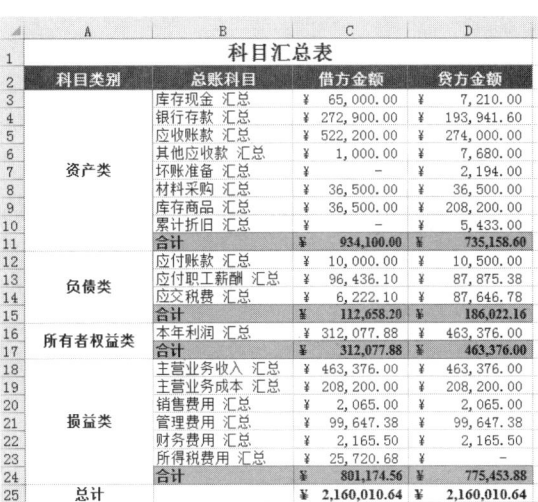

图 12-38

12.2.2 利用数据透视表建立科目汇总表

要编辑科目汇总表，还可以借助于数据透视表功能实现统计，从而得出各个科目类别的统计数据。

1. 创建数据透视表

数据透视表具有极强的分类统计能力，因此创建数据透视表后正确设置字段即可快速建立科目汇总表。

❶ 复制前面的科目汇总表，在"数据"选项卡"分级显示"组中单击"分类汇总"按钮（如图12-39所示），打开"分类汇总"对话框，单击"全部删除"按钮取消之前的分类汇总结果，如图12-40所示。

图12-39　　　　　　　　　　　　　　图12-40

❷ 选中表格中任意单元格，在"插入"选项卡的"表格"组中单击"数据透视表"按钮（如图12-41所示），打开"创建数据透视表"对话框，如图12-42所示。

　　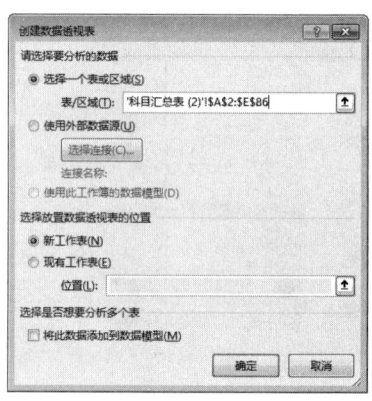

图12-41　　　　　　　　　　　　　　图12-42

❸ 保持默认选项，单击"确定"按钮，即可在新工作表中创建数据透视表。将"科目类别""总账科目"添加到"行"区域，将"借方金额""贷方金额"添加到"值"区域（添加方法是，在字段列表中选中目标字段，按住鼠标左键将其拖到目标区域中即可），进行字段分析，如图12-43所示。

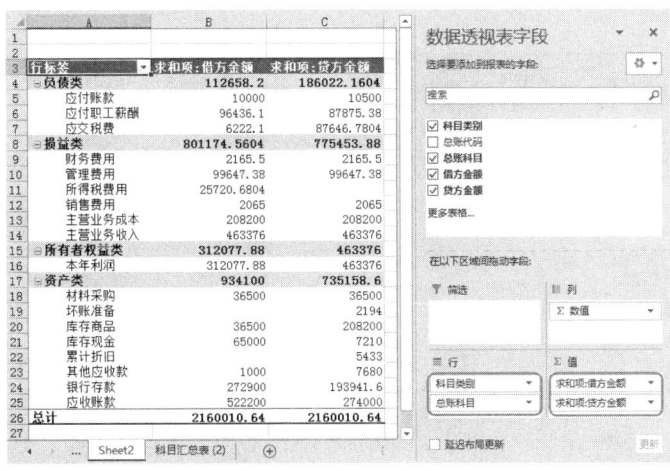

图 12-43

2．数据透视表外观调节

建立数据透视表后，默认按行标签字段首文字的首字母升序排列。为了让统计结果按资产类、负债类、损益类、所有者权益的顺序显示，可以对数据透视表的结果进行调整，并且也可以设置在每个分类下添加空行以增加可视化效果。

❶ 如"资产类"的科目要求排在最前面，其操作方法为：选中"资产类"下的所有项（包括汇总值），鼠标定位在边框上，直到出现四向箭头（如图12-44所示），按住鼠标左键不放拖动到目标位置（出现横向的I型），如图12-45所示，释放鼠标即可完成顺序调节，如图12-46所示。

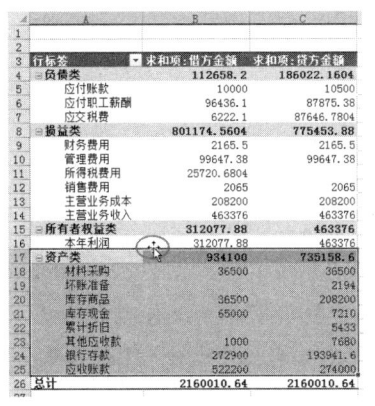

图 12-44

图 12-45

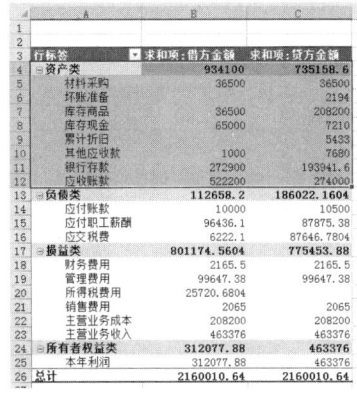

图 12-46

❷ 选中数据透视表任意单元格,切换到"数据透视表工具-设计"选项卡,在"布局"组中单击"报表布局"右侧下拉按钮,在下拉列表中单击"以表格形式显示",如图12-47所示。得到的表格如图12-48所示。

图12-47

图12-48

❸ 选中数据透视表中金额区域,切换到"开始"选项卡,在"数字"组中单击数字格式设置右侧下拉按钮,在下拉列表中单击"会计专用",如图12-49所示。即可看到金额都以会计专用的形式出现,如图12-50所示。

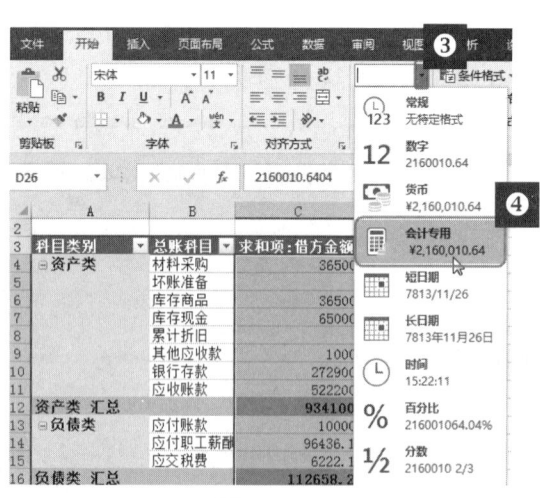

图12-49

图12-50

12.3 编制财务总账表

总账就是总分类账，是根据一级会计科目设置的，是总结反映全部经济业务和资金状况的账簿，除了统计出本期发生额，还应记录期初余额，并计算出期末余额。

12.3.1 提取总账科目

建立总分类账需要先提取总账科目，然后从"记账凭证汇总表"中利用公式匹配汇总计算出各科目的本期发生额（因为一个科目可能多次发生）。

❶ 建立一张新工作表，并将工作表命名为"总分类账"，输入总分类账表格的标题和相应的列标识，如图 12-51 所示。

❷ 在"总分类账"工作表中选中 A4 单元格，在编辑栏中输入公式：=会计科目表!A3,然后将 A4 单元格的公式向下填充，得到结果如图 12-52 所示。

图 12-51

图 12-52

❸ 提取不重复的总账名称。选中 B4 单元格，在编辑栏中输入公式：
=IF(COUNTIF(会计科目表!$B$3:B3,会计科目表!B3)<=1,会计科目表!B3,"")

按 Enter 键返回第一个总账科目（如图 12-53 所示），向下填充得到批量结果，如图 12-54 所示。

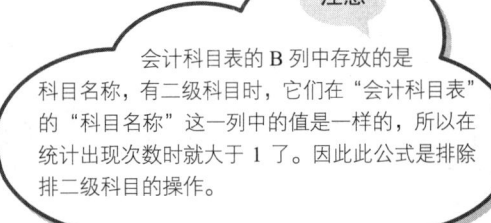

注意

会计科目表的 B 列中存放的是科目名称，有二级科目时，它们在"会计科目表"的"科目名称"这一列中的值是一样的，所以在统计出现次数时就大于 1 了。因此此公式是排除排二级科目的操作。

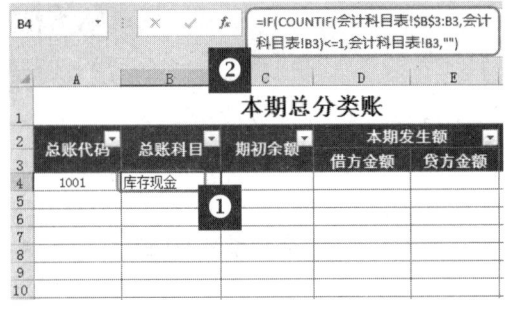

图 12-53

图 12-54

公式解析

1. COUNTIF 函数

COUNTIF 函数用于统计区域中满足给定条件的单元格的个数。

$$=COUNTIF（❶计数区域，❷计数条件）$$

2. 本例公式

$$=IF(COUNTIF(会计科目表!\$B\$3:B3,会计科目表!B3)<=1,会计科目表!B3,"")$$

在"会计科目表!$B$3:B3"单元格区域中统计 B3 中值出现的次数是否小于等于 1。
如果是第一次出现，则返回其值；如果不是第一次出现，则返回空值。

❹ 从第 2 行开始，选中全部数据区域，在"数据"选项卡的"排序和筛选"组中单击"筛选"按钮，添加自动筛选按钮，如图 12-55 所示。

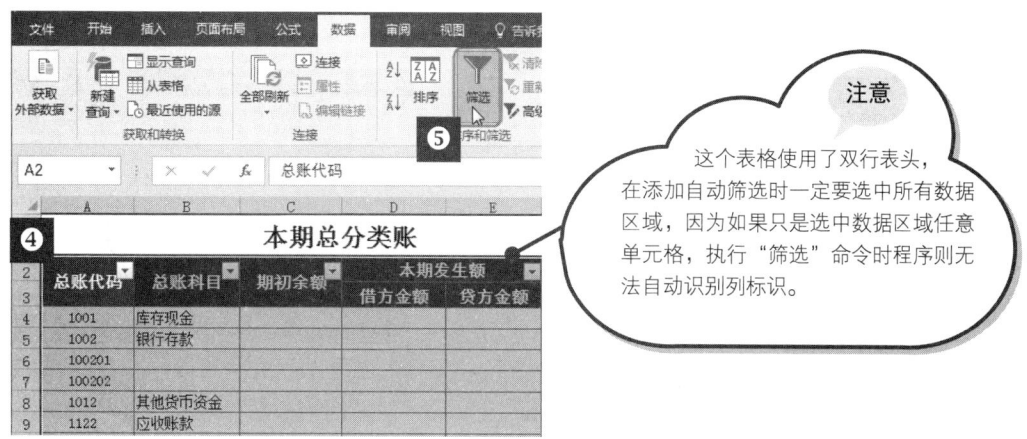

图 12-55

> **注意**
> 这个表格使用了双行表头，在添加自动筛选时一定要选中所有数据区域，因为如果只是选中数据区域任意单元格，执行"筛选"命令时程序则无法自动识别列标识。

❺ 单击"总账科目"右侧筛选按钮，在下拉列表中撤选其他项，只选中"空白"复选框（如图 12-56 所示），单击"确定"按钮，即可将"总账科目"为空白项的全部筛选出来，如图 12-57 所示。

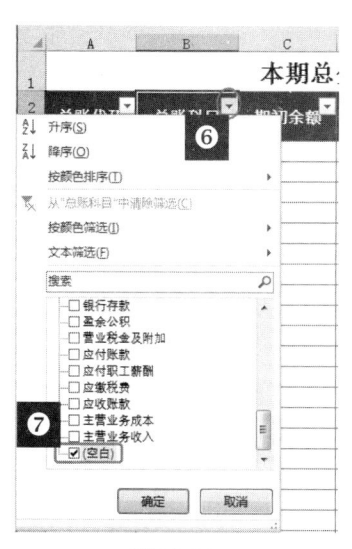

图 12-56

图 12-57

❻ 选中所有空行，并在行标上单击鼠标右键，在弹出的快捷菜单中选择"删除行"命令（如图 12-58 所示），即可将所有空白记录删除。

❼ 删除"总账科目"下的所有空行后，在"数据"选项卡的"排序和筛选"组中再次单击"筛选"按钮（如图 12-59 所示），即可取消筛选，恢复删除了空白行后的数据表，如图 12-60 所示。

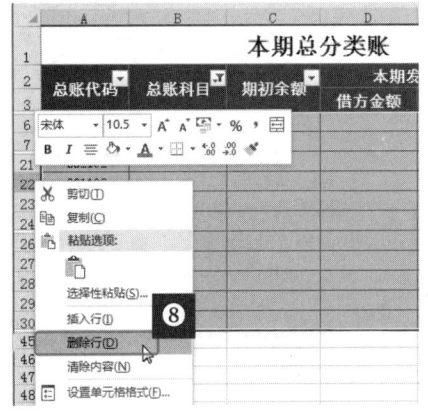
图 12-58

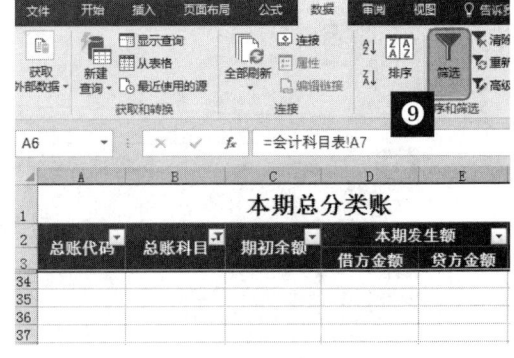
图 12-59

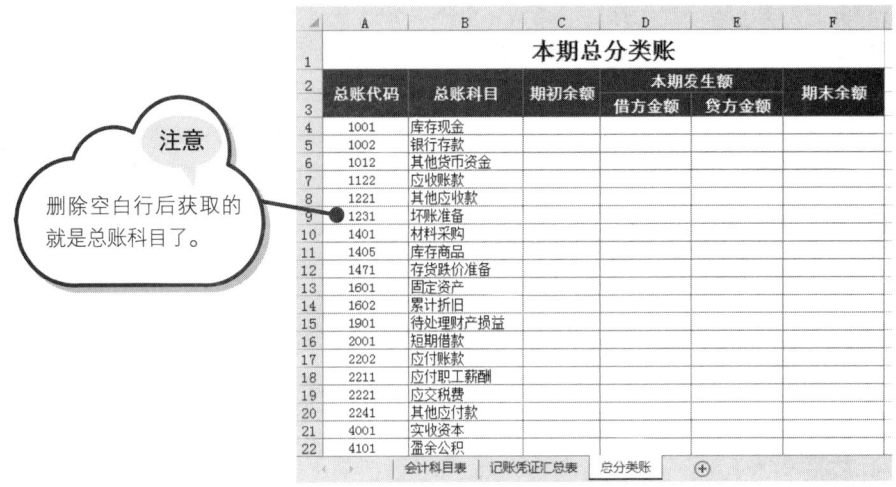
图 12-60

12.3.2 计算各总账科目本期发生额

各总账科目本期发生额需要从"记账凭证汇总表"中计算得到。可以使用 SUMIF 函数按判断条件进行汇总计算。

❶ 选中 D4 单元格，在编辑栏中输入公式：
=SUMIF(记账凭证汇总表!F:F,A4,记账凭证汇总表!H:H)
按 Enter 键返回借方金额，如图 12-61 所示。

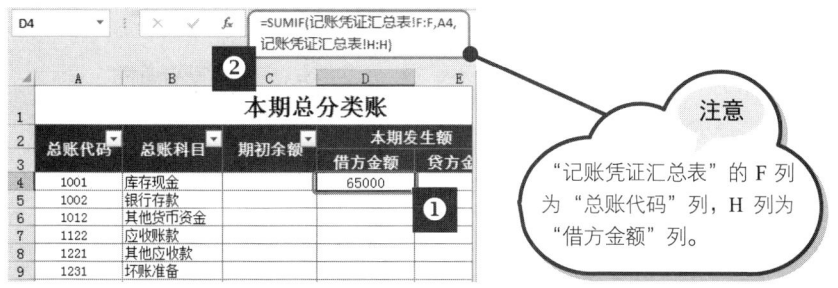

图 12-61

❷ 选中 E4 单元格，在编辑栏中输入公式：
=SUMIF(记账凭证汇总表!F:F,A4,记账凭证汇总表!I:I)
按 Enter 键返回贷方金额，如图 12-62 所示。

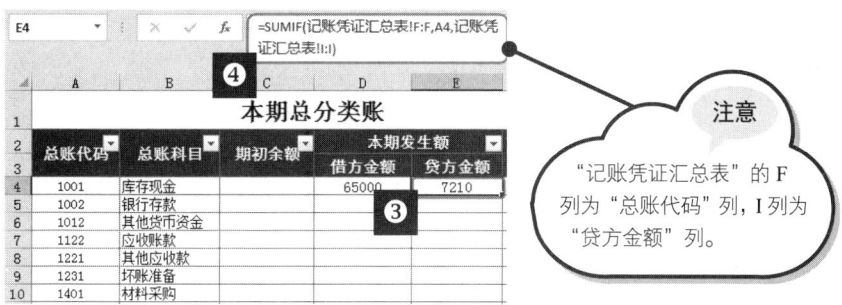

图 12-62

公式解析

1. SUMIF 函数

SUMIF 函数的基本语法参见 5.2 节例 3。

2. 本例公式

=SUMIF(记账凭证汇总表!F:F,A4,记账凭证汇总表!H:H)

在"记账凭证汇总表!F:F"区域（为"总账代码"列）中寻找与 A4 单元格中值相同的总账代码，将找到的对应在"记账凭证汇总表!H:H"区域（为"借方金额"列）中的所有值求和。

❸ 选中 D4:E4 单元格区域，向下拖动填充柄得到批量结果，如图 12-63 所示。

❹ 将期初余额数据复制到表格中，选中 F4 单元格，在编辑栏中输入公式：
=C4+D4-E4
按 Enter 键返回期末余额（如图 12-64 所示），向下填充得到批量结果，如图 12-65 所示。

总账代码	总账科目	期初余额	本期发生额		期末余额
			借方金额	贷方金额	
1001	库存现金		65000	7210	
1002	银行存款		272900	193941.6	
1012	其他货币资金		0	0	
1122	应收账款		522200	274000	
1221	其他应收款		1000	7680	
1231	坏账准备		0	2194	
1401	材料采购		36500	36500	
1405	库存商品		36500	208200	
1471	存货跌价准备		0	0	
1601	固定资产		0	0	
1602	累计折旧		0	5433	
1901	待处理财产损益		0	0	
2001	短期借款		0	0	
2202	应付账款		10000	10500	
2211	应付职工薪酬		96436.1	87875.38	
2221	应交税费		6222.1	87646.7804	
2241	其他应付款		0	0	
4001	实收资本		0	0	
4101	盈余公积		0	0	
4103	本年利润		312077.88	463376	

图 12-63

本期总分类账　F4　=C4+D4-E4

总账代码	总账科目	期初余额	本期发生额		期末余额
			借方金额	贷方金额	
1001	库存现金	15000	65000	7210	72790
1002	银行存款	198000	272900	193941.6	
1012	其他货币资金		0	0	
1122	应收账款	222000	522200	274000	
1221	其他应收款	18000	1000	7680	
1231	坏账准备	4388	0	2194	
1401	材料采购		36500	36500	
1405	库存商品	469141	36500	208200	
1471	存货跌价准备				

图 12-64

总账代码	总账科目	期初余额	本期发生额		期末余额
			借方金额	贷方金额	
1001	库存现金	15000	65000	7210	72790
1002	银行存款	198000	272900	193941.6	276958.4
1012	其他货币资金		0	0	
1122	应收账款	222000	522200	274000	470200
1221	其他应收款	18000	1000	7680	11320
1231	坏账准备	4388	0	2194	2194
1401	材料采购		36500	36500	
1405	库存商品	469141	36500	208200	297441
1471	存货跌价准备		0	0	
1601	固定资产	215000	0	0	215000
1602	累计折旧	-5680	0	5433	-11113
1901	待处理财产损益		0	0	
2001	短期借款	-130000	0	0	-130000
2202	应付账款		10000	10500	-500
2211	应付职工薪酬	-73300	96436.1	87875.38	-64739.28
2221	应交税费	-27800	6222.1	87646.7804	-109224.6804
2241	其他应付款		0	0	
4001	实收资本	-486915	0	0	-486915
4101	盈余公积		0	0	
4103	本年利润	-415000	312077.88	463376	-566298.12

图 12-65

12.4 编制财务明细账表

明细账又称为明细分类账,是根据二级科目设置的,是详细记录某一类中某一种经济业务增减变化及其结果的账簿。通过本例中方法建立的明细账表可以实现任意科目的选择,并快速生成明细账。

12.4.1 建立明细账表

建立明细账表可以实现对任意给定总账科目的明细项进行查询。本例通过公式的设置,所实现明细账表格是:只要选择输入任意总账科目即可形成该总账科目的明细账表。

❶ 建立一张新工作表,并将工作表命名为"财务明细账",输入相应的列标识,如图12-66所示。

图 12-66

❷ 选中B1单元格,在"数据"选项卡的"数据工具"组中单击"数据验证"按钮(如图12-67所示),打开"数据验证"对话框,在"允许"下拉列表中选择"序列",接着单击 ↑ 按钮,如图12-68所示。

图 12-67

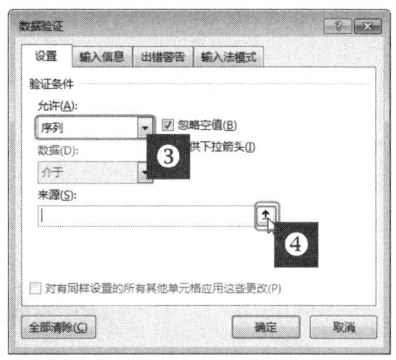

图 12-68

❸ 在"总分类账"工作表标签上单击进入此表，并使用拾取器拾取"总账科目"列数据区域，如图 12-69 所示。

❹ 拾取后单击 按钮回到"数据验证"对话框中，可以看到拾取的数据区域，如图 12-70 所示。

图 12-69　　　　　　　　　　图 12-70

❺ 单击"确定"按钮，回到工作表中，总账科目的选取可以使用下拉列表了，如图 12-71 所示。

❻ 选中 C1 单元格，在编辑栏中输入公式：

=INDEX(会计科目表!A3:A43,MATCH(B1,会计科目表!B3:B43,0))

按 Enter 键即可根据 B1 单元格中的科目名称返回科目代码，如图 12-72 所示。

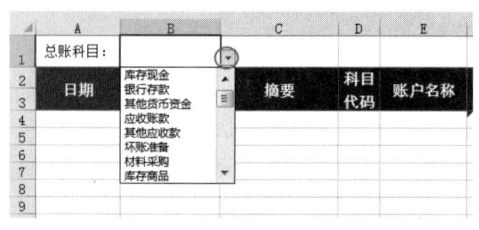

图 12-71　　　　　　　　　　图 12-72

❼ 设置了 C1 单元格的公式后，当更改 B1 单元格中的科目名称时，将会自动返回对应的科目编码，如图 12-73 所示。

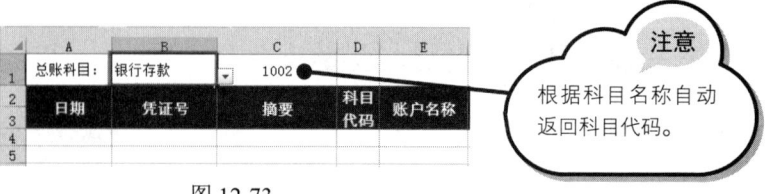

图 12-73

注意：根据科目名称自动返回科目代码。

> **公式解析**

1. INDEX 函数

INDEX 函数返回表格或区域中指定位置处的值。

=INDEX (❶要查找的区域，❷指定行，❸指定列)

最终结果是①与②指定的行列交叉处上的值。　　可以使用其他函数返回值。

2. MATCH 函数

=MATCH(❶查找值，❷查找值区域)

最终结果是①在②区域中的位置。注意用于查找的区域也要如同使用 LOOKUP 函数一样先进行升序排序。

3. 本例公式

①使用 MATCH 函数在"会计科目表!B3:B43"区域中判断与 B1 单元格相同的科目名称所在的位置，并返回这个位置值（位于该区域的第几行）。

=INDEX(会计科目表!A3:A43,MATCH(B1,会计科目表!B3:B43,0))

②使用 INDEX 函数返回"会计科目表!A3:A43"区域中①步返回值指定的行处的数据，即与 B1 中指定的科目名称对应的科目代码。

12.4.2 设置公式自动显示指定科目明细账

前面说过使用本例中方法建立的明细账表可以实现任意科目的选择，并快速生成明细账。要实现这一自动生成的功能，当然要经过函数公式的设置才能实现。

❶ 选中 F4 单元格，在编辑栏中输入公式：
=VLOOKUP(C1,总分类账!A:C,3,0)
按 Enter 键即可从"总分类账"中返回 C1 单元格指定科目的期初余额，如图 12-74 所示。

图 12-74

> **公式解析**
>
> =VLOOKUP(C1,总分类账!A:C,3,0)
>
> 用 VLOOKUP 函数在"总分类账!A:C"区域的首列上寻找 C1 单元格中指定的科目编码，找到后返回对应在第 3 列上的值。"总分类账"表中 A 列为"总账代码"列，C 列为"期初余额"列。

❷ 在 A 列前面插入一个空白列，以此列作为辅助列。选中 A 列的单元格区域，从第 5 行开始选中（选择时可多选择一些行，以防止有些科目对应的明细账条目较多），选中 D1 单元格，在编辑栏中输入公式：

=SMALL(IF((记账凭证汇总表!$F$1:$F$100=D1),ROW(1:98)),ROW(1:98))

如图 12-75 所示。按 Ctrl+Shift+Enter 键即可返回一个数组，如图 12-76 所示。

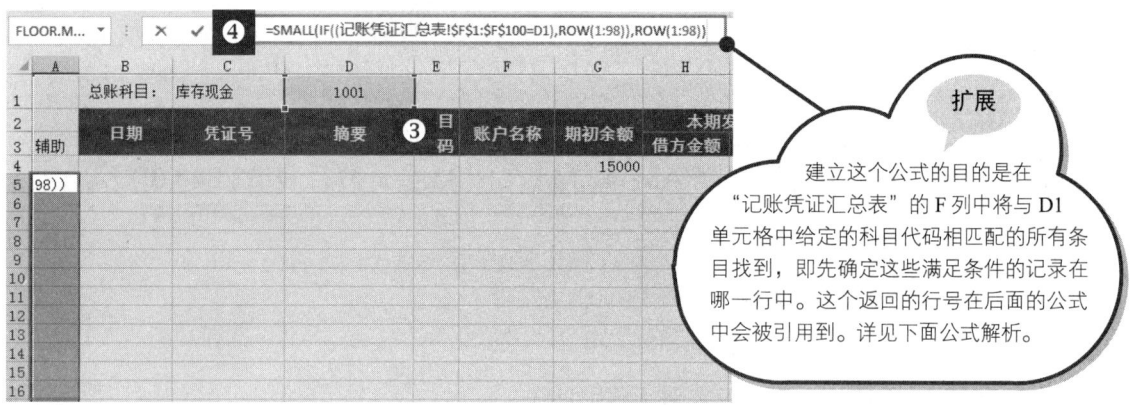

图 12-75

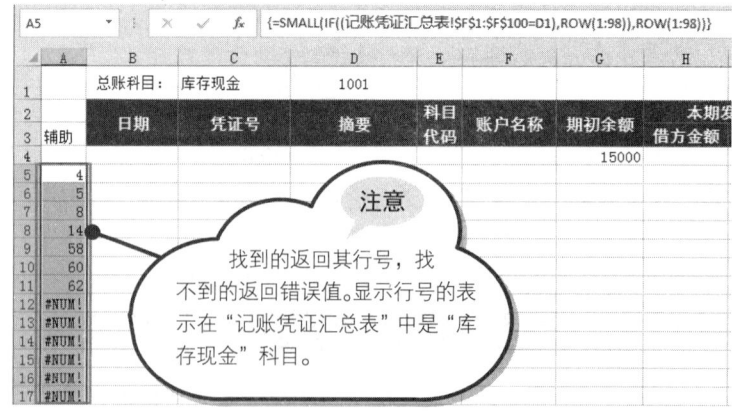

图 12-76

公式解析

1. SMALL 函数

SMALL 函数用于返回某一数据集中的某个（可以指定）最小值。

=SMALL（❶查询某个最小值区域，❷指定返回第几个最小值）

2. ROW 函数

ROW 函数用于返回引用的行号。

=ROW（需要返回其行号的单元格）

如果不设置任何参数，就是返回当前公式所在单元格的行号；如果有参数，就是返回指定的那个单元格地址的行号。

3. 本例公式

①这个公式是一个数组公式。依次在"记账凭证汇总表!$F$1:$F$100"单元格区域中判断其名称是否是 D1 单元格中指定的科目编码，如果是，就返回对应的行号，返回的是一个数组。

=SMALL(IF((记账凭证汇总表!$F$1:$F$100=D1),ROW(1:98)),ROW(1:98))

②使用 SMALL 函数依次从小到大取值，返回一个数组，即所有找到的行号一次性返回。

❸ 当通过下拉列表更改科目名称时，可以看到 A 列辅助列中返回的行数值会自动更改，如图 12-77 所示。

注意：当改变科目时，返回的行号就自动变化，表示这些行在"记账凭证汇总表"中是"银行存款"科目。

图 12-77

❹ 选中 B5 单元格，在编辑栏中输入公式：
=IF(ISERROR($A5),"",INDEX(记账凭证汇总表!A:A,$A5))
按 Enter 键即可返回"记账凭证汇总表"中 A5 单元格指定行中的"日期"值，如图 12-78 所示。

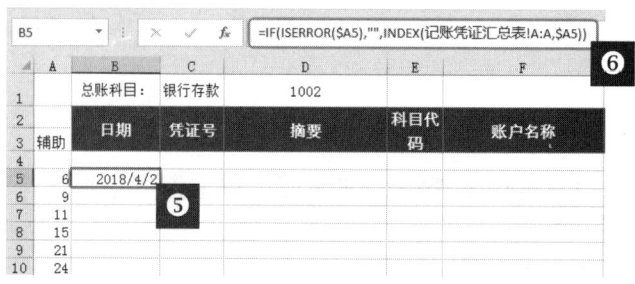

图 12-78

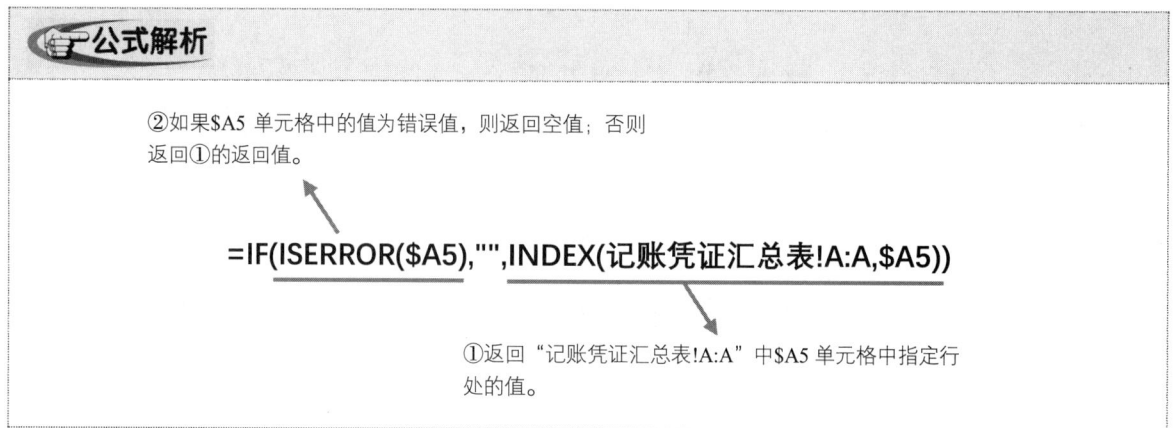

❺ 选中 B5 单元格，向右复制公式到 F5 单元格，可依次返回"记账凭证汇总表"中 A5 单元格指定行中的"凭证号""摘要""科目代码""账户名称"，如图 12-79 所示。

图 12-79

❻ 选中 H5 单元格，在编辑栏中输入公式：
=IF(ISERROR($A5),"",INDEX(记账凭证汇总表!H:H,$A5))
按 Enter 键即可返回"记账凭证汇总表"中 A5 单元格指定行中的"借方金额"值（因为"借方金额"位于 H 列上），如图 12-80 所示。

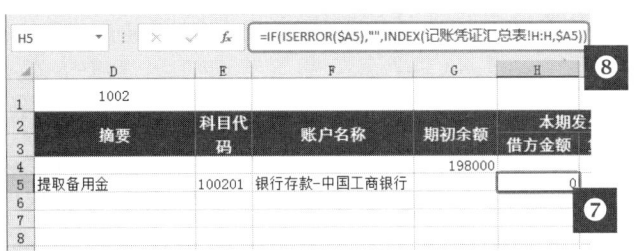

图 12-80

❼ 选中 I5 单元格，在编辑栏中输入公式：
=IF(ISERROR($A5),"",INDEX(记账凭证汇总表!I:I,$A5))

按 Enter 键即可返回"记账凭证汇总表"中 A5 单元格指定行中的"贷方金额"值（因为"贷方金额"位于 I 列上），如图 12-81 所示。

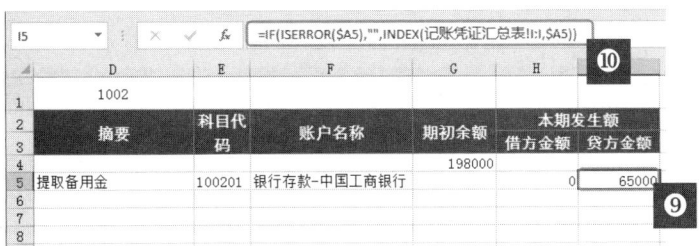

图 12-81

❽ 选中 B5:I5 单元格区域，鼠标指针指向该单元格区域右下角，当出现黑色十字形时，按住鼠标左键不放向下拖动即可返回"记账凭证汇总表"中所有与 D1 单元格中指定科目编码相匹配的凭证信息，如图 12-82 所示。

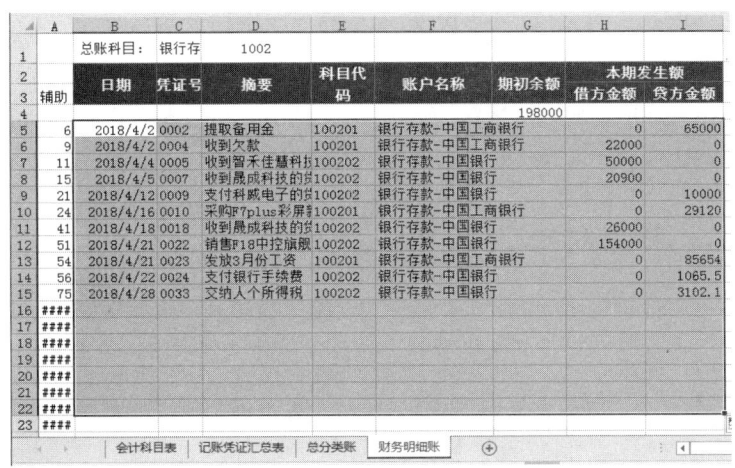

图 12-82

❾ 当通过下列表更改科目名称时，可以自动生成指定科目的明细账，例如，如图 12-83 所示的"主营业务收入"科目的明细账；如图 12-84 所示的"库存商品"科目的明细账。

图 12-83

图12-84

12.5 账务试算平衡检验

对账是指会计人员对账簿记录进行核对，是会计工作中的一个重要环节。对账的目的是要达到账实相符、账证相符、账账相符和账表相符，从而为编辑财务报表提供正确依据。

12.5.1 现金账务核对

在进行现金账务的核对时，需要对"现金日记账"中的借贷方发生额与本期总分类账中的"库存现金"科目的借贷方发生额进行比较，从而得出平衡检验的结果。

❶ 新建工作表，命名为"账务试算平衡检验"，在表格中输入相应的表格项目并进行格式设置，如图 12-85 所示。

❷ 选中 C3 单元格，在编辑栏中输入"=SUM()"，然后将光标定位到括号内，如图 12-86 所示。

图 12-85

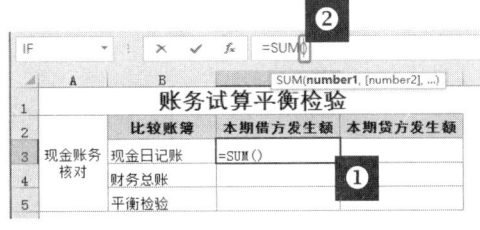

图 12-86

❸ 切换到"现金日记账"工作表中选中所有"借方"标识下的数据区域，如图 12-87 所示。

图 12-87

❹ 按 Enter 键即可计算出现金日记账的本期借方发生额，如图 12-88 所示。然后将 C3 单元格中的公式复制到 D3 单元格中，如图 12-89 所示（因为现金日记账的本期贷方发生额在"现金日记账"工作表的 F 列中）。

图 12-88

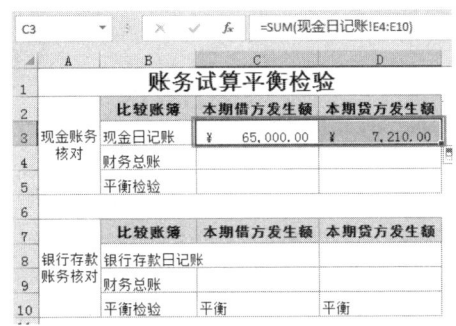

图 12-89

❺ 选中 C4 单元格，在编辑栏中输入"="，如图 12-90 所示。

❻ 切换到"总分类账"工作表中选中 D4 单元格（该单元格中存放的是现金账务的合计借方金额），如图 12-91 所示。

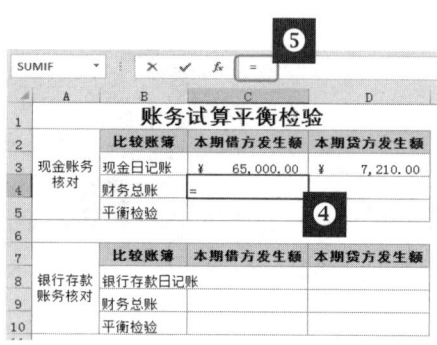

图 12-90

图 12-91

❼ 按 Enter 键即可在 C4 单元格中返回值。将 C4 单元格的公式复制到 D4 单元格，如图 12-92 所示。

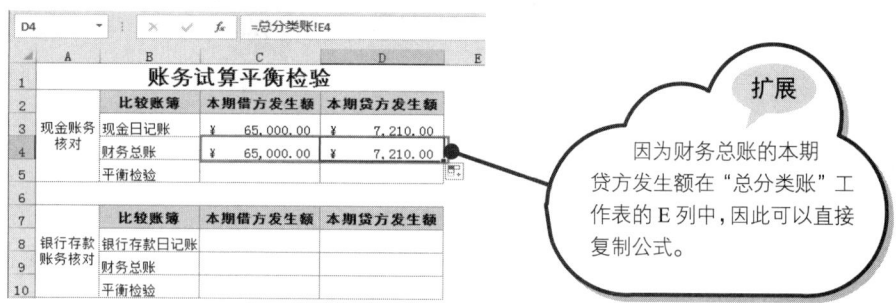

图 12-92

扩展：因为财务总账的本期贷方发生额在"总分类账"工作表的 E 列中，因此可以直接复制公式。

❽ 选中 C5 单元格，在编辑栏中输入：
=IF(C3=C4,"平衡","不平衡")

如图 12-93 所示。然后将公式复制到 D5 单元格，如图 12-94 所示。

图 12-93

图 12-94

12.5.2 银行存款账务核对

在进行银行存款账务的核对时,需要对"银行存款日记账"中的借贷方发生额与本期总分类账中的"银行存款"科目的借贷方发生额进行比较,从而得出平衡检验的结果。

❶ 选中 C8 单元格,在编辑栏中输入:
=SUM()
然后将光标定位到括号内,如图 12-95 所示。

❷ 切换到"银行存款日记账"工作表中选中所有"借方"标识下的数据区域,如图 12-96 所示。

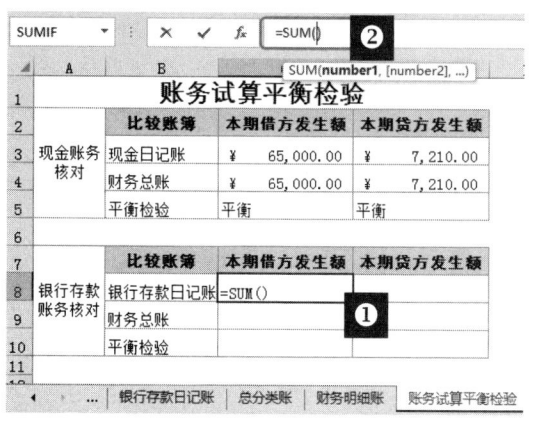

图 12-95　　　　　　　　　　图 12-96

❸ 按 Enter 键即可计算出银行存款账务的本期借方发生额。然后将 C8 单元格中的公式复制到 D8 单元格中,如图 12-97 所示(因为银行存款账务的本期贷方发生额在"银行存款日记账"工作表的 F 列中)。

图 12-97

❹ 选中 C9 单元格,在编辑栏中输入"=",如图 12-98 所示。

❺ 切换到"总分类账"工作表中选中 D5 单元格（该单元格中存放的是银行存款的合计借方金额），如图 12-99 所示。

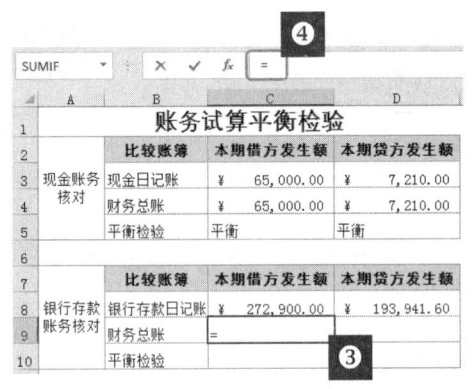

图 12-98

图 12-99

❻ 按 Enter 键即可在 C9 单元格中返回值，然后再将 C9 单元格的公式复制到 D9 单元格，如图 12-100 所示。

❼ 选中 C10 单元格，在编辑栏中输入：

=IF(C8=C9,"平衡","不平衡")

然后将公式复制到 D10 单元格，如图 12-101 所示。

图 12-100

图 12-101

经验之谈

因为在本书中，无论银行存款日记账还是现金日记账，都是通过设置公式的方式从"记账凭证汇总表"中计算得出的，因此只要确保"记账凭证汇总表"中的数据正确填制以及公式设置的准确无误，账务核算时一般都不会出现账账不符的情况。这也正是使用 Excel 处理账务优于手工处理的地方。

12.6 账目保护

账务处理完成后,为了加强数据保护,可以对个别表格或整个工作簿设置保护,从而有效防止其他无关人员随意操作表格,或数据向外泄露。

12.6.1 保护账务统计表格

保护账务工作表,就是对工作表进行加密处理,在未撤销工作表保护的情况下,被保护的工作表可以查看,但其处于不可编辑的状态。

如图 12-102 所示为设置了工作表保护后的状态;当试图编辑数据时会弹出提示(如图 12-103 所示),告知只有撤销工作表保护后才能实现编辑。

图 12-102

图 12-103

❶ 打开目标工作簿，定位到目标工作表中，单击"审阅"选项卡的"更改"组中的"保护工作表"按钮（如图12-104所示），打开"保护工作表"对话框。

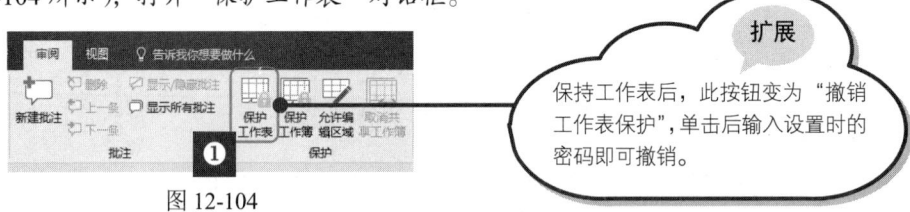

图12-104

> 扩展
> 保持工作表后，此按钮变为"撤销工作表保护"，单击后输入设置时的密码即可撤销。

❷ 在"取消工作表保护时使用的密码"输入框中设置保护密码（如图12-105所示）。单击"确定"按钮，弹出"确认密码"对话框。

图12-105

> 扩展
> 这里可以选择部分允许的操作。默认在保护后只能进行选中单元格操作。

❸ 再次输入密码（如图12-106所示），单击"确定"按钮即可实现保护。

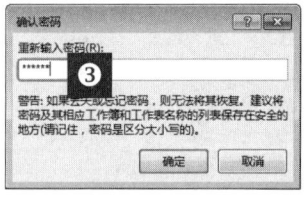

图12-106

12.6.2 保护账务处理工作簿

保护工作簿是对工作簿进行加密处理。加密后的工作簿，只有正确输入密码才能打开工作簿，否则无法打开。

❶ 打开目标工作簿，选择"文件"→"信息"命令，在右侧设置界面中单击"保护工作簿"下拉按钮，在弹出的下拉列表中选择"用密码进行加密"（如图12-107所示），在弹出的"加密文档"对话

框的"密码"文本框中输入保护密码，如图12-108所示。

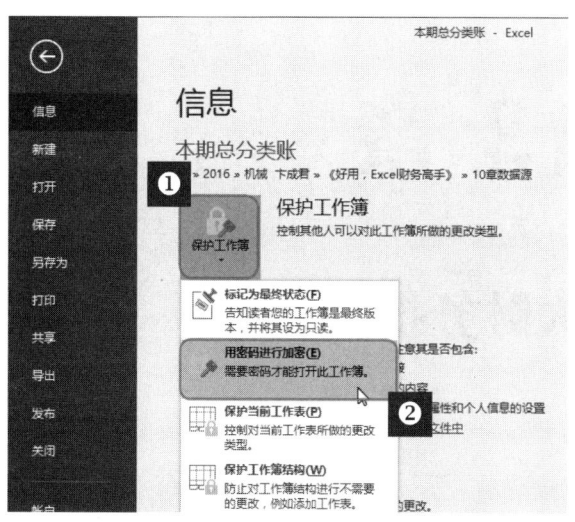

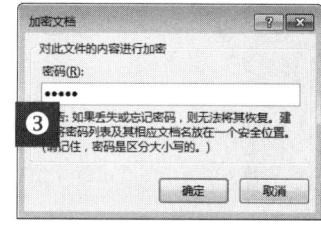

图 12-107   图 12-108

❷ 单击"确定"按钮，弹出"确认密码"对话框。再次输入密码，如图12-109所示。

❸ 单击"确定"按钮完成密码设置。当再次打开此工作簿时则弹出提示对话框，只有输入正确的密码才能打开此工作簿，如图12-110所示。

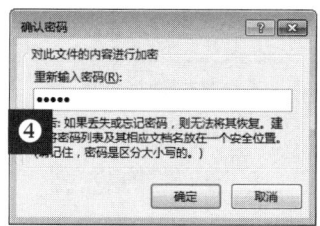

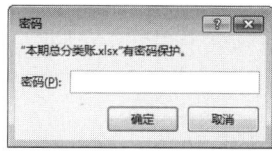

图 12-109   图 12-110

第 13 章

编制三大财务报表

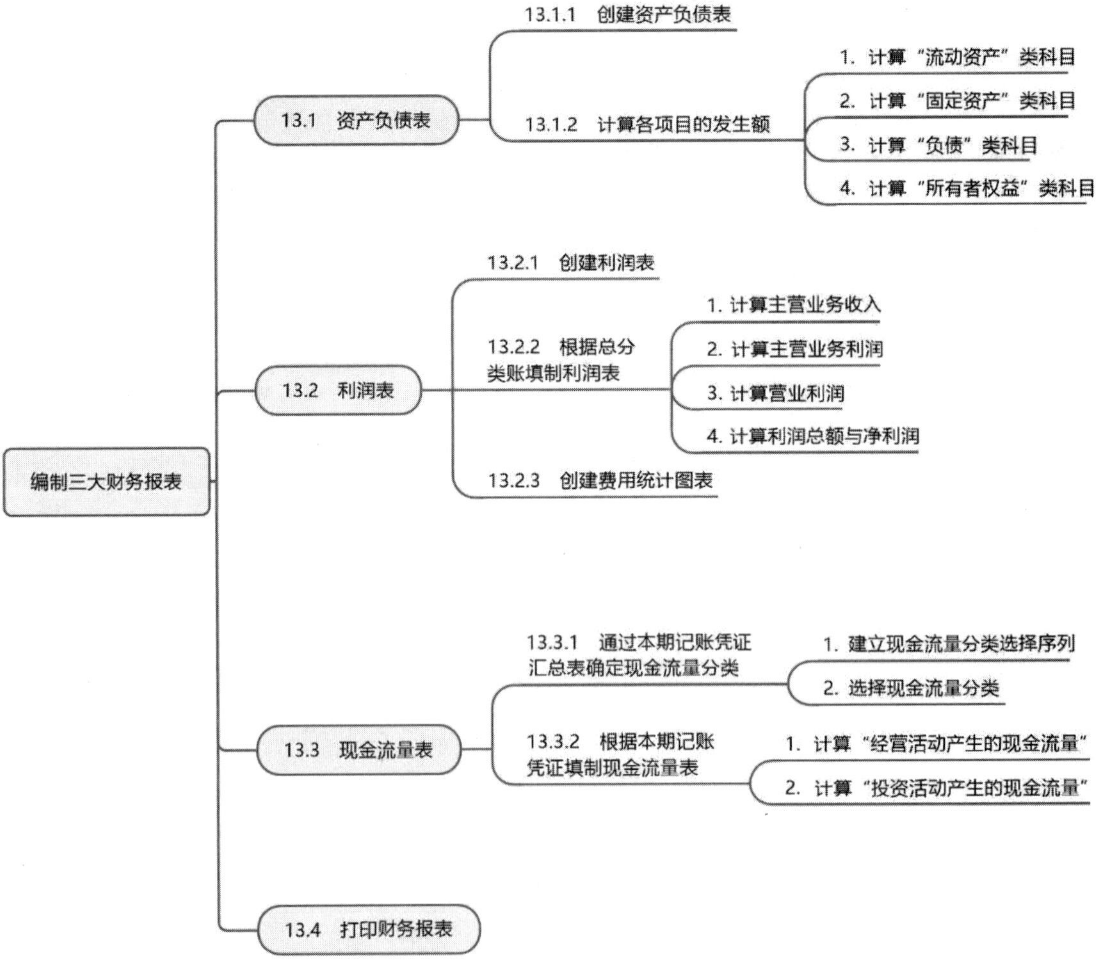

- 编制三大财务报表
  - **13.1 资产负债表**
    - 13.1.1 创建资产负债表
    - 13.1.2 计算各项目的发生额
      1. 计算"流动资产"类科目
      2. 计算"固定资产"类科目
      3. 计算"负债"类科目
      4. 计算"所有者权益"类科目
  - **13.2 利润表**
    - 13.2.1 创建利润表
    - 13.2.2 根据总分类账填制利润表
      1. 计算主营业务收入
      2. 计算主营业务利润
      3. 计算营业利润
      4. 计算利润总额与净利润
    - 13.2.3 创建费用统计图表
  - **13.3 现金流量表**
    - 13.3.1 通过本期记账凭证汇总表确定现金流量分类
      1. 建立现金流量分类选择序列
      2. 选择现金流量分类
    - 13.3.2 根据本期记账凭证填制现金流量表
      1. 计算"经营活动产生的现金流量"
      2. 计算"投资活动产生的现金流量"
  - **13.4 打印财务报表**

13.1 资产负债表

资产负债表是总括反映企业一定时期（如月末、季末或年末）公司的资金来源及分布状况，因此资产负债表又叫财务状况表。对资产负债表的基本分析内容包括了解分析公司当时的财务结构、经营能力、盈利水平和偿债能力。

资产负债表、利润表的统计数据来源于总分类账表，现金流量表的统计数据来源于原始表格"记账凭证汇总表"，在第 12 章中介绍了使用"记账凭证汇总表"编制科目汇总表、总分类账表、明细账表等。因此要实现编制资产负债表、利润表、现金流量表，需要先复制"日记账"工作簿，如此处复制 12.3 节中的"日记账"工作簿，然后将工作簿重命名为"编制财务报表"，其中包含三张工作表，如图 13-1 所示。

图 13-1

13.1.1 创建资产负债表

建立资产负债表需要规划好"资产类"项目与"负债及所有者权益"类项目，然后对表格中一些特殊行进行底纹标识，以增加表格的可读性。

❶ 打开工作簿，建立一张新工作表，将其命名为“资产负债表”，如图 13-2 所示。

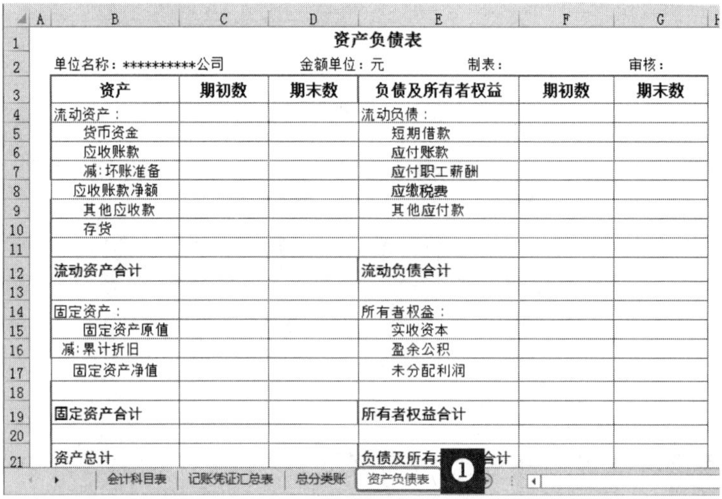

资产负债表

单位名称：**********公司　金额单位：元　制表：　审核：

资产	期初数	期末数	负债及所有者权益	期初数	期末数
流动资产：			流动负债：		
货币资金			短期借款		
应收账款			应付账款		
减：坏账准备			应付职工薪酬		
应收账款净额			应缴税费		
其他应收款			其他应付款		
存货					
流动资产合计			流动负债合计		
固定资产：			所有者权益：		
固定资产原值			实收资本		
减：累计折旧			盈余公积		
固定资产净值			未分配利润		
固定资产合计			所有者权益合计		
资产总计			负债及所有者权益合计		

图 13-2

❷ 配合 Ctrl 键选中不连续单元格，设置单元格底纹色，达到如图 13-3 所示的醒目效果。

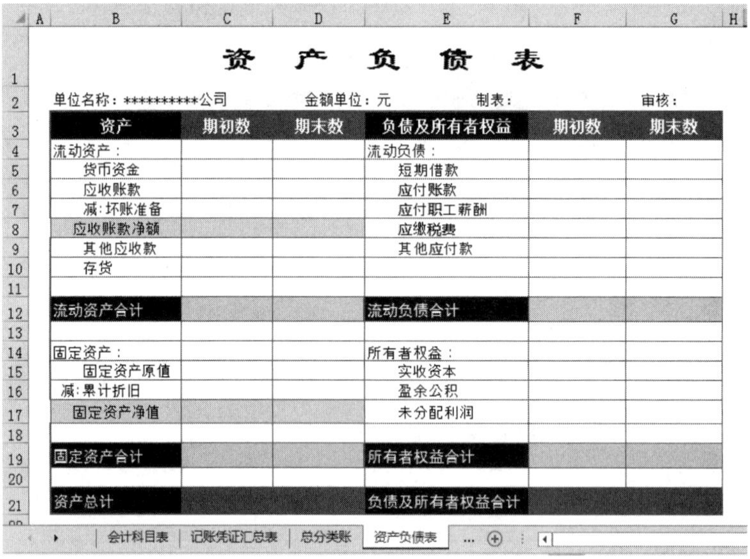

资　产　负　债　表

单位名称：**********公司　金额单位：元　制表：　审核：

资产	期初数	期末数	负债及所有者权益	期初数	期末数
流动资产：			流动负债：		
货币资金			短期借款		
应收账款			应付账款		
减：坏账准备			应付职工薪酬		
应收账款净额			应缴税费		
其他应收款			其他应付款		
存货					
流动资产合计			流动负债合计		
固定资产：			所有者权益：		
固定资产原值			实收资本		
减：累计折旧			盈余公积		
固定资产净值			未分配利润		
固定资产合计			所有者权益合计		
资产总计			负债及所有者权益合计		

图 13-3

❸ 选中标题，在“开始”选项卡的“字体”组中单击 按钮（如图 13-4 所示），打开“设置单元格格式”对话框，在“下划线”下拉列表中选择“会计用单下划线”（如图 13-5 所示），即可为标题添加下划线，如图 13-6 所示。

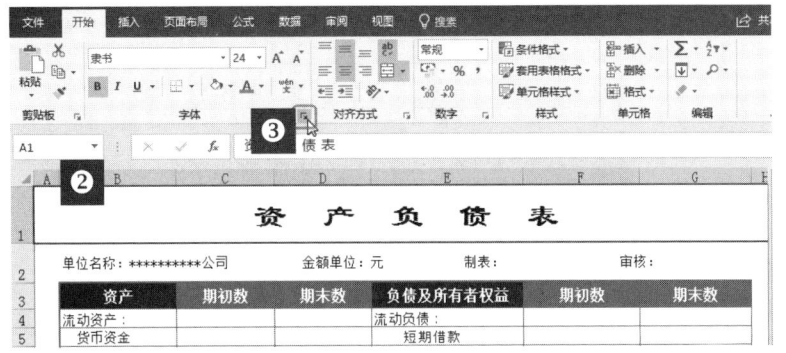

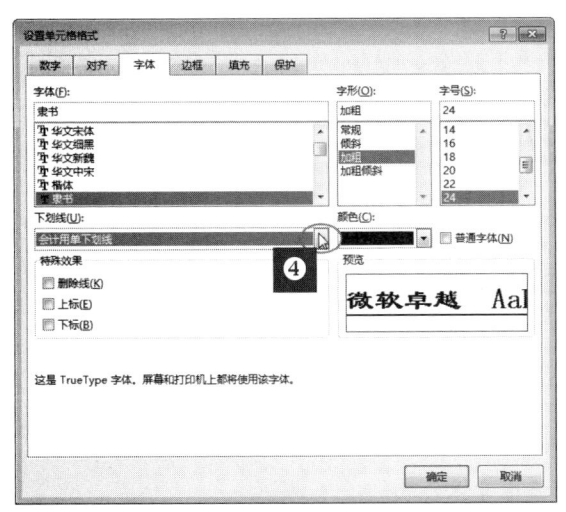

图 13-4

图 13-5

图 13-6

13.1.2 计算各项目的发生额

"资产负债表"中各个科目的数据来源于"总分类账"表格，因此可以使用公式从"总分类账"表格中返回相应的数据。

1. 计算"流动资产"类科目

❶ 计算"货币资金"科目。货币资金=现金+银行存款+其他货币资金。分别在 C5 与 D5 单元格中输入公式：

C5=总分类账!C4+总分类账!C5+总分类账!C6
D5=总分类账!F4+总分类账!F5+总分类账!F6

求出的是"货币资金"科目的期初数和期末数，如图 13-7 所示。

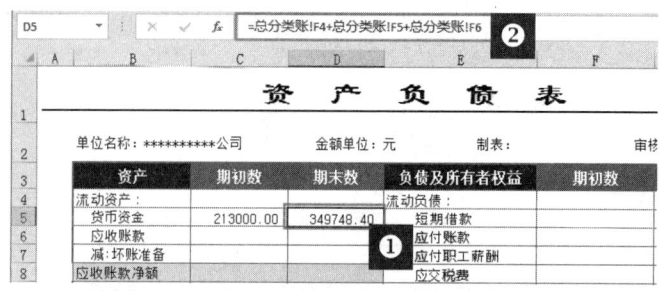

图 13-7

❷ 计算"应收账款"科目。分别在 C6 与 D6 单元格中输入公式：

C6=总分类账!C7
D6=总分类账!F7

求出的是"应收账款"科目的期初数和期末数，如图 13-8 所示。

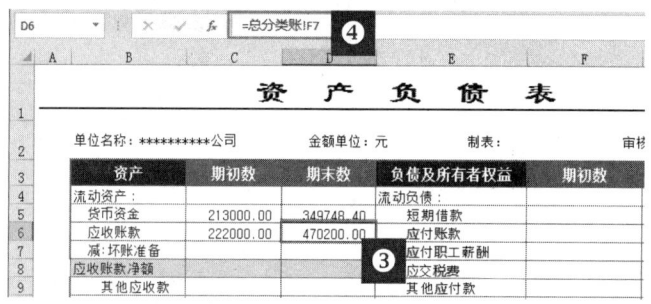

图 13-8

❸ 计算"坏账准备"科目。分别在 C7 与 D7 单元格中输入公式：

C7=ABS(总分类账!C9)
D7=ABS(总分类账!F9)

求出的是"坏账准备"科目的期初数和期末数，如图 13-9 所示。

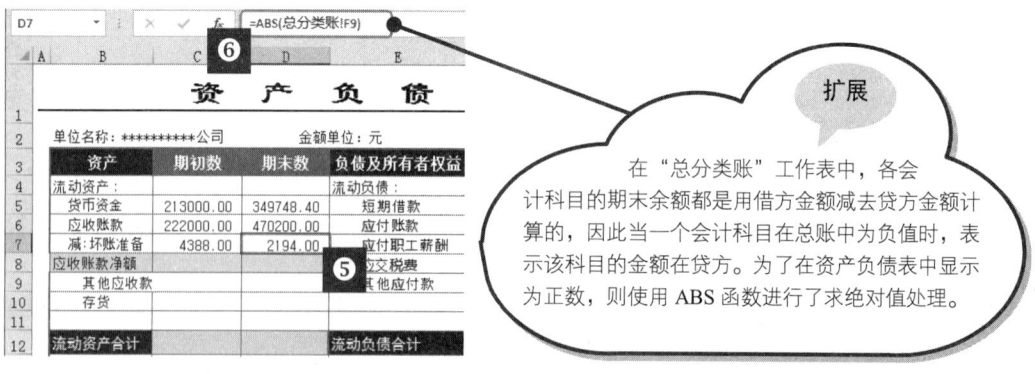

图 13-9

扩展

在"总分类账"工作表中，各会计科目的期末余额都是用借方金额减去贷方金额计算的，因此当一个会计科目在总账中为负值时，表示该科目的金额在贷方。为了在资产负债表中显示为正数，则使用 ABS 函数进行了求绝对值处理。

❹ 计算"应收账款净额"科目。分别在C8与D8单元格中输入公式：

C8=C6+C7
D8=D6+D7

求出的是"应收账款净额"科目的期初数和期末数，如图13-10所示。

❺ 计算"其他应收款"科目。分别在C9与D9单元格中输入公式：

C9=总分类账!C8
D9=总分类账!F8

求出的是"其他应收款"科目的期初数和期末数，如图13-11所示。

图13-10　　　　　　　　　　　　　　图13-11

❻ 计算"存货"科目。分别在C10与D10单元格中输入公式：

C10=总分类账!C10+总分类账!C11
D10=总分类账!F10+总分类账!F11

求出的是"存货"科目的期初数和期末数，如图13-12所示。

❼ 计算"流动资产合计"科目。分别在C12与D12单元格中输入公式：

C12=C5+C8+C9+C10
D12=D5+D8+D9+D10

求出的是"流动资产合计"科目的期初数和期末数，如图13-13所示。

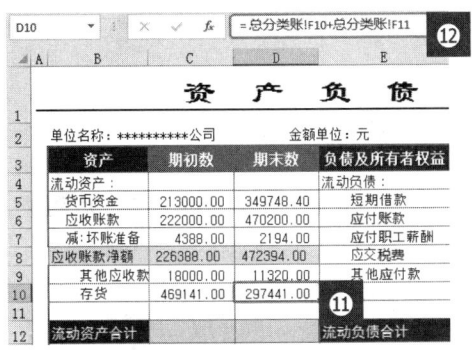 

图13-12　　　　　　　　　　　　　　图13-13

2. 计算"固定资产"类科目

❶ 计算"固定资产原值"科目。分别在 C15 与 D15 单元格中输入公式：

C15=总分类账!C13
D15=总分类账!F13

求出的是"固定资产原值"科目的期初数和期末数，如图 13-14 所示。

❷ 计算"累计折旧"科目。分别在 C16 与 D16 单元格中输入公式：

C16= ABS(总分类账!C14)
D16= ABS(总分类账!F14)

求出的是"累计折旧"科目的期初数和期末数，如图 13-15 所示。

图 13-14　　　　　　　　　图 13-15

❸ 计算"固定资产净值"科目。分别在 C17 与 D17 单元格中输入公式：

C17=C15-C16
D17=D15-D16

求出的是"固定资产净值"科目的期初数和期末数，如图 13-16 所示。

❹ 计算"固定资产合计"科目。分别在 C19 与 D19 单元格中输入公式：

C19=C17
D19=D17

求出的是"固定资产合计"科目的期初数和期末数，如图 13-17 所示。

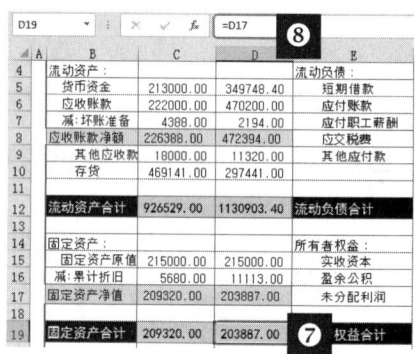

图 13-16　　　　　　　　　图 13-17

❺ 计算“资产合计”科目。分别在 C21 与 D21 单元格中输入公式：

```
C21=C12+C19
D21=D12+D19
```

求出的是“资产合计”科目的期初数和期末数，如图 13-18 所示。

	A	B	C	D	E	F	G
3		资产	期初数	期末数	负债及所有者权益	期初数	期末数
4		流动资产：			流动负债：		
5		货币资金	213000.00	349748.40	短期借款		
6		应收账款	222000.00	470200.00	应付账款		
7		减：坏账准备	4388.00	2194.00	应付职工薪酬		
8		应收账款净额	226388.00	472394.00	应交税费		
9		其他应收款	18000.00	11320.00	其他应付款		
10		存货	469141.00	297441.00			
11							
12		流动资产合计	926529.00	1130903.40	流动负债合计		
13							
14		固定资产：			所有者权益：		
15		固定资产原值	215000.00	215000.00	实收资本		
16		减：累计折旧	5680.00	11113.00	盈余公积		
17		固定资产净值	209320.00	203887.00	未分配利润		
18							
19		固定资产合计	209320.00	203887.00	者权益合计		
20							
21		资产总计	1135849.00	1334790.40	负债及所有者权益合计		

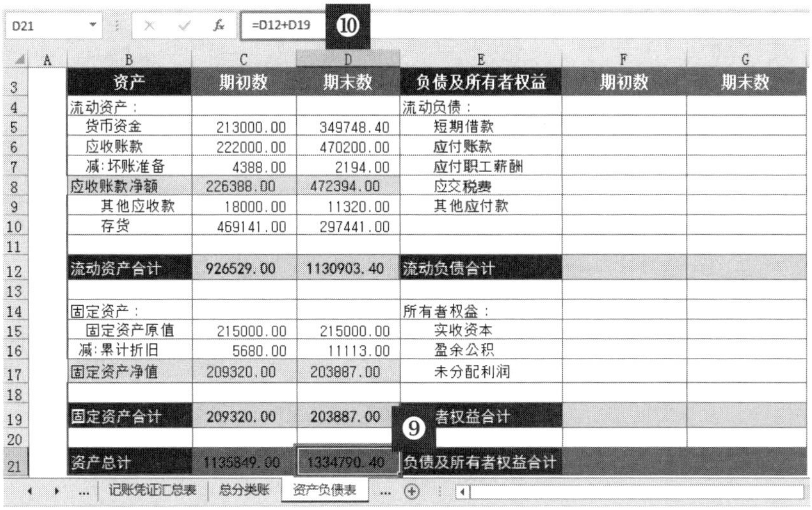

图 13-18

3. 计算“负债”类科目

❶ 计算“短期借款”科目。分别在 F5 与 G5 单元格中输入公式：

```
F5=-总分类账!C16
G5=-总分类账!F16
```

求出的是“短期借款”科目的期初数和期末数，如图 13-19 所示。

❷ 计算“应付账款”科目。分别在 F6 与 G6 单元格中输入公式：

```
F6=-总分类账!C17
G6=-总分类账!F17
```

求出的是“应付账款”科目的期初数和期末数，如图 13-20 所示。

	E	F	G
4	流动负债：		
5	短期借款	130000.00	130000.00
6	应付账款		
7	应付职工薪酬		
8	应交税费		
9	其他应付款		
10			
11			
12	流动负债合计		
13			

图 13-19

	E	F	G
4	流动负债：		
5	短期借款	130000.00	130000.00
6	应付账款	0.00	500.00
7	应付职工薪酬		
8	应交税费		
9	其他应付款		
10			
11			
12	流动负债合计		
13			

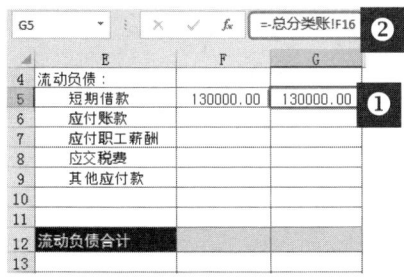

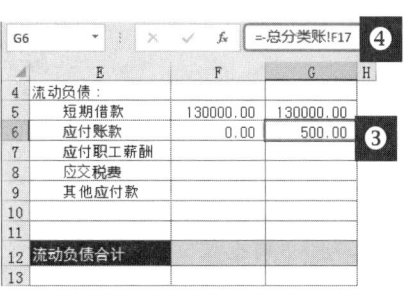

图 13-20

❸ 计算"应付职工薪酬"科目。分别在F7与G7单元格中输入公式：

F7 =-总分类账!C18
G7=-总分类账!F18

求出的是"应付职工薪酬"科目的期初数和期末数，如图13-21所示。

❹ 计算"应交税费"科目。分别在F8与G8单元格中输入公式：

F8 =-总分类账!C19
G8=-总分类账!F19

求出的是"应交税费"科目的期初数和期末数，如图13-22所示。

图 13-21 　　　　　　　　　　　图 13-22

❺ 计算"其他应付款"科目。分别在F9与G9单元格中输入公式：

F9=-总分类账!C20
G9=-总分类账!F20

求出的是"其他应付款"科目的期初数和期末数，如图13-23所示。

❻ 计算"流动负债合计"科目。分别在F12与G12单元格中输入公式：

F12=SUM(F5:F9)
G12=SUM(G5:G9)

求出的是"流动负债合计"科目的期初数和期末数，如图13-24所示。

图 13-23 　　　　　　　　　　　图 13-24

4. 计算"所有者权益"类科目

❶ 计算"实收资本"科目。分别在F15与G15单元格中输入公式：

F15=-总分类账!C21
G15=总分类账!F21

求出的是"实收资本"科目的期初数和期末数,如图13-25所示。

❷ 计算"盈余公积"科目。分别在F16与G16单元格中输入公式:

F16=-总分类账!C22
G16=-总分类账!F22

求出的是"盈余公积"科目的期初数和期末数,如图13-26所示。

图 13-25

图 13-26

❸ 计算"未分配利润"科目。分别在F17与G17单元格中输入公式:

F17=-SUM(总分类账!C23:C33)
G17=-SUM(总分类账!F23:F33)

求出的是"未分配利润"科目的期初数和期末数,如图13-27所示。

❹ 计算"所有者权益合计"科目。分别在F19与G19单元格中输入公式:

F19=SUM(G15:G17)
G19=SUM(G15:G17)

求出的是"所有者权益合计"科目的期初数和期末数,如图13-28所示。

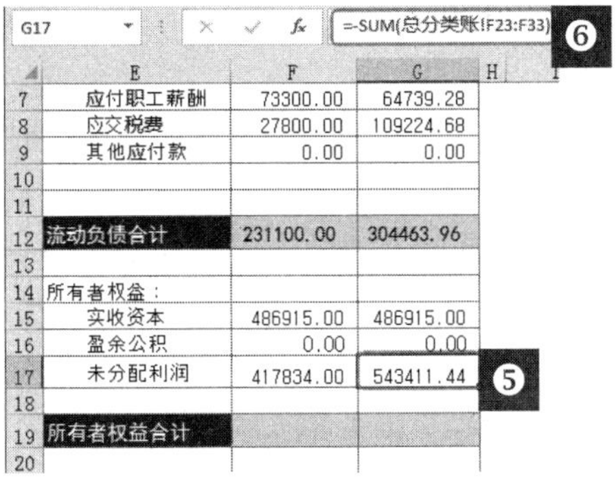

图 13-27

图 13-28

❺ 计算“负债及所有者权益合计”科目。分别在 F21 与 G21 单元格中输入公式：

```
F21=F12+F19
G21=G12+G19
```

求出的是“负债及所有者权益合计”科目的期初数和期末数，如图 13-29 所示。

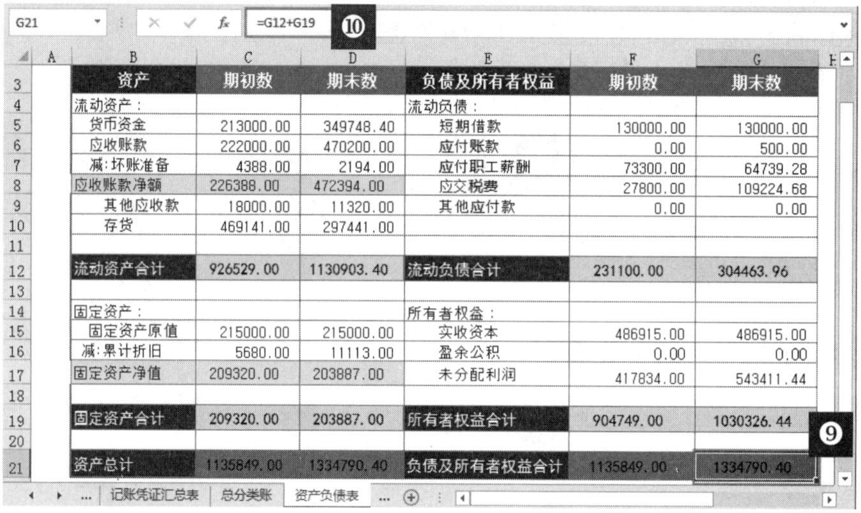

资产	期初数	期末数	负债及所有者权益	期初数	期末数
流动资产：			流动负债：		
货币资金	213000.00	349748.40	短期借款	130000.00	130000.00
应收账款	222000.00	470200.00	应付账款	0.00	500.00
减：坏账准备	4388.00	2194.00	应付职工薪酬	73300.00	64739.28
应收账款净额	226388.00	472394.00	应交税费	27800.00	109224.68
其他应收款	18000.00	11320.00	其他应付款	0.00	0.00
存货	469141.00	297441.00			
流动资产合计	926529.00	1130903.40	流动负债合计	231100.00	304463.96
固定资产：			所有者权益：		
固定资产原值	215000.00	215000.00	实收资本	486915.00	486915.00
减：累计折旧	5680.00	11113.00	盈余公积	0.00	0.00
固定资产净值	209320.00	203887.00	未分配利润	417834.00	543411.44
固定资产合计	209320.00	203887.00	所有者权益合计	904749.00	1030326.44
资产总计	1135849.00	1334790.40	负债及所有者权益合计	1135849.00	1334790.40

图 13-29

经验之谈

根据会计恒等式“资产=负债+所有者权益”，可以判断资产负债表是否平衡。通过建立完成的资产负债表可以看到 C21=F21、D21=G21，表示此表正确无误。如果出现了不平衡情况，则应该查询记账凭证和总分类账中的数据并进行复核。

13.2 利 润 表

利润表是反映企业在一定会计期间经营成果的报表。由于它反映的是某一期间的情况，所以，利润表又称为动态报表。

利润表主要提供有关企业经营成果方面的信息。通过利润表，可以反映企业一定会计期间的收入实现情况，即实现的主营业务收入有多少、实现的其他业务收入有多少、实现的投资收益有多少、实现的营业外收入有多少等；可以反映一定会计期间的费用耗费情况，即耗费的主营业务成本有多少，主营业务税金有多少，营业费用、管理费用、财务费用各有多少，营业外支出有多少等；可以反映企业生产经营活动的成果，即净利润的实现情况，据以判断资本保值、增值情况。

13.2.1 创建利润表

"利润表"各个科目的数据来源于"总分类账"表格,因此可以使用公式从"总分类账"表格中返回相应的数据。

建立一张新工作表,并将工作表命名为"利润表",输入利润表表格的标题和相应的标识,并通过底纹色的设置提升表格的可视化效果,如图 13-30 所示。

图 13-30

13.2.2 根据总分类账填制利润表

利润表的数据来源于"总分类账",可以使用 SUMIF 函数从"总分类账"表中计算得到。

1. 计算主营业务收入

❶ 选中 D4 单元格,在编辑栏中输入公式:
=SUMIF(总分类账!A4:A33,6001,总分类账!E4:E33)
按 Enter 键返回主营业务收入,如图 13-31 所示。

❷ 选中 D5 单元格,在编辑栏中输入公式:
=SUMIF(总分类账!A4:A33,6401,总分类账!D4:D33)

按Enter键返回主营业务成本，如图13-32所示。

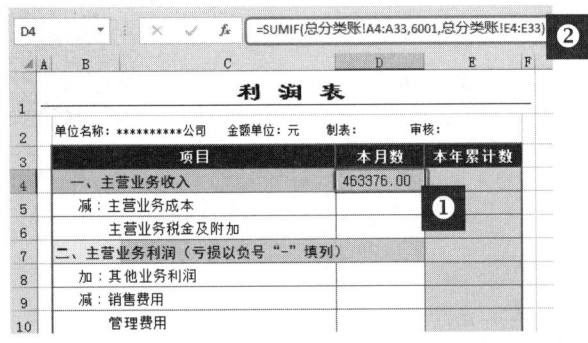

图13-31

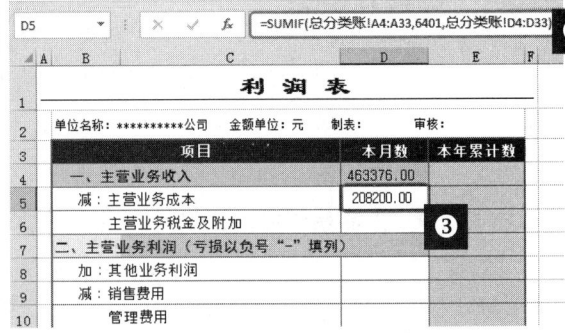

图13-32

❸ 选中D6单元格，在编辑栏中输入公式：
=SUMIF(总分类账!A4:A33,6405,总分类账!D4:D33)
按Enter键返回主营业务税金及附加，如图13-33所示。

2．计算主营业务利润

❶ 选中D7单元格，在编辑栏中输入公式：
=D4-D5-D6
按Enter键返回主营业务利润，如图13-34所示。

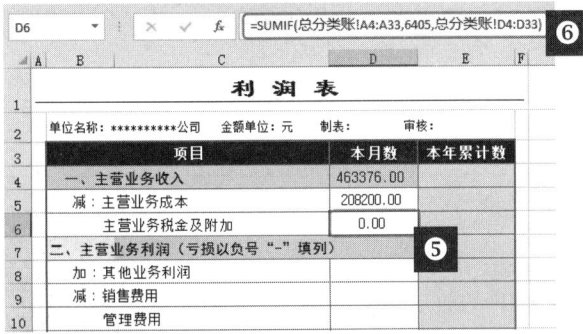

图13-33

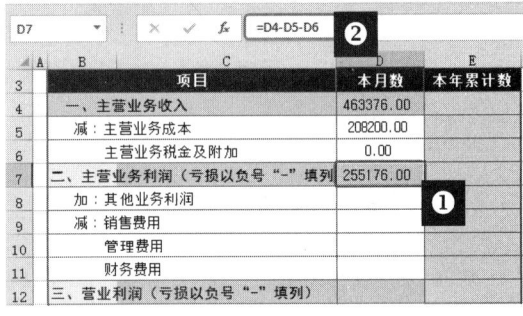

图13-34

❷ 选中D8单元格，在编辑栏中输入公式：
=SUMIF(总分类账!A4:A33,6051,总分类账!E4:E33)
按Enter键返回其他业务利润，如图13-35所示。

❸ 选中D9单元格，在编辑栏中输入公式：
=SUMIF(总分类账!A4:A33,6601,总分类账!D4:D33)
按Enter键返回销售费用，如图13-36所示。

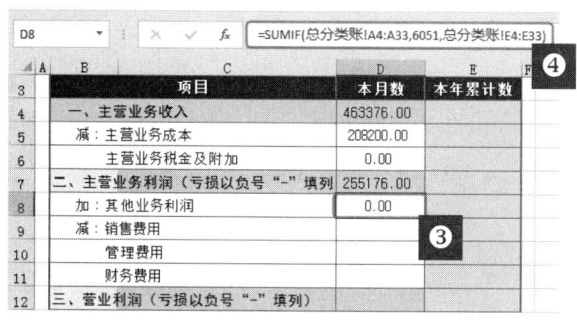
图 13-35

图 13-36

❹ 选中 D10 单元格，在编辑栏中输入公式：
=SUMIF(总分类账!A4:A33,6602,总分类账!D4:D33)
按 Enter 键返回管理费用，如图 13-37 所示。

❺ 选中 D11 单元格，在编辑栏中输入公式：
=SUMIF(总分类账!A4:A33,6603,总分类账!D4:D33)
按 Enter 键返回财务费用，如图 13-38 所示。

图 13-37

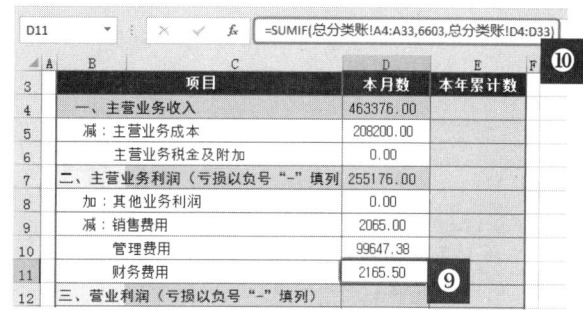
图 13-38

3. 计算营业利润

❶ 选中 D12 单元格，在编辑栏中输入公式：
=D7+D8-D9-D10-D11
按 Enter 键返回营业利润，如图 13-39 所示。

❷ 因为本例中未涉及"投资收益""补贴收入""营业外收入""营业外支出"，因此在 D13、D14、D15、D16 单元格中都输入"0"，如图 13-40 所示。

4. 计算利润总额与净利润

❶ 选中 D17 单元格，在编辑栏中输入公式：
=D12+D13+D14+D15-D16

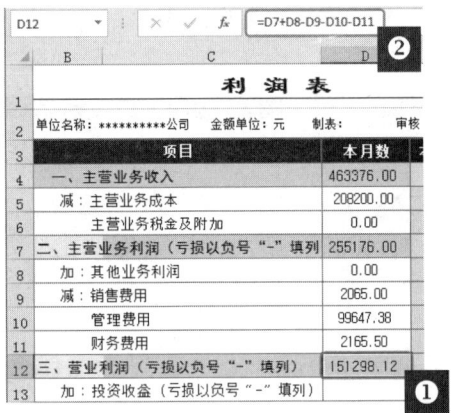

图 13-39　　　　　　　　　　　图 13-40

按 Enter 键返回利润总额，如图 13-41 所示。

❷ 选中 D18 单元格，在编辑栏中输入公式：

=SUMIF(总分类账!A4:A33,6801,总分类账!D4:D33)

按 Enter 键返回所得税费用，如图 13-42 所示。

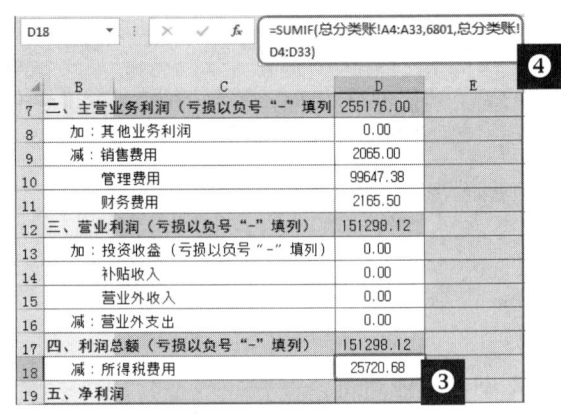

图 13-41　　　　　　　　　　　图 13-42

❸ 选中 D19 单元格，在编辑栏中输入公式：

=D17-D18

按 Enter 键返回净利润，如图 13-43 所示。

❹ 计算"本年累计数"。"本年累计数"的计算公式为"本年累计数=上一期本年累计数+本期数"。由于当前实例中未涉及上一期的累计数，因此在此处"本年累计数=本期数"。选中 E4 单元格，在编辑栏中输入公式：

=D4

按 Enter 键返回第一条累计数，向下填充公式，如图 13-44 所示。

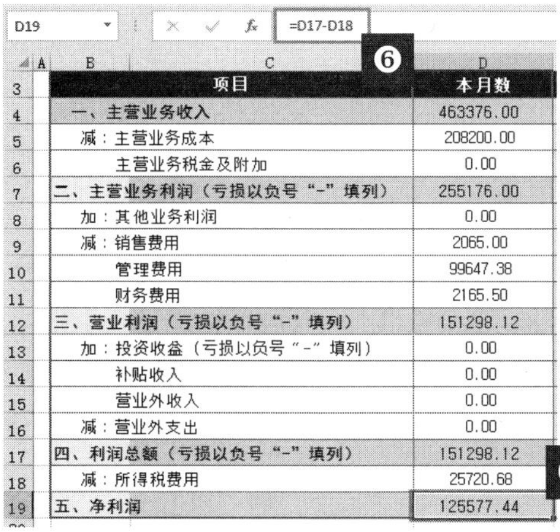

第 13 章 编制三大财务报表

图 13-43

图 13-44

13.2.3 创建费用统计图表

如果想更加直观地查看到利润表中的收入和费用数据，可以建立图表来分析利润表。

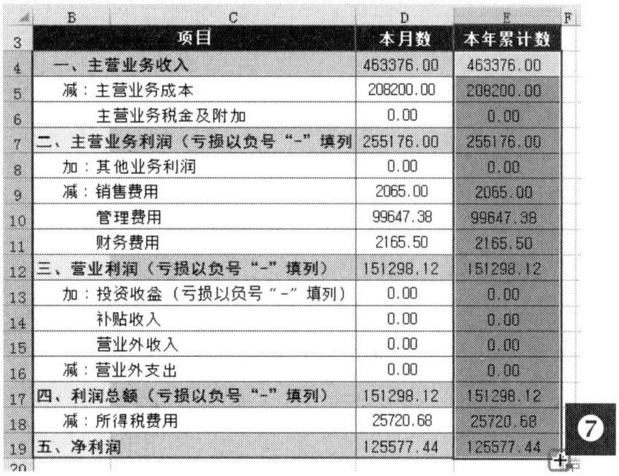

❶ 从利润表中提取关键标识与数据，建立起字段关系表，数据主要提取收入与成本两大项，如图 13-45 所示。

图 13-45

注意

提取的数据可以放在当前表中，也可以放到其他表中。另外，下面要建立的图表是旭日图，它要求数据源按层次结构组织。

❷ 选中数据，在"插入"选项卡的"图表"组中单击"插入层次结构图表"下拉按钮，在下拉列表中选择"旭日图"（如图 13-46 所示），此时即可插入图表，如图 13-47 所示。

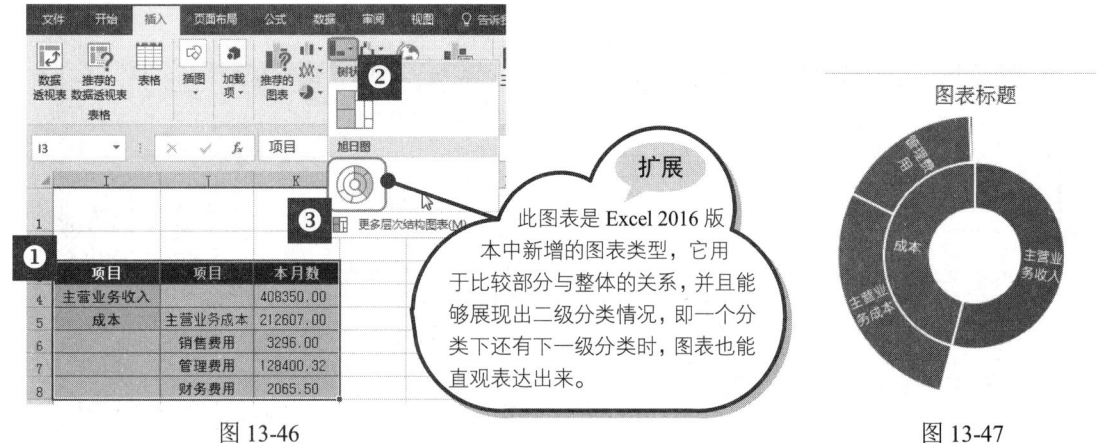

图 13-46

扩展
此图表是 Excel 2016 版本中新增的图表类型，它用于比较部分与整体的关系，并且能够展现出二级分类情况，即一个分类下还有下一级分类时，图表也能直观表达出来。

图 13-47

❸ 选中图表，单击右上方的 ⊞ 图标，在弹出的列表中单击"数据标签"右侧的 ▸ 按钮，在下一级列表中，单击"其他数据标签选项"（如图 13-48 所示），弹出"设置数据标签格式"右侧窗口。

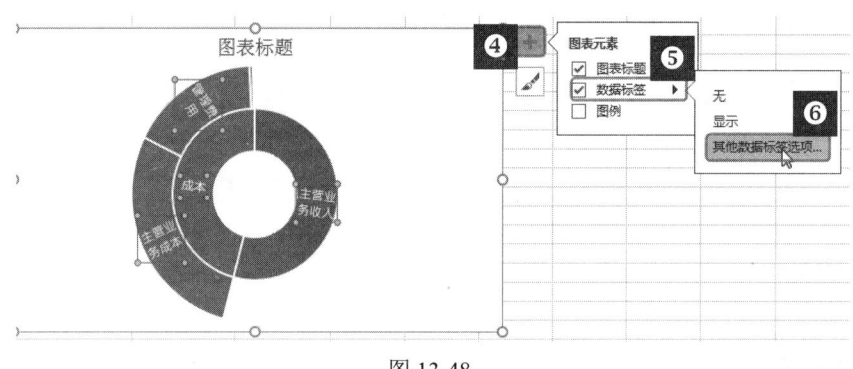

图 13-48

❹ 勾选"类别名称"与"值"复选框，在"分隔符"下拉列表中选择"逗号"（如图 13-49 所示），即可为图标添加类别名称，如图 13-50 所示。

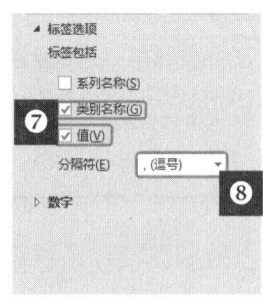

图 13-49

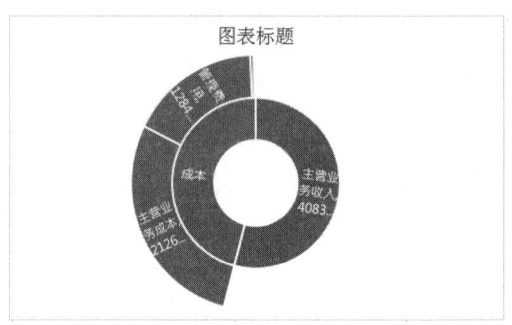

图 13-50

❺ 选中图表，单击图表右侧的"图表样式"按钮，在展开的列表中单击"颜色"标签，从列表中重新选择一种配图方案，如图 13-51 所示。

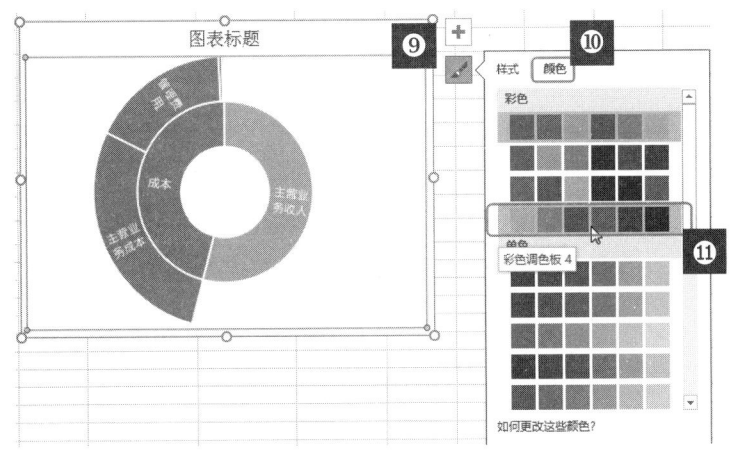

图 13-51

❻ 光标定位到图表标题框，重新输入图表的标题，并在"开始"选项卡的"字体"组中重新设置字体与字号，如图 13-52 所示。（其他文字格式需要重新设置时，也按相同的方法操作。）

❼ 选中图表（注意是整个图表区，在图表边沿上单击即可选中），在"图表工具-格式"组中单击"形状填充"按钮，在展开的列表中选择灰色作为图表区的填充颜色，如图 13-53 所示。

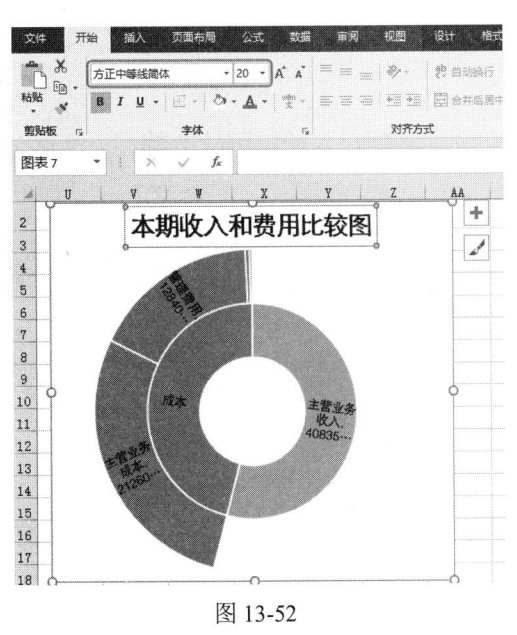

图 13-52

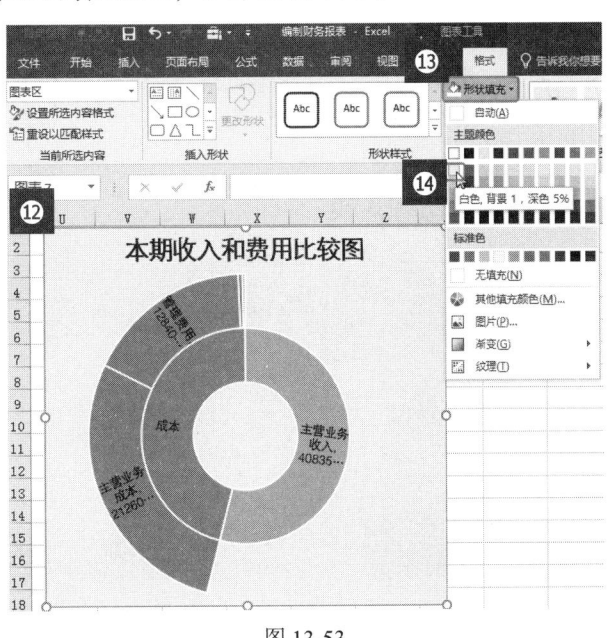

图 13-53

❽ 由于在成本数据中，"销售费用"与财务费用两项数据金额较小，在圆环中所占的份额就比较小，因此在图表中无法正确显示其数据标签。此时可以手动为其添加数据标签。在"插入"选项卡的"插图"组中单击"形状"下拉按钮，在下拉列表中单击"标注:弯曲线形"图形（如图 13-54 所示），然后在图表中通过绘制添加图形，如图 13-55 所示。

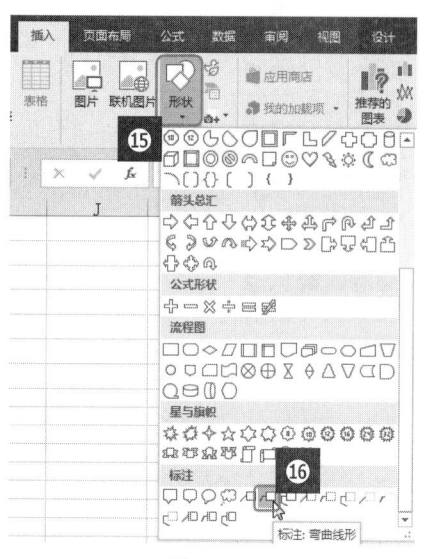

图 13-54   图 13-55

❾ 在图形上单击鼠标右键，在弹出的右击快捷菜单中选择"编辑文字"命令（如图 13-56 所示），光标即定位于图形中，输入文字信息，如图 13-57 所示。

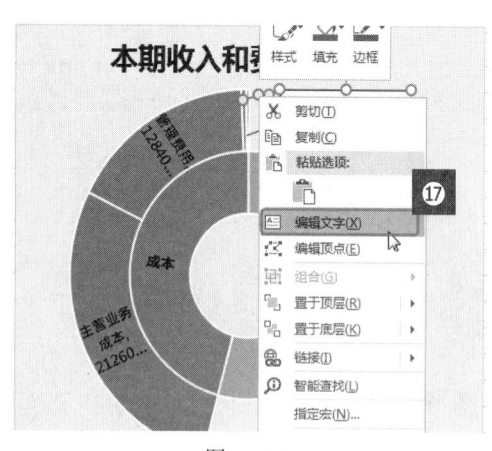 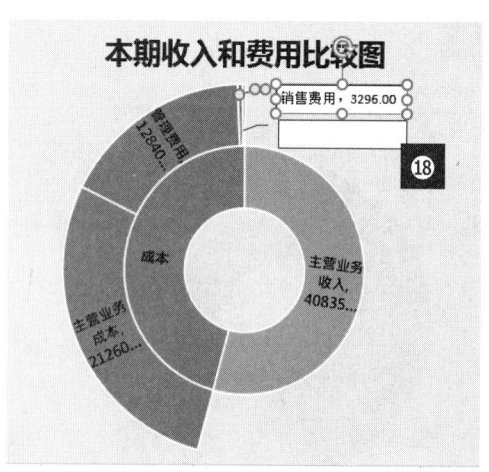

图 13-56   图 13-57

⑩ 按相同方法在另一图形上添加文字，图表最终效果如图13-58所示。

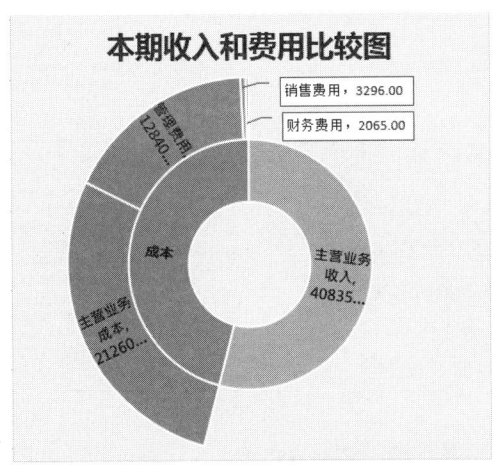

图 13-58

13.3　现金流量表

现金流量表是综合反映企业一定会计期间内现金来源和运用及其增减变动情况的报表。通过现金流量表可以概括反映经营活动、投资活动和筹资活动对企业现金流入流出的影响，评价企业未来产生现金净流量的能力；评价企业偿还债务、支付投资利润的能力，判断企业财务状况。

13.3.1　通过本期记账凭证汇总表确定现金流量分类

现金流量表只表现出产生现金变化的交易，因此首先可以在本期记账凭证汇总表中确定现金流量的分类。

1．建立现金流量分类选择序列

❶ 切换到"记账凭证汇总表"中，在K2单元格中输入"现金流量分类"辅助标识，然后在空白区域输入现金流量项目，如图13-59所示。

❷ 选中"现金流量分类"列单元格区域，在"数据"选项卡的"数据工具"组中单击"数据验证"按钮（如图13-60所示），打开"数据验证"对话框。

❸ 在"允许"下拉列表中选择"序列"，在"来源"文本框中输入"=$M$3:$M$22"，如图13-61所示。

图 13-59

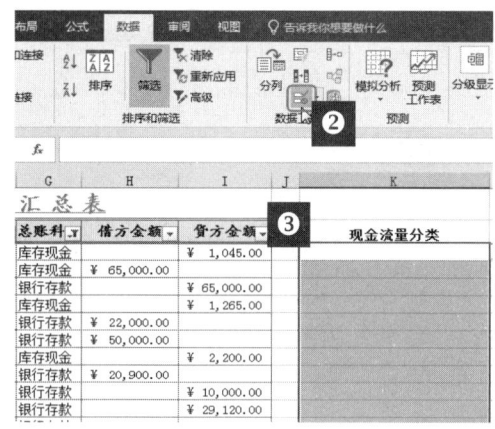

图 13-60

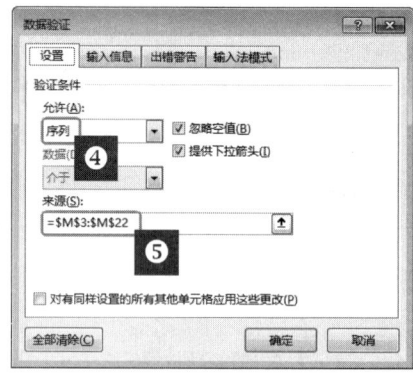

图 13-61

❹ 设置完成后，选中"现金流量分类"列任意单元格，则会出现下拉按钮，可以从中选择现金流量的分类，如图 13-62 所示。

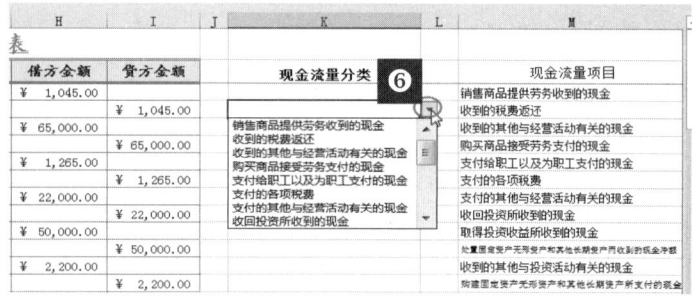

图 13-62

2. 选择现金流量分类

现金流量表只表现产生现金变化的交易，因此其总账科目为“银行存款”和“库存现金”。可以使用筛选功能将“记账凭证汇总表”中“银行存款”和“库存现金”科目筛选出来。这样可以方便对现金流量分类的填制。

❶ 在“记账凭证汇总表”中，选中任意单元格，切换到“数据”选项卡，在“排序和筛选”组中单击“筛选”按钮，如图 13-63 所示。

❷ 单击“总账科目”右侧筛选按钮，选择“银行存款”与“库存现金”复选框，如图 13-64 所示。

图 13-63

图 13-64

❸ 单击“确定”按钮，得到的筛选结果如图 13-65 所示。

记账凭证汇总表

日期	凭证	摘　要	科目代	账户名称	总账代	总账科	借方金额	贷方金额
2018/4/1	0001	报销招待费	1001	库存现金	1001	库存现金		¥ 1,045.00
2018/4/2	0002	提取备用金	1001	库存现金	1001	库存现金	[illegible],000.00	
2018/4/2	0002	提取备用金	100201	银行存款-中国工	1002	银行存款		¥ 65,000.00
2018/4/2	0003	低值易耗品采买	1001	库存现金	1001	库存现金		¥ 1,265.00
2018/4/2	0004	收到欠款	100201	银行存款-中国工	1002	银行存款	¥ 22,000.00	
2018/4/4	0005	收到智禾佳慧科技的	100202	银行存款-中国银	1002	银行存款	¥ 50,000.00	
2018/4/4	0006	福利采买	1001	库存现金	1001	库存现金		¥ 2,200.00
2018/4/5	0007	收到晟成科技的货款	100202	银行存款-中国银	1002	银行存款	¥ 20,900.00	
2018/4/12	0009	支付科威电子的货	100202	银行存款-中国银	1002	银行存款		¥ 10,000.00
2018/4/16	0010	采购F7plus彩屏新	100201	银行存款-中国工	1002	银行存款		¥ 29,120.00
2018/4/18	0018	收到晟成科技的货款	100202	银行存款-中国银	1002	银行存款	¥ 26,000.00	
2018/4/21	0022	销售F18中控旗舰机	100202	银行存款-中国银	1002	银行存款	¥ 154,000.00	
2018/4/21	0023	发放3月份工资	100201	银行存款-中国工	1002	银行存款		¥ 85,654.00
2018/4/22	0024	支付银行手续费	100202	银行存款-中国银	1002	银行存款		¥ 1,065.50
2018/4/22	0025	预借差旅费	1001	库存现金	1001	库存现金		¥ 1,000.00
2018/4/23	0026	支付运输费	1001	库存现金	1001	库存现金		¥ 1,020.00
2018/4/23	0027	支付水电费	1001	库存现金	1001	库存现金		¥ 680.00
2018/4/28	0033	交纳人个所得税	100202	银行存款-中国银	1002	银行存款		¥ 3,102.10

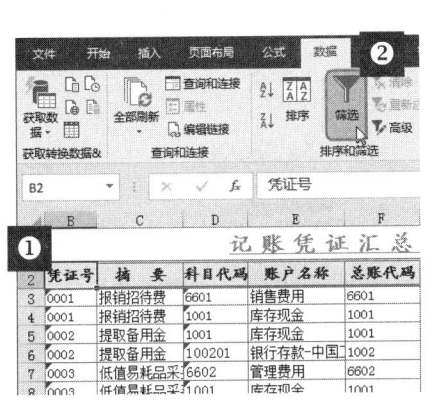

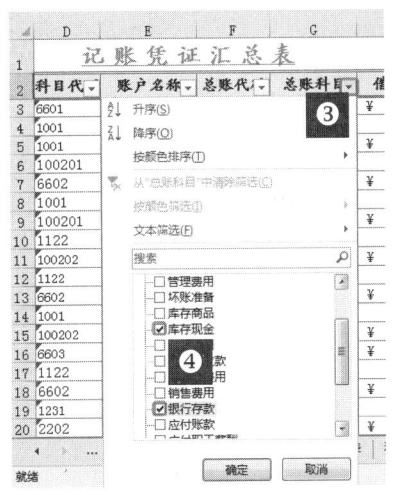

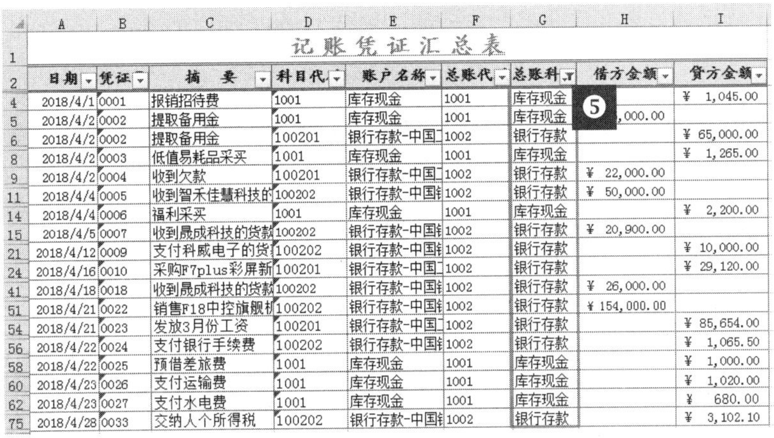

图 13-65

❹ 根据摘要信息从下拉菜单中选择现金流量分类。例如 K4 单元格对应的摘要信息为“报销招待费”，其对应的现金流量分类应该为“支付的其他与经营活动有关的现金”，因此选中 K4 单元格，在下拉列表中选中“支付的其他与经营活动有关的现金”项目，如图 13-66 所示。

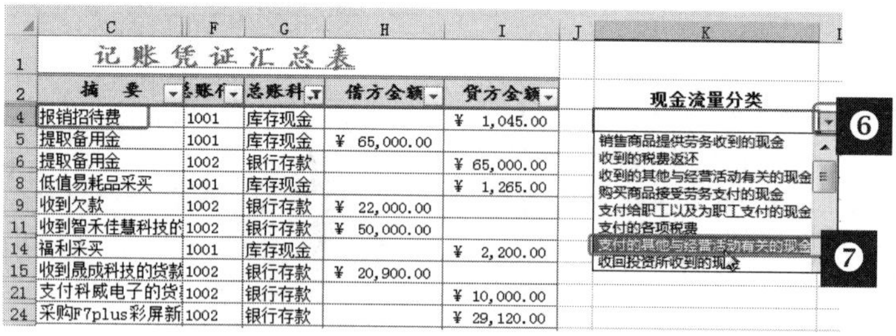

记账凭证汇总表

	摘要	总账代	总账科目	借方金额	贷方金额	现金流量分类
4	报销招待费	1001	库存现金		¥ 1,045.00	
5	提取备用金	1001	库存现金	¥ 65,000.00		
6	提取备用金	1002	银行存款		¥ 65,000.00	
8	低值易耗品采买	1001	库存现金		¥ 1,265.00	
9	收到欠款	1002	银行存款	¥ 22,000.00		
11	收到智禾佳慧科技的	1002	银行存款	¥ 50,000.00		
14	福利采买	1001	库存现金		¥ 2,200.00	
15	收到晟成科技的贷款	1002	银行存款	¥ 20,900.00		
21	支付科威电子的货	1002	银行存款		¥ 10,000.00	
24	采购F7plus彩屏新	1002	银行存款		¥ 29,120.00	

图 13-66

❺ 例如 K9 单元格对应的摘要信息为“收到欠款”，其对应的现金流量分类应该为“借款所收到的现金”，如图 13-67 所示。

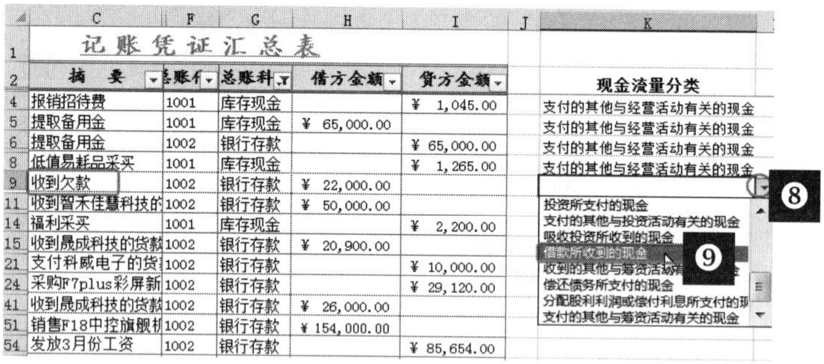

记账凭证汇总表

	摘要	总账代	总账科目	借方金额	贷方金额	现金流量分类
4	报销招待费	1001	库存现金		¥ 1,045.00	支付的其他与经营活动有关的现金
5	提取备用金	1001	库存现金	¥ 65,000.00		支付的其他与经营活动有关的现金
6	提取备用金	1002	银行存款		¥ 65,000.00	支付的其他与经营活动有关的现金
8	低值易耗品采买	1001	库存现金		¥ 1,265.00	支付的其他与经营活动有关的现金
9	收到欠款	1002	银行存款	¥ 22,000.00		
11	收到智禾佳慧科技的	1002	银行存款	¥ 50,000.00		
14	福利采买	1001	库存现金		¥ 2,200.00	
15	收到晟成科技的贷款	1002	银行存款	¥ 20,900.00		
21	支付科威电子的货	1002	银行存款		¥ 10,000.00	
24	采购F7plus彩屏新	1002	银行存款		¥ 29,120.00	
41	收到晟成科技的贷款	1002	银行存款	¥ 26,000.00		
51	销售F18中控旗舰	1002	银行存款	¥ 154,000.00		
54	发放3月份工资	1002	银行存款		¥ 85,654.00	

图 13-67

❻ 按相同的方法设置好所有现金流量的分类，如图 13-68 所示。

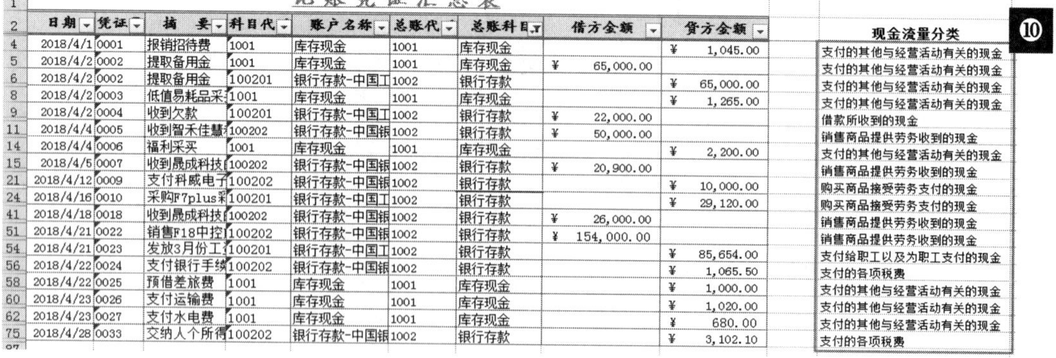

记账凭证汇总表

	日期	凭证	摘要	科目代	账户名称	总账代	总账科目	借方金额	贷方金额	现金流量分类
4	2018/4/1	0001	报销招待费	1001	库存现金	1001	库存现金		¥ 1,045.00	支付的其他与经营活动有关的现金
5	2018/4/2	0002	提取备用金	1001	库存现金	1001	库存现金	¥ 65,000.00		支付的其他与经营活动有关的现金
6	2018/4/2	0002	提取备用金	100201	银行存款-中国工	1002	银行存款		¥ 65,000.00	支付的其他与经营活动有关的现金
8	2018/4/2	0003	低值易耗品采	1001	库存现金	1001	库存现金		¥ 1,265.00	支付的其他与经营活动有关的现金
9	2018/4/2	0004	收到欠款	100201	银行存款-中国工	1002	银行存款	¥ 22,000.00		借款所收到的现金
11	2018/4/4	0005	收到智禾佳慧	100202	银行存款-中国银	1002	银行存款	¥ 50,000.00		销售商品提供劳务收到的现金
14	2018/4/4	0006	福利采买	1001	库存现金	1001	库存现金		¥ 2,200.00	支付的其他与经营活动有关的现金
15	2018/4/5	0007	收到晟成科技	100202	银行存款-中国银	1002	银行存款	¥ 20,900.00		销售商品提供劳务收到的现金
21	2018/4/12	0009	支付科威电子	100202	银行存款-中国银	1002	银行存款		¥ 10,000.00	购买商品接受劳务支付的现金
24	2018/4/16	0010	采购F7plus	100201	银行存款-中国工	1002	银行存款		¥ 29,120.00	购买商品接受劳务支付的现金
41	2018/4/18	0018	收到晟成科技	100202	银行存款-中国银	1002	银行存款	¥ 26,000.00		销售商品提供劳务收到的现金
51	2018/4/21	0022	销售F18中控	100202	银行存款-中国银	1002	银行存款	¥ 154,000.00		销售商品提供劳务收到的现金
54	2018/4/21	0023	发放3月份工	100201	银行存款-中国工	1002	银行存款		¥ 85,654.00	支付给职工以及为职工支付的现金
56	2018/4/22	0024	支付银行手续	100202	银行存款-中国银	1002	银行存款		¥ 1,065.50	支付的各项税费
58	2018/4/22	0025	预借差旅费	1001	库存现金	1001	库存现金		¥ 1,000.00	支付的其他与经营活动有关的现金
60	2018/4/23	0026	支付运输费	1001	库存现金	1001	库存现金		¥ 1,020.00	支付的其他与经营活动有关的现金
62	2018/4/23	0027	支付水电费	1001	库存现金	1001	库存现金		¥ 680.00	支付的其他与经营活动有关的现金
75	2018/4/28	0033	交纳人个所得	100202	银行存款-中国银	1002	银行存款		¥ 3,102.10	支付的各项税费

图 13-68

13.3.2 根据本期记账凭证填制现金流量表

在 13.3.1 小节中的操作是建立现金流量表的准备工作，完成上述操作后，接着可以建立现金流量表。

单击"插入工作表"按钮插入新工作表，将工作表重命名为"本期现金流量表"。输入表格标题、表头信息，并输入现金流量表的各个项目。对建立的表格进行边框设置、特定区域底纹设置、文字字体设置、对齐方式设置等，如图 13-69 所示。

图 13-69

1. 计算"经营活动产生的现金流量"

❶ 选中 E5 单元格，在编辑栏中输入公式：
=SUMIF(记账凭证汇总表!$K$3:$K$86,B5,记账凭证汇总表!$H$3:$H$86)

按 Enter 键即可从"记账凭证汇总表"工作表中计算得到"销售商品提供劳务收到的现金"项目金额。选中 E5 单元格，向下复制公式到 E7 单元格，即可计算出"经营活动产生的现金流量"分类中其他现金流入项目金额,如图 13-70 所示。

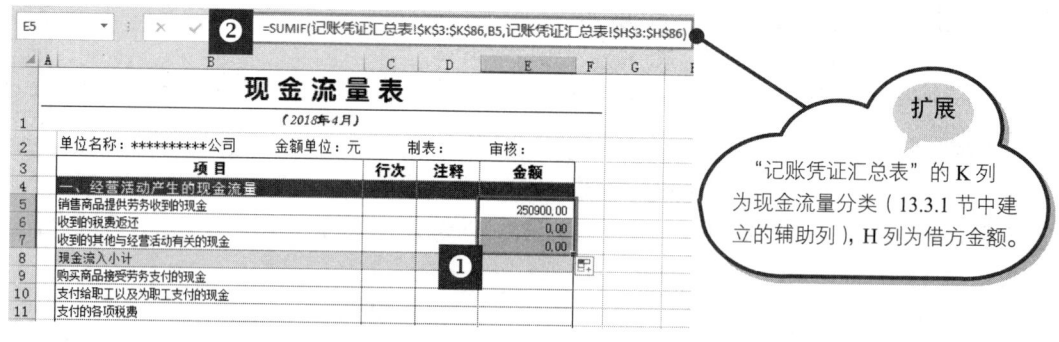

图 13-70

公式解析

1. SUMIF 函数

SUMIF 函数的基本语法参见 5.2 节例 3。

2. 本例公式

=SUMIF(记账凭证汇总表!$K$3:$K$86,B5,记账凭证汇总表!$H$3:$H$86)

公式表示在"记账凭证汇总表!$K$3:$K$86"的 K 列中判断哪些单元格为与 B5 中的项目一样,找到后将对应在 H 列上的值进行求和运算。

扩展:"记账凭证汇总表"的 K 列为现金流量分类(13.3.1 节中建立的辅助列),H 列为借方金额。

❷ 选中 E8 单元格,在编辑栏中输入公式:
=SUM(E5:E7)

按 Enter 键即可计算出"经营活动产生的现金流量"分类现金流入小计,如图 13-71 所示。

图 13-71

❸ 选中 E9 单元格,在编辑栏中输入公式:
=SUMIF(记账凭证汇总表!$K$3:$K$86,B9,记账凭证汇总表!$I$3:$I$86)

按 Enter 键即可从"记账凭证汇总表"工作表中计算得到"购买商品接受劳务支付的现金"项目金额，选中 E9 单元格，向下复制公式到 E12 单元格，即可计算出"经营活动产生的现金流量"分类中其他现金流出项目金额，如图 13-72 所示。

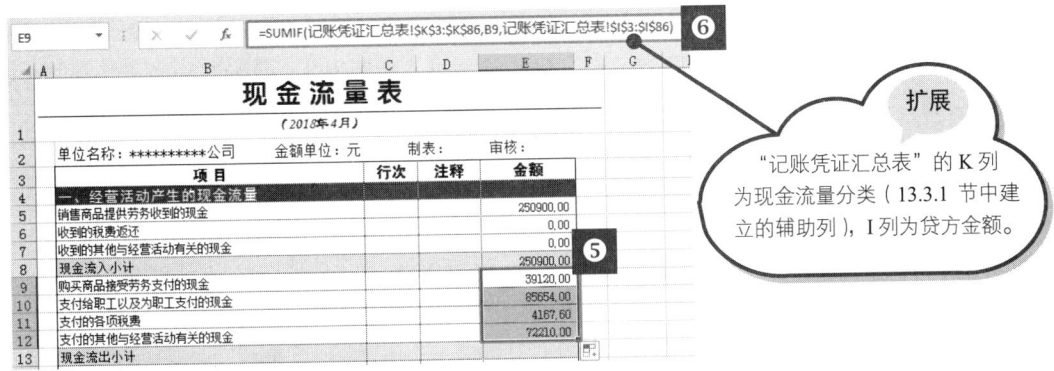

图 13-72

经验之谈

使用 SUMIF 函数时，用于查找的区域一直是"记账凭证汇总表"的 K 列，这一列是通过辅助列建立的现金流量分类。在计算现金流入时从"记账凭证汇总表"工作表的"借方金额"列（H 列）中得到；计算现金流出时从"记账凭证汇总表"工作表的"贷方金额"列（I 列）中得到。

❹ 选中 E13 单元格，在编辑栏中输入公式：
=SUM(E9:E12)
按 Enter 键即可计算出"经营活动产生的现金流量"分类中现金流出小计，如图 13-73 所示。

❺ 选中 E14 单元格，在编辑栏中输入公式：
=E8-E13
按 Enter 键即可计算出"经营活动产生的现金流量净额"，如图 13-74 所示。

图 13-73　　　　图 13-74

2. 计算"投资活动产生的现金流量"

❶ 选中 E16 单元格,在编辑栏中输入公式:
=SUMIF(记账凭证汇总表!$K$3:$K$86,B16,记账凭证汇总表!$H$3:$H$86)

按 Enter 键即可从"记账凭证汇总表"工作表中计算得到"收回投资所收到的现金"项目金额。选中 E16 单元格,向下复制公式到 E19 单元格,即可计算出"投资活动产生的现金流量"分类中其他现金流入项目金额,如图 13-75 所示。

图 13-75

❷ 计算现金流入小计。选中 E20 单元格,在编辑栏中输入公式:
=SUM(E16:E19)

按 Enter 键即可计算出现金流入小计金额,如图 13-76 所示。

图 13-76

❸ 选中 E21 单元格,在编辑栏中输入公式:
=SUMIF(记账凭证汇总表!$K$3:$K$86,B21,记账凭证汇总表!$I$3:$I$86)

按 Enter 键即可从"记账凭证汇总表"工作表中计算得到"购建固定资产无形资产和其他长期资产所支付的现金"项目金额。选中 E21 单元格,向下复制公式到 E23 单元格,即可得到"投资活动产生的现金流量"分类中所有现金流出项目金额,如图 13-77 所示。

图 13-77

❹ 选中 E24 单元格，在编辑栏中输入公式：

=SUM(E21:E23)

按 Enter 键即可计算出"投资活动产生的现金流量"现金流出小计，如图 13-78 所示。

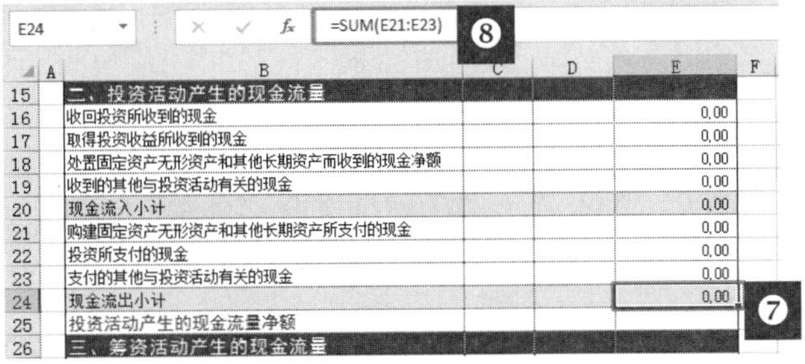

图 13-78

❺ 选中 E25 单元格，在编辑栏中输入公式"=E20-E24"，按 Enter 键即可计算出"投资活动产生的现金流量净额"，如图 13-79 所示。

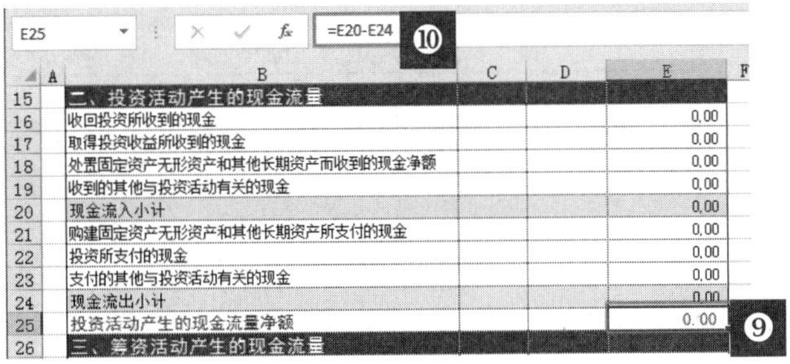

图 13-79

❻ 按相同的方法计算出其他分类中各项目的现金流量金额。计算时都是使用 SUMIF 函数实现，计算现金流入时从"记账凭证汇总表"工作表的"借方金额"列中得到；计算现金流出时从"记账凭证汇总表"工作表的"贷方金额"列中得到。

❼ 选中 E37 单元格，在编辑栏中输入公式：
=E14+E25+E35+E36
按 Enter 键，计算出现金及现金等价物净增加额，如图 13-80 所示。

图 13-80

13.4 打印财务报表

财务报表建立完成后，一般都需要进行打印输出用于分析企业的资产情况、掌握企业的盈亏状况等。为了让打印出的报表实用而又美观，在打印报表之前一般需要进行页面设置。例如如图 13-81 所示的资产负债表比较宽，横向跨度大，如果采用默认的"纵向"方向，则会有较大一部分无法打印出来。

图 13-81

❶ 选择"文件"→"打印"命令,可以看到打印预览的效果(部分未显示),如图 13-82 所示。

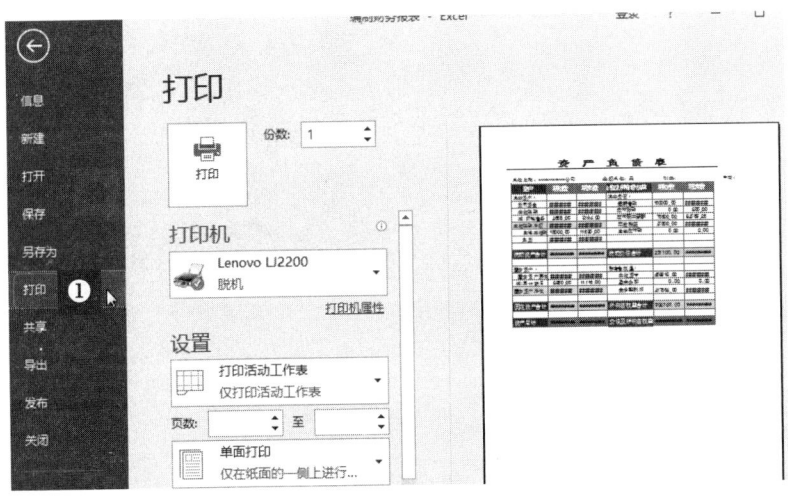

图 13-82

❷ 此时可在预览区域左边纸张方向区域设置打印方向为"横向",如图 13-83 所示。
❸ 单击"页面设置"链接,在弹出的"页面设置"对话框中选择"页边距"选项卡,勾选"水平"和"垂直"复选框(如图 13-84 所示),单击"确定"按钮,即可完整打印报表。

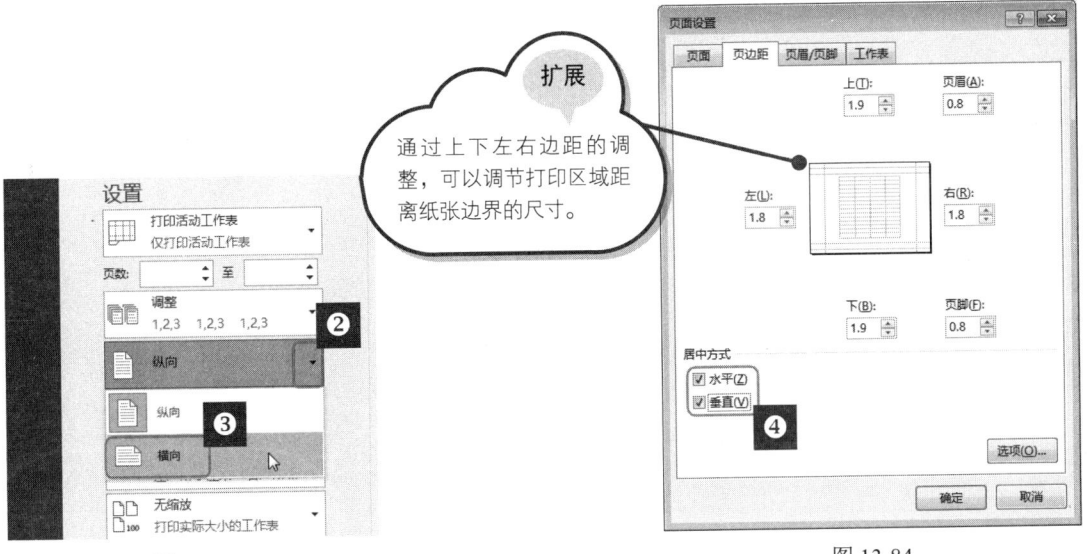

扩展
通过上下左右边距的调整,可以调节打印区域距离纸张边界的尺寸。

图 13-83   图 13-84